Minerva Shobo Librairie

アメリカにおけるタバコ戦争の軌跡

文化と健康をめぐる論争

岡本 勝［著］

ミネルヴァ書房

アメリカにおけるタバコ戦争の軌跡——文化と健康をめぐる論争——

【目次】

第三章　紙巻きタバコの流行と広告……89
――大衆消費社会の出現を背景として――

目　次

凡例

一　引用文中にある語句の意味が不明確な場合、それが具体的に意味するものを（　）内に、また必要と思われる筆者による補足説明は［　］内に、それぞれ記した。
二　人名については、各章初出の場合のみフルネームを書き、原語を（　）内に記した。
三　組織・団体名と法律名については、各章初出の場合のみ「　」をつけて書き、原語を（　）内に記した。
四　タバコの銘柄名と会社名については、各章初出の場合のみ「　」内に記し、また必要に応じて略称を使用した。
五　キーワードにはルビをつけた。
六　アメリカ政府の「厚生省」についてであるが、一九五三年から The Department of Health, Education, and Welfare、また一九七九年から The Department of Health and Human Services というように、統廃合にともなって原語表記は変わるが、本書では邦語訳としてしばしば使用される「保健福祉省」などとはせず「厚生省」で統一した。また、本書で言及される厚生省公衆衛生局の責任者 "Surgeon General" は、「公衆衛生局長」とはせず、医師の資格をもつ者が就任する慣例をふまえて「公衆衛生局医務長官」と訳した。

序章　アメリカ・タバコ戦争の概観

——主要先行研究との関連で——

一四九二年一〇月、数隻の船に分乗して西大西洋に浮かぶバハマ諸島へ到達したクリストファー・コロンブス（Christopher Columbus）と部下たちは、新しい土地とともに新しい嗜好品に出会った。航海誌によれば、一〇月一五日に島民が「乾燥した植物の葉」をもちはこんでいるのを見たとされるが、実はそれと同じものを彼らは贈りものとしてすでに受けとっていたのである。この植物が葉タバコだったことを疑う余地はない。その後、別の島でも住民が火のついた葉巻のようなものから出る煙を吸いこむ行為を目撃しており、コロンブスたちがこの奇妙な行為に興味を覚えたことは想像にかたくない。彼らによってヨーロッパへ伝えられたタバコは、その後一六世紀の中頃にイベリア半島からフランスへ、そしてイングランドを含むほかのヨーロッパ諸国へと広まった。当初それは、貴重な薬草として用いられたり、また貴族など一部の人たちだけが楽しむ贅沢品として扱われる場合もあったが、すぐに一般の人たちへも浸透する嗜好品となった。

イングランドによって、現在のアメリカ合衆国（以下、本書ではアメリカと表記）における最初の恒久植民地が建設される一七世紀の初頭までには、ヨーロッパからの植民者たちが西大西洋からカリブ海にかけての島嶼地域において葉タバコの栽培に興味を示すようになっており、本国でのタバコの流行にともなって、それは植民地にとって重要な作物になっていったのである。同様に、一六一二年のジェームズタウンに始まり、その後北上してメリーランド方面へと広がっていったいわゆる「チェサピーク植民地」での葉タバコ栽培も、本国の商人や貴族たちに植民事業への投資を促すものとして、重要な役割を担うことになった。

一方、同じく島嶼地域で収穫されていたサトウキビも、ヨーロッパ諸国からの投資を促す重要な農作物であった。実は、この作物はもともとカリブ海域にはなかったものだったが、コロンブスによって二回目の航海時にカナリア諸島原産の苗が移植されたと言われている。サトウキビに目をつけた者のなかに北米大陸北東部（ニューイングランド）植民地の商人たちがおり、彼らは糖蜜から製造されるラム酒を最初は輸入していたが、すぐにボストンやニューポートなどに簡易な蒸留所を建設してその製造に着手した。その結果、チェサピーク植民地における葉タバコの栽培ほどではなかったが、ニューイングランド植民地でのラム酒製造も、この地域にとっては不可欠の産業になっていった。つまり、タバコと酒はアメリカ植民地の経済を支えるうえで、なくてはならないものだったのである。

もし葉タバコの生産と酒類の製造が行われていなければ、アメリカは現在のように繁栄していなかったという議論はあまりに極端なものであろう。しかし、植民地の発展に貢献したこれらの嗜好品が、独立後に社会から排除されようとしたことは事実であった（タバコについては「現在進行形」と言えよう）。新大陸からヨーロッパへ伝えられたタバコと、ヨーロッパから新大陸へ伝えられた酒類が、アメリカではともに愛されていたものから憎まれるものへと変化する歴史を経験するようになった。筆者が、本書において描きたかったものの一つは、タバコに関するこのような変化であった。以下、特に参考にした先行研究を紹介しながら、本書を概観してみたい。

拙著『アメリカ禁酒運動の軌跡――植民地時代から全国禁酒法まで――』のなかで、筆者はラム酒がアメリカ北東部植民地の経済を支える産業に発展したこと、しかし一九世紀初頭に過度の飲酒を戒める牧師の説教から始まった「禁酒・節酒運動《テンペランス》」が、一九二〇年には酒類の製造や販売や運搬などを禁止する「禁酒法《プロヒビション》」を、合衆国憲法の修正条項として成立させる大きな政治運動になったことを描いた。このように、植民地経済にとって不可欠だった酒類がその後敵視されて排除の対象になっていった状況は、アメリカ史に関心をもつ者には広く知られている。しかし、二〇世紀への転換期に紙巻きタバコ（cigarette）に関して、販売を中心に一部では製造や広告なども禁止する法律――「紙巻きタバコ販売等禁止法《シガレット・プロヒビション》」――を求めた運動が行われ、実際にいくつかの州でそのような法律が短期間であったが成立した事実は、アメリカ人のあいだでもあまり知られていない。

元来アメリカ人は、葉タバコをさまざまな形態――パイプ・タバコ、嗅ぎタバコ、葉巻、噛みタバコ、そして紙巻きタバコ――で嗜んでおり、タバコ使用は人びとの日々の生活に深く根づいた習慣になっていたのである。しかし、二〇世紀への転換期に、ほかの形態と比較して使用者が少なかった最後発の紙巻きタバコが反タバコ派によって標的とされたのは、第一章で述べるように、このタバコが女性、年少者《マイナー》、そして主に南および東ヨーロッパからの移民労働者など社会の非主流派に属す人たちのあいだで流行したことが大きな原因であったと考えられる。

一九世紀後半のいわゆる「ヴィクトリア時代の道徳観」によると、女性には純真で禁欲を尊ぶ人格が求められ、彼女たちによるタバコ使用は飲酒と同様に戒められた。紙巻きタバコは、葉巻や噛みタバコのような「伝統的な形態」を嗜む社会の主流派を形成した男性によって「女々しいタバコ」と呼ばれ、敬遠される傾向にあった。また、年少者による紙巻きタバコの使用も、彼らの健全な成長を願う道徳的な指導者によって反対され、さらに労働者による使用も、生産効率を低下させるとして資本家たちによって規制された。

このような状況を背景に始まった反紙巻きタバコ運動は、この形態のタバコだけを標的にして販売などを禁止する州法の成立をめざしたのである。一九世紀末に開始されたこの運動に関して包括的な視点からその失敗の原因について語っているのが、キャサンドラ・テイト（Cassandra Tate）である。彼女が一九九九年に著した『紙巻きタバコ戦争——その小さな奴隷所有者の大勝利——』（*Cigarette Wars: The Triumph of "The Little White Slaver"*）は、一〇〇年前の運動に焦点をあてながらも、オーティス・グレイアム（Otis L. Graham, Jr.）が書評で書いているように「今日、紙巻きタバコに対してますます激しくなっている政治や裁判を通して行われている長期の戦いを興味深く見つめている者に、［一九二〇年代に］新しく生まれた消費文化のなかでなぜこの運動が挫折していったのかを教授してくれるもの」で、筆者にとって大いに参考となる著作であった。ちなみに、紙巻きタバコを排除しようとした運動が挫折した最大の理由として、産業化と都市化が進むなかで消費が伸びたこのタバコが、ほかの形態のタバコよりも新しい時代にふさわしいものとして、以前は敬遠していた男性を含む多くの国民によって受けいれられたことが述べられている。

およそ一世紀前の反紙巻きタバコ運動と禁酒法運動に共通して見られたのは、秩序の維持をめざして特定の社会集団を統制《コントロール》しようとする点であった。禁酒法運動を牽引したのは「反酒場連盟」（the Anti-Saloon League）という組織だったが、その中心にいたのは社会の安定を重んじる保守的なプロテスタント諸教派の牧師と産業資本家たちで、彼らは飲酒による社会秩序の乱れや酒場を舞台にして生じる政治腐敗、さらには労働者による過度の飲酒が引きおこす生産効率の低下を危惧したのである。その一方で、経済的に余裕があった彼ら社会の主流派は、密輸や密造によって出回っていた割高な酒類を飲みつづけることが可能であった。そのため、高価な禁制品に手がだせなかった労働者たちのあいだでは不平等感が芽生える一方で、工業用のメチルアルコールを飲用して命を落とす者もいた。そのような状況から生じた一般国民の不満と、おりからの大恐慌の時代に不足していた税収を酒税の復活によって補うべきと主張する政治家の声が、一九三四年の全国禁酒法廃止の背景としてあったのは明白だった。

紙巻きタバコ販売等禁止法もまた、先ほど触れたように、女性や移民労働者など社会の非主流派の人たちを主に標的とした社会統制の手段という側面をもっていた。したがって、第二章で考察するように、取扱いがほかの形態のものと比較して容易だった紙巻きタバコが、第一次世界大戦時に慰問品として戦場へ大量に届けられたため、それを喫煙する習慣を身につけた若い男性兵士が帰還後も使用したこと、戦争が醸しだす堅苦しい雰囲気からの解放感、さらに進歩的な女性による男女平等を求める風潮などから、反紙巻きタバコ運動が一九二〇年代に終息していったのは自然の成りゆきであった。その結果、それまで抑制されていた女性をターゲットにした紙巻きタバコ広告が、新聞・雑誌や野外看板だけではなく、新たに登場したラジオや映画《トーキー》も利用してさかんに行われるようになり、彼女たちの喫煙率が上昇したことは第三章で論じる通りである。

アメリカ社会と紙巻きタバコの関係は、その後国民の健康への懸念が高まるにつれて多くの歴史研究者やジャーナリストによって取りあげられるようになった。そのなかで最も注目されるべきものはアラン・ブラント（Allan M. Brandt）の『紙巻きタバコの世紀——アメリカを形づくってきた製品の隆盛、衰退、そしてその驚くべき粘りづよさ——』（*The Cigarette Century: The Rise, Fall, and Deadly Persistence of Product That Defined America*）という大著である。彼は、多くの国民にとって生活必需品になった家電製品や自動車などとは異なる嗜好品の紙巻きタバコが、文化的および政治的な議論を通してなぜ「アメリカを象徴するもの」として注目を浴びつづけてきたのかを精緻に論じている。

一九世紀からつづいてきた禁酒法運動と反紙巻きタバコ運動は、二〇世紀前半の株価暴落に始まる大恐慌と戦争の時代には終息していたが、飲酒と喫煙に警鐘を鳴らす活動は第二次世界大戦後に再び注目されるようになった。しかしこのとき、以前のような社会的、政治的、経済的、および道徳的な議論ではなく、医学的な議論を中心に活動が行われるようになっていた。過度の飲酒によって引きおこされるアルコール依存症は純粋に医学の問題であり、それへの対処は立法ではなく医療を中心としたきめ細かいケアによってのみ可能であるという考えかたのもと、依存症者に寄りそう断酒会などの非営利組織と医療施設が協力して「患者」に対応するようになった。

他方、喫煙も健康問題として扱われるようになったが、そのきっかけになったのは、今から半世紀ほど前の一九六四年に厚生省公衆衛生局医務長官が公表した喫煙と肺ガンなど疾病との因果関係を公式に認める報告書であり、これがまとめられるようになった過程が第四章において描かれている。この報告書の公表によって、いわゆる「現代タバコ戦争」が本格化したのである。その後一九八〇年代の後半には、第六章で論じるように、喫煙がタバコを吸う本人だけではなく周囲にいる吸わない人の健康をも損ねること、さらにはタバコに含まれるニコチンという物質が、禁煙したくてもそれを困難にする依存作用を生じさせることが、やはり医務長官による一九八六年と一九八八年の報告書のなかで、それぞれ認知されるようになった。

しかし、そこへいたる現代タバコ戦争の初期段階で、一見窮地に追いこまれたかのように思われたタバコ業界は、自らに対する攻撃をうまくかわせていた。第五章と第七章で述べるように、当時この戦争は「食品医薬品局」などの行政機関による命令や、連邦、州、自治体それぞれの議会における法律や条例の成立をめぐる戦いであった。エリザベス・ウェラン（Elizabeth M. Whelan）の『スモーキング・ガン――タバコ業界はいかにして罰を逃れてきたのか――』（*A Smoking Gun: How the Tobacco Industry Gets away with Murder*）は、このとき生きのこりをかけたタバコ業界が行ったロビー活動を含めたさまざまな戦略が詳細に説明されている秀作である。またジャーナリストのリチャード・クルガー（Richard Kluger）は、ピューリッツアー賞を受賞する『アッシュイズ・トゥー・アッシュイズ――一〇〇年におよぶアメリカのタバコ戦争とフィリップ・モリス社のあからさまな大勝利――』（*Ashes to Ashes: America's Hundred Year Cigarette War, the Public Health, and the Unabashed Triumph of Philip Morris*）を出版したが、そのなかでは全米最大手つまり世界最大のタバコ会社である「フィリップ・モリス・タバコ会社」の、タバコ戦争において窮地に立たされたにもかかわらず、ロビー活動や広告などに関する戦略の効果を確信していたことから、落ちつきはらっていた姿勢が語られている。

ところが一九八〇年代に潮目が変わりはじめ、戦いの場としては行政や立法以上に司法が注目されるようになった。タバコ会社に賠償を求める訴訟は、喫煙のために健康を損ねたと考える個人によって起こされたものを扱う第八章と、喫煙が原因で発症したとされる疾病に対する医療費の一部を負担した州政府によって、それを求償するために起こされたものを扱う第九章で、それぞれ考察されている。

このような「タバコ訴訟」に関しては、とりわけ多くの著作や論文が発表されており、それらの紹介はそれぞれの章にある註にゆずるとして、ここでは特に注目すべきものとして以下の二冊をあげるにとどめたい。それは第九章でも触れているように、裁判の過程や内部告発によって暴露されたタバコ業界の機密文書に関するもので、一冊目はカリフォルニア大学の教授スタントン・グランツ（Stanton A. Glantz）が同僚との共編で、タバコ業界から流出した大量の文書を整理してまとめた『シガレット・ペーパーズ』（*The Cigarette Papers*）であり、もう一冊は同じ機密文書を使ってタバコ業界の内幕を暴いた『ニューヨーク・タイムズ』の記者フィリップ・ヒルツ（Philip Hilts）による『スモークスクリーン――タバコ業界による隠蔽工作の背後にある真実――』（*Smokescreen: The Truth behind the Tobacco Industry Cover-up*）である。また前者に関しては、書物としてまとめられたもの以外にも、グランツたちによってそのほぼすべてがインターネット上に公開されており、これらの資料が現代タバコ戦争に与えた影響は計りしれないものであったし、本書を執筆するうえでも直接的および間接的に負うところが大きかった点を、最後に指摘しておきたい。

第一章　初期反紙巻きタバコ運動
——社会文化的秩序の維持をめざして——

はじめに

アメリカでは、一九六四年に厚生省公衆衛生局医務長官《サージャン・ジェネラル》ルーサー・テリー（Luther Terry）が「喫煙と健康——公衆衛生局医務長官諮問委員会報告書——」を発表して、肺ガンなど具体的な病名をあげながら喫煙による健康被害に対して警鐘を鳴らした。それ以降も喫煙が人体におよぼす悪影響に関する研究は進み、タバコを吸う人だけではなく周囲にいる非喫煙者の健康も脅かされること、つまり「受動喫煙」の危険性が否定しがたい事実と認識されるようになると、国民の多くは喫煙をより深刻な問題として捉えはじめた。

一九八〇年頃から現在にいたるまで、喫煙に対する規制はますます強化されてきているし、今後もこの傾向はつづくものと思われる。かつて、喫煙が自由に行われていた列車、航空機、バスなどの交通機関、映画館、デパート、レストランのような不特定多数の人が集まる屋内スペースだけではなく、都市部では公園やスポーツ施設、さらには繁華街の道路といった野外においてさえも、今日では灰皿がおかれた指定場所をのぞいて、条例などによって禁煙措置がとられている地域が増えている。

ところが、タバコ使用に反対する人たちが、このような強制的な手段を使って喫煙を規制しようとする試みは、二〇世紀最後の四半期が初めてではなかった。すでに「序章」のなかで触れたように、今から一世紀ほど前のアメリカにおいて、紙巻きタバコの販売などを禁止する州法を求めた運動が行われていたのである。この運動のなかで槍玉にあげられた紙巻きタバコは、アメリカでは南北戦争期に商品化された比較的新しい形態で、一八六九年の時点で職人や喫煙者自らによる手巻きのものが年間二〇〇万本程度消費されていたにすぎなかった。

その後、一八八〇年代前半に考案された紙巻き機の導入によって製造効率は飛躍的にあがったが、二〇世紀への転換期においても、ほかの形態のタバコと比べて人気はなかった。例えば、一九〇〇年からの五年間で、全葉タバコのうち噛みタバコへは四〇・七%、パイプ・タバコへは二六・八%、葉巻へは二六・一%、嗅ぎタバコへは四・〇%が加工されたが、紙巻きタバコへはわずか二・四%にすぎなかった。(1) それにもかかわらず、ほかの形態ではなく、紙巻きタバコのみが標的にされたのである。

当時このタバコは「棺の釘《コフィンズ・ネイル》」とか「悪魔の爪楊枝《デビルズ・トゥースピック》」などと呼ばれ、しばしば嫌悪の対象になっていた。しかし、このことだけで紙巻きタバコが標的にされた理由を語っているというわけではない。そもそも、ほかの形態ではなくこのタバコの使用に反対する運動が、二〇世紀への転換期に活発化したのはなぜだったのか。さらに、反紙巻きタバコ派とはどのような人たちで、何を目的として、またいかなる言説を用いて運動を推進しようとしたのであろうか。以下、これらの点を中心に考察してみたい。

一　初期の反タバコ言説

テンペランスとの関連

大航海時代に、先住民がさまざまな目的で使用していたアメリカ大陸原産の葉タバコを、コロンブスたちがヨーロッパへもちかえったことが、後の世界に大きな影響を与えるようになった。タバコを嗜好品として使用する習慣がヨーロッパの国々へと広まり、それにともなって需要も伸びはじめた。したがって、一七世紀初頭に北米大陸の大西洋岸南部地域に入植したイングランド人たちが、葉タバコの生産によって植民地経済の基盤を作ろうとしたのは必然と言えるものであった。一六一四年に行われたとされる、ジェームズタウンにおいてタバコ栽培を始めたイングランド人ジョン・ロルフ（John Rolf）と先住民族長の娘ポカホンタス（Pocahontas）の結婚は、この草本植物をめぐる新旧二つの世界による出会いを象徴する出来事であった。

植民地時代、南部の経済を支えるようになった葉タバコだったが、北部ではその使用が規制の対象になる場合もあった。宗教が人びとの日常生活において比較的大きな影響力をもっていたニューイングランド地方では、例えば入植して間もない頃には、飲酒量を増やすと考えられたため居酒屋《タヴァン》でのタバコ使用が禁止されたり、神を冒涜するとして安息日に教会から二マイル以内でタバコを嗜むことを戒めるコミュニティもあった(2)。

さらに独立革命期には、タバコ使用に警鐘を鳴らす試みが、個人の活動として行われるようになった。これに関して注目すべきは、独立宣言書にペンシルヴァニア植民地を代表して署名したフィラデルフィアの医師ベンジャミン・ラッシュ（Benjamin Rush）である。彼は軍医として独立戦争に従軍したとき、兵士のなかに蔓延した過度の飲酒とタバコの乱用にまつわる不健康な生活を目のあたりにし、その改善を訴えつづけた言動でも知られるようになった。

　しかし、歴史的に見て多くの戦争がそうであったように、独立戦争を戦った植民地人にとって、酒類とタバコは武器や弾薬と同様に不可欠の「軍事物資」であった。ジョージ・ワシントン（George Washington）大陸軍司令官が、部隊を率いてヴァレーフォージ（ペンシルヴァニア植民地）で越冬を余儀なくされたときに酒類とタバコが不足したため、兵士たちの士気の低下を危惧してそれらの補給を確保するよう努めたのは有名な話であった。(3)

　これに対してラッシュは、一七八四年に『蒸留酒の人体と精神におよぼす影響についての考察』という冊子を発行したのち、一七九八年には『タバコの習慣的使用が健康と道徳と人格に与える影響についての観察』を著した。これらの冊子のなかで、タバコの乱用は「人を怠惰にさせる」だけではなく、「口、胃、神経系統へ悪影響をおよぼすこと」、さらには喉の渇きを生じさせるようになり、特に「食間での［パイプ・タバコの］喫煙と噛みタバコの使用が、節度なき飲酒へ結びつく」と彼は警告している。(4) このように、ラッシュは不道徳、不健康、不摂生の観点からタバコ使用に反対したのだが、実はこれらの観点は、その後一世紀以上もつづく反タバコの活動のなかで、多くの人たちによって繰りかえし取りあげられたものであった。

　ラッシュがそうであったように、反タバコの立場にたつ者は同時に過度の飲酒に警鐘を鳴らす「禁酒もしくは節酒」（以下、テンペランス）の呼びかけも行っていた。そのような呼びかけを組織的に行うテンペランス運動は、一八一〇年代初頭にマサチューセッツ州やコネティカット州など北部で始まり、徐々にほかの地域へも広がったものであるが、指導者には酒類だけではなくタバコ、そしてなかには「コーヒー、紅茶、肉」の摂取禁止へも言及する「道徳的完全主義者」もいた。(5)

　一八二六年に、六州からなるテンペランス組織の代表がボストンに集まり「アメリカ・テンペランス協会」（the American Temperance Society）が結成されたが、この任意団体の幹事として活動の中心にいたのは会衆派教会に属す牧師ジャスティン・エドワーズ（Justin Edwards）であった。最大の関心事はもちろん過度の飲酒問題であったが、同時にエドワーズはそれを助長すると考えたタバコの使用もやめるよう説いた。彼に酒とタバコを断つよう勧められ、後に「ニューハンプシャー州テンペランス協会」（the New Hampshire State Temperance Society）の実行委員長になったジョシュア・ダーリング（Joshua Darling）は、エドワーズに宛てた書簡のなかで、「絶対禁酒だけではなく、気がつかないうちに悪影響をおよぼす有害なタバコをやめたことで、私の神経系統は正常に働くようになった」と喜びと感謝の気持ちを伝えている。(6)

初期反タバコの活動

ところで、一九世紀中頃に反タバコの活動を精力的に行った人物として、マサチューセッツ州フィッチバーグの牧師ジョージ・トラスク（George Trask）に触れないわけにはいかない。彼は南北戦争を挟んで不定期的ではあったが、『反タバコ誌《トラクト》』などのプロパガンダ冊子を発行しつづけ、人びとに対してこの「麻薬」を捨てさるよう啓蒙活動を行ったのである。若い頃にタバコ使用者だったトラスクは、自らの過去を次のように振りかえっている。

私は一八年前まで惨めなタバコの奴隷だった。このタバコという毒は、例外なく悪影響をもたらした。私は健康、物事に立ちむかう勇気、そしてキリスト教の聖職者として必要な気力が奪いとられていたのだ。当時、タバコを使いつづけるか否かは、死か生かの問題になっていた。そして、私はこの有害な麻薬を捨てて生きることを選択できたのだが、これによってえたものは信じられないほど健康的な身体だった。(7)（傍点は引用者による）

その後、トラスクは自らが正しいと確信するタバコのない生活習慣を広めるべく、説教や講演を行うために集会

A Noble Tar resolving to take the Pledge.

I SAY, down with the Pipe and the Pot
  No longer will I be their slave ;
They would keep me forever a sot,
  And hurry me quick to the grave.

I say, down with the Pipe and the Pot !
  They have beggared my children and wife,
And brought to the sailor-boy's cot
  Want, misery, hunger and strife.

I say, down with the Pipe and the Pot !
  They have blighted my hopes and my fame ;
Sabbath-breaker, blasphemer and sot,
  They have tacked to the sailor-boy's name.

I say, down with the Pipe and the Pot !
  In spite of the land-lubber's sneer ;
Henceforward my earnings shall not
  Go for Brandy, Tobacco, or Beer.

Down, down with the Pipe and the Pot !
  The fair Temperance Flag I will show ;
And the Pledge that I sign I will not,
  As a true sailor-boy, e'er forego.

So, down with the Pipe and the Pot !
  I cast them away with disdain ;
The stain of alliance shall not
  Adhere to the sailor-boy's name. — *English.*

Anti-Tobacco Tract Depository, Fitchburg, Mass. — GEO. TRASK.

図1　ジョージ・トラスクが作成した若い船員むけの誓約書

パイプ・タバコと酒を断つ誓約が書かれている。ちなみに “Tar” とは「船員」のことであってヤニではない。また “Pot” とは「酒ビン」のこと。

出所：George Trask, *Anti-Tobacco Tract* (Fitchburg, Mass.: 1866).

を開催したり、ビラや冊子や誓約書を作成して配布するなどの活動を始めたのであるが、このときは組織を作ることができなかったため孤軍奮闘を余儀なくされた。そこで彼が頼ったのは、やはりテンペランス組織でありその活動家たちであった。トラスクはテンペランスの集会へは可能なかぎり参加して、ラッシュ以来繰りかえされてきた酒類とタバコの有害な結びつきを糾弾したのである（図1）。

トラスクによると、酒類とタバコは「双子の悪魔」で、前者が「目立つ悪」ならば後者は「目立たない悪」であり、「酒を飲む者はほぼ例外なくタバコも使用する」が、もし例外があるとすれば、それは「一〇〇〇人に一人程度」であるというものだった。[8] ちなみに、酒類が「目立つ悪」というのは、過度の飲酒が舌の縺れや嘔吐を引きおこしたり、さらには暴力によって家庭を崩壊させるなど目に見える形で影響が現れることを意味し、他方タバコが「目立たない悪」というのは、そのような認識されやすい結果と直接結びつかないことを指した。ここに初期の反タバコ活動が、テンペランス運動ほどには幅広い支持がえられない理由があった。つまり、国民の生活習慣を改善したいと考える改革者にとって、飲酒は差しせまった問題を引きおこす可能性があったが、タバコ使用で生じる問題は解決するのに急を要さないものと位置づけられたのである。

一九世紀中頃のアメリカでは、パイプ・タバコにくわえて葉巻の喫煙も一般的になっており、一方無煙のものとしては嗅ぎタバコよりも噛みタバコに人気があった。もちろん、トラスクはすべての形態のタバコに反対したが、唾液を吐きちらす噛みタバコにしばしば言及し、それを「不潔で汚らしいもの」として攻撃している。[9] 彼が最も問題視したのは年少者によるタバコ使用だったが、実際に当時彼らの多くは噛みタバコを選択していたのである。[10] 言うまでもなく、彼らのタバコ使用についてはトラスク以外の反タバコ論者も言及していたし、徐々に紙巻きタバコへとお気にいりの形態は変わるが、その後も現在にいたるまで問題視されつづけている。

トラスクは、口のなかが汚れて歯が変色していた噛みタバコを愛用する年少者に対して、繰りかえしその習慣をやめるよう警告した。彼が著した『アメリカの若者へ宛てたタバコに関する書簡――トビーおじさんから甥のビリー・ブルースへの反タバコ助言――』は、講演などのおりに配付された最も知られるプロパガンダだった。実際にはいないビリー・ブルース（Billy Bruce）という甥、つまりすべてのアメリカの年少者に語りかけるという想定で書かれたこの冊子のなかで、トラスクは彼らに「希望の集団」（the Band of Hope）という任意団体の会員になるよう呼びかけている。彼が定めた規約によると、希望の集団は「子どもに致酔性飲料、タバコ、そして神への冒涜を控えるよう促すこと」を目的として結成されたのだが、ここでも反タバコとテンペランスは不可分の関係にあった点が窺える。またこの組織には、会長と三名の副会長以外に書記と会計係が一人ずつおり、この執行部へは当時としては珍しく少女の参加が認められていた(11)。

希望の集団は、そのような目的を掲げた誓約書への署名や会員を集める活動を行ったが、実際の「成果」を伝える記事は機関誌で公表されなかった。また、誓約する少年たちの親から五セントの会費を徴収するなど、運営面で苦労があった状況が想像される。ちなみに、同じ頃に子どもの会員を募って彼らを飲酒から遠ざけようとした「冷水軍」（the Cold Water Army）と呼ばれたテンペランス組織があり、これが希望の集団の手本になっていたことは容易に想像される(12)。

二　紙巻きタバコと「アメリカン・タバコ会社」

紙巻きタバコの製造

テンペランス運動と比較して、あまり目立たなかった反タバコの活動状況は、二〇世紀への転換期に変わりはじめた。その背景として、紙巻きタバコの生産量が徐々に増えはじめたことがあった。一九世紀の中頃、ヴァージニ

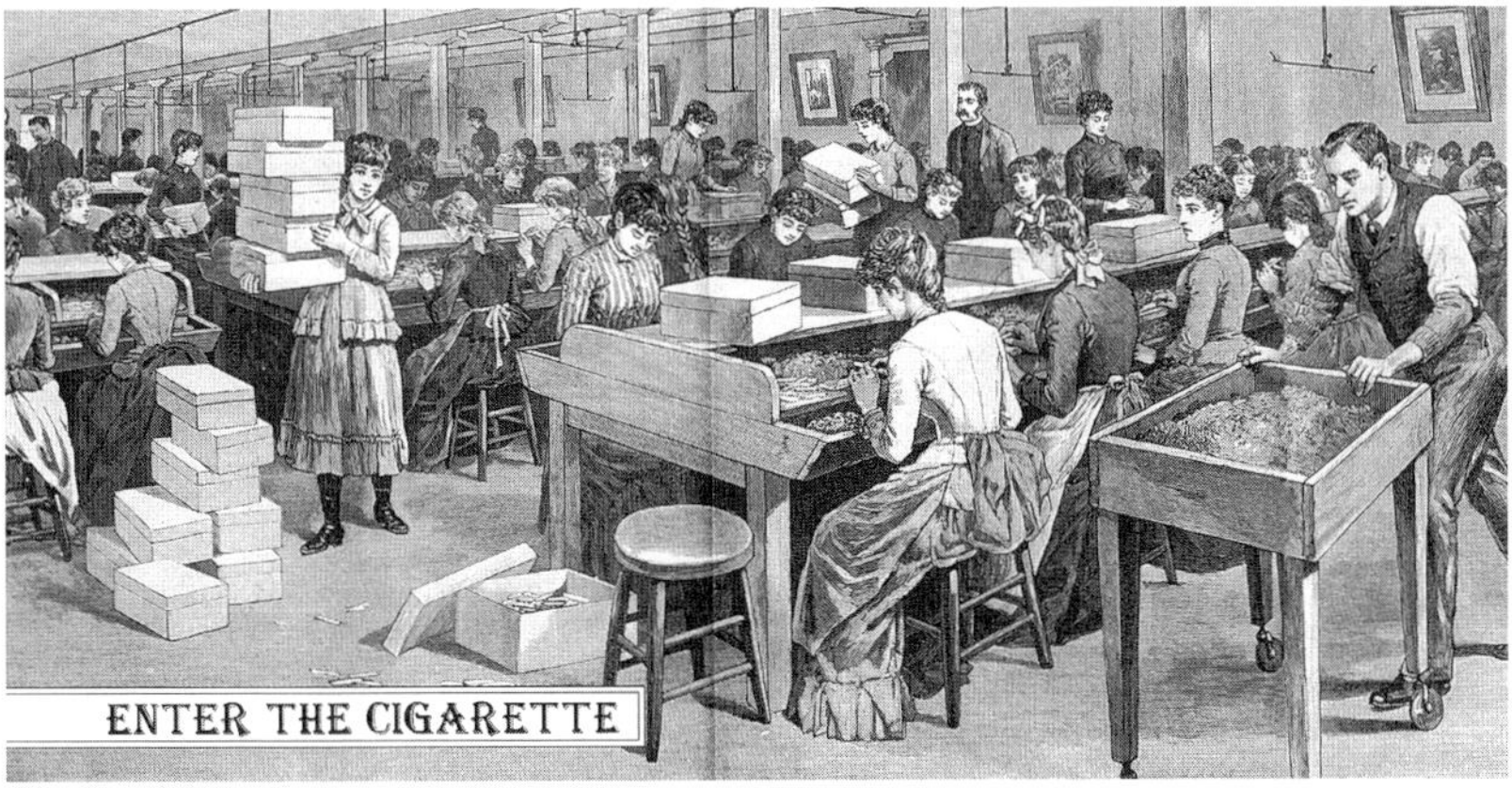

図2　初期紙巻きタバコ工場（1883年）

ヴァージニア州リッチモンドにあったこのアレン・アンド・ギンター・タバコ会社の工場では，450名の女性紙巻き職人が雇用されていた。

出所：Gerard S. Petrone, *The Tobacco Advertising: The Great Seduction with Values* (Atglen, PA: Schiffer Publishing Ltd., 1996), 52.

ア州やノースカロライナ州を中心として南部では噛みタバコや刻みタバコが、またニューヨーク州を中心として北部では葉巻などが、どちらも比較的小さな工場で競いあうように製造されていた(13)。一八八〇年の時点で、葉タバコの総生産量のうち五八％が噛みタバコの形態へ加工されており、葉巻とパイプ・タバコへはともに一九％ずつ、そして嗅ぎタバコへは三％がそれにつづいた。しかし、このとき紙巻きタバコへはわずか一％程度が加工されていたにすぎず、当時は作業場で作られたものも、また自ら紙に巻くものもすべて手作業であった(14)。

紙巻きタバコは、クリミア戦争（一八五三－一八五六）に参戦したイギリス兵が、他国の兵士から戦場での必需品として勧められたものを本国へもちかえり、さらにそれが大西洋を渡った移民によってアメリカへ伝えられたとされる。アメリカで紙巻きタバコが製造されはじめたのは南北戦争期で、ニューヨーク市にあった廃屋になりかけていた作業場において、それは移民労働者の手巻き技術を用いて製造された。一八六四年までに連邦政府はこの形態のタバコへも課税するようになったが、製造量はわずかだったため戦時の財政を支える物資にはとうていなりえなかった。

南北戦争（一八六一―一八六五）後、紙巻きタバコを本格的に製造したのはニューヨーク市のフランシス・キニー（Francis Kinney）だった。彼は一八六九年に東ヨーロッパからユダヤ人の紙巻き職人を招いて、主に女性移民にその技術を伝授してもらい、その後彼女たちを雇用したのである。男性と比較して賃金が低く、また一般的に手先が器用と考えられた女性は経営者にとって魅力的な職人であり、熟練してくると一分間に四～五本のタバコを巻けたため、一日一〇時間労働すれば三〇〇〇本近くの紙巻きタバコを作ることになった。[15] ちなみに、紙巻きタバコの製造工場では女性が数多く雇用される一方で、葉巻工場では男性職人が多く働く傾向にあった。紙巻きタバコは女性によって好まれたり、また「女々しいタバコ」と呼ばれて反タバコ派によって槍玉にあげられるようになるのだが、それはこのタバコの多くが女性によって巻かれていたことと無関係ではなかったと思われる（図2）。

キニーが製造を本格化させて以降、ニューヨーク州ロチェスターのウィリアム・キンボール（William Kimball）、ヴァージニア州リッチモンドのジョン・アレン（John Allen）やルイス・ギンター（Lewis Ginter）などが紙巻きタバコ業界へ参入した。その結果、一八六九年の紙巻きタバコ製造量は年間二〇〇万本程度だったものが、一八八〇年には五億本へと激増した。しかし、それでもこの本数は、先ほど触れたように、葉タバコの加工量としてはほかの形態のタバコに遠くおよばなかったのである。[16]

ジェームズ・デュークの登場

ところが一八八〇年代に、紙巻きタバコ業界の運命は大きく変わることになった。それは、「当初限られた人たちだけの紙巻きタバコ喫煙を、すべての人が行える普遍的な行為にした」ジェームズ・デューク（James Duke）の登場によってもたらされた（図3）。南北戦争終結後、彼は故郷のノースカロライナ州ダーラムにあった父ワシントン・デューク（Washington Duke）たちが経営する主にパイプ用の刻みタバコを製造する仕事場で、ベンジャミン・デューク（Benjamin Duke）などの兄弟と一緒に働いていた。その後一八七八年に、ワシントンは「W・デューク・アンド・サンズ・タバコ会社」を設立して法人化し、タバコの製造と販売を息子たちに任せることにした。そして、ワシントンは二年後に引退するのだが、自らの後継者として末息子のジェームズを指名したのである(17)。

二四歳の若さで会社経営を任されたデュークは、当時人気のあった噛みタバコや自らが愛用していた葉巻ではなく、引きついだ会社を紙巻きタバコの製造に特化させる決断をくだした。彼は一八八一年に、ニューヨーク市から一〇〇人を超えるユダヤ系の紙巻きタバコ職人をダーラムへ連れてきて、「デューク・オブ・ダーラム」というもともとパイプ用刻みタバコに使われていたブランド名と同じ名前のものを製造させた。デュークが紙巻きタバコに注目したのは、このタバコにかけられた税金――ここでは連邦物品税のことで州税は一九二一年にアイオワ州で課税されるまでどの州にもなかった――が大幅に引きさげられることが見込まれていたからであった。当時連邦議会では、紙巻きタバコへの課税額を引きさげる法案が審議されており、一八八三年に引きさげが実現した結果、デューク社製の紙巻きタバコ一〇本入り一箱の小売価格は一〇セントから五セントへと半額になった。この時代、葉巻一本の値段は五セントから一〇セントだったので、紙巻きタバコに割安感が生じたのである(18)。

図3　ジェームズ・デューク

出所：Gerard S. Petrone, *The Tobacco Advertising: The Great Seduction with Values* (Atglen, PA: Schiffer Publishing Ltd., 1996), 65.

薄利多売をめざしたデュークは、さまざまな製造および販売戦略をたて、それらをすばやく実行に移していった。例えば、ほかの紙巻きタバコ業者の多くが使っていたトルコ産の輸入葉の使用をやめ、地元南部で収穫された安価でマイルドな葉を、仲買業者を通さずに直接買いつける方法によってコストの削減を図った。また一八八四年には、会社の販売部門を統括する支社をニューヨーク市に開設して多角的な経営に乗りだした。当時、この街には葉巻製造会社が集中していたほか、いくつかの紙巻きタバコ会社も集まりはじめていた。そして何よりも、デュークが販売戦略のなかで最も重視した広告を手がける会社が軒を連ねていたのである。

紙巻き機の導入

それより少しまえ、デュークと紙巻きタバコ業界の繁栄に決定的な役割を果たすようになる機械が考案された。それは、ジェームズ・ボンサック（James Bonsack）によって開発された紙巻きタバコ製造機で、デュークはこれを導入することで大量生産を実現してコストをさらに削減したのである（図4）。余談だが、この機械の発明は、あたかも奴隷制廃止論者が奴隷制を存続させるのに貢献したと非難した一七九三年のイライ・ホイットニー（Eli Whitney）による綿繰機《コットン・ジン》の発明に匹敵するものと、反タバコ論者によって攻撃された。

ヴァージニア州リンチバーグの郊外に生まれたボンサックは、鋳掛け屋を営みながら紙巻き機の開発に取りくんだが、これはリッチモンドの「アレン・アンド・ギンター・タバコ会社」が報奨金を懸けてその開発を促した試みがきっかけであった。一八八〇年、彼は二一歳のときに、改良の余地を残しながらも特許を申請できるほどの機械を作りあげた。この機械は、順調に動けば一分間に約二〇〇本の紙巻きタバコを製造することが可能で、これは四〇人以上の熟練職人が同じ時間に作りだす本数であった。しかし、アレン・アンド・ギンター社は最終的にボンサックの紙巻き機を採用しない決定をくだしたのである。七万五〇〇〇ドルの報奨金の支払いが惜しくなったとか、葉巻と同様に手作りにこだわる愛煙家からの拒否反応を懸念したとか、安定的に商品と呼べるものが製造できるレベルにまでその機械がたっしていないと判断したとか、反対に生産過剰による在庫の増大を危惧したとか、不採用の理由はいろいろと憶測されたが真実は不明であった[19]。

いずれにしても、そのような経過をへてデュークの会社は紙巻き機の使用契約を、ボンサックと結べるようになったのである。当初、機械の故障などで計画通りに製造されることがほとんどなかったため、一方では手巻き職人を確保しながらの経営がつづいたものの、時間の経過とともに機械は改良されて製造量は安定するようになった。W・デューク・アンド・サンズ社は、一八八八年には一日最大四〇〇万本の紙巻きタバコを作りだす能力を有するようになり、実際に年間七億本あまりを製造したため、後発にもかかわらず紙巻きタバコ業界では四〇%のシェアをしめる会社に成長した[20]。紙巻きタバコの大量生産を実現したデュークが次に取りくまねばならなかったのは、在庫を増やさないようにするため製品を効率よく売りさばくことであった。彼は、大量消費を促すために多様な広告を行い、その費用として売りあげ額のおよそ二〇%を注ぎこむ一方で、海外市場の開拓もてがけたのである[21]。

図4　ジェームズ・ボンサック考案の初期紙巻き機

出所：Gerard S. Petrone, *The Tobacco Advertising: The Great Seduction with Values* (Atglen, PA: Schiffer Publishing, Ltd., 1996), 53.

さらにデュークは、アレン・アンド・ギンター社、ニューヨーク市の「キニー・アンド・グッドウィン・タバコ会社」、そしてロチェスター市の「キンボール・タバコ会社」などの競争相手を次々に買収し、一八九〇年には「アメリカン・タバコ会社」を設立したのである。紙巻きタバコ業界を席巻したデュークは、ほかの形態のタバコ、特に当時最も消費されていた噛みタバコの業界へも参入を図り、そして最終的には葉巻以外のタバコ製品のすべてをアメリカン・タバコ社による独占――全タバコ製品の約七五%を製造――のもとにおくことになった。[22] このデュークによるタバコ業界の支配は、「シャーマン反トラスト法」(the Sherman Antitrust Act) に違反するとして、連邦司法省から解体が命じられる一九一一年までつづくのだった。

三　反紙巻きタバコ運動のはじまり

紙巻きタバコの愛用者

ここで、世紀転換期に高まった反タバコの活動に話を戻したい。この活動は、デュークがボンサック考案の紙巻き機を導入して大量生産を開始した時期に活発化しはじめており、トラスクが行った活動とは異なり、規模は小さく不完全ながらも組織化されたため「運動」と呼べるものになった。一九世紀末の反タバコ運動で注目すべきは、そこに二つの集団、つまり全形態のタバコ使用に反対するグループと、紙巻きタバコを集中的に攻撃するグループがあったこと、そして後者が圧倒的多数をしめていたという事実であった。したがって、多数派にとっての反タバコ運動とは、「反紙巻きタバコ運動《アンチ・シガレット》」と同義になったのである。

いずれにせよ、両グループとも紙巻きタバコを敵視した点は共通したわけだが、なぜこの形態のタバコが槍玉にあげられたのであろうか。それを考えるにあたり、紙巻きタバコを取りまく次のような状況があった点を見落としてはならない。それは、一九世紀末の時点でアメリカ社会を支配していた主流派、つまり白人でアングロサクソン系のプロテスタント（WASP《ワスプ》）に属す成人男性のほとんどが、有煙タバコに関してはパイプ・タバコや葉巻など「伝統的な形態」のタバコを嗜んでいた一方で、紙巻きタバコは社会の非主流派の人たち――年少者、女性、移民労働者など――によって好まれる傾向があったことだ。その理由としてまず考えられるのは、後発であったこのタバコの値段が、前節で触れたように相対的に安価だった点である。この低価格こそ、購買力に乏しい年少者や労働者たちを紙巻きタバコに引きつけた理由の一つだった。これに関して「金持ちの家でも貧乏人の家でも、一〇歳にもならない腕白小僧《アーチン》による大量喫煙を可能にさせるなど、紙巻きタバコの危険性はその値段の安さにある」と警告する新聞記事もあった(23)。

価格以外に、非主流派が紙巻きタバコを選択した理由として、葉巻やパイプ・タバコと比べ、煙の刺激が弱く味がマイルドだったことも考えられた。そもそも、トルコやキューバなど味や香りの強い外国産の葉タバコが多く使われていた葉巻やパイプ・タバコとは異なり、国内産を中心にまろやかな味のものが多くブレンドされた紙巻きタバコは、強い刺激を嫌がる傾向にある女性や年少者によって好まれた。ちなみに、すでに触れたように、当時の成人男性はそのような紙巻きタバコを「女々しいタバコ」と呼び、敬遠する傾向にあった。

また、紙巻きタバコはその携行や使用が比較的容易で手間隙がかからなかった点も、特定の人たちによって支持される理由であった。就業中に休み時間がほとんど与えられなかった労働者や、タバコ使用自体を否定的に眺められていた年少者や女性にとって、紙巻きタバコは短時間に嗜めて目立ちにくかったため、そのような人たちに好まれた。さらに、一八九〇年代に出回りはじめた携行可能な安全マッチも、作業場の片隅での使用を容易にしたため、非主流派による紙巻きタバコ喫煙に拍車をかけたのである。

禁酒法運動との共通点

このように、非主流派の社会集団が好むタバコの使用を規制しようとした世紀転換期の反タバコ運動には、自らの飲酒ではなく移民労働者のそれを規制するために、彼らが集まる酒場を標的にした同時代の禁酒法運動との共通点があり、それは、二つの運動がタバコと酒類を否定的に結びつける指導者によってなされた点にも表れている。指導者とは、社会改革をめざすプロテスタント教会の関係者、産業資本家、そして政治家などであり、すでに論じたように、彼らはタバコ使用が飲酒と結びつくことをプロパガンダとして頻繁に伝えたのである。次の引用文は、一八七四年に結成された世紀転換期最大の飲酒に反対する女性組織「女性キリスト教テンペランス同盟」（the Woman's Christian Temperance Union＝ＷＣＴＵ）の活動家で、しばしば講演を行った、安息日再臨派に属す敬虔なキリスト教徒エレン・ホワイト（Ellen White）が語ったものだが、当時の指導者たちによって繰りかえされた典型的な反タバコ言説だった。

タバコ依存者がどんどん増えています。この悪行について、私たちは何を語るべきなのでしょうか。タバコは汚らしい麻薬であり、感覚を鈍らせて自由な意志決定の能力を奪うことで、使用者を克服困難な隷属的習慣の犠牲者に留めおきます。悪魔がその使用を推奨しているタバコは、真理と崇高を罪悪と腐敗から切りはなすのに必要とされる明晰な精神の知覚作用を破壊するのです。タバコへの欲求は自壊的で、それは使用者を何かより強い刺激物へと導くのですが、結局は発酵酒であるワインや蒸留酒であるウィスキーなどすべてが致酔性のある飲料へ向かわせることになります。(24)（傍点は引用者による）

ＷＣＴＵを影響力のある女性組織にした第二代会長フランシス・ウイラード（Frances Willard）は、飲酒による弊害をなくすために禁酒法の成立を最優先に考えたが、その一方で「あらゆる改革への参加」をスローガンに、女性参政権の獲得や売春婦の救済などのほか、タバコ、特に紙巻きタバコの問題にも取りくんだ。[25] WCTUは、一八八三年に「タバコ使用習慣廃絶部会」(the Department for the Overthrow of Tobacco Habit) を立ちあげ、タバコの問題へ対応するようになった。この部会は、後に「反麻薬部会」(the Anti-Narcotics Departmant) へと改称され、セントルイス出身のイライザ・インガルズ (Eliza Ingalls) が部会長に就任した頃から、以下で述べるルーシー・ギャストン (Lucy Gaston) による反紙巻きタバコの運動を支えるのであった。

部会に関するこの名称変更の背景として、「紙巻きタバコには、アヘン、コカイン、そのほかの麻薬も含まれているので依存という特性を生む」と、多くの人によって漠然と信じられていた状況があった。[26] 後になって、この「依存という特性」はもともと葉タバコに含まれるニコチンという物質によって引きおこされることが化学的に証明されるようになるが、一九世紀末の時点では、紙巻きタバコを麻薬と結びつけて非難する試みがしばしば行われたのである。ウィラードもそのように考えた一人であり、WCTUの年次大会を含めて機会があれば、この「呪われた麻薬の草」を社会から追放するよう訴えつづけた。[27] 後述するように、WCTUは一八九〇年代以降紙巻きタバコの販売などを禁止する法律の成立をめざした活動を行うのであるが、そこでは麻薬が含まれている紙巻きタバコを禁制品にすべしというプロパガンダがしばしば使用された。

しかし、ウィラードはあくまでも禁酒法の成立を優先して考えたため、タバコ規制を求めた活動で中心的役割を果たすことはなかった。そこで、彼女の代わりにその役割を担ったのが、シカゴを拠点に活動したギャストンであった。彼女はノーベル賞作家シンクレア・ルイス (Sinclair Lewis) の小説『アロースミス』のなかで、「シカゴからやってきた反ニコチン女性」として描かれている人物であった。[28] ギャストンは、一八六〇年にオハイオ州デラウェアで生まれ、後にイリノイ州レイコンへ移りすむのであるが、彼女の改革者精神は主に家庭環境によって育まれたものと考えられる。父アレグザンダー・ギャストン（Alexander Gaston）はかつて奴隷制廃止運動で活動しており、また日常生活においては酒類とタバコを遠ざけた敬虔なキリスト教徒であった。また母ヘンリエッタ・ギャストン（Henrietta Gaston）がウイラードと友人関係にあったため、ギャストンは若い頃からＷＣＴＵの活動に参加しており、機関誌『ユニオン・シグナル』へ投稿したこともあった(29)。

ルーシー・ギャストンとＡＣＬＡ

ギャストンは、シカゴを拠点にして実業家からの支援を受けながら活動し、反タバコ運動の指導者をめざして一八九九年に「シカゴ反紙巻きタバコ連盟」（the Chicago Anti-Cigarette League）を結成した。その後この組織は、各地の反タバコ派の人たちと連携しながら州境を越えて活動の輪を広げたため、一九〇一年には「全国反紙巻きタバコ連盟」（the National Anti-Cigarette League）へと発展し、同年七月にバッファロー市で開催された大会では、会員数が三〇万人近くになったことが誇らしげに報告されている。さらにこの組織は、一九一〇年代にはカナダへ進出したため「アメリカ［大陸］反紙巻きタバコ連盟」（the Anti-Cigarette League of America＝前身の組織を含めてＡＣＬＡ）へと改称され、会員数も五〇万人にたっしたと『ニューヨーク・タイムズ』は伝えている。ＡＣＬＡになっても中心はやはりシカゴで、そこを拠点として「海岸線から海岸線にいたる下部組織の全国ネットワークが作られ(30)」、各地で行われていた活動を支援するために人員が派遣されたり、プロパガンダ冊子が発送されたのである。

ＡＣＬＡの役員として名前を連ねたのは、スタンフォード大学の初代学長を務めたデヴィッド・ジョーダン（David Jordan）、著名な判事のベンジャミン・リンズィ（Benjamin Lindsey）、経済学者のアーヴィング・フィッシャー（Iving Fisher）、シリアル会社を設立して財をなした医学博士の学位をもつジョン・ケロッグ（John Kellogg）、そして自動車製造業者のヘンリー・フォード（Henry Ford）などであった。そのほかにもクラレンス・ウィルソン

（Clarence Wilson）、フランシス・クラーク（Francis Clark）、ダニエル・ポリング（Daniel Poling）、ジョサイア・ストロング（Josiah Strong）などのプロテスタント諸教派、特にメソジスト派に属す聖職者もＡＣＬＡの役員になったが、彼らはすべて禁酒法の支持者としても知られていた[31]。

ＡＣＬＡのなかで、フォードやケロッグのような産業資本家が主に行ったのは、運動を支えるための資金を拠出したり、反タバコのプロパガンダを書くことであった。彼らは本業のビジネスで多忙だったため、例えば集会を開催したり冊子の編集や禁煙誓約書の配布、さらには立法を求めて議員へ嘆願書を書きおくる活動などは、主に教会関係者によってなされたのである。このような「役割分担」は、禁酒法運動における活動と共通するものであった。

四　特定の社会集団を標的にした紙巻きタバコ規制

年少者による紙巻きタバコ喫煙

前節で論じたように、紙巻きタバコが集中砲火を浴びたのは、この形態のタバコが主に社会の非主流派によって使用されていたからであった。ここではそのような人たちによる喫煙に関して反タバコ派が何を問題視したのかをさらに考察するが、まず年少者について見てみたい[32]（図５）。

教員の経歴をもつギャストンは、ＡＣＬＡを結成する以前から年少者による喫煙に反対しており、紙巻きタバコの販売を禁止する立法を求めたのも、それが流通する限り直接的でなくても彼らの手に渡ることや、「［紙巻きタバコを購入した］成人が年少者にとっての悪い見本になること」を危惧したためであった[33]。ＡＣＬＡは、『少年《ボーイ》』という機関誌をプロパガンダとして配布したほか、彼らを対象とした講演会を開催したり、誓約書へ署名させるなどの活動を精力的に行った。特に署名集めは積極的になされ、子どもに対しては「禁酒誓約書」を参考にして次のよう

図5　喫煙する新聞売りの少年たち（ミズーリ州セントルイス，1910年）

出所：Cassandra Tate, *Cigarette Wars: The Triumph of "the Little White Slaver"* (New York & Oxford: Oxford University Press, 1999).

な「汚れなき人生の誓い」が準備され、集会の場だけではなく学校や教会を通しても彼らに手渡された。

私は少なくとも二一歳になるまで、紙巻きタバコおよびほかのいかなる形態のタバコについてもその使用を慎むことを、さらには友人に同じ誓いをたてるよう勧めることを、自らの名誉にかけてここに誓います(34)。

ちなみに、当時タバコとはほぼ無縁と考えられていた少女たちにも、それを使用する少年とはいっさい言葉を交わさないという内容の誓約書が作られたのである(35)。

ＡＣＬＡの役員だったフォードやケロッグなどの会社経営者が年少者による喫煙に反対したのは、子どもの健全な成長を見守るパタナリズムだけが理由ではなかった。それは、彼らが近い将来に「労働者」となることを念頭においたもので、生産効率の低下を避けたい経営者としての思惑からでもあった。年少者の喫煙に反対する人たちは、彼らを「紙巻きタバコ狂《シガレット・フィーンド》」と否定的に呼び、かつて栄華を誇ったスペインが紙巻きタバコの流行によって没落の道をたどったと主張しながら、怠惰に陥る子どもの増加に警告を発するのであった[36]。

さらに、紙巻きタバコ喫煙が年少者にもたらす問題として、犯罪との関係を指摘する者が少なからずおり、ACLA役員のリンズィ判事もその一人であった。デンバーで主に少年犯罪を担当してきた彼は、「紙巻きタバコの喫煙は酒類や麻薬だけでなく、犯罪にも結びつく傾向にある」と繰りかえし訴えた。リンズィは、犯罪が喫煙という「堕落」から始まる場合が多いと確信しており、罪を犯した少年に実刑ではなく保護観察処分をくだす場合には、禁煙誓約書へ署名することを条件としたのである[37]。またロサンゼルスでは、市警察の青少年課長レオ・マースデン（Leo Marsden）が、犯罪を犯す少年と喫煙の関係を危惧する人物だった。彼は「二一歳以下の若者で逮捕されて自分のところへ連れてこられた者のうち、九〇％以上が紙巻きタバコの喫煙者である」などとしばしば裁判で証言している。また、ニューヨーク市でも同じように語られており、『ニューヨーク・タイムズ』は「紙巻きタバコ戦争」という記事のなかで、「私が担当した少年の九九％は、タバコの脂で指が黄色く変色していた」と語る、ある治安判事の発言を紹介している[38]。

年少者を対象とした規制法

年少者による喫煙は不道徳な行為であり、精神的さらには肉体的成長に悪影響をおよぼすという考えかたを多くの人が受けいれたため、一八八〇年代にはニュージャージー、ペンシルヴァニア、カンザスなど数州において、彼らへのタバコ販売を禁止する法律が大きな反対もなく成立した。そして、この動きは一八九〇年までに二〇余の州および准州へと拡大したのであるが、法律の内容については異なる点もあった。例えば、販売以外にも無料配布を禁止する州、紙巻きタバコだけではなく全形態のタバコに言及する州、そしてペンシルヴァニアのように、自分で巻くための巻紙も販売禁止にする州もあった。また、これらの違法行為を行う業者に科せられた罰金の額にも相違が見られ、上限を数ドル程度に設定する州から三〇〇ドルにする州まであったが、平均は二〇ドル台の前半だった。[39]一八九〇年代以降も年少者へのタバコ販売を禁止する州は増えつづけ、最終的にはほぼすべての州においてそのような法律が成立したのである。

さらに、年少者に関しては、紙巻きタバコの販売禁止以外にもさまざまな制約が設けられた。例えばフロリダ州のように、彼らに喫煙を「勧誘、忠告、助言もしくは強要」することも禁止されたところがあった。また、彼らをタバコから遠ざける試みとして、二〇世紀初頭のウエストヴァージニア州やケンタッキー州では、学校の敷地内およびその周辺地域での喫煙が禁止されたほか、喫煙者を教員として採用しない学区も現れた。[40]

通常は、年少者へタバコを販売する業者の罪が問われたのであるが、喫煙する本人も取締りの対象になることがあった。例えば一九〇九年に成立したカンザス州法では、「公道、市街、裏通り、公園もしくはそのほかの一般人が使用する場所、または［レストランなど］営業中の屋内空間において、紙巻きタバコ、葉巻、パイプ・タバコを喫煙する年少者は違法行為を行っていると見なされる」ようになった。[41]また、自治体レベルでも喫煙規制がなされており、例えばピッツバーグ市では、公衆の面前で喫煙する年少者がいれば留置せよという行政命令が、市長によってだされた。さらにニューヨーク市では、「いかなる形態であれ、タバコを使用する一六歳以下の少年を逮捕する権限が警察に与えられており」、実際に身柄を拘束された者も少なくなかった。[42]このような措置の法的根拠になったのは、ニューヨーク市のように年少者による人前での喫煙を禁止した条例（一八九三年施行）の場合もあったが、それがないところでは、「公序良俗を乱す迷惑行為を取りしまるための条例」であった。

女性による紙巻きタバコ喫煙

反紙巻きタバコ派が、年少者による喫煙の次に問題視したのは女性によるものであった。もともと植民地時代には、女性はパイプ・タバコや嗅ぎタバコを嗜んでおり、当時それは比較的自由に行える行為だった。しかし独立後、第二章で詳しく述べるように、特に男女の領域と役割が定まっていった一九世紀中頃以降のいわゆる「ヴィクトリア時代」になると、彼女たちには道徳の擁護者たることが求められ、女性のタバコ使用に不寛容な風潮が生じた。その結果、タバコ使用は男性にのみ認められた一方で、女性に関しては「道徳的堕落」と見られはじめたのである。

一八七九年に『ニューヨーク・タイムズ』は、「女性による紙巻きタバコ喫煙は常に不道徳なものに付随する、もしくはそれへとつながる行為」であるという記事を掲載した。これは当時多くの男性が、タバコを使用する女性は「受身で快楽を享受するのではなく、自ら積極的に快楽を与える」ため、「性を売りものにする……女優、ダンサー、売春婦に多い」という偏見をもっていたことを反映したものであった(43)。ところが、世紀転換期に紙巻きタバコを喫煙したのは、必ずしも「性を売りものにする」人たちではなかった。それどころか、例えば家事や育児を召使いに任せる場合も少なくない「東海岸の大都市に住む洗練された上流階級に属すインテリ女性」や、参政権を求める進歩的な女性など、どちらかというと性を売りものにする生きかたには嫌悪感を示すであろう人たちのなかに喫煙者が多かったのである(44)。したがって、反紙巻きタバコ派にとって女性の喫煙に関して「不道徳なもの」とは、必ずしも新聞記事が仄めかしている性的な堕落ではなく、男女のあいだに異なった「領域《スフィア》」と役割を定めた社会規範を否定しようとする喫煙という行為であったと考えるべきであろう。

しかし、年少者によるタバコ使用を法律によって規制することにはおおむね肯定的だった世論も、成人女性に関しては少々異なっていた。先述したように、この時代女性の喫煙を社会規範からの逸脱行為として認めない保守的な世論は確かに存在していたが、年少者に対する販売禁止法と同じものが、彼女たちを対象として立法化されるほど大きくはなかった。したがって、女性への紙巻きタバコ販売を禁止するための立法については、いくつかの州議会において法案提出がなされたものの、それらはほとんど審議されることなく棚上げされる傾向にあった。その一方で、公衆の面前での喫煙が目立ちはじめたニューヨーク市のように、それを禁止する条例を成立させるか否かを実際に審議した自治体もあった。

そもそもニューヨーク市で審議されるようになったきっかけは、二〇世紀初頭にレストランやホテルなど不特定多数の人が集まる場所において女性による喫煙が目立ちはじめたため、それを規制すべきと多くの市民が考えているという内容の新聞記事が、市議会で取りあげられたことであった。その後、ティモシー・サリヴァン（Timothy Sullivan）議員によって提出された、そのような場所での女性による喫煙を違法とする条例案が、一九〇八年一月に賛成多数で可決されたという広報が流された。しかし、これは市議会を通過しただけであり、現実には二週間後にジョージ・マクレラン（George McClellan）市長が行使した拒否権によって最終的には成立しなかったのである。ところが、実際に多くの人が見ている前で喫煙したケイティ・マルケイヘイ（Katie Mulcahey）という二九歳の女性が逮捕され、その日のうちに治安判事によって五ドルの罰金刑が言いわたされるという混乱が引きおこされたのである。(45)

以後ニューヨーク市では、女性による公衆の面前での喫煙を禁止する条例案は繰りかえし提出されたが、それらはすべて廃案になっている。それでも身柄を拘束された者がいたのであるが、その法的根拠は、年少者の場合と同じように、公序良俗を乱す迷惑行為を禁止した条例だった。しかし、たとえそのような条例によって拘束されても罰則はなく、通常はその日のうちに釈放されるのだが、自分の子どもがいる前で行われる常習的な喫煙は、「[子どもたちの」道徳性を破壊するもの」と考えられ、ときには処罰される事例もあった。一九〇四年一〇月一八日付けの『ニューヨーク・タイムズ』は、七歳の息子と五歳の娘の前で喫煙を繰りかえしていた母親ジェニー・レイシャー（Jennie Lasher）が逮捕され、三〇日間拘留されることになったと報じている[46]。そもそも、この「事件」は夫の告発に端を発したものだったが、新聞記事になったという意味で稀な事例であったと考えられる。いずれにしても、女性に的を絞った喫煙規制法を州レベルではもちろん自治体レベルでも成立させるのは、年少者の場合と異なり容易でなかった。

移民労働者による紙巻きタバコ喫煙

年少者と女性につづいて、世紀転換期に南および東ヨーロッパから大量に流入してきた労働者も、反紙巻きタバコ運動のなかでやはり問題視された。すでに触れたように、彼らの多くが紙巻きタバコを選択したのはこれが安価であったこと、扱いやすく仕事場の片隅で短時間に使用できたこと、そして彼らが大西洋を渡る前からそれに慣れしたしんでいたことなどが理由としてあった。移民労働者による紙巻きタバコ喫煙を攻撃した者のなかには一部に排外主義者もいたが、その多くは生産効率の低下を危惧する企業家たちであった。二〇世紀の初頭、「喫煙者は有能ではないし信用もできない」と決めつける企業家が少なからずおり、そのような先入観が反映したと思われる「紙巻きタバコを喫煙する移民労働者には仕事へ就けない状況が生じている」という記事が、『ニューヨーク・タイムズ』に載せられた。さらに、『アメリカン・ヘリテージ』誌によって取りあげられた記事では、実際に喫煙を理由に「二〇〇万人以上の労働者が仕事への扉を閉ざされてしまった」と人数まで推定されている[47]。

一九〇二年にデトロイトで「キャデラック自動車会社」を設立したヘンリー・リーランド（Henry Leland）も、紙巻きタバコ喫煙者を敬遠する経営者の一人だった。彼は、自動車製造に不可欠な技能労働者を養成する機関として、二年制の「キャデラック応用力学学校」（the Cadillac School of Applied Mechanics）を開設したが、この学校へは「道徳的に優れた性格のもちぬしで喫煙と飲酒をしない人物のみ」の入学が認められたのである[48]。また、同じく自動車会社を設立したフォードも、喫煙が飲酒やギャンブルといった「道徳的堕落」と結びつきやすい点を忘れてはいなかったが、やはり経営者として、就業中に繰りかえされる喫煙による経済的損失や、作業場での火災や事故を問題視した。彼は、多くの経営者仲間や教育関係者などから喫煙者を雇用することについて意見を聞き、その結果をまとめた冊子『小さな奴隷所有者への異議申したて』を発行し、それを広く産業界へ配布したのである。フォードが目的としたのは、「小さな奴隷所有者」と自らが呼ぶ紙巻きタバコに「隷属」しつづける喫煙者を、雇用しないよう呼びかけることであった。(49)

キャデラック社やフォード社以外にも、世紀転換期には紙巻きタバコ使用者を敬遠する企業があり、それには鉄鋼業の「カーネギー社」や「コロラド社」、通信販売の「シアーズ・ローバック社」や「モンゴメリー・ウォード社」、小売業の「マーシャル・フィールド社」や「ワナメーカー社」、鉄道業の「シカゴ・バーリントン・クインシー社」、「ロックアイランド社」、「ニューヘヴン社」、「アチソン・トピーカ・サンタフェ社」など枚挙にいとまがないほど多くの会社が含まれた。(50) さらに、これらの会社を経営する者、例えばアンドルー・カーネギー（Andrew Carnegie）やシアーズ・ローバック社のジュリアス・ローゼンウォルド（Julius Rosenwald）やモンゴメリー・ウォード社のウィリアム・ソーン（William Thorne）などは、ACLAをはじめいくつかの反タバコ組織へ寄付を行ったが、このような経営者たちからの寄付金が、先述したように反紙巻きタバコの活動を財政的に支えたのである。(51)

世紀転換期のアメリカでは、機械化が進み企業が巨大化するという大衆消費社会の到来を予感させるものが起こった。しかし、コンピュータによる機械制御が珍しくない現代とは異なり、当時は工場において機械を事故なく操作できる労働者の技能が重要だったが、移民の多くがヨーロッパの農村地域から流入してきたため、彼らに技能と効率を重視する労働倫理を理解させるのは容易でなかった。そこで、移民たちを勤勉で有能な工場労働者にするため、フォードのような経営者によってとられた方策は、彼らの日常生活を細部にわたって管理するというものであった。紙巻きタバコの喫煙規制もその一部であり、これは禁酒法の成立をめざした運動のなかで、やはり企業家が提唱した労働者に対する飲酒規制と同じ文脈で捉えられることは言うまでもない。

しかし、労働者を標的にして紙巻きタバコ販売などを規制する法律を成立させるのは、成人女性の場合よりもさらに困難だった。確かに、政府が管轄するニューヨーク港のエリス島において、到着したばかりの移民――そのほとんどが不熟練の工場労働者になる人たち――に対してタバコ会社が行っていた紙巻きタバコの無料配布や激安販売は、二〇世紀初頭になると、タバコ会社の関係者をそこから締めだす措置によって事実上禁止されるようになった(52)。その一方で、法のもとでの平等を基本理念として掲げてきたアメリカにおいて、特定の社会集団だけに的を絞った立法を求めるのには限界があった。

五　シガレット・プロヒビションの成立とその執行状況

CP法成立へむけての動き

前節で論じたように、ほとんどの州では年少者に対する紙巻きタバコの販売が、大きな反対もなく法律によって禁止された。ところが、禁止の対象が成人になると、なぜ紙巻きタバコだけなのかを含め、立法を正当化するために説得力のある理由づけが必要であった。そこで、反紙巻きタバコ派が取りあげたのが「健康」や「麻薬」などの問題であり、これに関して組織として最初に動いたのはWCTUだった(53)。第三節で触れたインガルズ反麻薬部会長を中心に、WCTUは紙巻きタバコ販売が、合衆国憲法によって連邦議会の権限とされた州際通商の範疇に入る場合が多々あると考えたため、一八九二年にその販売や搬送を禁止する連邦法を求めて、首都ワシントンにおいて活動を開始した。

これを受けて連邦議会は、その請願内容が国民の健康を憂慮するものになっていたことを理由に、上院の「感染症委員会」（the Committee on Epidemic Disease）で審議する決定をくだした。その後この委員会は審議を行い、もし紙巻きタバコの使用に何らかの規制を設けるのであれば、住民の健康を守るのは州の役割であるとの観点から、それは連邦ではなく州の権限でなされるべきとし、対応する責任は州にあると結論づけたのである。これに対してWCTUは、州による紙巻きタバコの販売規制が、やはり州際通商に関して連邦議会に付与された権限に抵触すると考えたため、州による規制を承認する連邦レベルの法的措置をあらためて求めたのであるが、連邦議会はそれには応えなかった。(54)

感染症委員会での議論によって、規制の問題はいくつかの州の議会において議論されることになったのだが、その内容は紙巻きタバコの販売を中心に、ところによっては製造や譲渡や広告なども禁止されるべきか否かというものだった。(55)ちなみに、これらの行為を禁止する法律は、同時期に進められていた酒類の製造や販売などを禁止する法律である"prohibition"にちなんで、「シガレット・プロヒビション」（cigarette prohibition 以下、CP法）と呼ばれるようになった。(56)CP法は一八九〇年代から一九二〇年代にかけて一四州と一准州において成立と廃止が繰りかえされたほか、二二の州や准州では成立はしなかったものの議会で審議されており、なかにはあと一歩で州議会を通過するところもあった。本節および次節では、実際にCP法が成立したいくつかの州を取りあげて、その内容や執行状況について見てみたい。

ワシントン州CP法

州CP法が最初に成立したのは一八九三年のワシントン州で、エヴェレット市において弁護士を本業としながら共和党の州下院議員を務めていたC・T・ロスコー（C. T. Roscoe）が立法化の中心人物だった。彼はCP法となる「下院法案第一三六号」を州議会へ提出したが、そのなかで紙巻きタバコが健康と道徳に悪影響をおよぼすことを理由にあげながら、次のような禁止事項と罰則を提案したのである。それは「いかなる個人や組織が行おうとも、紙巻きタバコおよび〔自ら巻くための〕巻紙の販売、譲渡、製造は違法であり、違反者には最高五〇〇ドルの罰金刑か最長六ヶ月間の懲役刑、もしくはその両方が科せられる」という厳しいものだった。(57)

この法案は、一部の議員が反対したものの州議会を通過し、一八九三年三月七日にジョン・マクグロー（John McGraw）知事が署名して成立し、その後四ヶ月の周知期間をへて施行されることになった。このワシントン州CP法に関して、『ニューヨーク・タイムズ』は「紙巻きタバコの喫煙は愚かな行為であり、ほかの形態のタバコよりも健康にとって有害だ。しかし、それは法律を成立させてまで是正すべき問題ではない。このような法律が順守された前例はなく、それによって法律の権威を失墜させるほうがより悪い結果を招くものになる」という批判的な記事を掲載している。また、地元の『ヤキマ・ヘラルド』も、「州内いくつかの地域で違反が公然となされることによって、その正当性を疑う状況が予測されており、〔隣接するオレゴン州〕ポートランド市のタバコ小売り業者たちは、ワシントン州の消費者に通常価格の紙巻きタバコを前払いの通信販売で提供できると広告している」と、やはり否定的な記事を載せている。(58)

結局、この州法は施行後まもなく連邦巡回裁判所で違憲判決を受けたのだが、その理由は、州際通商に対する規制権限が合衆国憲法によって連邦議会に与えられていたため、他州で製造されたものを自州へ搬入しようとする業者を犯罪者として扱うワシントン州CP法は憲法違反であるというものだった。成立当初、逮捕される者もいたが、違憲判決以降この法律は死文化、つまり執行されなくなり、免許取得者だけに販売を許可する制度の導入と引きかえに一八九五年に廃止された。(59)

しかし、二〇世紀に入りワシントン州では再び反紙巻きタバコの活動が活発化し、州CP法の復活が図られた。その結果、オリヴァー・バイアリ（Oliver Byerly）下院議員によって提出された新たな州CP法案が、一九〇七年六月に成立して同年九月一日から施行されたのである。この一九〇七年法では、「紙巻きタバコだけではなく、刻みタバコを巻く目的で準備されたあらゆる種類の巻紙に関しても、それらの製造、売渡、交換、取引、譲渡、そして喫煙および販売目的での保有」は違法とされたが、一八九三年法の教訓から、州際取引に携わる仲買業者は法律の適用から除外された。新しい州CP法で注目すべき点として、「喫煙」は文言上禁止されなかったが、それを目的としてのタバコ保有が禁止されたため、実質的には違法行為と見なされたことがあげられる。ちなみに、罰則に関しては初犯の場合一〇ドル以上五〇ドル以下の罰金、再犯の場合は一〇〇ドル以上五〇〇ドル以下の罰金もしくは六ヶ月以内の郡刑務所での懲役刑が明記されていた(60)。

ワシントン州における執行状況

一九〇七年のワシントン州CP法の執行状況について、地元紙に興味深い記事が散見された。例えば、一九〇八年九月一日付けの『シアトル・デイリー・タイムズ』に、オリンピア市のW・S・ハッジマイヤー（W.S. Hagemeyer）市長が、自らが経営する葉巻スタンドで紙巻きタバコを販売したために逮捕され、その後裁判にかけられて罰金一〇ドルと裁判費用の支払いを命じられたことが報じられている。また、一九〇九年一〇月六日付けの『タコマ・タイムズ』には、州西部のコウルファックスの町で牧畜業を引退して悠々自適の生活を送っていたH・S・ホリングズワース（H.S. Hollingsworth）という人物が、「販売目的で大量の紙巻きタバコを保有していた」という容疑で逮捕され、やはり裁判の結果一〇ドルの罰金と裁判費用の支払いを命じられたという記事が載せられている。法の執行があまり熱心に行われなかった状況で、一〇歳から喫煙を始めたホリングズワースが、七〇歳を超えて当時とすれば「高齢者」であったにもかかわらず、逮捕されたのである。その理由として、以前彼が公の場で「馬鹿げた州ＣＰ法を成立させるために時間と公金を浪費した州議会の議員たち」を手厳しく批判したことがあり、それが逮捕の背景にあったと記事のなかで仄めかされていた[61]。

これらの新聞記事は、州内の限られた地域でのみ話題になったが、ワシントン州ＣＰ法の執行が全国的に注目を集める出来事もあった。それは、世紀転換期の労働運動において急進派の指導者として位置づけられていたウィリアム・ヘイウッド（William "Big Bill" Haywood）が、一九〇九年に講演旅行でワシントン州西部の町々を訪れたとき、エレンズバーグのレストランとノースヤキマの酒場で、自ら手で巻いた紙巻きタバコを口に咥えていたところを連続して逮捕されるという出来事であった。彼はただちに罰金を一五ドルずつ支払って釈放されたのであるが、他州の新聞でも取りあげられたため、この「事件」は全国に知れわたることとなった[62]。

西部一帯の鉱山労働者で組織する組合の指導者だったヘイウッドには、労働条件の改善を求めて経営者と激しく渡りあう場面が多く、ときには軍隊が出動するほどの激しいストライキを指揮することもあった。一九〇五年の暮れに、長年ヘイウッドと対立してきて職を離れたばかりのアイダホ州知事フランク・ステューネンバーグ（Frank Steunenberg）が自宅前で爆殺されるという事件が起こった。ヘイウッドは首謀者の一人として逮捕そして起訴されたが、裁判では証拠不十分で無罪になり釈放されており、その後に起こった紙巻きタバコにまつわる「微罪」での逮捕劇であったため注目されたのである。この出来事の直後、『シアトル・デイリー・タイムズ』は、州ＣＰ法が「狂文、物笑い、茶番」の産物であると非難しながらその廃止要求を社説に掲げた。実際、この州法はそれ以降ほとんど執行されないまま一九一一年に廃止されるのだが、ヘイウッドは自伝のなかで、自らの逮捕がワシントン州ＣＰ法の「愚かさ」を国中に伝えたため、その廃止を早めたと自慢げに語っている[63]。

イリノイ州CP法とギャストン

次にイリノイ州へ話を移してみたい。そこは、CP法が成立したなかでは例外的に、紙巻きタバコの製造が一定規模で行われていた州だった。これは、ワシントン州を含めてCP法が成立した州で、たとえ「製造」が禁止されたとしても実際に大きな影響はなかったが、イリノイ州においては製造者からの反対が強く、州経済に与える影響も小さくなかったことを意味した[64]。この州でCP法の成立をめざす活動が始まったのは一八九〇年代の中頃であったが、言うまでもなく、その中心にいたのはシカゴを拠点に活動していたACLAのギャストンだった。一八九五年以降、彼女は請願と意見陳述のためにたびたび州議会へ赴いてCP法の必要性を訴えたが、最初に提出された議案は委員会で審議すらなされず棚上げにされたまま廃案になっている。

このとき、紙巻きタバコ喫煙の年少者に与える道徳的悪影響だけが請願理由ではなく、より幅広い支持をえるため、それが使用者全体におよぼしかねない健康被害にも言及された。健康被害をもたらす根拠として、紙巻きタバコには「[製造の]下準備に葉タバコがニコチンの液に浸されたり、アヘン、[シロバナヨウシュ]チョウセンアサガオ(ナス科の有毒植物)、ベラドンナ(同)、……そのほかの有害で有毒な物質が混ぜられている」と、請願書のなかで述べられていた。ここで引きあいにだされたニコチンは、当時は殺虫剤として使用されていたことから毒性をもつものと考えられていたため、健康被害を引きおこす物質とされたのである。ニコチンがもともと葉タバコに含まれる依存性を生みだす物質であるという事実は後の研究によって明らかにされるが、一九世紀末このように言及された背景として、年少者だけではなくすべての喫煙者におよぶ健康被害と結びつけることが、州CP法の成立にむけて効果的な理由づけであるという考えかたがあった[65]。

一八九七年、ACLAは「キリスト教市民権連盟」(the Christian Citizenship League)などの協力で請願に必要な数の署名を集めることができ、再度州議会へ働きかけを行った。その結果作成された、一〇〇ドルから二〇〇ドルの罰金と三〇日から六〇日の懲役刑が罰則として明記された紙巻きタバコの製造、販売、譲渡等を禁止する法案が、議会でようやく審議されたのである。[66] しかしこの法案は、州議会下院で可決されたものの上院では否決されて成立せず、以後合計で四回提出された類似の法案も最終的にすべて否決されている。ところが、二〇世紀に入り一時的に落ちこんでいた紙巻きタバコの消費量が再び増加しはじめると、ACLAは州議会への働きかけを強めた。そして最初の請願から一二年が経過した一九〇七年六月に、一八九七年に提案されたものとほぼ同じ内容の州CP法が成立するのであるが、罰金の額は一〇〇ドル未満そして拘留期間も三〇日未満へと軽減されていた。[67]

州CP法の合憲性に関する司法判断

このような経過をたどって成立したCP法ではあったが、半年後にイリノイ州最高裁判所は、この法律が州憲法で州民に保障している自由に商取引を行う権利を侵しているという理由で、違憲判決をくだしたのである。その結果、イリノイ州CP法は即座に廃止されなかったものの、ワシントン州の一八九三年法と同様に死文化することとなった。これに対してギャストンたちは、州最高裁判所の判事をリコールするために署名活動を行ったが、それも成功しなかった。[68]

イリノイ州では違憲判決を受けたが、反対に合憲であるという判断がくだされた州もあった。それはテネシー州で、そこでは「いかなる人物、商店、会社であろうとも、紙巻きタバコ、そして巻紙やその代替物の販売、および販売を目的とした州内への搬入、無料配布、譲渡を行えば、それらはすべて犯罪とみなされる。本法のすべての条項に対する違反行為には、五〇ドルを下回らない罰金が科せられるものとする」というCP法が、一八九七年五月に成立してただちに執行されたのである。[69] このCP法は、テネシー州最高裁判所と最終的には連邦最高裁判所によって有効性が認められるようになるのだが、そもそものはじまりは、ウィリアム・オースティン（William

Austin）というマディソンヴィルに住むタバコ販売業者が被告となった裁判だった。

オースティンは、ノースカロライナ州ダーラムにあったアメリカン・タバコ社の工場で製造された紙巻きタバコを大量に仕入れ、それをテネシー州内で販売しようとした。州CP法に違反したということで、彼は一審と二審で有罪となり五〇ドルの罰金刑を言いわたされたが、その後この事件は州最高裁判所で争われることになった。[70] 一連の裁判を通して、州境を越えて商品が移動する「州際通商」の規制は、州ではなく連邦議会に付与された権限であるという、ワシントン州CP法以降親タバコ派が繰りかえし用いてきた議論を援用して、オースティンはテネシー州CP法そのものの違法性を訴えた。しかし、一八九八年一二月にテネシー州最高裁判所は彼の主張を退けてその合法性を認め、下級審の判断を支持したのである。その理由として、テネシー州CP法には州民の健康を守るという目的が明記されており、それは州に与えられた「公衆衛生を擁護するための権限」に合致する点があげられていた。[71] 以下はその判決文の一部である。

> 紙巻きタバコは通商上適法な商品なのであろうか。効能はいっさいないだけでなく毒性があり、健康に対して明らかに有害であるため、われわれはそのようには考えていない。紙巻きタバコ使用は常に百害あって一利なく、有害、まさに本質的に有害であるのみで、どこにおいても、効果的であるとか有用であるなどと推奨されたことはない。それどころか、紙巻きタバコは邪悪なものとして広く非難されており、明らかに心身の健全さと活力を奪いとられてしまう方向へ［喫煙者を］導くものである。[72]

オースティンは州最高裁判所の判決に納得できなかったため、最終的に連邦最高裁判所に判断を求めた。この「ウイリアム・オースティン対テネシー州事件」（*William B. Austin v. State of Tennessee*）の判決は一九〇〇年一一月にくだされ、五対四と裁判官の意見は分かれたものの、テネシー州ＣＰ法の合憲性は再度認められることとなった。判決では、被告が取りあげた連邦議会に付与されている州際通商の規制権限について、二次的に触れられたが決定的な争点とはならなかった。その一方で、紙巻きタバコ喫煙には「特に若者の肉体と精神に悪影響をおよぼす側面がある」と強調されるなど、州民の健康を守るという考えかたを優先させるテネシー州最高裁判所の判断が支持されたのである。(73)

六　第一次世界大戦後の州ＣＰ法

戦争による影響

当初、紙巻きタバコは特定の社会集団に属す人たちによって使用される傾向にあったが、第二章で詳細に論じられるように、第一次世界大戦期に年齢や性別や職業に関係なく国民のあいだで広く流行しはじめ、その結果州ＣＰ法を求めた運動は停滞を余儀なくされるようになった。かつてこの運動に好意的だった赤十字やキリスト教青年会（ＹＭＣＡ）などの組織が、方針を変えてヨーロッパで戦うアメリカ兵に対してタバコ製品を慰問品として届ける活動をしたことは、明らかに運動を停滞させる一因になった。「常道への復帰」をめざした終戦後には、州ＣＰ法運動はいずれ消滅すると考える者が圧倒的に多くなった。事実、一九一九年から二一年までに、先ほど触れたテネシーをはじめネブラスカ、アイオワ、アーカンソーの四州でこの州法は廃止されている。また、アイダホ州では一九二一年に紙巻きタバコの販売を禁止する法律が成立したものの、執行されないまま数週間後に廃止されるという混乱も起こった。(74)いずれの場合も、帰還兵が州ＣＰ法に反対する世論を盛りあげ、廃止へむけての動きを加速させたことは明白だった。

このような州CP法に否定的な世論は、一九二一年に全国の新聞記者を対象として大規模に行われた調査の結果にも表れている。この調査を担当したニューヨーク市の「プレス・サーヴィス会社」が対象とした記者は一万二五一八名にもおよび、そのうち六三％にあたる七八四七名から回答があった。調査で問われた質問は、①あなたは成人による紙巻きタバコの使用を規制する立法に賛成ですか、②あなたが住む地域社会では、そのような立法に対する人びとの意見は好意的であると考えられますか、そして③あなたにとって、そもそも紙巻きタバコの使用は好ましくないものですか、という三つだった。回答した記者のうち九四％にあたる七三九三名が、これらの質問に対して否定的、つまり州CP法に反対する意志を示したのである[75]。

記者の意見分布がそのまま世論を反映しているとは限らないが、州CP法を否定的に眺める傾向に世論があったことは容易に想像される。しかし紙巻きタバコの流行が、一方ではこのタバコへの反発を招いたのも事実であった。一九一九年に合衆国憲法修正第一八条――いわゆる全国禁酒法――が確定したことを受けて、当時強い影響力をもっていた福音派牧師のビリー・サンデー（Billy Sunday）も、「禁酒法を勝ちとった。次はタバコの番だ！」と叫び、州CP法運動の復活を促した[76]。実際、いくつかの州においてこの運動は再び活発化したのであるが、そのなかで注目されたのはユタ州であった。

ユタ州CP法とその執行状況

政治的そして社会的には保守的なモルモン教徒が多く居住していたユタ州では、長年CP法の成立をめざした運動が行われてきたが、それが実現したのは一九二一年六月のことだった。州上院議員のエドワード・サウスウィック（Edward Southwick）によって提出され、ACLAやWCTUなどの支援を受けて成立した州CP法の主な内容は、「いかなる人物、会社、法人も、紙巻きタバコやその巻紙の交換と販売、およびそれらを目的とした保有、供給、譲渡、商品の偽装やごまかし、また特定の場所で年少者に喫煙させること、新聞、雑誌、定期刊行物、看板、プラカード、ビルボードなどを使用した広告、さらには閉ざされた公的空間での喫煙は禁止される」というものであった。ちなみに、この「閉ざされた公的空間」として、「ホテルのレストラン、飲食店、カフェテリア、劇場、エレベーター、路面電車、郊外列車、乗り合いバス、駅の待合室、床屋、州や郡や市町村が所有する建物」などが具体的に言及されていた[77]。

またサウスウィックは、紙巻きタバコの喫煙が「女性と子どもたちの道徳と健康を危険に晒す」だけではなく、「公の場の空気を汚し非喫煙者の［タバコ煙からの］自由を奪う行為」であるという点を提案理由としてあげた。もちろん、当時は受動喫煙の問題点が専門的に論じられることのなかった時代だが、このように「迷惑行為」として言及された点は注目に値する[78]。ちなみに、この時期ユタ州のように年少者だけではなく、すべての人による公の場における喫煙が、自治体ではなく州レベルで違法とされたケースは稀であった。

そもそもCP法が成立しても、それらが積極的に執行されずに事実上死文化する傾向にあったことを、これまでワシントン州やイリノイ州の事例で見てきた。禁酒法と同様に、世論の支持が十分にえられない場合が多々あったCP法に関しては、紙巻きタバコ使用に反対する人とそうでない人のあいだに、たとえ法律を成立させたとしてもそれを厳格に執行しないという「暗黙の了解」が、あたかも存在していたかのようであった[79]。当初ユタ州でも、法律は成立したものの違反した成人男性が逮捕される事例はほとんどなかったのである。

ところが、そのような状況を不満に思う反タバコ派が少なくなかったのが、この州の特徴でもあった。彼らはモルモン教会大管長ハーバー・グラント（Herber Grant）による指導のもと、一九二二年一一月に行われたソルトレイク郡の保安官選挙で、厳格な法執行を公約したベンジャミン・ハリス（Benjamin Harries）を当選させることに成功した。そして、保安官に就任したハリスは、紙巻きタバコ販売業者つまり「密売人」だけではなく「閉ざされた公的空間」で喫煙する者まで、公約通り逮捕すると宣言したのである。

実際、一九二三年二月のある火曜日の昼食時にソルトレイク市中心部にあった「ウィーン・カフェ」というレストランにおいて、食後の一服を楽しんでいた「地元の名士」たちが逮捕されるという事件が起こった。逮捕されたのは、鉱山を経営する「キーストン会社」の総支配人で、前年一一月の選挙では落選したが連邦上院議員の共和党候補者だったアーネスト・バンバーガー（Ernest Bamberger）、製氷業を営む「ソルトレイク会社」の経営者ジョン・リンチ（John Lynch）、そして銅の製錬を手がける「アメリカ・スメルティング・アンド・リファイニング会社」の重役エドガー・ニューハウス（Edgar Newhouse）であった。(80)

年少者や女性や移民労働者ではない名士三人が、喫煙を理由に留置場へ入れられたため、この出来事は多数の新聞によって全国的に伝えられた。暗黙の了解が破られたことに対し、逮捕された者たちが属す実業界――例えば「ソルトレイク・ライオンズ・クラブ」（the Salt Lake Lions Club）や「ユタ州製造業者協会」（the Utah State Association for Manufacturers）――が中心になり、『ソルトレイク・トリビューン』や『ソルトレイク・テレグラム』などの新聞を使って親タバコ派はただちに反撃を開始した。反紙巻きタバコ運動が始まった世紀転換期、すでに述べたように多くの産業資本家はこの運動を肯定的に捉え、寄付を行ったり喫煙者を雇用しないなど積極的に関与した。しかし、第一次世界大戦を境に立場を変える者が出はじめるのだが、このことは各地で起こったCP法の不成立や廃止の原因になったのである。かつては葉巻やパイプ・タバコを喫煙していた彼ら自身も、その扱いやすさやまろやかさなどから紙巻きタバコを徐々に好むようになり、逮捕された実業家もそのような人たちであった。

バンバーガーたちの逮捕劇を伝えた他州の新聞――例えば『ワシントン・ポスト』、『ボストン・トランスクリプト』、『シンシナティ・タイムズ・スター』、『オマハ・ワールド・ヘラルド』、『フィラデルフィア・インクワイアラー』など――は、ユタ州CP法に対してより否定的なコメントを載せはじめた。このような、州の内外から示されたCP法への批判を背景に、ユタ州の親タバコ派は、成人への紙巻きタバコ販売や公の場における喫煙を認める修正案を州議会へ提出した。そしてこの法案は大きな反対もなく成立し、これによって州CP法の廃止が決まったのであるが、この一連の動きはバンバーガーたちの逮捕から数ヶ月のあいだに起こったのであった[81]。

ノースダコタ州とカンザス州の事例

ユタ州CP法が廃止された一九二三年の時点で、ノースダコタ州とカンザス州でのみCP法は存在していた。ノースダコタ州CP法は、ワシントン州につづいて一八九五年に成立した販売を禁止するもので、成人への規制は見過ごされる傾向にあったが、年少者に関しては執行される場合もあった。しかし、三〇年近く存続してきたこのCP法も一九二五年に廃止された[82]。一方、カンザス州CP法は一九二七年まで存続したため、世紀転換期に行われた一連の反紙巻きタバコ運動の最後まで残った「成果」として歴史に記されている。

カンザス州CP法は、一九〇九年に紙巻きタバコの販売のみを禁止するものとして成立したが、一九一七年には広告や所有も禁止条項へ書きくわえられた。この州では、CP法が成立した他州と同じように、もともとCP法への支持は決して大きくはなかった。しかし、それでも成立した理由として、主に二つのことが考えられた。まず第一に、全国的に見てタバコや酒類の規制に対して肯定的なのが都市部よりも農村部で、また各州の議会における議席配分に関しても、やはり農村部が過剰になる傾向にあった点があげられる。第二の理由として、喫煙や飲酒の問題では、男性よりも女性のほうが規制をより積極的に支持していた状況があげられる。カンザス州では、合衆国憲法修正第一九条――女性参政権の付与――が確定する一九二〇年以前に女性へ選挙権がすでに与えられており、州CP法を支持して活動した女性たちの政治的影響力は決して小さいものではなかった[83]。ちなみに、CP法を成立させた州は中西部に集中しており、これらの州は基本的に農業地帯で、そのなかでも農村部が過剰代表になる傾向にあり、また女性参政権も第一九条の成立以前に付与されたところが多かったのである。

他州で行われたように、カンザス州でもCP法の合憲性を問う訴訟がタバコ販売業者によって起こされたが、一九二〇年に州最高裁判所はその訴えを退ける決定をくだしている。そのような状況下で、ギャストンは合憲性が認められたCP法の厳格な執行を促す目的でこの州へやってきた。カンザスは、禁酒法運動の女性活動家キャリー・ネイション（Carry Nation）が一九〇〇年代に手斧を片手に酒場を打ちこわして回ったという武勇伝によって有名になった州で、ギャストンもそれを意識していたと思われる。彼女は郡単位でACLAの支部を立ちあげることに奔走しながら、各地で法の厳格な執行を求めて集会を開いた。ギャストンの働きかけがどの程度影響したのかは不明だが、トピーカの町では紙巻きタバコを販売していた店舗に対する取締りが行われた。このような取締りはそれまで実施されたことがほとんどなく、また数日前に当局によって予告されたものであったが、それでも合計で三五軒の店舗が捜索を受け、発見された紙巻きタバコはすべて没収され、店主たちも逮捕されたのである。[84]

また、ギャストンは紙巻きタバコを意味する『棺の釘』という冊子を発行したり、次期大統領に決まっていたウォーレン・ハーディング（Warren Harding）が紙巻きタバコの愛煙家であったため、彼に喫煙をやめるよう求める手紙をカンザス州から送りつけるなど活発に行動した。余談だが、これに関連してアチソン市に住む親タバコ派は、彼女の「無礼な」手紙を詫びる言葉とともに、質の良い紙巻きタバコ一カートン（一〇箱）をハーディングに贈ったというエピソードがある。[85] 親タバコ派には、アメリカ在郷軍人会に属す元兵士たちが数多く含まれていた。すでに述べたように、戦場で覚えた紙巻きタバコの味が忘れられなかった彼らは、各地でCP法に反対する活動に参加した。実際、カンザス州でも一九二〇年と一九二三年に、成立はしなかったが彼らもくわわって州CP法廃止の法案が議会へ提出されている。

このように、一九二〇年代中頃のカンザス州において、反タバコ派はCP法の厳格な執行を求めるよりも、それを存続させることに奔走していた。カンザス州滞在中に、ギャストンは結果として自らが追放されてしまう出来事のきっかけとなるACLAの内部対立が起こり、活動の拠点をアイオワ州へ移すためにそこを離れた。その後カンザス州の反タバコ派は、WCTUの活動家を母親にもち、後に州下院議員になるステラ・ヘインズ（Stella Haines）に率いられるようになった。一九二七年、親タバコ派はタバコ販売を免許制にすること、年少者への販売は引きつづき禁止にすること、さらには道路整備を目的として紙巻きタバコ一箱につき二セントを課税することと引きかえに、州CP法の廃止を提案した。現行法の廃止だけを提案していたそれまでとは異なり、代替案を提示した戦略はヘインズたちによる抵抗があったものの功を奏し、カンザス州法は一九二七年に廃止された。ここに、世紀転換期の反紙巻きタバコ運動によって成立したすべての州CP法は消滅したのである。[86]

おわりに

これまで述べてきたように、アメリカでは独立戦争の頃からタバコ使用に対する警鐘が個人によって散発的に鳴らされてきたが、一九世紀末以降、それは組織化された運動として、主に紙巻きタバコを標的としてなされるのであった。当初は年少者のみを規制対象にして立法化が試みられたが、すぐにすべての人に対して紙巻きタバコの販売などを禁止する州法を求めた運動が始まった。その結果、一四州と一准州においてCP法が成立したのだが、実際にこの法律がほとんど実効をともなわなかったことは、すでに述べた通りである。[87]事実、『ニューヨーク・デイリー・トリビューン』が伝えた記事の「立法化されるも紙巻きタバコの販売量は増加」という見出しにあるように、州CP法は喫煙量を減らすことにはつながらなかったのである。この結果をもたらした要因として、記事のなかでは「法律無視」という社会風潮があげられているが、この風潮が生じた背景には、これまで考察してきたようにいくつかの理由があった(88)。

まず第一に、標的にされた紙巻きタバコが、二〇世紀になって人気が出はじめていた状況があげられる。第一次世界大戦期のアメリカでは、禁制品になった酒類の代わりに、ヨーロッパへ出征した兵士に慰問品としてタバコ、特に戦場で扱いやすかった紙巻きタバコを兵士に送りとどける活動が、愛国的な雰囲気のなかで多くの一般市民が参加して行われたのである。一九一八年一一月の休戦協定成立後、紙巻きタバコの喫煙習慣を身につけて帰還した兵士が、このタバコの消費拡大に貢献する一方で、州CP法を否定的に眺めたのは自然の成りゆきであった。

第二の理由として考えられるのは、反紙巻きタバコ運動の目的が生産効率の向上と社会秩序の維持にあったという点である。この運動の指導者たちは、喫煙が年少者や労働者を飲酒や無気力などと結びつけて経済活動に悪影響をおよぼすとか、子どもを立派に育てることを期待された女性によるものが、「ヴィクトリア時代の道徳観」を逸脱する行為であるなどと考えた。しかし、このような特定の社会集団を標的にした「差別的な」立法が、二〇世紀に入り平等化へ向かう社会において、支持されなくなることは不可避であった。

いま一つ考えられる理由は、多くの人たちを納得させうる反紙巻きタバコ言説が欠如していた点である。実際に、州CP法の必要性を説くプロパガンダとして頻繁に使われたものは、本文中で引用したホワイトのように道徳的となる傾向にあった。しかしそのような言説は、一部の人の感情へ情緒的に訴えかけることはできても、多数の国民に対して説得力をもつにはいたらなかった。そこで反紙巻きタバコ派は、例えばこの形態のタバコに麻薬が含まれているなどというプロパガンダを用いたのである。このような主張がまことしやかに語られたのだが、これは医学的および科学的に証明された数多くのデータや統計数値を根拠として、喫煙はさまざまな疾病の原因になるという現在の反喫煙運動における主張と比べ、明らかに説得力に欠けるものであった。

以上のような理由で、人びとの州CP法に対する順守の精神が希薄になるのは避けられなかったのである。その結果として、註(79)で触れるジョゼフ・ガスフィールド（Joseph Gusfield）が指摘しているように、法律を成立させることとそれを執行することは別であるという考えかたが、そのまま法律無視という社会風潮として現れたのである。いずれにしても、このような実情は二〇世紀への転換期に行われた反紙巻きタバコ運動の本質を語るものであり、同時にその限界を示すものでもあった。

註

（1）Carl A. Werner, *Tobaccoland: A Book about Tobacco; Its History, Legends, Literature, Cultivation, Social and Hygienic Influences, Commercial Development, Industrial Processes and Governmental Regulation* (New York: The Tobacco Leaf Publishing Company, 1922), 43; Jack J. Gottsegen, *Tobacco: A Study of Its Consumption in the United States* (New York: Pitman Publishing Corporation, 1940), 42.

（2）Dean Albertson, "Puritan Liquor in the Planting of New England," *The New England Quarterly* 23 (1950), 489; Alice M. Earle, *Stage-Coach and Tavern Days* (New York: Macmillan Company, 1900), 12.

（3）Richard Klein, *Cigarettes Are Sublime* (Durham, N.C.: Duke University Press, 1993), 15; Gerard S. Petrone, *Tobacco Advertising: The Great Seduction with Values* (Atglen, Penn.: Schiffer Publishing, Ltd., 1996), 184.

（4）Robert K. Heimann, *Tobacco and Americans* (New York: McGraw-Hill Book Co., 1960), 250; Richard Kluger, *Ashes to Ashes: America's Hundred Year Cigarette War, the Public Health, and the Unabashed Triumph of Philip Morris* (New York: Vintage Books, 1996), 15.

（5）Joel C. Bernard, "From Theodicy to Ideology: The Origins of the American Temperance Movement," diss. Yale University, 1983, 445.

（6）Justin Edwards, *Letters to the Friends of Temperance in Massachusetts* (Boston: Perkins & Marvin Co., 1836), 31.

（7）George Trask, "Annual Report of the American Anti-Tobacco Society," *Anti-Tobacco Tract* (Fitchburg, Mass.: 1866).

（8）George Trask, "Circular," *Anti-Tobacco Tract* (Fitchburg, Mass.: 1866).

（9）George Trask, "The Young Tobacco-chewer Cured," *Anti-Tobacco Tract* (Fitchburg, Mass.: 1866).

(10)「年少者」とは“minor”の訳語であり、「未成年者」とほぼ同義である。タバコ使用に関する彼らの具体的な年齢については、州および時代によって異なった。一九世紀末にかけて上限を一六歳とする州は多かったが、二〇世紀初頭には一八歳まで引きあげて年少者と規定する州が増えた。Gottsegen, 155.

(11) George Trask, *Letters on Tobacco for American Lads: Uncle Toby's Anti-Tobacco Advice to His Nephew Billy Bruce* (Fitchburg, Mass.: 1860), 96-97.

(12)「冷水軍」については、拙著『アメリカ禁酒運動の軌跡——植民地時代から全国禁酒法まで——』（ミネルヴァ書房、一九九四年）の一四〇ページを参照されたし。

(13) Jordan Goodman, *Tobacco in History: The Cultures of Dependence* (New York: Routledge, 1993), 227.

(14) Cassandra Tate, *Cigarette Wars: The Triumph of "The Little White Slaver"* (New York: Oxford University Press, 1999), 11.

(15) Patricia A. Cooper, *Once a Cigar Maker Men, Women, and Work Culture in American Cigar Factories, 1900–1919* (Chicago: University Chicago Press, 1987), 321-329.

(16) N.M. Tilley, *The Bright Tobacco Industry, 1860–1929* (Chapel Hill, N.C.: University of North Carolina Press, 1948), 507.

(17) ちなみに、兄のベンジャミンは副社長として会社を支えた。Robert F. Durden, *The Dukes of Durham, 1865–1929* (Durham, N. C.: Duke University Press, 1975), 18-19; Klein, 4.

(18) Tate, 12 & 14.

(19) Kluger, 12-20.

(20) Heimann, 212.

(21) デュークが用いた「広告」の手段は、第三章で述べるように、新聞、雑誌、ポスター、ボード、垂れ幕などほかのタバコ会社も使う通常のものもあったが、シガレット・カードを含むさまざまな景品、製品の無料配布、スポーツ競技会の後援、自前のポロ・チームの所有など多岐にわたった。一方海外市場については、二〇世紀初頭には中国を中心としたアジア市場へ乗りだした。イギリスとの合弁事業である「ブリティッシュ・アメリカン・タバコ会社」が、一九〇二年に上海工場を建設して現地製造に着手したことは注目に値する。G. Porter and H.C. Livesay, *Merchants and Manufacturers*

(Baltimore: Johns Hopkins University Press, 1971), 41; Tilley, 588.

(22) Richard B. Tennant, *The American Cigarette Industry: A Study in Economic Analysis and Public Policy* (New Haven, Conn.: Yale University Press, 1950), 27.

(23) *New York Times*, October 17, 1882; John C. Burnham, *Bad Habits: Drinking, Smoking, Taking Drugs, Gambling, Sexual Misbehavior, and Swearing in American History* (New York: New York University Press, 1993), 91.

(24) Ellen G. White, *Temperance: As Set forth in the Writings of Ellen G. White* (Mountain View, Cal.: Pacific Press Publishing Association, 1949), 58.

(25) 「あらゆる改革への参加」については、拙稿「婦人キリスト教禁酒同盟――その多様性と政治運動化について――」『同志社アメリカ研究』二二（一九八六年）の六九-七七ページを参照されたし。

(26) Margaret W. Lawrence, *The Tobacco Problem* (Boston: Lee and Shepard, Publishers, 1885), 163.

(27) Woman's Christian Temperance Union, *WCTU Annual Meeting Minutes* (Chicago: 1891), 136; Frances Willard, *Glimpses of Fifty Years: The Autobiography of an American Woman* (Chicago: H. J. Smith & Co., 1889), 642.

(28) Sinclair Lewis, *Arrowsmith* (New York: Harcourt, Brace & World, Inc., 1925), 258.

(29) Woman's Christian Temperance Union, *Union Signal* (Chicago), October 29, 1896 & August 3, 1899.

(30) ただし、第四節以降で考察する立法活動については、このようなＡＣＬＡからの支援があったものの、それぞれの地域に生まれた個別の組織が中心になって行われた。Petrone, 202; Jacob Sullum, *For Your Own Good: The Anti-Smoking Crusade and the Tyranny of Public Health* (New York: The Free Press, 1998), 30; *New York Times*, July 12, 1901 & June 17, 1910.

(31) Tate, 49-51.

(32) 年少者に関する法律適用の年齢は州によって異なっていたが、一六歳もしくは一八歳とする場合が多かった。P. D. Jacobson, J. Wasserman, and J. R. Anderson, "Historical Overview of Tobacco Legislation and Regulation," in *Smoking: Who Has the Right?*, eds. Jeffrey A. Schaler and Magda E. Schaler (New York: Prometheus Books, 1998), 44.

(33) Lee J. Alston, Ruth Dupre, and Tomas Nonnenmacher, "Social Reformers and Regulation: The Prohibition of Cigarettes in the United States and Canada," *Explorations in Economic History* 39 (2002), 425-45.

(34) Anti-Cigarette International League, *First Annual Report* (Chicago: 1921), 7.

(35) Gottsegen, 27 & 42.

(36) *New York Times*, January 29, 1884; Tennant, 133; Goodman, 118; Lina G. Munoz, "Gender, Cigar and Cigarette: Technological Change and National Patterns," Proceeding of XIV International Economic History Congress, August 21 to 25, 2006, Helsinki, Finland, 11.

(37) Charles Larsen, *The Good Fight: The Life and Times of Ben B. Lindsey* (Chicago: Quadrangle Books, 1972), 97.

(38) *New York Times*, August 8, 1909; Allan M. Brandt, *The Cigarette Century: The Rise, Fall, and Deadly Persistence of the Product that Defined America* (New York: Basic Books, 2007), 48; Morton Keller, *Regulating a New Society: Public Policy and Social Change in America, 1900–1933* (Cambridge, Mass.: Harvard University Press, 1994), 115–16.

(39) Robert L. Rabin and Stephen D. Sugarman, eds., *Smoking Policy: Law, Politics, and Culture* (London: Oxford University Press, 1993), 50.

(40) Florida, Laws (1907), 229–30; West Virginia, Acts (1913), 123; Kentucky, Statutes I (1915), 732, quated in Tate, 56; Gottsegen, 155; Tennant, 134.

(41) Alston, Dupre, and Nonnenmacher, 431.

(42) Petrone, 230.

(43) *New York Times*, September 1, 1879; Klein, 117.

(44) Robert Sobel, *They Satisfy: The Cigarette in American Life* (New York: Anchor Books, 1978), 13.

(45) *New York Times*, January 8, 21, & 23, 1908; Kerry Segrave, *Women and Smoking in America, 1880–1950* (Jefferson, N. C.: McFarland & Company, Inc., 2005), 89–91.

(46) *New York Times*, October 18, 1904.

(47) *New York Times*, August 8, 1909; Gordon L. Dillow, "Thank You for not Smoking: The Hundred-Year War against the Cigarette," *American Heritage Magazine* 32 (February/March 1981), 94ff.

(48) Raymond R. Fragnoli, *The Transformation of Reform: Progressivism in Detroit—And After, 1912–1933* (New York: Garland Publishing, Inc., 1982), 22.

（49）　Henry Ford, *The Case against the Little White Slaver* (Detroit: Henry Ford, 1914), 28ff; Donley T. Studlar, *Tobacco Control: Comparative Politics in the United States and Canada* (Ontario, Canada: Broadview Press, Ltd., 2002), 28.

（50）　Elizabeth M. Whelan, *A Smoking Gun: How the Tobacco Industry Gets away with Murder* (Philadelphia: George F. Stickley Co., 1984), 49; Kluger, 67.

（51）　Tate, 54.

（52）　Petrone, 199.

（53）　医学的および科学的研究の成果によって活発化した二〇世紀後半の反喫煙運動と異なり、この時期の反紙巻きタバコ運動で取りあげられた健康の問題は、学問的な知識や統計数値などの裏づけがない独断的なものが多く、なかには紙巻きタバコの喫煙が弱視やコレラなどを引きおこすというものもあった。Susan Wagner, *Cigarette Country: Tobacco in American History and Politics* (New York: Praeger Publishers, 1971), 42-43.

（54）　Gaines M. Foster, *Moral Reconstruction: Christian Lobbyists and the Federal Legislation of Morality, 1865–1920* (Chapel Hill, N. C.: The University of North Carolina Press, 2002), 149; Wichita Daily Eagle, November 2, 1897; *Scranton Tribune*, November 2, 1897.

（55）　反紙巻きタバコ派は「販売」以外にも「譲渡」を禁止する州CP法を求めたが、それは、業者のなかにマッチをタバコと同じ一箱五セント程度で販売しておいて、紙巻きタバコを「おまけ」として「譲渡」する者がいたからであった。このようなやりかたは、一九世紀末の州禁酒法のもとで、珍しい動物を酒場で見せることで「入場料」を徴収し、その代わりに酒類は禁止項目であった「販売」されるのではなく無料で振るまわれるという法律逃れの手段を参考にしたもので、ちなみにそのような酒場は「盲目の虎《ブラインド・タイガー》」とか「盲目の豚《ブラインド・ピッグ》」などと呼ばれた。これに関しては、拙著『禁酒法――「酒のない社会」の実験――』（講談社現代新書、一九九六年）の五六ページを参照されたし。

（56）　酒類規制に関して、“prohibition”は通常「禁酒法」と訳されるがこれは誤訳である。その理由は、そもそも“prohibition”とは飲酒を禁止する意味の「禁酒」を強制した法律ではなく、業者を標的にして酒類の製造や販売などを禁止したものだったからだ。したがって“prohibition”は本来ならば「酒類製造・販売等禁止法」と訳されるべきであるが、本書では慣用的に使用されている「禁酒法」とした。一方、タバコの“prohibition”に関しても、「禁酒法」から連想される「禁煙法」と訳されることがある。当時、確かに喫煙が禁止されたところも一部にあったが、一般には販売のほか製造や広告や譲渡などが禁止される場合が多かったため、本来であれば「紙巻きタバコ販売等禁止法」がより正確な訳語と思われる。しかし、これに関しても本書では訳出せずに、"Cigarette Prohibition" の略語を使って「ＣＰ法」と表記した。

(57) Humanities Washington, "Cigarette Prohibition in Washington, 1893–1911" 〈http://www.historylink.org/index.cfm?DisplayPage=pf_output.cfm&file_id=5339〉

(58) *New York Times*, June 15, 1893; *Yakima Herald*, June 8, 1893.

(59) *St. Paul Daily Globe*, June 22, 1893; *Yakima Herald*, March 14, 1895.

(60) *Seattle Daily Times*, September 1, 1909; *Colville Examiner*, October 3, 1908. 本文中でも触れたように、州ＣＰ法の禁止項目に「喫煙」は含まれていない場合が多かった。それは、確かに紙巻きタバコを選択したのは全タバコ使用者の一～二％程度（一九〇〇年）で、それも年少者や女性や移民労働者がほとんどであったのだが、それでも時間の経過とともにワスプなど社会の主流派に属す成人男性のなかにもこの「女々しいタバコ」を好む者が増えはじめ、もし「喫煙」を禁止すれば、実際にユタ州であったように、彼らを逮捕せざるをえない状況が生じると考えられたためであった。同時代の「州禁酒法」そして一九二〇年発効の合衆国憲法修正第一八条のなかでも、酒類の「飲用」はやはり禁止項目にはならなかったが、これも実際に飲酒をつづけるであろう主流派——紙巻きタバコの愛煙家とは比較にならないほど多くの人たち——の逮捕を免れさせるためだった。つまり主流派にとって、州ＣＰ法も禁酒法も第一の目的が喫煙や飲酒という習慣をやめさせるのではなく、非主流派の行為を自分たちが支配する社会のなかで管理することだったのである。

(61) *Tacoma Times*, October 6, 1909; *Seattle Daily Times*, September 1, 1908.

(62) *San Francisco Call*, June 17, 1909; *New York Tribune*, June 18, 1909.

(63) William D. Haywood, *Bill Haywood's Book: The Autobiography of William D. Haywood* (New York, International Publishers, 1929), 228; Douglas O. Linder, "The Trial of William 'Big' Haywood" 〈http://law2.umkc.edu/faculty/projects/ftrials/haywood/HAY_ACCT.HTM〉; *Seattle Daily Times*, July 25, 1909 and August 21, 1909.

(64) 反紙巻きタバコ派は販売や譲渡以外にも、「製造」を禁止するＣＰ法を成立させようとしたが、一九一〇年の時点で、全四八州のうち紙巻きタバコが一定規模以上で製造されていた州は一一州だった。そのなかで、ニューヨーク、ヴァージニア、ノースカロライナ、イリノイなどは紙巻きタバコの製造が特にさかんだったが、そのほかの州では経済がそれに大きく依存するところはなかった。したがって、ＣＰ法に「製造」の禁止条項があっても実際には製造していない州やきわめて小規模な州も多く、この項目の影響は限定的であったと言える。Alston, Dupre, and Nonnenmacher, 437.

(65) Illinois, 38th General Assembly (1893), S. B. 310, H. B. 185; 39th General Assembly (1895), S. B. 245, 307. 紙巻きタバコが有毒薬物と結びついているという噂は、紙巻きタバコとライバル関係にあった葉巻などほかの形態のタバコを製造する業者からしばしば流された。Jerome R. Brooks, The Mighty Leaf: Tobacco through the Centuries (Boston: Little, Brown and Company, 1952), 253-54.

(66) Illinois, 40th General Assembly (1897), S. B. 245 & 134, H. B. 221.

(67) Wagner, 44.

(68) Tate, 59; Petrone, 200; Sobel, 61.

(69) William B. Austin v. State of Tennessee, 179 US 343; 21 S Ct 132; 45L Ed 224 (November 19, 1900) 〈http://medicolegal.tripod.com/austinvtenn.htm〉

(70) David L. Hudson, Jr., *Smoking Ban* (Philadelphia: Chelsea House Publishers, 2004), 12.

(71) Jacobson, Wasserman, and Anderson, 44; *Holt County Sentinel*, December 16, 1898.

(72) Tennant, 134.

(73) William B. Austin v. State of Tennessee, 179 US 343, op. ct.; *Brownsville Daily Herald*, November 23, 1900.

(74) Tate, 160.

(75) *Bourbon News*, May 31, 1921; *Oklahoma Miner*, June 9, 1921.

(76) Joseph C. Robert, *The Story of Tobacco in America* (New York: Alfred A. Knopf, 1952), 247.

(77) John S. H. Smith, "Cigarette Prohibition in Utah, 1921-23," *Utah Historical Quarterly* 41 (1973), 364n; *American Fork Citizen*, June 11, 1921.

(78) "Cigarette Measure Is Discussed in Senate," *Deseret News*, February 3, 1921.

(79) 法律を成立させたものの積極的に執行しない、もしくはできないという状況は、禁酒法に関してすでに見られていた。禁酒法運動史の研究者ジョゼフ・ガスフィールド（Joseph Gusfield）は、社会的地位の異なった集団間に発生した対立にこの運動の起源を求めた。彼は著書『象徴的十字軍』（一九六三年）のなかで、禁酒法運動を「ステータス・ポリティックス」という概念を用いて解釈しようと試みた。ガスフィールドがいう「ステータス」とは、文化、人種や民族、宗教や道徳的価値観などを共有する一定の集団がしめる社会的地位を指し、「ステータス・ポリティックス」とは、そのような人たちに共通する規範や生活習慣などを別の異質な集団に認めさせて、自らが管理する統合された社会作りを目的とした政治であった。彼によると、この運動で最も重視されたのは、酒類の製造や販売等を禁止する法律を成立させて自らの存在感を示すことであって、必ずしもそれを厳格に執行することではなかった。したがって、禁酒法は基本的には自らの存在をアピールするための法律であり、その点で実効をともなわない「象徴的」なものであってもかまわなかった。州CP法に関しても、意図的か否かについて議論の余地はあるが、結果的にガスフィールドが禁酒法に用いた「ステータス・ポリティックス」という概念が当てはまる場合が少なくなかった。Joseph R. Gusfield, *Symbolic Crusade: Status Politics and the American Temperance Movement* (Chicago: The University of Chicago Press, 1963), 16ff.

(80) *American Heritage Magazine*, op. ct., 94; Segrave, 141.

(81) "Utah's 'No Smoking' Signs," *Literary Digest*, March 24, 1923, 14-15.

(82) Robert, 250.

(83) *Ogden Standard-Examiner*, January 11, 1921; John Dinan and Jac C. Heckelman, "The Anti-Tobacco Movement in the Progressive Era: A Case Study of Direct Democracy in Oregon," *Explorations in Economic History* 42 (2005), 542-43.

(84) *Hartford Republican*, August 26, 1921.

(85) Petrone, 204-05; Robert, 249.

(86) Robert S. Bader, *Prohibition in Kansas: A History* (Lawrence, Kansas: The University Press of Kansas, 1986), 207.

(87) 本文中で取りあげた州以外にCP法が成立したのは以下の州であった。ノースダコタ州では一八九五年から一九二五年まで販売が、アイオワ州では一八九六年から一九二一年まで販売と製造が、オクラホマ准州［一九〇七年に州へ昇格］では一九〇一年から一九一五年まで販売と譲渡が、インディアナ州では一九〇五年から一九〇九年まで販売、製造、所有が、ウィスコンシン州では一九〇五年から一九一五年まで販売、製造、譲渡が、アーカンソー州では一九〇七年から一九二一年まで販売と製造が、ネブラスカ州とサウスダコタ州では一九〇九年から一九一九年と一九〇九年から一九一七年まで、ともに販売、製造、譲渡が、そしてミネソタ州では一九〇九年から一九一三年まで販売と製造などが、それぞれ禁止された。ちなみに、これらの州CP法が廃止されたとき、ノースダコタ州、アイオワ州、カンザス州など多くの場合、年少者への販売は引きつづき禁止されたほか、販売業者に対するライセンス制度の導入や紙巻きタバコへの課税によって、歳入の増加を目的とした政策への転換が図られた。Ronald J. Troyer and Gerald E. Markle, *Cigarettes: The Battle over Smoking* (New Brunswick, N.J.: Rutgers University Press, 1983), 34; Tate, 150–51.

(88)　*New York Daily Tribune*, February 18, 1907.

第二章　女性によるタバコ使用

はじめに

F・スコット・フィッツジェラルド（F. Scott Fitzgerald）は、二〇世紀初頭のアメリカの風俗を主題にした短編小説『フラッパーと哲学者』のなかで、自らの解放をめざした若いアーディタが一人の男性の前で喫煙する様子を次のように描いている。

アーディタは、ポケットにあった湾曲した翡翠のケースのなかから紙巻きタバコを一本取りだし、少しばかり手が震えていることに気づいてはいたが、何事もなかったかのように静かにそれに火をつけた。そしてしなやかに腰を振りながらもう一方のソファまで歩いて行ってそこへ腰をかけ、口いっぱいに吸いこんだ煙をドアの日よけにむけてふきかけた(1)。

喫煙する女性は、なにもこの時代に突然現れたわけではないが、それまでタブー視されていた人前で紫煙をくゆらせる姿が目立ちはじめたのは、「ジャズ・エイジ」と呼ばれた第一次世界大戦後の時期だったのである。

近代世界において、タバコ使用は主に男性の行為とされたが、その背景には男女間の性差に起因するという考えかたが、ときに宗教に基づく道徳観としてあったと思われる。つまり、タバコ使用は、貞節を重んじ純真であるべき「貴婦人《ミレディ》」にはふさわしくない神を冒涜する行為として極力慎むべきであるという、社会を支配することの多かった男性の考えかたが、歴史のどこかの時点で、もしくは継続的に、規範として女性たちに押しつけられたのである。

確かに二〇世紀の中頃以降、先進国では医学的および科学的に証明された数多くの客観的データや統計数値を根拠に、男女の区別なく健康のために喫煙は控えられるべきものという社会的合意が形成されつつある。しかし、今も触れたように、歴史的に見ればタバコ使用は圧倒的に男性によって行われており、この点ではアメリカも例外ではなかった。実際にこの国では、長いあいだ男性のタバコ使用が否定的に言及されることはなかったが、女性のそれに対しては社会的な圧力だけではなく、ときには法律による規制も行われようとした。タバコに関して男女のあいだに差異が生じていたのであるが、これはジェンダー間に存在した不平等を象徴するものでもあった。そのような状況のなかで、二〇世紀への転換期以降に平等を希求する女性たちにとっては、喫煙がそれなりの意味をもつ社会的行為と考えられたのである。

本章の目的は、紙巻きタバコの人気が定着してゆく一九二〇年代までの時代に焦点をあてながら、アメリカ社会における女性とタバコの関係を歴史的に考察することである。このとき、「ヴィクトリア時代の道徳観」が支配する女性の領域が確立されたことと、その後この領域が再び不明確になっていった状況に着目して議論を進める。そして、女性による喫煙という行為がもつ社会文化的意味についても論じてみたい。

一　「ヴィクトリア時代の道徳観」と「領域」

女性によるタバコ使用の規制

そもそも植民地時代のアメリカでは、女性によるタバコ使用は日常の生活習慣として認められていた。ここでいうタバコとは、主にパイプ・タバコを意味したが、そのほかにも嗅ぎタバコがあった。一六八六年にヴァージニアとメリーランドの両植民地を訪れたフランス人旅行者デュラン・ドゥ・ドーフィネ（Durand de Dauphine）は、「どこででも、そして教会のなかでさえも女性は喫煙をしている」と書きのこし、その広がりを示唆している。また別の記録には、「寝る前に一服し、パンを焼くあいだに一服し、料理をしながら台所で一服する」などと書かれており、ここにもまた、植民地時代の女性によるタバコ使用は、決して「珍しくはない《ノット・アンコモン》」日常の行為であると描写されている[2]。

独立後、アメリカではしばらくのあいだそのような状況に変化はなく、女性によるタバコ使用を規制する動きは見られなかった。歴代の大統領夫人たちもタバコを嗜んでおり、例えば、ジェームズ・マディソン（James Madison）やアンドルー・ジャクソン（Andrew Jackson）の夫人たち（Dolley Madison & Rachel Jackson）がタバコの愛用者だったことは有名な話であった。ただし、マディソン夫人はパイプ・タバコよりも嗅ぎタバコを好んだとされている[3]。

ところが一九世紀の中頃になると、前章で触れたように、女性によるタバコ使用は、産業化が始まった北東部の社会において、慎むべき行為として徐々に戒められるようになった。仕事においても、また日常生活においても男女の区別が曖昧だった農業社会とは異なり、そこでは性を基準にした役割分担がなされるようになった。とりわけ中産階級の家庭では、男性は住居から離れた場所で働く機会が増えた一方で、女性は生産活動をやめてしまった家庭という私的空間に留まるよう求められたのである。このような変化によって、男性と女性がそれぞれに異なった役割を演じる「領域」が明確化され、それと並行して前者が後者を支配する社会が確立されるようになった[4]。

領域の明確化は、男性と女性の果たすべき役割、つまり前者が「大黒柱《ブレッド・ウィナー》」として家族を扶養するために収入をえることを、そして後者が被扶養者になって子どもを出産し養育しながら家庭を守ることを、それぞれに求めた。ところが家庭の外に出た男性たちは、例えば飲酒――この時代「酒宴《ビンジ》」と呼ばれる酒場で仲間と大量飲酒する飲みかたが流行した――や売春などの誘惑に出会う機会が増えたため、道徳的に堕落する傾向にあった。実際、国民一人あたりの無水アルコール年間消費量は、一八三〇年の七・一ガロンを史上最高値として一九世紀前半にピークにたっしており、そのことがテンペランス（禁酒・節酒）運動の活発化と、多くの女性がこの運動へ参加する要因になったのである[5]。

このように、男性が道徳的でなくなればなくなるほど、女性には「共和国の母《リパブリカン・マザー》」として自らの道徳を守りながら子どもたちを有徳の市民に育てあげるという役割がいっそう厳格に課せられるようになった。その結果、彼女たちには「洗練されたアメリカ社会に根づいた伝統的な道徳律の守護神」として、「純真、健康、清潔、そして性欲の抑制」を尊ぶ人格が求められるようになった[6]。例えば性交渉についてであるが、彼女たちにとってのそれは決して快楽を目的としたものであってはならず、あくまでも「子孫を絶やさないため、……結婚にのみ不可避的に付随する行為」とされた。さらに酒類やタバコに関しても、それらの使用を慎むことなど、禁欲的な生活習慣も当然受けいれるべきものとされたのである[7]。

このようにして、女性たちに必ずしも歓迎されない「ヴィクトリア時代の道徳観」が、自らを取りまく社会思潮として広がっていった。ある歴史家によると、「[ヴィクトリア時代の道徳観では、男性による]喫煙が個人による典型的な悪徳行為とみなされることはなく」、したがって社会的処罰の対象となるべきものでもなかった。しかし、これはあくまで「男性たちのあいだでの話」であり、彼らのタバコ使用は、あとで触れるように「マナーや社会的圧力によって部分的に制限される」場合もあったが、それ以上に制約を受けることはなかった。一方、「女性に関しては、そもそも〔喫煙は〕行われるべきものではない」という前提で考えられるようになっており、慎むのは当然であるという風潮がこの時代支配的になった。(8)

女性の喫煙に対する批判

そのような状況であったため、少なくとも女性によるタバコ使用は、実際に一九世紀の中頃以降減少したのである。同時代のテンペランス運動家ラッセル・トロール（Russell Trall）は、比較的寛容とされたニューヨーク市でも「喫煙する淑女はほんの少しだけ目撃されることはあった」が、そのような「外国人気取りの習慣（喫煙）をまねるインテリ女性」の存在は、「例外的」であると書きのこしている。(9)

このように、タバコは男性にのみにその使用が認められる嗜好品という考えかたが社会に定着していった。そのため、会食などで食事が終わったあとに男性がタバコを楽しむ場合は、女性がいないところで行うことが社交上のマナーになったのである。一八八八年に出版された西暦二〇〇〇年のユートピア社会を空想した小説『かえりみれば』のなかで、作者のエドワード・ベラミー（Edward Bellamy）は、「婦人たちと晩餐館で待ちあわせて食事をしたあと、彼女たちが席を外すと、その場に残されたわれわれ男性は、ほかのいろいろなものと一緒にワインや葉巻を楽しんだ」と、一九世紀末のアメリカ社会を回想している。(10)

当時、女性たちについては少なくとも公衆の面前でのタバコ使用は行いにくい状況がつづいており、それでも人前で使用する女性は敬愛される貴婦人とみなされることはなく、反対に「堕落した女」として周囲から冷たい視線を浴びる傾向にあった[11]。ところで、このような人前で喫煙する一部の人たちをのぞいて、一般のアメリカ人女性はタバコを嗜まなくなったのであろうか。答えはもちろん「否」である。確かに、すでに触れたように喫煙者が減少したり、人前での行為が目立たなくなったのは間違いないようだが、決してすべてがなくなったわけではなかった。それどころか、喫煙者のなかには、例えば家庭内での喫煙を家族にとがめられたため屋根のうえで吸っていたというエピソードをもつセオドア・ローズヴェルト（Theodore Roosevelt）大統領の娘アリス・ロングワース（Alice Roosevelt Longworth）のような上流階級に属す貴婦人、また恵まれた環境に育った女子大学生や参政権を求めた進歩的な女性などが少なくなかった。ちなみに、ロングワースは一九三〇年代には「ラッキーストライク」の広告へ、火のついたタバコを指に挟んだ姿で登場した[12]。

実際、世紀転換期に反紙巻きタバコ運動の指導者になったルーシー・ギャストン（Lucy Gaston）は、ニューヨーク市の裕福な女性たちが会員として集まる社交場「コロニー・クラブ」に、反タバコの講演と、そこで禁煙誓約書への署名集めを行う許可を求めたが、どちらも拒絶されてしまった[13]。当時、そのような社交クラブでの喫煙は黙認される傾向にあり、しばしば反タバコ運動の標的になることがあった。また、一八八〇年九月六日付けの『ニューヨーク・タイムズ』には、マサチューセッツ州レッドフィールドにあった全寮制のウィルソン女子学校で、一二名の「生まれと育ちの良い学生」が喫煙しているところを見つけられて処分されたという記事が載った[14]。さらに、ネヴァダ州リノで開催された参政権を求める女性たちによる集会が終わったあと、会場を整備する職員のなかに、吸い殻の後始末が大変であるとの不満が聞かれたという記事も地元紙に掲載された[15]。

いずれにしても、ヴィクトリア時代のアメリカ社会において、女性のタバコ使用はタブー視されたため数こそ減少したものの、密かにしかし連綿としてつづいていたのである。この点に関して、テンペランス運動の講演家で安息日再臨派に属す敬虔な女性著述家エレン・ホワイト（Ellen White）を引用してみたい。女性によるタバコ使用が絶対に認められないのは、それが育児とはまったくあいいれない行為であるからとして、彼女は次のように書きのこしている。

……神様は、女性が汚らわしく愚かな興奮剤（タバコ）の使用によって、自らを堕落させることをお許しにはならないでしょう。タバコによって毒された息を吐く女性の存在を想像することは、何と不愉快なことでありましょう。母の首に手を巻きつけた幼い子どもの新鮮で純真な唇に、タバコ臭さと不快な唾液によって汚された母親の唇が押しあてられるさまを想像すると身震いをしてしまいます。[16]

ホワイトが抱くこのような嫌悪感は、決して彼女だけのものではなかった。それは、例えば第一章で触れた子どもがいる前で喫煙を繰りかえした母親に、三〇日間の拘留措置を科したニューヨーク州裁判所の判事の場合にも当てはまった。[17] これらの例が示唆するように、少なくともホワイトやこの判事にとって、タバコを嗜む女性が生みだす不道徳なものは、母親に求められた子どもを立派に育てあげるという役割を自らの「悪徳」によって果たそうとしないことであった。換言すれば、それは男女のあいだに異なった領域と役割を定めたヴィクトリア時代の社会規範を、否定する行為であったと考えられる。

二　喫煙の広がりとそれへの対応

喫煙の実態

一九世紀の中頃以降には、女性によるタバコ使用をタブー視する風潮がアメリカ社会を支配したが、その行為が決してなくなることはなかった。それどころか、世紀転換期には徐々にではあったが、大都会を中心に女性による喫煙は増え、レストランやホテルのロビーなど公衆の面前で行われるものも目立つようになった。そのような変化の大きな要因となったのが、南北戦争期に出回りはじめた紙巻きタバコであった。すでに述べたように、当初この形態のタバコはあまり人気がなく、全葉タバコのうちそれへの加工率は一八八〇年の時点でわずか一％だった[18]。

しかし、紙巻き機が考案され、それを導入することで大量生産が可能になった一八八〇年代の後半には、価格に割安感が生じるようになった。また、ほかの形態のタバコと比較して、「より小型で携行しやすく、着火も容易で口当たりも軽かった」ため、紙巻きタバコは喫煙のイメージを劇的に変えていった。その結果、「一九世紀を通して、パイプ・タバコ、葉巻、噛みタバコが、徐々に男性と結びつけられるようになった」のに対して、紙巻きタバコは女性のなかで支持されたのである[19]。

それにともない、喫煙にまつわるさまざまな小道具やアクセサリーが製造されるようになった。まず、脂や臭いが手につかないように手袋が使われるようになり、口のなかの汚れや臭いを防ぐために歯磨き粉も改良された。タバコ専門店では、「シガレット・ホルダー」と呼ばれたキセルに似た紙巻きタバコ用のパイプや、「シガレット・タングズ」と呼ばれたタバコ鋏が売りあげを伸ばした。また、体にタバコの臭いが付着しないよう「シガレット・ガウン」や「シガレット帽」など、全身を包みこむファッションも登場するようになった。さらに、専門店の陳列棚にはさまざまな色や形のタバコ・ケースが並べられるようになり、喫煙する女性への贈り物として、なかには宝石が散りばめられた高価なものも販売されたのである[20]。

女性喫煙者のなかには、このような製品を使って自らの喫煙を隠しながら楽しむ者が少なくなかったが、一部には高価なアクセサリーを見せびらかして、人前でタバコを吸うことを憚らない者も目立ちはじめた。その結果、例えば、『ニューヨーク・タイムズ』が、「一八五一年から一八八〇年までの三〇年間に三回女性の喫煙に言及した記事を掲載しただけだった」ものが、その後の「二〇年間に十数回」へ増えたことに表れているように、彼女たちの行為は社会的関心を呼ぶようになったのである。[21]

女性の喫煙に対する二つの反応

目立ちはじめた女性による人前での喫煙に対する一般の反応は二つに分かれた。まず最初に、女性の喫煙を社会の偽らざる実状として捉え、一定の条件のもとでそれを黙認しようとする現実的な反応があった。ここでいう「一定の条件」とは、喫煙行為を衆目に晒さないよう、例えば衝立などで仕切られた空間を設けて、そこで嗜むよう配慮することであった。これは、特に富裕層に属す女性たちによるタバコ使用を念頭においたものと考えられる。裕福な女性たちによる喫煙については前節でも触れたが、『紙巻きタバコ戦争』の著者キャサンドラ・テイト（Cassandra Tate）によると、仕切られた空間を設定しての喫煙は、それが根づいていたヨーロッパへの旅行から女性がもちかえった習慣であった。彼女たちは、人目を少々憚りながらも喫煙するという習慣を、「自分たちが国際派である証」として身につけてきたというのである。[22]

ニューヨーク市において、多くのホテルや社交クラブではいまだ女性の喫煙を認めていなかった一八八〇年代に、上流階級に属す女性客のあいだで高まった喫煙に対する欲求に応えるため、「喫煙室《スモーキング・ルーム》」を設置する施設が一部に現れた。その一例として、社交界ではよく知られていたジェイコブ・ヴァンダビルト（Jacob Vanderbilt）の夫人についての話がある。彼女はニューヨーク市に住む名士たちが集まるクラブ「フォー・ハンドレッド」にやってくる自らを含む貴婦人たちのために、「お茶と紙巻きタバコの部屋《ティー・アンド・シガレット・ルーム》」を夫などの理解と協力をえて設置してもらい、その社交クラブでの喫煙を大いに楽しんだ。[23]

このように、一方では女性の喫煙を黙認する反応はあったが、他方ではそれを「道徳的に優位であるべき女性による、堕落した男性と区別できないほど愚かな行為」として、絶対に認めないというものもあった(24)。先ほど触れたギャストンのように、直接女性に喫煙習慣を捨てさるよう説得する活動も行われたが、徐々に必要ならば法律による強制もやむなしとする姿勢が保守派のなかで支配的になっていった。特に、公衆の面前での喫煙が目立ちはじめた大都会では、そのような喫煙を禁止する条例を制定すべきか否かの議論がさかんに行われたのである。

ニューヨーク市では、世紀末以降公の場における女性による喫煙を禁止する条例案についていくどとなく市議会で議論されたが、最終的にそれらはすべて廃案になった。ただし、ときには混乱を招くこともあった。前章で触れたように、一九〇八年に激しい論争をへて市議会で採択された条例案が、いったんは成立したと発表されたことがあった。しかし、これは最終的に市長が拒否権を行使したため条例とはならなかったのだが、実際に一人の女性が、警察官によって誤って逮捕されるという事態が生じたのである(25)。

このような、女性による公衆の面前での喫煙を禁止するという条例に関しては、女性のみを標的としたため不平等な差別立法であるという反論が当然のようになされた。そして、この反論は一定の説得力をもっていたため、当時女性による喫煙が最も問題視されたニューヨーク市でも、そのような条例は今も述べたように一度も成立しなかった。その結果、反タバコ派は文言上は女性のみに言及するのではない別の立法を模索せざるをえなくなるのだが、具体的にそれは彼女たちが好んだ紙巻きタバコの販売などを州レベルで禁止する法律――「紙巻きタバコ販売等禁止法」(CP法)――であり、実際にいくつかの州でこの法律が成立したことは、第一章で考察した通りである。

三　第一次世界大戦と紙巻きタバコ

州CP法と女性の喫煙

一〇余州で成立したCP法ではあったが、実際に女性の喫煙にあまり影響をおよぼすことはなかったと結論づけられる。その根拠として、主に以下の二つのことが考えられる。まず一つ目として、この立法はワシントン州（一八九三年）を皮切りにノースダコタ州（一八九五年）やアイオワ州（一八九六年）など、もともと女性の喫煙率が相対的に低いとされた西部や中西部の農村地域を中心に成立したのであるが、大都市をかかえて最も問題視されたニューヨーク州やマサチューセッツ州やペンシルヴァニア州などでは法案が提出されたものの、審議はほとんど行われないまま廃案になった状況があげられる。つまり、この法律が成立した地域の女性による喫煙は、もともと問題視されることがほとんどなかったため、販売禁止の影響はきわめて小さいものだったと想像される。

CP法が、女性の喫煙にあまり影響をおよぼさなかったという結論を導く二つ目の根拠として、法律が施行されたにもかかわらずこのタバコへの加工割合が、世紀転換期に一時的に微減したものの、全体として増加傾向にあった点があげられる。全葉タバコのうち紙巻きタバコに加工されたものが、一八八〇年には一％程度であったことはすでに述べた。しかし、その後一九一〇年には国民一人あたりの年間葉タバコ消費量五・九二ポンドのうち三・三％が、そしてアメリカが第一次世界大戦へ参戦する直前の一九一五年には五・九六ポンドのうち八・七％が、それぞれ紙巻きタバコへと加工され着実に増えていたのである(26)。

確かに、年少者や移民労働者も紙巻きタバコを好んで消費していたので、この増加がすべて女性の喫煙率が上昇したために起こったと結論づけることはできない。しかし、少なくとも彼女たちによる喫煙増加も、これらの数値変化の一因になったのは確かであり、女性による喫煙を減少させるという目的に関して、CP法は実効性に乏しいものであったと言える。このように、さまざまな社会的および法的制約にもかかわらず、世紀転換期に増えつづけていた女性による紙巻きタバコの喫煙は、第一次世界大戦をきっかけにして、「激増」とまでは言えないがいっそう顕著なものとなっていった。ここでは、このタバコを取りまく当時の状況について述べてみたい。

第一次世界大戦中の酒類とタバコ

そもそも第一次世界大戦は、紙巻きタバコの喫煙に多大な影響を与える出来事であった。この大戦が始まるまで、成人男性の多くは噛みタバコ、葉巻、パイプ・タバコなどを愛用していたが、紙巻きタバコには「女々しい」というレッテルが貼られたことにも表れているように、年少者や移民労働者をのぞいて、男性から敬遠される傾向にあった点は繰りかえし述べてきた。しかし、アメリカが大戦に参戦した頃から紙巻きタバコの生産量は急激に増えはじめ、戦後すぐにこのタバコは、すべての形態のなかで加工される葉タバコの量が最大になったのである。つまり、当時「アメリカン・タバコ会社」の社長だったパーシヴァル・ヒル（Percival Hill）が語ったように、第一次世界大戦が「紙巻きタバコ喫煙の爆発的な増大の主たる原因」になったのである。(27)

紙巻きタバコの人気急上昇の要因として、確かにアラン・ブラント（Allan Brandt）が指摘するように、「都市化や産業化が進む社会における動きの速さ」から生じる「懸念、重圧、疲弊を……［紙巻きタバコが］すばやく和らげてくれる」と、このタバコを使用する者が期待した点がまず考えられる。(28) しかし、それ以上に重要だったのはやはりこの戦争であり、紙巻きタバコがヨーロッパへ遠征したアメリカ兵に、慰問品として大量に届けられたことだった。戦場で彼らがこの形態のタバコを愛用するようになると、もはやそれは女々しいタバコではなく、愛国心を象徴する必需品になったのである。

戦争中、兵士に慰問品を届けるという習慣はほかの国ぐににもあったが、そもそも歴史的に見て最も人気があったのは酒類で、その次にタバコだった。建国以来アメリカでも、酒類などは戦場において食糧や武器などと同様に、なくてはならない物品として扱われてきた。すでに触れたように、独立戦争中に大陸軍は厳寒の地での越冬を余儀なくされたが、そのとき総司令官だったジョージ・ワシントン（George Washington）は、それらが十分に補給されない兵士に不満がたまるのを懸念したと書きのこしている(29)。

南北戦争でも、酒類は重要な慰問物資でありつづけた。確かに、禁酒法運動の指導者だったニール・ダウ（Neal Dow）が率いたために飲酒が認められなかったメイン州第一三連隊のような「禁酒部隊」も存在したが、これは例外中の例外であった(30)。ところが、戦争と酒類の密接な関係は、第一次世界大戦中のアメリカにおいて見られなかったのだが、明らかにこれは世紀転換期に活発化した禁酒法運動の影響によるものであった。そもそも、合衆国憲法修正第一八条（全国禁酒法）が発効するのは一九二〇年一月一六日の深夜であったが、アメリカがドイツに宣戦布告した一九一七年四月には、さまざまな規制によってすでに酒類を自由に扱えない状況が国内に生じていた。

まず、ヨーロッパで戦争が勃発した一九一四年に海軍長官ジョウシーファス・ダニエルズ（Josephus Daniels）は、臨戦態勢構築の一環として、船舶や工廠を含むすべての軍事施設内での飲酒行為を禁止する命令をだした。次に、アメリカが参戦した一九一七年には、政府はすべての軍人への酒類販売を禁止する行政命令をだす一方で、連邦議会は「レヴァー食品燃料規制法」（the Lever Food and Fuel Control Act）を戦争終結までという期限つきで通過させた。この時限立法は、戦時の食糧難を回避する目的で、穀物からウィスキーやジンなどの蒸留酒を製造することを禁止するものであった。これらの規制とは別に、世紀転換期には州レベルにおいて禁酒法が成立しはじめており、一九一七年末までには二六州において酒類の製造や販売等が禁止されたほか、それ以外の州でも「自治体選択権法」（the Local Option Laws）によって、酒類販売を自由に行えないコミュニティが多々あったのである(31)。

このように、アメリカでは第一次世界大戦に参戦した一九一七年四月には、連邦および州レベルでの立法措置や行政命令などによって、すでに全国禁酒法が施行されているのに近い状況となっていた。したがって、ヨーロッパへ遠征したアメリカ兵に、酒類に代わってタバコ製品を中心とした慰問品が送られるようになったのは自然の成りゆきであった。なかでも、紙巻きタバコが戦場には最も適しているとして、ほかの形態のタバコよりも圧倒的に多い量がヨーロッパ戦線へ輸送されたのである。機動性が重視された近代戦争において、使用するための準備や後始末に手間がかかるパイプ・タバコや喫煙時間の長い葉巻と比べ、紙巻きタバコは携行が容易で扱いやすかったことなどがその理由であった。

慰問品としての紙巻きタバコ

司令官ジョン・パーシング（John Pershing）が、「タバコは毎日の食糧と同様に必需品であるから、遅滞なきよう大量に届けられたし」という電報を本国政府に送った事実は、この戦争においてタバコが「軍事物資」として重要な役割を果たしたことを示唆するものであった。[32]ヨーロッパへタバコを届ける仕事は、当初陸軍省が買いあげたものを戦地へ送るというやりかたで行われたが、武器や弾薬などの確保と輸送を優先させたい政府にとって負担が大きかった。

そこで、この作業は主に国民と戦場の兵士を結ぶ愛国的な行為として、ＹＭＣＡ、救世軍《サルヴェーション・アーミー》、赤十字などの組織を個人の篤志家が手伝う形で行われるようになった。そもそもこれらの組織は、世紀転換期の反紙巻きタバコ運動では女性によるものだけではなく、男性によるタバコ使用に対しても否定的だったが、戦争という非常事態のなかで方針を転換させたのである。実際に、タバコを集める手段として、タバコ会社から製品そのものを寄贈してもらうこと、新聞社や雑誌社が中心になって寄付金を集めるために組織した「タバコ基金《スモーク・ファンド》」によるタバコの購入、

図6　戦争とタバコ

赤十字で活動する女性が負傷した兵士に紙巻きタバコを手渡している。

出所：Cassandra Tate, *Cigarette Wars: The Triumph of "the Little White Slaver"* (New York & Oxford: Oxford University Press, 1999).

そして兵士の家族を含む一般国民による現金や製品の寄付などいくつかのものがあった。[33]

一方、紙巻きタバコを製造する会社はこの戦争を千載一遇の機会として捉え、多額の資金を費やす広告よりも効果的な宣伝ができるとして、積極的に寄贈活動を行ったのである。例えば、「リゲット・アンド・マイヤーズ・タバコ会社」は参戦直後に「ファティマ」、「ピードモント」、「チェスターフィールド」などの紙巻きタバコ一五〇万本を赤十字に寄付している。また、主要なタバコ会社は政府が戦費を調達するために発行した「自由国債《リバティ・ボンド》」を積極的に購入することで愛国心を示そうとした。これに関して、アメリカン・タバコ社は六二〇万ドル、リゲット・アンド・マイヤーズ社は三〇〇万ドル、「ロリラード・タバコ会社」

は二五〇万ドル、「R・J・レイノルズ・タバコ会社」は一〇〇万ドルの国債をそれぞれ購入した。[34]

最前線で戦う兵士の写真が新聞や雑誌にしばしば掲載されたが、たとえ包帯に巻かれていたり担架で運ばれている姿であっても、兵士がタバコを手にしていれば、それはアメリカ国内の市場に計りしれない影響を与えるものとタバコ会社は理解していた（図6）。そのような事情もあり、公平さを期すために会社間で話しあい、戦前の国内市場の占有率に基づいて銘柄ごとに寄贈する量を決定したのであるが、ちなみに、一九一七年に約三五％の占有率があったR・J・レイノルズ社製の「キャメル」が、ヨーロッパの戦場にいたアメリカ兵に最も多く配給された銘柄であった。[35]

戦場での惨たらしい殺戮を経験した若い兵士たちは、ほかの形態のタバコを使用していた者も、配給される紙巻きタバコを大量に喫煙するようになった。また、以前はタバコをまったく使用していなかったが、慰問という国民による愛国的行為を無駄にすべきではないと考え喫煙するようになった者もいた。その結果、このタバコから女性的なイメージが払拭され、命をかけた兵士が戦場で吸うものとして広く男性のなかへも浸透するようになったのである。

国内のタバコ小売店の窓には、兵士を登場させた紙巻きタバコの宣伝ポスターが貼られ、また店内には、パッケージで周囲が飾られ額に納められた主戦場を示すヨーロッパの地図などが掲げられていた。さらに、レジの脇には国旗で飾られた大きな樽がおかれ、タバコ製品や現金の寄付がそこへ集められた。[36] 一九一八年一一月に休戦協定が発効して以降、兵士たちは徐々に帰還しはじめるのであるが、本国へ戻った彼らが、こぞって紙巻きタバコを買いもとめたことは自然の流れであった。

四　男女平等の象徴としての喫煙

紙巻きタバコの流行と女性による喫煙

第一次世界大戦後、ほかの形態への葉タバコ加工量が現状維持もしくは減少するなかで、紙巻きタバコへのそれは急増し、このタバコは都市部を中心に出現した大衆消費社会を象徴する物品の一つとなった。このような状況に鑑みて、紙巻きタバコの喫煙が、「アメリカにおける生活様式」の一部になってしまったと嘆く反紙巻きタバコ派もいた。一九一五年に全葉タバコの八・七％だった紙巻きタバコへの加工率は、一九三〇年には四四・六％へと跳ねあがったのである[37]。当然のことながら消費量も増え、一九二〇年に成人一人あたり年間六一〇本の紙巻きタバコが消費されていたが、一〇年後にその数は二倍以上の一三七〇本になった。ちなみに、この形態への葉タバコ加工量が嚙みタバコや葉巻を抜いて第一位になったのは、一九二二年のことであった[38]。

この増加の要因には、前節で述べたように第一次世界大戦をきっかけとして多くの男性、特に若い帰還兵がほかの形態のものをやめてまで紙巻きタバコを選択するという変化があったのだが、女性による喫煙も「増加のかなりの部分」を説明していると考えられる[39]。しかし、実際にどの程度女性の喫煙が増えたのかを正確に述べることはできない。日本語にも翻訳されている名著『オンリー・イエスタデイ』において、一九二〇年代のアメリカ社会を鋭く描いたフレデリック・アレン（Frederick Allen）は、「［一九二〇年代に入り］数年のうちに、あらゆる年齢層の何百万人ものアメリカ人女性が、当時フラッパーと呼ばれていた人たちのあとを追って喫煙を始めた」と書いて、戦後女性による喫煙が増加したことを指摘している[40]。

確かにこの時代には、女性が喫煙する様子が新聞や雑誌記事、小説、映画などのなかにそれまでにはなかった頻度で取りあげられており、都市を中心に、ホテル、レストラン、列車などでもその姿が日常的に目撃されるようになった。特に象徴的だったのは、タバコ広告で長年タブー視されてきた、タバコを手にもつ女性がそこへ登場するようになったことである。この「自由の松明《トーチ・オブ・フリーダム》」を指のあいだに挟んだ姿を描く広告は、当初こそアジア系を連想させる服装の女性が描かれていたものの、すぐに白人女性がそこへ現れた(41)。そもそもタバコ広告に女性が登場するようになったのは一九世紀の後半からで、第三章で詳しく述べるように、それはあくまでも男性の購買意欲を高めるのを目的としており、女性はタバコを使用するでもなく「背景の一部になるか、……男性に喫煙を勧めている」という構図であった(42)。

一九世紀末に女性むけ銘柄——形状がより細く口当たりがまろやかで、ときには吸い口に付着する口紅の色を隠すために色紙が使用されたものなど——が発売されても、彼女たちを「直接標的にする広告に関しては、タバコ会社は慎重であった」。それは、当時活発化しはじめた反紙巻きタバコ運動のプロパガンダに利用され、攻撃を受けることを会社側が恐れたからである(43)。したがって、女性むけの広告——例えば、著名な女性オペラ歌手にタバコは喉の調子を良くすると語らせるとか、スタイルの良い若い女性を登場させて、喫煙にはダイエット効果があるなどと仄めかす広告——が広く行われはじめたのは、この運動が下火になり、すでに女性による喫煙が流行していた一九二〇年代後半のことであった(44)。

先ほど触れたように、アレンは「何百万人ものアメリカ人女性」が一九二〇年代に喫煙するようになったと語っている。しかし、この数字はあまりに大雑把であるため、正確な状況を伝えてはいない。それでは、実際にどの程度の喫煙率だったと考えるべきなのであろうか。そもそもこの時代の喫煙率に関して、男性のものも含めて体系的な調査は行われていなかったが、タバコ会社が発行する業界誌などにはいくつかの推定値が散見された。

それらのなかでは、一九二四年のアメリカ人女性の喫煙率は五～六％であったものが、一九二九年には一二～一六%まで上昇したと推定されている。その後、一九三五年になって雑誌の『フォーチュン』によって初めて信頼できる調査が行われたのである。それによると、農村地帯に住む女性の喫煙率は八・六%であったのに対して、人口一〇万人以上の都市に居住する女性のそれは三〇%を超えており、全国平均は一八・一%であった(45)。いずれにしても、世紀転換期における女性の喫煙率が数%程度と推定されていた点を考えると、その後の上昇は特筆すべきものであった。

女性の職場進出

このように二〇世紀に入ってから目立つようになった女性による喫煙は、社会的にどのような意味をもっていたのであろうか。最後に、この点について考察してみたい。第一節で論じたように、一九世紀の中頃男女それぞれに異なった領域が設定されるようになった状況の変化が、女性によるタバコ使用が自由でなくなるきっかけであった。もしそうであるならば、世紀転換期以降に喫煙する女性が増えたことと、領域の境界が再び曖昧になりはじめたことは、無関係ではなかったと思われる。境界が曖昧になるとは、一九世紀を通して主に男性の領域とされていた分野へ、家庭という私的な領域を離れて、女性たちが参入するようになった変化を意味する。ここでは、その顕著な事例として労働市場および政治の分野について見るが、後者に関しては特に参政権を取りあげてみたい。

まず労働市場であるが、国勢調査によると一九〇〇年の全有所得労働者数は約二九〇〇万人で、そのうち女性は約五三二万人おりすでに全体の一八%をしめていた。この五三二万人のなかで、工場労働者、農業労働者、サービス職従事者をのぞくそれまで主に男性によってしめられていた頭脳労働（専門職）の範疇に入る者は約九四万九〇〇〇人（一七・八%）だった。確かに、「男性と比較して賃金や役職の点で同等ではなかったものの、二〇世紀の初頭までに、数こそ少ないが女性は現実にすべての職業分野へ入りこむようになっていた」のである。その後、この傾向は第一次世界大戦後の大衆消費社会の出現とともにいっそう鮮明になるのであった。一九三〇年には有所得労働者の総数は約四八八三万人に増え、そのうち女性は約一〇七五万人で二二%をしめたが、そのなかで専門職の範疇に入る労働者は約四七五万六〇〇〇人(四四・二%)だった。また、女性労働者のうち既婚者の割合が高いと考えられる二五歳以上が、一九〇〇年では五一・八%であったものが一九三〇年には六二・四%へと一〇ポイント以上も上昇している。(46)

これらの数値の変化から見えてくるのは、一九〇〇年の時点で働いていた女性の多くは比較的貧しい移民家族の一員として工場や農場で働く労働者であったが、一九三〇年には働く女性は必ずしも労働者階級に属すものとは限らなくなり、ヴィクトリア時代の道徳観を支えてきた中産階級の女性たちによる専門職への進出も目立つようになった点である。(47) さらに、自動車や家電製品が必需品になったこの時代、「未婚の女性よりも、「生活の質を向上させるために」家族がその賃金を必要とする既婚女性のほうが、高い割合で労働市場へ参入するようになった」が、これは家庭と職場という領域の境界がいっそう曖昧になることを意味するものであった。(48)

余談だが、タバコの小売業界でも長年男性のみが「タバコニスト」――タバコ専門店の店頭に立ち、タバコ全般の知識を駆使して、例えば葉タバコをブレンドするなど客の注文に応えるスペシャリスト――として販売業務に携わっていたが、第一次世界大戦を境にこの職場へも女性の進出が目立ちはじめた。その背景には、ほかの職場と同様に戦争による男性の労働力不足もあったが、女性喫煙者が増加した状況も要因として考えられた。女性客はたんにタバコ製品を購入するだけではなく、すでに述べたように喫煙に関連するさまざまな道具やアクセサリーを買いもとめたため、彼女たちは男性よりも女性のタバコニストを好む傾向にあった。実際、ある大手タバコ小売店チェーンでは、大戦末期に五〇〇人以上の女性を雇用している。(49)

女性参政権と喫煙

次に、それまで男性の領域とされていた政治の分野について見てみたい。建国以来アメリカでは、政治的な活動は男性によって行われるべきものという考えかたが社会に深く根づいていたため、参政権はすべての州や準州において男性にだけ与えられる「特権」だった。同様に、大統領はいうにおよばず、州知事、市町村長、連邦や地方議員なども、男性によってしめられることが当然と考えられていた。

南北戦争前《アンティベラム》の時期に活発になった社会改革運動でも、集会を開いて人前で演説を行うなどという政治的な行動は男性だけに認められており、女性は追従者にはなれても指導者にはなれなかった。例えば、テンペランス運動でも、当初指導者は男性の聖職者や実業家などによって務められ、女性は参加者の数こそ多かったものの常に追従者でありつづけた。もし、指導者になろうとする女性がいれば、その人物は運動から排除されたのである。このような状況は奴隷制廃止運動を含めたほかの社会改革運動でも見られたため、不満をいだいた一部の女性たちが一九世紀の中頃に自らの権利、とりわけ参政権の獲得をめざして組織的な活動を始めたことは、フェミニズムに関する歴史的事実としてしばしば語られている(50)。

一八六九年に、ワイオミングが女性参政権を認めた州憲法をもって連邦にくわわったのは画期的であり、当時としては例外的でもあった。しかし、その後状況は徐々に変化しつづけ、そのような改革を求める女性たちの声を無視することは困難になっていった。そして、第一次世界大戦の混乱期をへて、女性参政権を認める合衆国憲法修正第一九条が一九二〇年八月に確定した結果、彼女たちは男性と同等の政治的影響力をもつようになり、政治は女性にも開放された分野となったのである。

かつて、女権運動に身をおいたある活動家が、「ひとたび投票権を手にいれると、女性たちは男性と同様に飲酒や喫煙を嗜むようになるだろう」と予測したことがあった(51)。女性たちが自らの権利を求めて集まった会合での喫煙は、すでに述べたように特徴的な現象になっていた。そして、女性の喫煙率の上昇が実際に憲法修正第一九条の確定とあい前後して起こった事実は、その活動家が行った予測の正しさを証明するものでもあった。労働市場へ参入し、また投票権を獲得した女性たちは、まさにこの時代に、長いあいだ押しこめられていた家庭という私的な領域から出て、「自らを解放して男性と同等の権利をもつ新しい公的な市民」として生まれかわろうとしていたことを実感したのである。(52)

おわりに

これまで述べてきたように、一九世紀を通して特に中産階級に属す女性には、結婚すると家庭という私的な領域に留まり、子どもたちを立派に育てあげるために自ら美徳を身につけるよう強く求められた。その結果、日々の生活において、喫煙はそのような役割を担う女性にはふさわしくない行為としてタブー視されるようになったのである。しかし、二〇世紀への転換期に女性と男性の領域を分ける境界線が曖昧になりはじめた頃から彼女たちによる喫煙は徐々に目立つようになり、さらに第一次世界大戦後には、進歩的な女性にとって新時代のライフスタイルともなった。確かに、男性もこの戦争を契機に紙巻きタバコを広く受けいれるようになったため、両者が同じ形態のタバコを使用することで、男女間に存在する違いが少しだけでも解消されたと彼女たちに確信させた点は想像できる。

一方で、このような変化を認めない者も男女を問わず数多くいたのも事実である。「女性キリスト教テンペランス同盟」(the Woman's Christian Temperance Union)は、そのような女性たちが集まる代表的な組織だが、そのリーダーの一人は、紙巻きタバコの喫煙が「少女たちを少年と同じ低い道徳水準にまで引きさげる堕落」であると警告

図7　平等をアピールするロングアイランドの若い男女（1926年）
出所：『アメリカの世紀④』（西武タイム，東京，1985年），28-29。

した[53]。彼女のような反対派は、ホテル、レストラン、鉄道などに女性専用の喫煙場所を設けること、さらには多くの女子大学のキャンパスでのタバコ解禁に、最後まで反対しつづけたのである。

しかし、一九二〇年代にはこのような保守的な考えかたを支持する者は少数派になりかけており、社会は女性の喫煙を黙認する方向へと動いていた。そして、その流れを敏感に感じとったタバコ会社は、女性をターゲットにする広告を巧みに使い、売りあげを伸ばそうとした。広告のなかで、女性が男性と同じようにタバコを楽しんでいる姿が伝えられた。このとき仄めかされていたものは、堅苦しいヴィクトリア時代の道徳観が支配する女性の領域という考えかたが忘れさられ、自由で平等な社会が出現しはじめているというメッセージだった（図7）。そして、そのような社会を希求してきた人たちの多くが、広告に登場する女性へ自らを投影していたことは想像にかたくない。

註

(1) F. S. Fitzgerald, *Flappers and Philosophers* (New York: Charles Scribner's Sons, 1920), 14.

(2) Cassandra Tate, *Cigarette Wars: The Triumph of "the Little White Slaver"* (New York: Oxford University Press, 1999), 22.

(3) Ibid., 22-23; Joseph C. Robert, *The Story of Tobacco in America* (New York: Alfred A. Knopf, Inc., 1949), 105.

(4) 「領域」については、Mary P. Ryan, *Womanhood in America: From Colonial Times to the Present* (New York: Franklin Watts, 1983), 113-165; Barbara J. Harris, Beyond Her *Sphere: Women and the Professions in American History* (Westport, Conn.: Greenwood Press, 1978) の三二-七二ページを参照されたし。

(5) 拙著『アメリカ禁酒運動の軌跡——植民地時代から全国禁酒法まで——』(ミネルヴァ書房、一九九四年)、四三-七六ページ。

(6) Andrew Sinclair, *Prohibition: The Era of Excess* (Boston: Little, Brown and Company, 1962), 53; Carl N. Degler, *At Odds: Women and the Family in America from the Revolution to the Present* (New York: Oxford University Press, 1980), 283.

(7) Kenneth A. Yellis, "Prosperity's Child: Some Thoughts on the Flapper," *American Quarterly* XXI (Spring 1969), 46.

(8) Robert E. Goodin, *No Smoking: The Ethical Issues* (Chicago: The University of Chicago Press, 1989), 2-3.

(9) Russell T. Trall, *Tobacco: Its History, Nature and Effects, with Facts and Figures for Tobacco-Users* (New York, 1854), 4; Robert, 112.

(10) Edward Bellamy, *Looking Backward 2000-1887* (New York: The New English Library Ltd., 1960), 154.

(11) Bobbie Jacobson, *The Ladykillers: Why Smoking is a Feminist Issue* (London: Pluto Press, 1981), 57.

(12) Alice R. Longworth, *Crowded Hours: Reminiscences of Alice Roosevelt Longworth* (New York: Charles Scribner's Sons, 1933), 62.

(13) *New York Times*, September 12, 1907 & July 29, 1910.

(14) *New York Times*, September 6, 1880.

(15) *Reno Evening Gazette* (Nevada), January 15, 1908.

（16）Ellen G. White, *Temperance: As Set Forth in the Writings of Ellen G. White* (Mountain View, Cal.: Pacific Press Publishing Association, 1949), 59-60.

（17）*New York Times*, October 18, 1904.

（18）Jack Gottsegen, *Tobacco: A Study of Its Consumption in the United States* (New York: 1940), tables on 34, 36, 39, & 43.

（19）Joseph R. Gusfield, "The Social Symbolism of Smoking and Health," in *Smoking: Who Has the Right?*, eds. Jeffrey Schaler and Magda Schaler (Amherst, N.Y.: Prometheus Books, 1998), 242-43; Jordan Goodman, *Tobacco in History: The Cultures of Dependence* (London: Routledge, 1993), 106.

（20）Gerard S. Petrone, *Tobacco Advertising: The Great Seduction* (Atglen, Pa.: Schiffer Publishing Ltd., 1996), 220.

（21）*New York Times*, May 27, 1877.

（22）Tate, 97.

（23）*New York Times*, September 12, 1907 & July 20, 1910.

（24）Paula S. Fass, *The Damned and the Beautiful: American Youth in the 1920's* (New York: Oxford University Press, 1977), 294.

（25）*New York Times*, January 8, 21, 23, 1908.

（26）Richard B. Tennant, *The American Cigarette Industry: A Study in Economic Analysis and Public Policy* (New Haven, Conn.: Yale University Press, 1950), 55-56; Robert K. Heimann, *Tobacco and Americans* (New York: McGraw-Hill Book Company, Inc., 1960), 244-245.

（27）*New York World*, August 11, 1918.

（28）Sander Gilman and Zhou Xun, eds., *Smoke: A Global History of Smoking* (London: Reaktion Books, Ltd., 2004), 332. リチャード・テナント（Richard B. Tennant）もまた「都市化」に対してほかの形態のタバコが合わなかったことを指摘している。彼によると、一九世紀を通して最も人気があった噛みタバコは、唾液を吐きだすために、人が多く住む都市部では汚いとか非衛生的だと考えられるようになったというのである。また、携行や使用準備と後始末に手間のかかるパイプ・タバコや、喫煙時間の長い葉巻は、作業をしながらの使用が困難だったばかりではなく、煙や匂いが強かったため、人口の多い都市部では周囲の人たちから嫌われる傾向にあった。したがって、多くの人にとって、農業社会よりも時間が速く流れるように感じられる都市を中心とした産業社会において、女性だけではなく男性もまた、紙巻きタバコがもつ扱いやすさや軽さを受けいれたのは当然の結果であったと、テナントは説明している。Tennant, 140–141.

(29) John Krout, *The Origin of Prohibition* (New York: Russel and Russel, 1925), 61–62.

(30) ダウについては、前掲拙著第四章を参照されたし。ちなみに、南北戦争に関しては、タバコ——主にパイプ・タバコ——も「兵士の士気を高揚させるため」に配給されたが、それは南北両軍とも一八六三年以降のことで、開戦当初は軍隊と一緒に移動した「軍商人《サトラー》」から希望者が購入していた。Petrone, 32.

(31) 第一次世界大戦期の酒類の規制状況については、前掲拙著第七章を参照されたし。

(32) Peter Taylor, *Smoke Ring: The Politics of Tobacco* (London: The Bodley Head, 1984), 1.

(33) *New York Sun*, June 3, & October 3, 18, 1918; *New York Times*, December 12, 1917.

(34) Tate, 87.

(35) Elizabeth M. Whelan, *A Smoking Gun: How the Tobacco Industry Gets away with Murder* (Philadelphia: George F. Stickley Co., 1984), 50; John C. Burnham, *Bad Habits: Drinking, Smoking, Taking Drugs, Gambling, Sexual Misbehavior, and Swearing in American History* (New York: New York University Press, 1993), 94.

(36) Tate, 86; Petrone, 190.

(37) ちなみに、一九二〇年から一九二八年までに、パイプ・タバコは九%、そして葉巻は二〇%も生産量が落ちこんだ。Agnes D. Hays, *Heritage of Dedication* (Evanston, Illinois: Signal Press, 1973), 134; Heimann, 244–245.

(38) D. H. Beese, ed., *Tobacco Consumption in Various Countries* (London: Tobacco Research Council, 1968), 62; Michael Schudson, "Women, Cigarettes, and Advertising in the 1920s," in Catherine Covert and John Stevens, eds., *Mass Media between the Wars: Perceptions of Cultural Tension, 1918–1941* (Syracuse, N.Y.: Syracuse University Press, 1984), 72; Michael Schudson, *Advertising, The Uneasy Persuasion: Its Dubious Impact on American Society* (New York: Basic Books Inc., 1984), 184.

(39) Reavis Cox, *Competition in the American Tobacco Industry 1911–1932: A Study of the Effects of the Partition of the American Tobacco Company by the United States Supreme Court* (New York: AMS Press, 1968), 45–46.

(40) Frederick Allen, *Only Yesterday: An Informal History of the Nineteen-Twenties* (New York: Harper & Row, Publishers,

1957), 109.

（41）David Kessler, *A Question of Intent: A Great American Battle with a Deadly Industry* (New York: Publicaffairs, 2001), 274.

（42）Tennant, 138; Nannie M. Tilley, *The Bright-Tobacco Industry 1860–1929* (New York: Arno Press, 1972), 614; Robert, 252.

（43）Schudson, 77.

（44）Tennant, 138–139; Roland Marchand, *Advertising the American Dream: Making Way for Modernity, 1920–1940* (Berkeley, Cal.: University of California Press, 1985), 97-99; Schudson, 192-193.

（45）ちなみに、男性のそれは五二・五％であった。Roberta G. Ferrence, *Deadly Fashion: The Rise and Fall of Cigarette Smoking in North America* (New York: Garland Publishing, Inc., 1990), 41; Tennant, 136.

（46）ここでいう「サービス職従事者」とは、「家事サービス職業従事者とそのほかのサービス従事者」を、また「頭脳労働者」とは「専門的技術的職業従事者、管理的職業従事者、事務関係職業従事者、販売従事者」を意味する。アメリカ合衆国商務省編『アメリカ歴史統計』（原書房、一九八六年）一巻、一二九－一四〇ページ；Degler, 376.

（47）ただし、この分野で働く女性はジャーナリスト、医者、弁護士、企業の管理職などとしてよりも、ファッション、教育、ソーシャルワーク、看護などの専門分野での労働が多かった。Alan Brinkley et al. *American History: A Survey* (New York: McGraw-Hill, Inc., 1991), 708.

（48）Dolores Janiewski, "Flawed Victories: The Experiences of Black and White Women Workers in Durham during the 1930s," in *Decades of Discontent: The Women's Movement, 1920–1940*, eds. Lois Scharf and John Jensen (Westport, Conn.: Greenwood Press, 1983), 92.

（49）Tate, 109.

（50）女性参政権を求める運動と奴隷制廃止運動などほかの社会改革運動との関係は、例えば Stanley Coben, *Rebellion against Victorianism: The Impetus for Cultural Change in 1920s America* (New York: Oxford University Press, 1991), 91-92 を参照されたし。

（51）Andrew Barr, *Drink: A Social History of America* (New York: Carroll & Graf Publishers, Inc., 1999), 150–151.　全国禁酒

法が施行された一九二〇年代、確かに一般には酒類が入手しにくい状況が生じたが、経済的に余裕のある人たちは割高の密造酒や密輸入酒を楽しむことができた。以前は家庭内で隠れて飲酒していた女性のなかに、もぐり酒場へ飲酒を目的に客として訪れる者もいた。世紀転換期、酒場へ出入りする女性と言えば売春婦である場合が多かったが、禁酒法の時代に中産階級の人たちを中心に人前で飲酒する女性が増えていったことには、喫煙との共通性が見られる。

(52) Richard Kluger, *Ashes to Ashes: America's Hundred Year Cigarette War, the Public Health, and the Unabashed Triumph of Philip Morris* (New York: Vintage Books, 1996), 65; Kessler, 274.

(53) Catherine G. Murdock, *Domesticating Drink: Women, Men, and Alcohol in America, 1870–1940* (Baltimore: The Johns Hopkins University Press, 1998), 162; Tate, 115.

第三章　紙巻きタバコの流行と広告
――大衆消費社会の出現を背景として――

はじめに

現在では、喫煙者だけではなく周囲にいる非喫煙者へも健康被害をおよぼすとして、多くのアメリカ人は紙巻きタバコや葉巻などの有煙タバコの使用を否定的に眺めるようになっている。特に、連邦政府の公式見解として、一九六四年に喫煙と肺ガンや肺気腫を含むさまざまな疾病との因果関係を認めたルーサー・テリー（Luther Terry）と、一九八六年に副流煙（受動喫煙）の危険性を認めたエヴェリット・クープ（Everett Koop）の、二人の厚生省公衆衛生局医務長官によって発表された「報告書」は、国民をそのような見方へ導くとともに、国内の反喫煙運動を活発化させるきっかけにもなった。

しかし、タバコがこのように否定的な扱いを受けるようになったのは二〇世紀の中頃以降のことであり、それまではアメリカの経済を支える重要な産品として好意的に扱われてきた。実際アメリカの歴史は、一七世紀初頭に試みられたジェームズタウン植民地の建設とほぼ同時に始まる葉タバコの生産、およびその後の加工や製品の販売とともに歩んできたと言っても過言ではない。金や銀といった高価な鉱物資源が発見されなかった北米大陸大西洋岸南部に位置する植民地にとって、この換金作物なくしての経済発展は非常に困難であったと考えられる。

　独立革命期をへて南北戦争へいたるまでに、葉タバコの生産と葉巻や噛みタバコの製造は、主に南部の経済を支える重要な産業に成長した。その後、産業革命が進むなかで、ニューヨーク市など北部でも葉巻や紙巻きタバコの製造工場が増えたため、タバコ産業は全国的な広がりをもつようになった。一九二〇年代、都市を中心に出現した大衆消費社会においては、確かに自動車や家電製品や衣料品などが主役を務めた。しかし、一九世紀末の機械化によって大量に生産し安価での販売が可能になった紙巻きタバコは、より象徴的な意味で新しい消費文化を担う商品となった。つまりそれは、この商品が大量販売を実現するためには不可欠と考えられた「広告」(1)に、相対的に大きく依存していたことを意味したのである。

　そもそも自動車や家電製品などには、それ自体に利便性があるため、ひとたびそれが人びとに認知されると、彼らは経済的に余裕があればそれらを積極的に購入した。しかし、歴史的には薬剤として使用されたこともあったが、生活するうえで必ずしも必要なものではない嗜好品であるタバコにとって、消費者の購買意欲を人為的に高めるために広告はとりわけ重要だったのである。特に、タバコの全形態のなかでは最も遅れて現れた紙巻きタバコに関して、広告が販売戦略上果たした役割は絶大なものであった。

　本章の目的は、一九世紀後半に商品化された紙巻きタバコが、一九二〇年代に噛みタバコや葉巻などを抜いて最も消費される形態になった要因を探りながら、その過程で、広告がそれらの要因とどのように関わっていたのかを考察することである。そして、タバコ広告とそれが伝えるメッセージから読みとれる社会の実情、さらには大衆消費社会で主導的な役割を演じた女性を取りまく状況との関係についても論じてみたい。

一　初期の紙巻きタバコ広告

広告のはじまり

現在、アメリカで「タバコ」と言えば、日本と同様に通常「紙巻きタバコ《シガレット》」と考えられるが、歴史的に見るとさまざまな形態のものを意味してきた。例えば、植民地時代には「パイプ・タバコ」と「嗅ぎタバコ《スナッフ》」が一般的であったし、その後それらに「葉巻《シガー》」や「噛みタバコ《プラグ》」がくわわり、一九世紀末には噛みタバコが最も流行する形態になった。アメリカで紙巻きタバコが使用されはじめたのは南北戦争期で、当初このタバコは、加工された刻み葉と巻紙を別々に入手して自ら巻いたり、あらかじめ職人が巻いた商品を購入したりするなど、いずれにしても手巻きのものであった。

紙巻きタバコが流行しはじめる前のアメリカ社会では、刻みタバコや噛みタバコなどの製造を行う者と、それを購入する者は同じもしくは近接する共同体で生活している場合が多かった。したがって、誰が作るものが優れているのかといった情報は、噂として買い手の耳に入ってくることがしばしばあった。また、多くの場合雑貨店の主人や、後に木製の「インディアン人形」が出入り口の脇におかれるようになるタバコ専門店の店主が、特定の職人が作る質の良い商品を薦めてくれたため、ブランドや広告がそれほど重要な意味をもつものではなかった(2)（図8）。

しかし、交通の発達とともに作り手と買い手の距離が遠くなり、さらには機械の導入によって画一化された商品が大量に生産されるようになった世紀転換期は、より大きな市場を求めて、州境を越えた販路の拡大と銘柄づけが重要な時代になった。紙巻きタバコの大量生産と販売を本格化させたのは、第一章で考察したように、ノースカロライナ州ダーラムで主にパイプ用の刻みタバコを製造する「W・デューク・アンド・サンズ・タバコ会社」の経営

図８　20世紀初頭の典型的なタバコ販売専門店

出所：Gerard S. Petrone, *The Tobacco Advertising: The Great Seduction with Values* (Atglen, PA: Schiffer Publishing Ltd., 1996), 24.

を父親から任されたジェームズ・デューク（James B. Duke）だった。彼は、競争が激しく成長が見込めなかった刻みタバコから紙巻きタバコへと主力の商品を転換させ、一八九〇年にこの分野では先行していたルイス・ギンター（Lewis Ginter）やフランシス・キニー（Francis Kinney）などが経営するタバコ会社を支配下において、独占企業としての「アメリカン・タバコ会社」を組織することに成功したのである。

デュークが先行する紙巻きタバコ会社を支配できるようになったのは、すでに述べたように、ジェームズ・ボンサック（James Bonsack）が開発した紙巻き機の使用権を獲得できたからである。熟練した手巻き職人四〇名以上の仕事を一台でこなすボンサックが開発した機械の導入により、「製造に関する問題が解決したため、あとは大量生産される紙巻きタバコをいかに効率よく販売するのかという問題だけが残された」[3]。そして、この問題を解決するための手段として広告が重視されたのだが、大量の在庫をかかえこむのを恐れたデュークは、ここでも中心的な役割を果たすのであった。

デュークが最初に手がけたタバコの銘柄「デューク・オブ・ダーラム」の広告を開始した一八八〇年代初頭には、すでにパイプ用刻みタバコや噛みタバコの銘柄を中心に簡素な広告が新聞などに載せられていたが、それは小売業者によるものが多く、必ずしも製造業者によるものではなかった。そのほかにも、パンフレットやチラシのような印刷物が配布されており、また都会では、タバコ専門店の扉や窓に商品を紹介するポスターが貼られたり、野外看板やビルの側壁に看板書き職人《サイン・ペインター》によって大きな広告が描かれていた[4]。デュークはもちろんこれらの広告を継続しながらも、販売を促進するためほかにもいくつかのものを試行したのであるが、なかでもシガレット・カードなどをおまけにつけた販売方法は注目された。

シガレット・カードの導入

そもそもこのカードは、あまり丈夫ではなかったパッケージを補強するために使われたボール紙に、絵や写真を印刷したものが最初であった。ニューヨーク市の紙巻きタバコ会社が製造した銘柄「ローン侯爵」に初めてカードが入れられたのは一八七九年のことで、八〇年代になるとそれは他社へと広がっていった。デュークはカードを積極的に取りいれた経営者で、その作製を社外へ発注するのではなく、カラー刷りができる平版印刷の機械を導入した自らの作業場を、タバコ工場の敷地内に建設して刷らせたのである。

デュークが作ったカードで話題になったのは「世界の美女二五〇人」というシリーズで、なかには胸元の開いた服を身につけたり、太股を露わにしてポーズをとるセクシーな女性を描いたカードも含まれた。紙巻きタバコ販売のターゲットが男性であったのが容易に想像される。しかし、経営者のなかにはそのようなカードは不道徳であると考えた者もおり、敬虔なメソディストであったデュークの父ワシントン（Washington Duke）もその一人で、息子が「扇情的な写真」を使用することを戒めた(5)。そのような状況で、周囲からの助言もありデュークは広告業者エドワード・スモール（Edward Small）を雇用して宣伝部門を統括させた。スモールは、カードに一般の女性ではなくフランス人の女優マダム・リアー（Madame Rhea）やアメリカ人の女性歌手リリアン・ラッセル（Lillian Russell）などの有名人を、露出を控えた姿で登場させることをデュークに進言したのであるが、特に後者は、一八八五年頃に「ラッセル・カード」として人気を集めるようになった(6)。

デュークにつづいて他社も積極的にカードを導入したため、描かれる対象も多様化した。シリーズものとして、鳥類や動物、船、万国旗、歴代のアメリカ大統領やヴィクトリア女王のような外国の指導者、ネイティヴ・アメリカンの族長、ヨーロッパの観光地や景勝地などがあり、なかでもスポーツ界のヒーローが登場するものは人気をはくした。当初はボクサーのカードが多く出回ったが、世紀転換期には、後に「国民的娯楽《ナショナル・パスタイム》」と呼ばれるようになるベースボールの人気選手を描いたものが、熱心に収集されるようになった。最初は選手の顔写真だけのカードであったが、やがてプレー中のものも現れはじめた。例えば、野手が飛球を捕球しようとする瞬間の写真には、ボールを糸で吊すなどの工夫がなされた(7)。

さらに、タバコ会社は一定枚数のクーポン券を集めさせて、それを地図、トランプ・カード、ポケット・ナイフ、小さな敷物などさまざまな景品と交換したのであるが、なかでも収集したシガレット・カードを保存しておくための専用アルバムは人気の景品となった。ここで見逃してならないのは、カードにくわえてアルバムを入手できるようにしたことが、喫煙者だけではなくその子どもにもカードを収集するよう仕向ける会社側の戦略だったという点である。これは、明らかに「将来の喫煙家」である子どもをターゲットにしたもので、長期的に見て非常に効果的な広告と言えた(8)。

一九世紀末までに、組織化された反紙巻きタバコ運動が北部を中心に始まっており、そのなかでは女性と年少者によるこの形態のタバコ使用が特に問題視された。俊足と好打でならしたピッツバーグ・パイレーツの遊撃手ホウナス・ワグナー（Honus Wagner）は、子どもへの悪影響を憂慮した当時とすれば例外的なプレーヤーだった。非喫煙者だった彼は、自分が描かれたカードを景品にしないようタバコ会社に繰りかえし申しいれを行った。その結果、肖像権がいまだ確立されていない時代ではあったが、ワグナーは会社を説得して一九〇九年に自分の描かれたカードの発行を中止させたのである。しかし、すでに出回っていたワグナーのカードは、皮肉なことに、その後収集家のあいだでは「最も価値あるカードの一枚」になった(9)。

多様なタバコ広告

デュークは広告のためスポーツに着目したが、それはシガレット・カード以外にも、例えば競技を後援すること

図9　「ヒット・ザ・ブル・キャンペーン」を伝えるイラスト
フェンスには「この雄牛に当てると50ドル」と書かれている。
出所：Gerard S. Petrone, *The Tobacco Advertising: The Great Seduction with Values* (Atglen, PA: Schiffer Publishing Ltd., 1996), 104.

にも表れた。なかでも話題になったのが、自社銘柄の「ブル・ダーラム」にちなんで巨大な雄牛の看板を野球場の外野フェンスに沿って設置し、ホーム・チームの選手が打球をそれに命中させて得点した場合、その選手に五〇ドルの賞金を贈るというものだった。わずか二年間の試みではあったが、この「ヒット・ザ・ブル・キャンペーン」は、現在日本のプロ野球でも見られる、外野席の上段に設置された広告看板にホームランの打球をあてれば賞金や賞品が獲得できる「スポンサー広告」のはじまりと考えられる（図9）。

またデュークは、タバコ銘柄と同じ名前の「クロスカット」を冠したポロ・チームを所有し、試合会場で男性の観戦客にそのタバコを無料配布したのであった。ちなみに、一九世紀末にアメリカで行われていたポロは、本場イギリスのように馬に乗ることよりも、ローラースケート用の靴を履いて板張りの会場でプレーするものが一般的で、彼のチームもそうだった。このほかにも彼は、無料配布が効果的な広告であると考えており、孤児を使って学校近くの路上で紙巻きタバコを同年代の年少者へ手渡したり、大勢の移民が入国してくるエリス島へは社員を派遣して、船から下りてくる人たちにそれを歓迎文の書かれたカードとともに贈った。さらにデュークは、一八八四年には四〇万脚の折りたたみ式のデッキチェアを購入し、それに「カメオ」という銘柄名を刷りこんだものを全国のタバコ小売店へ贈ることで、自社製品の販売促進を店主に働きかけた。(10) すべてが対面販売だった時代、小売店を「味方」にすることが重要だったので、ほかの経営者たちもデュークにならい、さまざまな贈り物を店主へするようになったのである。

このように、多様な広告を展開したデュークは、一八八九年には景品の費用を含めて約八〇万ドルの広告費を支出したのであるが、これは四〇〇万ドルほどあった売りあげ額の二〇％にあたるものだった。(11) その後、多額の資金を必要とする広告を取りまく状況は、アメリカン・タバコ社が創設される一八九〇年を境に少々変化するようになった。独占の時代になり、クーポン券などの配布が一時的に禁止されたこともあって、確かに広告費の売りあげ額にしめる割合は低下するが、まったくそれが不要になったわけではなかった。実際、一八九三年から一九一〇年までのあいだ、アメリカン・タバコ社は年間平均して売りあげ額の一〇％程度を広告のために支出している。(12)

紙巻きタバコ業界を統合する形で出発したアメリカン・タバコ社は、徐々に葉巻をのぞくそのほかの形態でも市場占有率を高めていった。そして、この会社は解散が命じられる前年の一九一〇年の時点で、紙巻きタバコでは八六・一％、噛みタバコでは八四・九％、パイプ用刻みタバコでは七六・二％、嗅ぎタバコでは九六・五％の占有率にたっしていた。(13) ただし、葉巻は一四・四％のみであったし、紙巻きタバコでも当初は九一・七％の占有率だったが、最終的には今も触れたように八六・一％へ五・六ポイント減少している。(14)

独占化によって、売りあげ額に対する広告費のしめる割合は半分程度になったが、それでも多額の費用が広告に使われつづけていた。規模は小さいが、各地に独立した紙巻きタバコ会社が存在しており、アメリカン・タバコ社にとってタバコ使用者の獲得競争をするための広告はやはり必要だったのである。また、この会社は紙巻きタバコ以外の分野では後発だったので、企業買収を進める一方で自社製品のシェアを拡大するためには、広告を積極的に行わねばならなかった。さらに、独占化が進むにつれて、他社製品から自社製品へ切りかえさせることを目的とした広告の必要性は相対的に低下したが、必ずしも生活必需品ではなかったタバコ製品の使用者を新たに生みだすための広告は、引きつづき重要であった。

タバコ独占企業の解体

一九一一年、司法省による告発を審理した連邦最高裁判所は、アメリカン・タバコ社が「シャーマン反トラスト法」(the Sherman Antitrust Act) に違反していると判断し、その解体を命じたのである。これを受けてこの会社は分割されることになったが、紙巻きタバコに関しては、規模を縮小して存続が認められたアメリカン・タバコ社、「リゲット・アンド・マイヤーズ・タバコ会社」(以下、リゲット社)、そして「ロリラード・タバコ会社」などが、八〇%以上のシェアを分けあう寡占状態で事業を引きつぐことになった。しかし、当時このタバコはほかの形態よりも人気が出はじめていたため、例えば噛みタバコを主に製造していた「R・J・レイノルズ・タバコ会社」も、あとで述べるように紙巻きタバコを製造しはじめるなど、この市場での競争は激化するのであった。

その結果、紙巻きタバコ業界では独占企業としてのアメリカン・タバコ社が誕生する直前のように、複数の有力な会社による販売競争が再燃し、広告が果たす役割が再び認識されるようになった。事実、独占から再び競争へという変化にともない、一九一〇年に紙巻きタバコに費やされた広告費は全体で四四〇万ドルだったものが、一九一三年には一三〇〇万ドルへと約三倍に増加した。(15) このとき、先ほど触れたように、多様な形態のタバコ使用者に自社製の紙巻きタバコへ切りかえさせるだけではなく、そもそも生活するうえで不可欠なものではないタバコへの購買意欲をかきたてることも、広告の重要な役割となっていた。したがって、一九一〇年代の広告は不特定多数の人が目にする新聞や雑誌などの印刷物、さらには人通りの多い場所に設置された看板などディスプレー方式のものが主流となり、景品は徐々になくなっていったのである。

かつてデュークは、ライバルたちを支配する過程で彼らが製造していた銘柄の多くをそのまま引きついだため、二〇世紀初頭のアメリカン・タバコ社は一〇〇を超える銘柄の紙巻きタバコを製造していた。「それぞれの銘柄にはそれぞれの顧客がいる」というのが彼の考えかただった。[16] 銘柄の数が多く、したがって個々の製造量が少なかった時代、各銘柄に対するタバコ使用者の忠誠心を育むためには、特定の景品をつけることが効果的であった。しかし一九一一年以降、各社とも異なった銘柄をそれぞれ限定された地域で販売するのではなく、新しい大衆消費社会が求める画一化、つまり同じ規格のものを大量に製造して全国ブランドとして安く売りだす戦術をとるようになった。そのような状況下では、一方で価格競争をしながら、他方で多額の資金が必要な景品を提供するのは、もはや現実的な広告手段ではなくなっていたのである。

二　紙巻きタバコの全国ブランド化

紙巻きタバコ三大銘柄の確立

アメリカン・タバコ社という独占企業の解体は、紙巻きタバコの全国ブランド化を各社に促すきっかけになった。その先陣をきったのは、一九一三年にR・J・レイノルズ社によって製造が開始された「キャメル」であり、その成功は市場の様相を大きく変えたのである。当時、この会社はキャメルのほかにも「レイノー」や「オスマン」などの紙巻きタバコを製造していたが、それをキャメルに集中させると決定した。[17] R・J・レイノルズ社がこのような戦略をとりえたのは、先ほども触れたように、もともと噛みタバコに特化していたためレイノーなどの紙巻きタバコ製造の歴史は浅く、したがって銘柄に対する忠誠心が希薄であったため、それほど躊躇することなく製造を中止できたからであった。当初、オハイオ州クリーヴランドの周辺でのみ入手可能であったキャメルは短期間に全国ブランドとなり、一九一七年には一二三億本を販売して紙巻きタバコ市場で三五％のシェアを獲得し、さらに一九二三年にはそれを四五％にまで拡大したのである。

キャメルが全国的な人気銘柄になった理由として、いくつかのものが考えられる。まず最初に、混ぜあわせる葉タバコの種類を増やしたことがあげられる。従来のヴァージニア産やトルコ産などの葉タバコに、それまでは主にパイプ・タバコや噛みタバコに使用されてきたケンタッキー州やその周辺で栽培されるバレー種の葉タバコを混ぜあわせて、よりマイルドな製品に仕上げたのである。次に、当時一般的であった一〇本入りではなく二〇本入りのパッケージを採用し、一〇本入りのほかの銘柄二箱分よりも安く販売できたのが、キャメル人気を支える理由の一つになった(18)。さらに、第一次世界大戦を経験するこの時期、すでに述べたようにほかの形態から紙巻きタバコへ変更したり、女性を中心に新たに紙巻きタバコの喫煙を始める者が増えたことも理由として考えられる。そして、これらの人たちを含む多くの喫煙者に、数ある銘柄のなかからキャメルを選択させたのが、R・J・レイノルズ社によるメッセージ性を重視する広告であった。

もちろん、それまでも新聞や雑誌など活字メディアによるタバコ広告は行われていたが、スペースは小さく紙面の片隅に商品名や価格などが簡潔に紹介されるというものがほとんどだった。しかしキャメル広告の場合、たんに前例がないほど多額の資金を使っただけではなく、人びとに興味を抱かせるメッセージを伝えるものとなった。例えば、ある地域で販売を開始する場合、何日も前から連日「ラクダ（キャメル）がやってくる」という発売予告の広告を新聞に載せつづけ、前日になると「いよいよ明日、アジアとアフリカのすべての国を合わせたよりも多くの

図 10　「キャメル」のじらし広告

発売開始の数日前，前日，そして当日の新聞広告を並べたもの。

出所：Tara Parker-Pope, *Cigarette: Anatomy of an Industry from Seed to Smoke* (New York: The New Press, 2001), 80.

ラクダ（キャメル）がこの町に現れる」という、焦らすことで期待を大きくさせるテクニックを用いた「ティーザー広告」が流された[19]（図10）。

また、雑誌『サタデー・イヴニング・ポスト』のなかで行われたように、見開きページ全体に掲載されたキャメル広告は多くの人の目を引きつける画期的な試みであった。そのような広告のなかで繰りかえされたコピーの一つに、「キャメルの価格はブレンドされている良質の葉タバコの原価そのものなので、おまけやクーポン券を期待しないでください」というものがあった[20]。これは、製品自体の価値ではなく、景品によって使用者をつなぎとめておこうとしていたライバル会社の伝統的なやりかたに対抗するために考案されたものだった。このような「差別化」を図るメッセージ広告によって、R・J・レイノルズ社はよく似た商品が大量に出回る大衆消費社会で生きのこるのに重要と考えられた、他社製品から自社製品への切りかえを実現させようとしたのである。

キャメルの成功に触発されて、ほかの紙巻きタバコ会社もすぐにR・J・レイノルズ社の販売戦略を取りいれるようになった。すなわちそれは、銘柄を限定したうえで品質向上を目的とした葉タバコの種類や配分比率を工夫すること、二〇本入りのパッケージを安価で販売すること、さらに景品などを廃止する一方で、多額の費用を使ってインパクトの強い広告を広範囲に打つというものであった。リゲット社は、すでに製造していた銘柄のなかから「チェスターフィールド」（一九一二年販売開始）を、また分割後のアメリカン・タバコ社は、もともとは噛みタバコで、後にパイプもしくは自ら紙に巻くための刻みタバコになっていた「ラッキーストライク」を、それぞれ選びだして全国ブランド化をめざしたのである。その結果、キャメルにチェスターフィールドとラッキーストライクをくわえたものが、三大銘柄《ビッグ・スリー》を形成するようになった。ちなみに、一九二五年にこれらの銘柄は合計で八二・三％のシェアをしめるにいたり、その後およそ四半世紀にわたって、六〇％以上を常に維持しつづけたのである[21]。

第一次世界大戦後の社会変化

紙巻きタバコは、第一次世界大戦中に愛国心と結びついたため、それまで敬遠されがちだった男性、特に若い兵士のあいだで使用者を大幅に増やすことに成功した。しかしこの要因だけで、その後訪れた「新しい時代《ニュー・イラ》」と当時の人びとが好んで呼んだ一九二〇年代に、紙巻きタバコが噛みタバコや葉巻などを抜いて最も人気のある形態になれたわけではなかった。第一次世界大戦以外にも、紙巻きタバコの流行に関して忘れてはならない要因として二つのものが考えられるが、それらは「戦後の社会変化」と第二章でも触れた女性による喫煙の増加であった。当時、タバコ会社もこれらの要因を理解しており、それは広告のなかで、それぞれが重要なテーマとして扱われた点に表れた。そこでまず前者とそれに関連する広告について考察し、後者については第四節で論じたい。

第一次世界大戦後のアメリカ社会に現れた変化は、大衆消費社会が成立しはじめた都市部において顕著に見られた。都市人口が農村人口を初めて上回ったこの時代、人びとの生活のテンポは、農業中心の「一九世紀的アメリカ社会」でのそれとは明らかに異なっていた。特に、彼らが忙しそうに動きまわる大都市では、物は浪費できても時間は貴重なものという考えかたが定着していくのだが、その結果使用するのに手間隙がかかるパイプ・タバコや葉巻は敬遠されるようになった。また、唾液をまき散らす噛みタバコは、多くの人が集まる都会ではたんに汚らしいというだけではなく、伝染病を蔓延させる原因にもなりうると考えられ、使用者は減少したのである。[22]

一方、紙巻きタバコはこれらの問題が生じにくいものとして、選択されるようになった。このタバコは、産業化と都市化が進み時間の経過が速く感じられるようになった社会に適合する「洗練されたもの」となり、また同時に、そのような社会で活躍する人だからこそ感じる重圧や苛立ちから生じるストレスをすばやく和らげてくれるものとして、広告のなかで語られはじめた。[23] 例えば、一八六九年にフィラデルフィアで設立された先駆的な広告会社の「N・W・エアー社」は、一九二七年のキャメルの広告に「現代を生きる人たちは、これまでに経験したことのない多忙な労働を強いられているが、彼らは賢明にもくつろぎを求めており、数ある紙巻きタバコのなかでキャメルを選択している」というコピーを使用した。(24)

また、一九二九年に採用されたラッキーストライクの広告には、当時多発していた海難事故で繰りかえし人命を救助したため英雄視されていた沿岸警備艇の艦長ジョージ・フライド（George Fried）が登場した。そのなかで彼は、極度の緊張状態がつづく救助活動の合間、「ラッキーストライクが私の精神を安定させてくれる」と証言したが、このメッセージはストレスを感じるようになっていた同時代の多くの人びとから共感をえることができた。(25)やすらぎが求められた時代背景を追い風に、アメリカン・タバコ社もまた売りあげが伸びて豊富になった資金を使い、新しい喫煙者を生みだすだけではなく、他社の銘柄を使用する喫煙者を自社製品へ切りかえさせるため、広告を積極的に活用したのである。

三　新しいメディアによるタバコ広告

ラジオによる広告

一九二〇年代のタバコ広告に関して、それまで主流だった新聞や雑誌などの活字メディア、そして野外看板やポスターなどディスプレイ方式によるものにくわえ、新たにラジオによる「直接的な広告」と映画による「間接的な広告」が影響力をもちはじめたことが特徴としてあげられる。もともと無線通信の技術から生まれたラジオが、新しいメディアとして不特定多数の聴取者にサービスを開始したのはアメリカでは一九二〇年一一月で、ピッツバーグ市に誕生したKDKAというラジオ局が、ちょうど行われていた大統領選挙の情勢を伝えたものが最初の番組になった。

家電会社がすぐに受信機、つまりラジオを大量に生産するようになると、一九二〇年代の中頃までには、規模は小さかったが全国各地に放送局が誕生した。当初、家電業界や電信・電話業界などが中心になって開設されたラジオ局は電話回線を使って放送網を作りあげ、一九二七年には初めての全国ネットワークとしてＮＢＣ（the National Broadcasting Company）が設立された。このような拡大にともない、広告収入が伸びて財政基盤が安定しはじめたため、一九二〇年代後半には、独立した商業ラジオ局が雨後の竹の子のように設立されるようになったのである。(26)

ラジオが、生活のテンポが速くなった社会を象徴するメディアになりはじめると、紙巻きタバコ会社はこれを最大限に利用しようとした。ラジオを使った最初の紙巻きタバコ広告は、一九二五年末にヴァージニア州リッチモンド市周辺の限られたエリアで行われたとされる。ところで、ラジオを宣伝目的で使用することに関して最も積極的になるのが、次節で詳しく述べるアメリカン・タバコ社の社長ジョージ・ヒル（George Hill）だった。彼は、一九二八年には「大西洋から太平洋まで三九のラジオ局を結んで」、自社製品――主にラッキーストライク――の広告を大々的に流したのである。(27)

ラジオを使ったタバコ広告は、当初はスポットと呼ばれる番組の合間に流される短いものであったが、後にはタバコ会社が番組全体のスポンサーになることもあった。特に一九三〇年代にアメリカン・タバコ社が提供した、流行歌を紹介する「ユア・ヒット・パレード」やクイズ番組「インフォメーション・プリーズ」は高い人気に支えられたため、一九五〇年代にはテレビ番組として引きつがれていく。また、前者では聴取者に翌週のベスト・スリーの曲を予想させ、正解者に抽選でラッキーストライク五〇箱をプレゼントするという一種の「おまけ広告」も復活した。(28)

新聞や雑誌などでの活字や写真による広告が中心の時代でも、コピーやスローガンは重視されたが、聴覚にのみ訴えるラジオ広告においては、いっそう重要な意味をもつものとなった。特に、映画や舞台を通して人気が出ていた「スター」をラジオに登場させて、例えば「キャメルを手に入れるためなら私は一マイルでも歩きます」とか、「チェスターフィールドは彼ら（喫煙者たち）を必ずや満足させます」などと生の声で語らせることが、大衆の消費行動に大きな影響を与えるものとタバコ会社は考えた。

そのようなラジオによる広告の有効性を示すものとして、ここでは二つのエピソードを紹介したい。第一のものは、アメリカン・タバコ社が一九二八年に新聞や雑誌などラジオ以外のラッキーストライク広告を一定期間中止し、ラジオ広告の効果を確かめるという試みであった。その期間中、アメリカン・タバコ社がある地域でコピーを語らせるラジオ広告を集中的に行った結果、わずか二ヶ月間で二〇％以上も売りあげを伸ばせたのである。そして、この「実験」を企画した広告代理店「ロード・アンド・トマス会社」の役員は、「ありのままに、そして恐れずに語れば、ラジオは最大の利益をもたらしてくれる広告媒体であること」を証明したと誇らしく語った。(29)

ラジオを使ったタバコ広告の有効性を示す第二のエピソードは、喫煙、とりわけ年少者や女性によってなされるものに警鐘を鳴らしつづけてきた反紙巻きタバコ運動の活動家が、その効果を認めている点である。この運動の指導者の一人であったアラン・ベンソン（Allan Benson）は、一九二九年に出版された『素晴らしきハウスキーピング』のなかで、若い女性や子どもをターゲットにした紙巻きタバコ広告が、ラジオを媒体として伝えられることに警告を発している。それによると、息子や娘の喫煙を望まない親は、「ラジオというものが、耽溺を誘う紙巻きタバコの広告を家のなかに氾濫させるべく開けはなたれた恐ろしい扉」だと認識すべきというのである。このように、ラジオ広告は非常に効果的と考えられたため、大恐慌で広告費全体が削減傾向にあった一九三〇年代でさえ、大手タバコ会社はより多くの費用をラジオに注ぎこんだのである。(30)

映画によるタバコ広告

一方映画も、「間接的な広告」として紙巻きタバコの流行に貢献した。スクリーンに映像を映しだす技術が開発された一九世紀末以降、映画館――当時は平均的な入場料が五セント《ニッケル》だったため「ニッケル・オディオン」としばしば呼ばれた――が全国に誕生し、無声かつ安価であったため、映画は英語が理解できない移民労働者が楽しめる娯楽になった。その後、有声映画《トーキー》が登場した一九二〇年代中頃以降、中産階級の市民にもこの娯楽は広がり、アメリカ人が平均して週に一回は映画館へ足を運ぶほど流行したのである(31)。

映画による紙巻きタバコの間接的な広告とは、言うまでもなく喫煙シーンによってなされたのであるが、これはすでに述べた第一次世界大戦中に負傷した兵士の喫煙する姿が新聞などで報道されたときと同様に、メッセージ性をもつものであった。ただし、戦場では主に愛国心が表象されたのであるが、映画では格好のよさが第一に伝えられるものになった。もともと無声映画の時代には喫煙シーン自体が少なく、それでもそのような場面があれば、それは主に「悪漢や不道徳な人物」によるものだった。これに関連してしばしば引きあいにだされるのが、一九一五年にシーダ・バラ（Theda Bara）が主役を演じた『カルメン』で、タバコ工場で働くカルメンは、男を手玉にとる妖婦として描かれていた。当時、タバコ業界は映画のなかでタバコが悪女と結びつけられることに対して、否定的なイメージを生みだす不公平な扱いであると抗議したほどであった(32)。

しかし、この業界には映画を効果的な広告媒体と考えた人物もおり、アメリカン・タバコ社の広告部門を担当したエドワード・バーネイズ（Edward Bernays）もその一人だった。彼は精神医学者ジグムント・フロイド（Sigmund Freud）の甥で、ウィーンに生まれると、翌一八九二年に両親に連れられてアメリカへやってきた。コーネル大学を卒業したバーネイズは、第一次世界大戦中は政府の「広報委員会」（the Committee on Public Information）に勤務しており、そこで情報伝達の技術や世論操作の方法などについて学んだ。余談だが、彼は皮肉にも晩年立場を変えて「喫煙と健康に関する行動隊」（Action on Smoking and Health）という反喫煙組織に入り、理事を務めながら反タバコの活動を積極的に行っている。

バーネイズは「プロダクト・プレイスメント」という業界用語が使われる以前から、喫煙シーンが販売促進につながることを確信しており、主役を演じるスターにタバコを吸わせるよう映画関係者へ働きかけた[33]。彼は、映画制作者や監督にむけて匿名で書いた小論のなかで、「無声映画でもトーキーでも、紙巻きタバコは重要な役割を演じるようになった。それは一本の短いタバコが、長い台詞を代弁できるからだ」と語っている[34]。

実際、紙巻きタバコは映画のなかで、例えばギャンブラーが大金を賭けて負けた瞬間に、「震える指からタバコを床のうえに落とせば、その落胆の大きさを表現」できた。また、登場人物が「紙巻きタバコをすばやく取りだして火をつけ、慌ただしく動きまわりながらつづけざまにふかしたり、……少し吸っては捨てて、すぐにまた新しいものに火をつける」ことで、不安や苛立ちを感じるその人物の心理状態を表せたのである[35]。一方で、苛々していた登場人物が喫煙によって徐々に落ちつきを取りもどすシーンは、タバコには鎮静効果があるというメッセージを送るものになった。

いずれにせよ、紙巻きタバコは人間のさまざまな感情を表現できたため、映画のなかでは不可欠な小道具になったのである。それと同時に、出番が増えた紙巻きタバコは、業界関係者が望んだように、必ずしも嫌われ者と結びつかなくなった。ある調査によると、一九二〇年代末から三〇年代初頭にかけて、映画で主役を演じるヒーローの六五％には喫煙シーンがあり、他方喫煙する悪漢は二二・五％と立場は逆転した。ちなみに、スクリーンに登場する女優の場合、喫煙する三〇％が「良い」キャラクターで、悪女の喫煙は二・五％のみであった[36]。

このような変化に対して、反紙巻きタバコ運動の活動家たちは、喫煙するのは以前のように「評判の悪い落後者」だけにするよう求めたが、ウィル・ヘイズ（Will Hayes）が長を務める映画制作および配給会社で組織する規制委員会は、それを拒絶したのである。[37] 映画のなかで、主役による喫煙が垢抜けした格好のよい行為であるという印象を生みだすようになった結果、男性だけではなく女性に対しても、それは少なからず影響を与えたと考えられる。

四　女性をターゲットにした広告

フラッパーたちの時代

一九二〇年代、紙巻きタバコがほかの形態のタバコを抜いて最も消費されるようになった要因として、これまで第一次世界大戦や戦後の社会変化を、広告との関連で論じてきた。ここでは、もう一つの要因であった女性による喫煙の増加と、それを巧みに誘う広告について考察してみたい。この時代、紙巻きタバコ会社はさらなる発展のため、そして他社との競争に勝利するため、長いあいだタバコ使用がタブー視されてきた女性をターゲットにした広告戦略をとるようになった。

そもそもアメリカ社会では、一九世紀中頃以降女性がタバコを自由に嗜めない風潮が支配的になった。これまで論じてきたように、それは産業化が進む過程で男女にはいるべき領域が個々に存在するという考えかたが定着していったことが背景にあった。つまり、男性は家庭の外にある職場で仕事に従事して経済的に家族を支え、他方女性は家庭内に留まり家事と育児に専従すべきという考えかたが、社会を支配した男性を中心に信奉されていったのである。この考えかたに呼応して生まれたのが、「ヴィクトリア時代の道徳観」と呼ばれる女性には息苦しい生活規範で、彼女たちには家庭を守り子どもを立派に育てるため、高貴な人格が強く求められた。[38] その結果、喫煙は飲酒やギャンブルなどとともに、そのような貴婦人にはふさわしくない不道徳な行為とみなされたのである。

しかし、国民に不自由な生活を強いた第一次世界大戦の終結とともに、女性を縛りつけてきたそのような道徳観は公然と否定されはじめ、因習からの解放を求めて積極的に行動する「フラッパー」と呼ばれた若い女性が出現するようになった。彼女たちは、服装――露出部分の大きな軽装――や、短い髪型――ボブヘア――や、化粧――真っ赤な口紅やアイシャドーなど――に大胆な変化をもたらしただけではなく、喫煙を含めてそれまでタブー視されていた行為を人目を憚ることなく行い、「ジャズエイジ」とも呼ばれた一九二〇年代に存在感を示した。

この時代、人前でタバコを使用する女性の姿は大都会では確かに目立ちはじめたが、それでもそのような女性は全体から見ればいまだ圧倒的に少数派だった。少しばかりの罪悪感を感じながら内緒で喫煙したり、また喫煙に興味をもちながらも躊躇していた女性は少なくなかったのである。そこで、タバコ会社にとって必要だったのが、古い道徳観による呪縛からの解放を象徴するものとして、女性自らに紙巻きタバコを勧めてもらう広告であった。タバコ会社は彼女たちを広告に登場させることによって、喫煙が男女の区別なく社会に受けいれられる「アメリカ人の生活様式」の一部になってきている点を、強く印象づけようとしたと考えられる。[39]

女性が登場するタバコ広告の変遷

先ほども触れたように、女性のタバコ使用が長いあいだタブー視されてきたため、彼女たちをターゲットにした広告についても、タバコ会社は「おおむね臆病であった」[40]。特に、女性を広告に登場させること、ましてやその人物に火のついたタバコを指のあいだに挟ませるという構図に関して、世紀転換期に活発化した反紙巻きタバコ運動の標的にされるのではないかと恐れたタバコ会社は逡巡していた。しかし、そのようなタブーも徐々に壊されはじめたのである。

そもそも、タバコ広告に女性が登場するようになったのは一九世紀後半からだったが、第一節で触れた女性が描かれたシガレット・カードと同様に、それはあくまでも男性の購買意欲を高めることを目的としており、彼女たちをターゲットにしたものではなかった。少なくともタバコ会社は、そのように説明してきた。雑誌やポスターのタバコ広告に登場する女性は、それを使用することもなく、男性にタバコを勧めているというものがほとんどであった。さらに、彼女たちは一見して「普通の女性」ではない、例えば売春婦や踊り子を連想させるように描かれる場合が多く、「例外的な女性」である点を強調することによって、タバコ会社は「一般のアメリカ人女性を標的にしている」という批判をかわそうとしたのである[41]。

世紀転換期には、トルコを中心とした西アジア産の葉を使用する紙巻きタバコ――例えば「アナーギロス・タバコ会社」製の「ムラード」、「ヘルマー」、「エジプシャン・ディーティーズ」など――が出回ったこともあり、ハーレム・パンツをはいたりシルクの布を顔に巻く西アジア風の女性が、しばしば広告のなかで描かれていた。これもまた、遠く離れた「異国の女性」を登場させることで、「アメリカ人女性」に喫煙を勧めているのではないとするタバコ会社の自己防衛のための工夫であった（図11）。しかし、市場占有率の低い銘柄を製造する小規模のタバコ会社は、生きのこりをかけて女性へのあからさまな働きかけを徐々に解禁せざるをえなくなり、なかには喫煙する女性を登場させるものも現れた。

それでもそのような広告は例外的で、大手のタバコ会社は引きつづき慎重であった。ニューヨーク市に本拠をおいていた「ソウター・タバコ会社」は、一九一六年に行った「ラ・タウアカー」という紙巻きタバコの広告で、シルクを身に纏った女性の指に一本のタバコを挟ませた。また、一九一九年のタバコ広告では、大手のロリラード・タバコ社は薄布を頭に巻いた女性の唇にタバコをくわえさせた[42]。これらのタバコに火はついていなかったものの、当時とすれば大胆な描写と言えるものであった。

その後一九二〇年代の中頃には、異国風の女性は少なくなりアメリカ人を連想させる白人が多く登場したことで、

図11　異国風で「例外的な女性」による1918年の「ヘルマー」広告

出所：http://tobacco.stanford.edu/tobacco_main/images_body.php?token1=img12454.php

より直接的に訴えかける広告になっていた。例えば、一九二七年に三大銘柄の一つだったチェスターフィールドの広告にそのような女性が登場し、月明かりが照らす岩場らしき場所に男性と一緒に座っているというロマンティックなセッティングで、喫煙する男性に彼女が「お願い、私に少しだけ煙をふきかけて」と懇願するものがあった（図12）。これは、その人物に直接喫煙させることのリスクがいまだ大きいと考えられた時期にあって、一定のシェアをもつチェスターフィールドを製造するリゲット社が、「間接的な喫煙」というより刺激の少ない表現を選択したものと考えられる。

さらに一九二七年、当時はまだ小企業だった「フィリップ・モリス・タバコ会社」は、一歩踏みこんで火のついたタバコを唇ではなく指に挟んだ女性を描いた「マルボロ」の広告を打った。第六章で述べるように、この銘柄は一九五四年に男性むけに切りかえられ、六〇年代には大自然のなかを馬で駆けめぐるカウボーイをイメージした「マルボロ・マン」を登場させたことで成功するのであるが、当初は女性を対象にした銘柄として販売されたものの人気は出なかった。このときのマルボロ広告では、「一度吸ってみれば、女性はすぐにその味の違いに気がつく」とか「五月のようにかろやか」などのコピーとともに火のついたタバコをもつ女性が登場したのだが、広告は短期間で終了し、それも一部の女性雑誌のみに限定して行われたこともあり、大きな反発を招くまでにはいたらなかったのである。(43)

ラッキーストライクの伝説的広告

このように、女性をターゲットにした広告がより大胆になるなかで、一九二〇年代後半に行われた一連のラッキーストライクの広告は注目に値する。その広告に登場する女性は、喫煙はおろか火がついていないタバコさえもつことはなかったが、明らかに女性を販売対象とするメッセージを伝えようとしたのである。すでに述べたように、

図12　1927年の「チェスターフィールド」広告

登場する女性が喫煙することはまだなかった。

出所：http://tobacco.stanford.edu/tobacco_main/images_body.php?token1=img0517.php

女性に向けた広告は以前から行われており決して新しいものではなかったが、このラッキーストライクの広告ではメッセージとその伝えかたに工夫が見られた。

それを主導した人物は、一九二五年に父親の死後アメリカン・タバコ社の経営を任されるようになったヒルで、彼は紙巻きタバコ業界繁栄の礎を築いたデュークと同様に、広告を最大限重視した経営者だった。ラッキーストライクは、確かに三大銘柄の一つではあったが、長年キャメルに遅れをとっていたことはすでに触れた通りである。社長に就任したヒルは、例えば二匹の飼い犬にそれぞれ「ミスター・ラッキー」と「ミセス・ストライク」と名づけたり、自らが運転するロールスロイスの窓にたくさんのパッケージを吊して街のなかを走りまわったりした。広告は、「十字軍の遠征隊が見せた宗教的情熱と同等のもの（情熱）」をもって行われるべきという信念が彼にはあった[44]。販売量の逆転を狙ったヒルは、広告会社ロード・アンド・トマス社の社長で、「近代アメリカ広告業の父」と呼ばれたアルバート・ラスカー（Albert Lasker）やバーネイズをパートナーに迎え、例えば一九二八年にはラッキーストライクの広告に一二〇〇万ドルを超える多額の資金を注ぎこむなど、積極的に宣伝活動を行うと発表している[45]。

三つのメッセージ

ヒルは、ラスカーやバーネイズたちから助言を受けながら、まず「香ばしく煎られたタバコ」というフレーズを使って、ラッキーストライクが香り高いタバコであることを訴える広告を始めたが、販売量の増加にはつながらなかった。そこで、女性を対象にしたメッセージを新たに三種類考案し、それらを使用したのである。一つ目のメッセージは、ラッキーストライクが女性解放を象徴する「自由の松明」であるというもので、これは特に男女平等社会の実現を願う進歩的な人たちに向けられたものだった[46]。

女性による人前での喫煙を否定的に眺める人がいまだ少なくない時代ではあったが、ヒルたちは当時のパッケージカラーと同じ緑色の服に身を包んだ若い女性が、喫煙しながら集団でニューヨーク市の五番街を行進するというパフォーマンスを、復活祭《イースター》のパレードで行わせた。彼らが期待したように、その奇抜な行進は新聞で取りあげられたが、反応は賛否に分かれた。保守的な女性クラブの人たちは、公衆の面前での喫煙を認めない伝統的な社会規範の崩壊を憂い、一方女性解放を叫ぶ人たちからは、堅苦しい因習を打破しようとする勇気ある行動として賞賛の声が聞かれた(47)。

二つ目のメッセージは、ラッキーストライクが喉を痛めない健康的なタバコであるというもので、これは、ラジオや映画などで広く知られるようになったスターによって語られる、いわゆる「証言広告《テスティモニアル》」の形式でなされることが多かった。例えば『ニューヨーク・タイムズ』などに、女性オペラ歌手のアーニスティン・シューマン＝ハインク（Ernestine Schumann-Heink）や女優のフローレンス・リード（Florence Reed）の登場する広告が、一九二七年に載せられた。そのなかで彼女たちは、あたかも自らが体験したかのように、このタバコは「喉に対して鎮静効果がある」とか「喉をひりひりさせることは決してない」などと「証言」したのである。この種の広告に女性として初めて登場したシューマン＝ハインクは一〇〇〇ドルの出演料をえたが、これが原因で本業のオペラ歌手としての仕事が大幅に減ってしまった。そのため、彼女は広告への出演契約を解除しただけではなく、その後はラッキーストライクの鎮静効果を否定したり、さらには喫煙そのものにも反対する立場をとるようになった(48)。

ラッキーストライクの広告が女性に伝えようとした三つ目のメッセージは、この紙巻きタバコの喫煙がスリムな体型に結びつくことを仄めかすもので、若くてスタイルの良い女性に「お菓子の代わりにラッキーストライクを手にしよう！」と言わせる広告は、当時大きな話題になった。そもそもこのメッセージの背景には、流行するファッションの変化があった。フラッパーと呼ばれた女性たちは、世紀転換期にかけて支配的だったペチコートやコルセットなど体を締めつける下着のうえに全身を覆うボリュームのある服装からの「解放」を求め、丈の短いスカートなど露出部分の多い軽装を好むようになった。

雑誌『ライフ』は、一九二〇年代中頃に風刺漫画家のジョン・ヘルド（John Held）が描くフラッパー――凹凸の少ない痩せた若い女性のイメージ――のイラストを繰りかえし表紙に採用し、そのようなファッションを広めるのに貢献した（図13）。バーネイズもまた、「スリムな体型をしたモデルの写真を何百枚も雑誌社や新聞社に送りとどける」という活動を行って、この流れを加速させようとした。そのようなファッションの変化の延長線上に紙巻きタバコを位置づけようとしたのがラッキーストライクの広告だったのである。人口の半分をしめる女性に対して、「痩せているのが美しいという価値観や信仰を利用して〔喫煙するよう〕巧みに誘う」この広告は、大きな需要を生みだすことが求められた大衆消費社会に合致するものであった(49)。

シガレット＝キャンディー戦争

ヒルは、「お菓子の代わりにラッキーストライクを手にしよう！」のコピーを思いつくきっかけになったエピソードを、『フォーチュン』のなかで次のように紹介している。ある夏の日にニューヨークの街を車で帰宅する途中、彼はふっくらとした女性がお菓子を食べながら交差点付近に立っている姿を眺めた直後、近づいてくるタクシーのなかに、長いホルダーを使って紙巻きタバコを吸うスリムで魅力的な女性を見つけたというのであった(50)。

この雑誌記事の信憑性は別にして、スリムであることが女性の「美」に不可欠な要素であると訴える広告が、美しくなりたいと願う女性の心理を巧みについた点は否定できない。ちなみに、「お菓子の代わりにラッキーストライクを手にしよう！」（Reach for a Lucky instead of a Sweet.）というコピーが、実は一八九一年にリディア・ピンカム（Lydia Pinkham）によって考案され、体重を気にする消費者に対して使われた「お菓子の代わりに野菜を手にし

図13　喫煙するフラッパー

ジョン・ヘルドが描く『ライフ』誌の表紙（1926年）。

出所：『アメリカの世紀④』（西武タイム，東京，1985年），53。

よう！（食べよう！）」（Reach for a Vegetable instead of a Sweet.）の二番煎じであったことは、しばしば語られる事実である。[51]

一方、菓子業界や砂糖業界は、この広告が注目されればされるほど、売りあげの落ちこみを危惧して敏感に反応せざるをえなくなった。「全国菓子製造業者協会」（the National Confectioners Association）は、訴訟を起こすために「防衛委員会」（the Defense Committee）を立ちあげたり、反撃するためシカゴ市の厚生長官を務めた経歴をもつハーマン・バンダセン（Herman Bundesen）医師に、『食物としてのキャンディーの有用性』という冊子の作成を依頼したほどだった。そのなかで、「あなたはキャンディーを食べながらでも気持ちよく痩せられる」という書きだしで始まる反論がなされ、キャンディーはタバコよりも「健康的」であるというキャンペーンが雑誌などを使って行われたのである。[52]

また、ニューヨーク市にあるキャンディー専門のチェーン店は、「紙巻きタバコがキャンディーに取ってかわるなどとは誰にも言わせてはいけない。それ（紙巻きタバコ）は扁桃腺を腫らし、体内すべての器官へニコチンによってダメージを与え、血液を蒸発させる。……つまり、このタバコはあなたを入れた棺桶の蓋に打ちこむ釘になる」などと書かれたビラを配布し、反タバコ・キャンペーンを行った。さらに、当時アメリカ国内で消費される砂糖の原料となるサトウキビを生産していたキューバやプエルトリコなども態度を硬化させ、ラッキーストライクをそれぞれの島から締めだそうとしたのである。[53]

これに対してヒルは、「お菓子」の前にあからさまに「体重増加を招く」という意味の形容詞 "fattening" をつけるよう提案し、菓子業界をさらに挑発しようとした。実際に彼は、女優のコンスタンス・タルミッジ（Constance Talmadge）を登場させて、「ひとたびラッキーストライクに火をつければ、あなたは体重を増やすお菓子を思いだすことは絶対にありません」と言わせた[54]（傍点は引用者による）（図14）。「シガレット＝キャンディー戦争」と呼ばれ

図 14　シガレット＝キャンディー戦争

「戦争」を激化させたコンスタンス・タルミッジによる広告。

出所：http://tobacco.stanford.edu/tobacco_main/images_body.php?token1=img2292.php

たこのような応酬が話題になり、メディアがさかんに取りあげたため、多くの人びとはそれらの文言を何気なく覚えることになった。

その後、一定の宣伝効果は現れていると判断したヒルたちは少し軟化し、コピーから「お菓子」を削除して「代わりにラッキーストライクを手にしよう！」（Reach for a Lucky instead.）という少し穏健なものに変えた。もちろん、タバコの減量効果を仄めかす広告をやめたわけではなかった。それは、その後の広告で、例えば登場する人物の横顔と幾分ずらして黒く塗りつぶしたその人の影を重ね合わせた構図にも現れた。そこに「あなたの未来の影《フューチャー・シャドー》」として描かれているのは二重顎の丸みをおびたシルエットで、それは「このよう（二重顎）になりたくなければ、あなたはラッキーストライクを吸えばよいのです」というメッセージを伝えるものだった（図15）。

最終的にシガレット＝キャンディー戦争を終わらせたのは「連邦取引委員会」（the Federal Trade Commission）であった。この委員会は、一九一四年に連邦政府内の各省から独立する形で設置された行政機関で、もともと独占などによる不公正な商取引を監視する役割を担っていたが、後に消費者保護の立場から、欺瞞的な広告への対応も職務権限としてくわえられた。その連邦取引委員会が、一九三〇年に「紙巻きタバコの喫煙によって体重を抑制できる」というメッセージを、たとえ仄めかす程度であっても、根拠が示されないまま広告に使用しないよう勧告したのである。

しかし、すでに伝説的なものになっていたラッキーストライク広告の効果は、絶大なものとなっていた。ヒルがアメリカン・タバコ社の社長に就任した時点では、三大銘柄のなかでシェアが最も小さかったこの銘柄が、一九二九年には長年第一位の座にあったキャメルにほぼ並び、翌年はついにその牙城を崩したのである[55]。同じころ、女性の解放や体重抑制効果などのメッセージを伝える広告がラッキーストライク以外の銘柄でも行われるようになり、それらが彼女たちの関心を紙巻きタバコに向けさせたことは、喫煙率上昇の一因になったと考えられる。

図15 「あなたの未来の影」シリーズの一つ

シルエットのようになりたくなければラッキーストライクを吸えばよいと宣伝している。ちなみに,「お菓子の代わりに……」の「お菓子」(sweet) の文字が消去されている。

出所:http://tobacco.stanford.edu/tobacco_main/images_body.php?token1=img1138.php

おわりに

第一次世界大戦が終結する頃から、アメリカでは必需品だけではなく嗜好品を含めた多様な製品が大量に生産されるようになったため、消費者はどれを手にいれるべきかで迷うことがしばしば起こった。そこで求められたのが、そのような人たちに「購入すべき物を教示する販売促進の手段」であった[56]。もともとそれは、特定の商品に対する需要を人為的に創造するという目的をもっており、これが実現して初めてその商品の大量生産が可能になるのであった。言うまでもなく、その手段とは効果的な広告であり、これなくしては、大衆消費社会があれほど短期間に成立することにはならなかったと考えられる。

そのような広告の重要性を、最もよく示したものが紙巻きタバコである。すでに指摘したように、生活をするうえで不可欠なものとは考えられていなかった紙巻きタバコが消費を伸ばし、先行するほかの形態のタバコを抜いて流行していく過程で広告が果たした役割の大きさは、誰もが認めるところである。これまで考察してきたように、一九一〇年代以降紙巻きタバコが消費文化を担う商品になっていった要因として、第一次世界大戦、産業化と都市化の進展をともなう戦後の社会変化、そしてフラッパーに象徴される古い道徳観からの解放を求める女性たちの存在があった。実際、紙巻きタバコの広告はこれらの事象を巧みに利用すべく考案されており、その売りあげを伸ばすことに貢献したと言える。

地域ブランドが多かったほかの形態のタバコがすべて製造量を減らすなかで、アメリカン・タバコ社という独占企業の解体後、全国ブランド化が進められた紙巻きタバコは、その後も着実に消費量を増やしつづけたのである。一九二〇年に成人一人が一年間に喫煙した紙巻きタバコは六六五本だったが、一九三〇年には一四八五本、一九四〇年には一九七六本、そして一九五〇年には三五五二本へと増加した。

確かに、このような消費の拡大に関して、広告がどの程度の影響をおよぼしたのかを明確に論じることはできない。しかし、繰りかえし述べているように、生活の必需品ではなかった紙巻きタバコが売りあげを大きく伸ばした背景として、R・J・レイノルズ社やアメリカン・タバコ社のような大手タバコ会社が、社会のさまざまな変化を敏感に感じとりながら、人びとに自らが製造する商品を購入するよう巧みに働きかける広告を、ほかの形態のタバコでは見られないほど多額の費用をかけて専門的に行ったことは、見逃されてはならない事実であった。

註

（1）通常「広告」とは、テレビやラジオ、そして近年ではコンピュータを含むメディア、新聞や雑誌などの印刷物、さらにはネオンサインや野外看板のようなディスプレー方式のものを使って、商品の販売を促進するため人びとにその商品の価値を認知させようとする試みを意味する。しかし本書では、これらのもの以外にも、例えば製品の無料配布とか景品をつけること、さらにはイベントの後援など幅広い販売促進《プロモーション》活動も、そこに含まれるものとする。

（2）Gerard S. Petrone, *Tobacco Advertising: The Great Seduction* (Atglen, Pa.: Schiffer Publishing, Ltd., 1996), 116.

（3）Alfred Chandler, *The Visible Hand* (Cambridge, Mass.: Harvard University Press, 1977), 289ff.

（4）デュークより前にタバコ広告を積極的に行った人物として、同じノースカロライナ州ダーラムで主にパイプ用刻みタバコを製造していた「W・T・ブラックウェル・タバコ会社」の共同経営者の一人ジュリアン・カー（Julian Carr）がいた。彼は一八六六年に売りだした「ブル・ダーラム」という銘柄の広告としてさまざまなことを行った。ユニークな広告として、例えばノースカロライナ大学で行われた卒業式の後援というものがあった。それは、卒業式の当日に来賓をホテルから大学へ送迎するために、側面に「ブラックウェルのブル・ダーラムを！」と書いた無料馬車を仕立てたり、式の終了後にバーベキュー・パーティーを開いて彼らを招待することなどであった。Petrone, 19, 34 & 66; Nannie M. Tilley, *The Bright-Tobacco Industry 1860–1929* (New York: Arno Press, 1972), 549f.

（5）Washington Duke to J. B. Duke, October 17, 1894 in Benjamin N. Duke Papers; Petrone, 54.

(6) Tilley, 558; Robert K. Heimann, *Tobacco and Americans* (New York: McGraw-Hill Book Company, 1960), 213.
(7) Robert Rabin and Stephen Sugarman, eds., *Regulating Tobacco* (New York: Oxford University Press, 2001), 92; Petrone, 57.
(8) Richard Kluger, *Ashes to Ashes: America's Hundred Year Cigarette War, the Public Health, and the Unabashed Triumph of Philip Morris* (New York: Vintage Books, 1996), 18.
(9) David L. Hudson, Jr., *Smoking Bans* (Philadelphia: Chelsea House Publishers, 2004), 86–87.
(10) Jordan Goodman, *Tobacco in History: The Cultures of Dependence* (London: Routledge, 1993), 101–102; Petrone, 65–66 & 104.
(11) Patrick G. Porter, "Advertising in the Early Cigarette Industry: W. Duke, Sons & Company of Durham," *North Carolina Historical Review* 69 (1971), 41.
(12) U. S. Bureau of Corporations, *Report of the Commissioner of Corporations on the Tobacco Industry* Ⅲ (1915), 165; Petrone, 108.
(13) U. S. Bureau of Corporations, 2.
(14) Richard B. Tennant, *The American Cigarette Industry: A Study in Economic Analysis and Public Policy* (New Heaven, Conn.: Yale University Press, 1950), 25.
(15) Allan M. Brandt, *The Cigarette Century: The Rise, Fall, and Deadly Persistence of the Product that Defined America* (New York: Basic Books, 2007), 54.
(16) *New York Times*, May 24, 1890; Goodman, 103.
(17) Joseph C. Robert, *The Story of Tobacco in America* (New York: Alfred A. Knopf, 1952), 232.
(18) Tennant, 76–78.
(19) Kluger, 57.
(20) John C. Burnham, *Bad Habits: Drinking, Smoking, Taking Drugs, Gambling, Sexual Misbehavior, and Swearing in American History* (New York: New York University Press, 1993), 94; Tennant, 78.
(21) Goodman, 105.

(22) Roland Marchand, *Advertising the American Dream: Making Way for Modernity, 1920-1940* (Berkeley, Cal.: University of Calfornia Press, 1985), 100; Michael Schudson, *Advertising, the Uneasy Persuasion: Its Dubious Impact on American Society* (New York: Basic Books, Inc., Publishers, 1986), 198ff.

(23) *New York Times*, September 24, 1925.

(24) Jackson Lears, *Fables of Abundance: A Cultural Hisroty of Advertising in America* (New York: Basic Books, 1994), 181-182.

(25) このように「証言」したフライド艦長だが、いつもはラッキーストライクではなくロリラード・タバコ社製の「オールドゴールド」を吸っていた事実が判明して気まずくなった。Marchand, 99-100.

(26) Alan Brinkley, Frank Freidel, Richard Current, and T. Harry Williams, *American History: A Survey* (8th ed.) (New York: McGraw-Hill, Inc., 1991), 707.

(27) The United Cigar Stores, *Tobacco*, September 20, 1928, 21.

(28) Elizabeth M. Whelan, *A Smoking Gun: How the Tobacco Industry Gets away with Murder* (Philadelphia: George F. Stickley Co., 1984), 60.

(29) Marchand, 107.

(30) Allan Benson, "Smokes for women," in *Good Housekeeping* (New York: August, 1929), 194; Robert, 260.

(31) Alan Brinkley et al., 707; 常松洋『大衆消費社会の登場』(山川出版社、一九九七年)、七二-七三ページ;有賀夏紀『アメリカの二〇世紀』(上)(中央公論新社、二〇〇二年)、三一-三二ページ。

(32) Cassandra Tate, *Cigarette Wars: The Triumph of "the Little White Slaver"* (New York: Oxford University Press, 1999), 137.

(33) Whelan, 56-57.「プロダクト・プレイスメント」(Product Placement)とは、映画やテレビ番組のなかで、登場人物に宣伝したい製品を使わせるという手法で、現在では効果的な広告として広く行われている。ただし、喫煙や飲酒などの場面に対して、それらに反対する組織や個人から苦情が寄せられることは珍しくない。

(34) Allan M. Brandt, "Engineering Consumer Confidence in the Twentieth Century," in *Smoke: A Global History of Smoking*, eds. Sander L. Gilman and Zhou Xun (London: Reaktion Book, Ltd., 2004), 341.

(35) Ibid., 342; Whelan, 75–76.

(36) Edgar Dale, *The Content of Motion Pictures* (New York: Macmillan Company, 1935), 171f; Burnham, 98.

(37) Jesse Gehman, *Smoke over America* (East Aurora, New York: The Roycrofters, 1943), 60.

(38) Andrew Sinclair, *Prohibition: The Era of Excess* (Boston: Little, Brown and Company, 1962), 53; Carl N. Degler, *At Odds: Women and the Family in America from the Revolution to the Present* (New York: Oxford University Press, 1980), 283; Kenneth A. Yellis, “Prosperity's Child: Some Thoughts on the Flapper,” *American Quarterly* XXI (Spring 1969), 46.

(39) Agnes D. Hays, *Heritage of Dedication: One Hundred Years of the National Woman's Christian Temperance Union 1874–1974* (Evanston, Illinois: Signal Press, 1973), 134–35; Jordan Goodman, ed., *Tobacco in History and Culture: An Encyclopedia* (Farmington Hill, Michigan: Charles Scribner's Sons, 2005), 1–17.

(40) Michael Schudson, “Women, Cigarette, and Advertising in the 1920s,” in *Mass Media between the Wars: Perceptions of Cultural Tension, 1918–1941*, eds. Catherine Covert and John Stevens (Syracuse, New York: Syracuse University Press, 1984), 77.

(41) *The Christian Century*, December 18, 1929; Dolores Mitchell, “Women and Nineteenth-Century Images of Smoking,” in *Smoke: A Global History of Smoking*, eds. Sander L. Gilman and Zhou Xun (London: Reaktion Book Ltd., 2004), 294; Dolores Mitchell, “Images of exotic women in turn-of-the-century tobacco art,” *Feminist Studies* 18 (Summer 1992), 327.

(42) *Tobacco*, December 14, 1916, 30.

(43) Tate, 106.

(44) Albert D. Lasker, *The Lasker Story, as He Told It* (Chicago: Advertising Publications, 1963), 5.

(45) その内訳は、新聞に六五〇万ドル、野外に設置された広告板に三〇〇万ドル、雑誌に一一〇万ドル、小売店への補助に一〇〇万ドル、ラジオに六〇万ドルであった。Reavis Cox, *Competition in the American Tobacco Industry 1911–1932* (New York: AMS Press, 1968), 227.

(46) David Kessler, *A Question of Intent: A Great American Battle with a Deadly Industry* (New York: Public-Affairs, 2001), 274.

(47) Whelan, 62; Brandt, *The Cigarette Century*, 84–85.

(48) *New York Times*, February 2, 1927 & December 2, 1927; Whelan, 57. その後も、ラッキーストライクの広告にはジェーン・ワイアット（Jane Wyatt）、バーバラ・スタンウィック（Barbara Stanwyck）、キャロル・ロンバード（Carole Lombard）、エリザベス・レズバーグ（Elizabeth Rethberg）、クローデット・コルバート（Claudette Colbert）などのスターが登場し、喉に害はないというメッセージを一九三〇年代末まで送りつづけた。Kerry Segrave, *Women and Smoking in America, 1880–1950* (Jefferson, N. C.: McFarland & Company, Inc., 2005), 175–84.

(49) Brandt, *The Cigarette Century*, 81.

(50) *Fortune*, December, 1936.

(51) Robert, 238.

(52) Brandt, *The Cigarette Century*..., 73–74.

(53) *New Republic*, February 13, 1929, 343–45; Whelan, 62.

(54) Robert Sobel, *They Safisfy: The Cigarette in American Life* (Garden City, New York: Anchor Books, 1978), 101.

(55) Juliann Sivulka, *Soap, Sex, and Cigarette: A Cultural History of American Advertising* (Albany, New York: Wadsworth Publishing Company, 1998), 168–69. また、ロリラード・タバコ社は話題になったシガレット＝キャンディー戦争に便乗して、一九二五年に発売したばかりの「オールドゴールド」を売りこむために、「チョコレートを食べ、オールドゴールドにも火をつけ、両方を楽しもう！」というフレーズを使用した。これをラジオでも流したほか、ヘルドと契約してフラッパーを描いてもらい、それを使ったポスター広告を積極的に行った結果、オールドゴールドは新しい銘柄が進出しにくい紙巻きタバコ市場において、一九三〇年に七％ものシェアを獲得して、三大銘柄に次ぐ売りあげ額第四位になるという「快挙」を成しとげた。Kluger, 72–73.

(56) Brandt, *The Cigarette Century*, 78.

第四章　健康に関するタバコ言説の変遷

はじめに

「すべての人に健康を！」をスローガンとして一九四八年に設立された国際連合の専門機関である「世界保健機関」（the World Health Organization＝ＷＨＯ）は、一九七〇年頃からタバコ使用――主に紙巻きタバコの喫煙――に反対する姿勢をとりはじめ、一九八八年には「世界禁煙デー」を定めることで、その立場をいっそう鮮明なものとした。一九九九年、ＷＨＯはタバコの有害性が世界中で七万編を超える論文によって証明されてきたと報告する一方で、二一世紀へむけて反喫煙キャンペーンを地球規模で行うと宣言した(1)。

このように、ＷＨＯが反喫煙の姿勢を明確にするようになった背景には、国際連合に大きな影響力をもつ先進国において、喫煙は国民の健康に被害を与えるという議論が、二〇世紀の後半以降に活発に行われてきた状況があった。なかでもアメリカは、葉タバコの一大生産国であり、また世界有数のタバコ製造会社を国内にかかえながらも、喫煙に対する規制が比較的早い時期から行われた国として、日本を含む多くの国ぐにのタバコ事情に影響を与えてきた。

アメリカにおける成人男性の紙巻きタバコ喫煙率は、一九五〇年代に五〇％以上あったものが、二一世紀初頭には二五％以下まで低下している。この変化は、喫煙が健康被害をもたらすという言説を導きだす医学的および科学的研究の成果が世界中で発表され、それが多様なメディアによって取りあげられたため、国民のあいだに広く知れわたった結果として起こったと考えられる。現在、喫煙がさまざまな疾病の直接的もしくは間接的な原因になっているという主張を、全面的に否定する専門家はほとんどいない。

しかし、喫煙と不健康を結びつける考えかたが、国民に広く受けいれられはじめてまだ半世紀程度にしかならない。確かに、アメリカでは建国以来タバコ使用に警鐘を鳴らすさまざまな不健康言説は存在してきたが、国民がそれらを見聞きする機会は少なかった。また、たとえ知る機会があったとしても、そもそものほとんどが説得力に欠けていたため、人びとのタバコ使用に影響を与えることはあまりなかったと考えられる。その一方で、喫煙には精神を安定させる効果があると考えて自らも喫煙する医者や、体重抑制の効果を信じる女性など、タバコ使用を肯定的に捉える者も少なくなかった。

本章の目的は、一八世紀末以降のアメリカで、タバコ使用が人びとの健康に関連してどのように語られてきたのかを、歴史的経緯をふまえながら考察することである。長いあいだ個人の嗜好に基づく生活習慣として捉えられてきたタバコ使用が、二〇世紀後半には公衆衛生の改善という観点から政治による介入を受けるようになったのである。そのきっかけとなる出来事は、一九六四年に厚生省公衆衛生局医務長官と彼が立ちあげた諮問委員会によって公表された報告書『喫煙が健康におよぼす影響』であったが、これが作成された背景やその意義についても論じてみたい。

一　初期タバコ不健康言説

一九世紀中頃までの葉タバコ功罪論

新大陸からイベリア半島に伝えられたタバコは、その後ヨーロッパのほかの国ぐにへも広まり、当初は限られた階級の人たちによってのみ嗜まれていたが、徐々に一般の国民によっても使用されるようになった。一七世紀初頭のイングランドでは、その爆発的な消費拡大を国中に蔓延する怠惰の原因であると考えた国王ジェームズ一世（James I）が、タバコの使用を戒めるようになった。一六〇四年に匿名で著した『タバコへの反論《カウンターブラスト》』という冊子のなかで、タバコは「鼻に不快感を与え、脳に有害で、肺に危険をおよぼすもの」と、国王は警鐘を鳴らしたのである。(2)

もちろん、このような言説に科学的な裏付けがあったわけではなく、それはあくまでジェームズ一世がいだいたタバコに対する「印象」を描いたものだった。このような状況を考えると、三年後に始まる自らが特許状を付与した「ロンドン会社」による新大陸での植民地経営が、葉タバコの生産で成りたつようになるのは皮肉なことだった。その後、この作物がチェサピーク湾周辺地域を中心とした植民地において経済的基盤を築いていった事情もあって、植民地時代のアメリカでは、ジェームズ一世のようなタバコ使用に異論を唱える者はほとんどいなかった。

ところが、一七七六年の独立を機に、アメリカ国内でもタバコ使用に反対する声が少し聞かれるようになった。これに関してまず注目すべきは、第一章で言及したフィラデルフィアの医師ベンジャミン・ラッシュ（Benjamin Rush）であった。彼は軍医として独立戦争に従軍したとき、戦場では不可欠とされた酒類やタバコにまつわる兵士たちの不健康な生活習慣を目撃し、その改善を訴えつづけたことでも知られるようになった。

ジェームズ一世もラッシュも、タバコ使用が人間の健康にとって良くない習慣であると考えたが、彼らに賛同して発言するアメリカ人はその後一九世紀を通して少なかった。それどころか、当時のアメリカ人の多くは、葉タバコを「催吐剤、媚薬、去痰剤、鎮静剤、麻酔剤、駆虫剤」など「高貴な薬剤」として評価していたのである。[3] この考えかたは、葉タバコの成分分析もされないまま、ヨーロッパで行われていた議論をそのままアメリカへもちこんだものだった。ただし、一九世紀前半にはニコチンをほかの成分から不完全ながらも分離することに成功したため、多少ではあったが「科学的な」議論がなされるようになった。例えば、ニコチンは蛇に咬まれたときの解毒剤として以外にも、「神経系の障害や筋肉の収縮、泌尿器疾患、痔疾による出血、嵌頓ヘルニア、伝染病、破傷風など」に対して効能があるという主張がなされた。[4]

一方、ラッシュのようにタバコを不健康と結びつける専門家も少数ではあったがいたのである。一八三六年に医師のサミュエル・グリーン（Samuel Green）は、『ニューイングランド暦《アルマナック》』のなかで、「タバコには茂みのなかの虫を殺す、つまり殺虫剤として使われるほど毒性の強い物質が含まれているので、その煙によって肺に病気を発症させる可能性がある。……タバコは目を刺激し、息を汚染し、喉の渇きを生じさせる」などと警告している。[5]

また、ボストンの医師L・B・コールズ（L.B. Coles）は、一八五三年に『タバコ使用の功罪』を出版し、精神安定作用など一部に効能を認めてはいるものの、ページの多くを不健康と結びつく点に割いている。それによると、タバコは「脳のなかに存在するものごとを検証したり知覚する能力だけではなく聴力や視力を弱体化させ、さらには肝臓や肺の機能を低下させて、タバコ使用者の寿命を二五％も縮める」というのであった。また同じころ、優生学と骨相学の権威とされていたオーソン・ファウラー（Orson Fowler）も、「タバコの葉に精神錯乱、無気力、性的倒錯、口腔ガンの原因となる物質が含まれている」ことを発見したとしている。[6]

イギリスでも、医学専門誌『ランセット』の特集「タバコ事情」において、一八五六年から五七年にかけて五〇名の医者が、タバコには効用があるのかそれとも弊害があるのかについて、ほぼ二分される論争を繰りひろげた。

そのなかで、タバコ使用に反対していた医者の多くは、「［タバコが］犯罪の増加、神経の麻痺、知能の減退、視力の低下」と関連があるとした。さらに、「タバコは体力の消耗や喀血だけではなく、喉頭、気管、気管支の粘膜に炎症や潰瘍を発症させることで、呼吸系器官に対して悪影響をおよぼす」と論じる医者もいたのである。(7)

過度の飲酒に結びつける反タバコ論

一九世紀の中頃以降、アメリカではタバコと不健康の関係を情緒的に結びつける言説が、禁酒を提唱する人たちによってしばしば語られるようになった。大酒飲みの人たちが断酒を誓って一八四〇年に組織した「ワシントニアン・テンペランス協会」（the Washingtonian Temperance Society）の指導者ジョン・ゴフ（John Gough）は、以前自らが飲酒するときはいつも耽っていた噛みタバコを「黒い悪魔」と呼びながら、それを捨てさるよう集会で聴衆に求めた。同様に、一八五〇年代に酒類の製造や販売などを州レベルで禁止する「州禁酒法《ステイト・プロヒビション》」の成立をめざした運動の指導者ニール・ダウ（Neal Dow）も、反タバコを提唱する者を「わが同盟の十字軍兵士」と位置づけ、酒類だけではなくタバコも排除するよう訴えた。(8)

さらに二〇世紀への転換期には、女性による禁酒組織である「女性キリスト教テンペランス同盟」（the Woman's Christian Temperance Union）の集会でしばしば講演を行った安息日再臨派に属す活動家エレン・ホワイト（Ellen White）も、次のように述べている。

> 子どもや若者たちに対し、タバコの使用が筆舌に尽くしがたい悪影響をおよぼしています。親の世代の不健康な生活習慣が、彼らに影響を与えており、知的障害、虚弱体質、精神錯乱、そして嗜癖性は、親から子どもへの遺産として伝えられております。(9)

ゴフ、ダウ、ホワイトのような禁酒を提唱する活動家のなかには、酒類とタバコを「双子の悪魔」と呼び、タバコ使用によって生じる喉の渇きが、過度の飲酒に結びつくとして注意を促す者が多かった。[10]

産業資本家などによる警鐘

同様に、アメリカの産業化を支えていた人たちも、タバコについて語りはじめた。第一章で言及した「キャデラック自動車会社」を設立したヘンリー・リーランド（Henry Leland）は、「喫煙と飲酒をする人物」を雇用の対象から外す措置をとった。[11] また、発明家トマス・エジソン（Thomas Edison）は、やはり火災や事故につながる労働者の喫煙を問題視した自動車王ヘンリー・フォード（Henry Ford）への書簡のなかで、特に年少者のあいだで流行しはじめた紙巻きタバコの喫煙を、身体に悪影響を与えるものとして次のように戒めている。

紙巻きタバコに関して有害な物質は、主に巻紙を燃焼させることによって生じる。その物質は「アクロレイン」と呼ばれ、神経の中枢に激しく作用して脳細胞を退化させるが、これはとりわけ少年の場合急激に起こるのだ。ほかのほとんどの麻薬と同様に、この退化現象が途中でとまったり、また制御されたりすることはない。したがって、私は紙巻きタバコを使用する若者と一緒に仕事をしようとは思わない。[12]

エジソンのこのような考えかたは、紙巻きタバコの喫煙が自制心を失わせることで精神の異常や犯罪と結びつくと、当時反タバコ派のなかで広く信じられていた言説を反映したものである。ちなみに、彼が指摘したアクロレインという物質は、巻紙ではなくタバコそのものの燃焼によって発生する副産物で、脳ではなく肺の細胞に生じた炎症を悪化させるものと現在では考えられている。

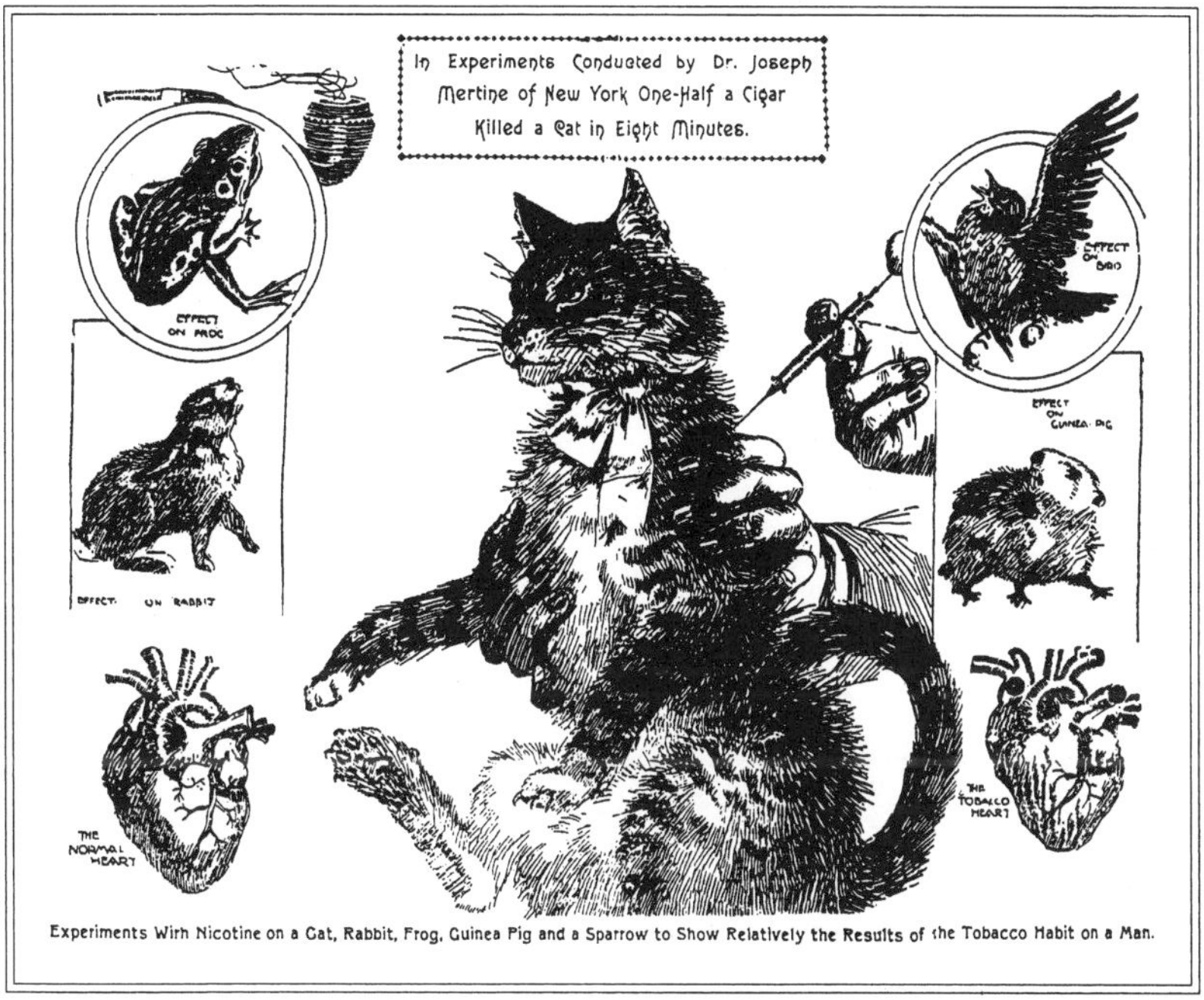

図 16　ニコチンの毒性

葉巻２分の１本に含まれるニコチン量で，猫ならば８分間で死んでしまうというプロパガンダ。

出所：Gerard S. Petrone, *The Tobacco Advertising: The Great Seduction with Values* (Atglen, PA: Schiffer Publishing Ltd., 1996), 238.

ニューヨーク市の教育委員長チャールズ・ハベル（Charles Hubbell）も、タバコが若者の人格形成におよぼす悪影響を危惧した人物の一人だった。しかし、それはエジソンが考えたアクロレインではなく、葉タバコに含まれる「ニコチン」という物質が原因として起こる現象であると彼は示唆している。

忌々しい紙巻きタバコのせいで、数多くの聡明な若者たちは一七歳になるころには意志の力が衰え、道徳心が失せ、神経系統が麻痺し、生活全般が崩壊してしまう。タバコ依存症者はやがて嘘つきや泥棒になる。彼はニコチンに対する抗しがたい欲求を満足させるためにわずかばかりのお金を盗むだけではなく、親や先生や親友たちに平気で嘘をつく。ニコチンによって麻痺した彼は、勉強も働きもせずにただテーブルの前に無気力に座っているだけで、向上心というものもほぼ失われてしまっている。[13]

ハベルがこの文章を書いたのは一八九三年のことであるが、当時はすでに抽出可能だったニコチンが注目されるようになっていた。先ほど述べたように、この物質は一九世紀前半には薬剤としての効能がしばしば語られたが、中頃以降それは合成されたものを殺虫剤として使用した事実が物語るように、毒物として考えられるようになっていた。

ハベルが示唆したように、現在では依存性を引きおこす物質、つまり脳に働きかけて喫煙をやめられなくしてしまう嗜癖誘導物質として認識されているニコチンだが、二〇世紀への転換期には、主にその毒性がタバコ使用に反対する人たちによって強調されていた。例えば、「一滴か二滴のニコチンを舌のうえにたらしたならば、犬だろうと猫だろうとたちどころに死んでしまう」などという警告がしばしば聞かれた[14]（図16）。いずれにしても、薬剤として認知されたこともあった葉タバコが、一九世紀末以降の言説では、人間の健康に悪影響をおよぼすかも知れない有害なものとして考えられるようになったのである。

二　肺ガンとの関係

初期タバコ不健康説が影響力をもちえなかった理由

前節で考察した二〇世紀初頭までのタバコと不健康を結びつけた言説は、現実には国民によるタバコを嗜む習慣に影響を与えることはなかった。これにはさまざまな理由が考えられる。まず第一に、タバコの弊害が、すでに述べたように道徳的、そしてときには情緒的に議論される一方で、健康にとって良くないと人びとによって漠然と考えられるようにはなってはいたものの、それに関して科学的根拠がほとんど示されなかった点があげられる。ただし、たとえそれが示されていたとしても、科学や医学への信頼がいまだ確立されていなかった時代であり、人びとが無条件にそれを受けいれたとは思えない。

事実、多くの医者が二〇世紀の第一四半期頃までタバコを特に危険なものとは考えていなかったという状況があった。彼らは都市化や産業化が進んだ社会で生活する者にとって避けられない「懸念、重圧、疲弊という悪影響を、［タバコが］即座に和らげてくれる」癒しの効用を評価しながら、自らも使用していたのである。(15) したがって、『アメリカ医学会誌』の第一巻が一八八三年に発刊されたとき、「タバコの健康におよぼす弊害についての寓話的評論」が載せられてはいたものの、「健康問題としてのタバコに、医学界としてほとんど関心を示さなかった」ことは驚くにはあたらなかった。(16)

第二の理由として、国民の平均寿命が、例えば一九〇〇年では四七・三歳というように、五〇歳にたっしていなかった状況が考えられる。六二万人近くの戦死者を数えた南北戦争や、コレラや天然痘などの流行で感染者が次から次へ亡くなるという悲惨な経験をした人たちは、現代人が志向するように数十年先の健康に対して敏感になることはなかった。予防や治療方法が確立されていないなかで、死にいたる確率の高い感染症が蔓延する恐ろしさを知っていた人たちにとって、タバコが健康に悪いという議論は、「寝不足は体に良くない」という戒め程度の説得力しかなかったと考えられる。

第三の理由として、タバコ使用がいまだ公衆衛生の枠組みで捉えられておらず、したがって連邦にせよ州にせよ、政府によるタバコが原因とされた不健康の問題への介入がなされなかった点があげられる。そもそも、連邦政府内に「厚生」（health）の名前を冠した省が設置されたのはドワイト・アイゼンハワー（Dwight Eisenhawer）政権が始まる一九五三年で、このときは「教育」や「福祉」もまとめて司る「保健教育福祉省」（the Department of Health, Education, and Welfare）であった。したがって、それ以前には少なくとも連邦政府のなかにタバコに関連する健康問題を扱う独立した専門の省はなく、また予算を計上して研究を促進したり資料を収集する試みも積極的になされなかった。そのため、重要な情報が偶然見つかったとしても、それが政府主導で多くの国民へ効果的に伝えられることは困難であった。

現在では政府のイニシアティヴとは関係なく、多様で高度に発達したメディアが、国民の健康に影響をおよぼすかも知れない有害物質に関する情報をすばやく伝えるシステムを確立しているが、インターネットはもちろん、テレビやラジオも存在せず、新聞や雑誌など活字メディア中心の時代には、民間による情報伝達の範囲は限られたものだった。その一方で、タバコ会社による健康をイメージさせる巧みな広告は、活字メディアや野外看板などを使ってさかんに行われたのである。

喉頭ガンと舌ガン

以上のような理由で、人びとのタバコ使用にほとんど影響を与えることのなかった不健康言説ではあったが、二〇世紀になって状況は少しずつ変化しはじめた。現在、先進国に住む多くの人たちは、喫煙が呼吸器系や循環器系などの器官に関連するさまざまな疾病を誘引するものであると考えているし、また厚生行政を司る政府機関、医療関係者、民間の反タバコ団体などもそれを前提として、タバコにまつわる諸問題の政治イシュー化をめざして立法機関への働きかけを強めている。特に肺ガンとの関係は、二〇世紀前半からタバコ不健康言説のなかで常に論点の中心として扱われてきた。

そもそも、タバコがガンの原因であると疑われはじめたのは一九世紀後半からだったが、当初それは喉頭ガンや舌ガンなどであって肺ガンではなかった。それまでの研究によって、正常な細胞が何らかの「刺激」を受けることで悪性の腫瘍に変化してガンを発症させるというプロセスはわかっていたが、その刺激としてさまざまなものが疑われるなかで、喫煙もその一つとして考えられた。

当時のアメリカでは、紙巻きタバコの形態ではほとんど使用されておらず、第二章で述べたように、例えば一八八〇年に消費された全葉タバコのうち噛みタバコへは五八％、葉巻とパイプ・タバコへはそれぞれ一九％ずつ、そして嗅ぎタバコへは三％が加工されたが、紙巻きタバコへは一％程度であった[17]。最も流行していた噛みタバコは無煙であったため、口腔に直接作用することはあっても肺には届かなかったし、葉巻やパイプ・タバコの煙は味が濃く鼻や喉への刺激が比較的強かったので、多くの使用者はそれを肺まで吸いこまずに、口のなかでふかすだけという嗜みかたをした。そのため、これらのタバコは喉頭ガンや舌ガンを引きおこす「刺激」ではないかと疑われたのである。

アメリカ第一八代大統領ユリシーズ・グラント（Ulysses Grant）の主治医たちも、その関連を疑っていた。南北戦争の戦利品として南部から大量の葉巻をもちかえったこの北軍司令官は、一八八五年に喉頭ガンで亡くなるのであるが、主治医たちは「喉に痛みをともなう違和感を感じたグラントに対し、葉巻を一日三本まで減らすよう」助言していた。ちなみに、グラントの息子で軍人や外交官として活躍したフレデリック・グラント（Frederick Grant）も、三一年後に同じく喉頭ガンで亡くなっている[18]。

肺ガンへの注目

タバコ使用と喉頭ガンや舌ガンとの関係が疑われた世紀転換期には、ほとんど報告されなかった肺のなかにできる悪性腫瘍が、一九二〇年頃からアメリカやヨーロッパにおいて医者のあいだで話題になりはじめた。この「肺ガン」の発症件数が増えはじめた状況に気づいた専門家の一人に、ミネソタ大学医学部に勤務していた病理学者モーズィズ・バロン（Moses Barron）がいた。彼は一九二〇年一〇月に四六歳で死亡した男性患者の病理解剖を行い、死因が肺ガンだったと突きとめたのである。バロンはヨーロッパの医学書などを通して肺ガンに関して一定の知識をもってはいたものの、実際に目にした経験は同時代の多くの医者と同じようにほとんどなかった。

実は、その数週間後にバロンはもう一人肺ガン死の患者を解剖することになるのであるが、それ以外にも、同僚の病理学者が同じ時期に肺ガンで亡くなった複数の患者を解剖していた事実を、医学部の記録のなかで発見した。つまり、以前は勤務する病院で数年に一例あるかないかであった病気が、短期間のうちに連続して患者の命を奪っていたのである。このことに危機感を覚えたバロンは調査を行い、その結果を翌一九二一年八月二五日に開催されたミネソタ州医学会で報告した。それによると、一八九九年から一九一八年までの二〇年間にミネソタ大学医学部で死因を突きとめるために行われた病理解剖で肺ガンと診断されたのはわずか四例だけであったものが、一九二〇年七月一日から二一年六月三〇日までの一年間だけで八例を数えたのであった。[19]

そもそも肺ガンは、ヨーロッパでは一九世紀の初頭から医学専門雑誌に登場しており、一部では深刻な呼吸器疾患として原因を解明しようとする者もいた。しかし、当時はレントゲン撮影機や気管支鏡などの医療機器や技術が未発達の時代であったため研究は進まず、原因が特定されないまま、それは鉱山労働などで粉塵に長時間晒される者に多く発症する「職業病」として扱われる傾向にあった。[20] また、現実に肺ガンを発症したかどうかの診断が十分に行えなかった場合も多く、たまたま死後に何らかの理由で病理解剖を行ったときに偶然発見されるというのが実情であった。

したがって、症例が少なかったため「肺ガンと疑われた患者の解剖には、好奇心から多くの医学生が殺到した」のである。[21] 後に「アメリカ・ガン協会」（the American Cancer Society）の会長として紙巻きタバコの喫煙に警鐘を鳴らすことになるオールトン・オクスナー（Alton Ochsner）医師も、医学部生時代にそのような経験をした一人であった。彼はワシントン大学（Washington Univeristy in St. Louis）の三年生だった一九一〇年に、指導教授だったジョージ・ドック（George Dock）の勧めで、バーネス病院で行われた肺ガン死した患者の病理解剖に学友たちと立ちあった。(22)

しかし、そのわずか一〇年後にバロンはミネソタ大学医学部で起こった異変、つまり肺ガン患者の増加に気づくのであるが、同じ異変が国中で起こりつつあったし、さらにはヨーロッパでも報告されていた。このような状況をふまえて、肺ガンは一九二三年に「国際疾病分類」へ正式に登録されたのである。当時、アメリカ国内では年間数百と推定されていた肺ガンの発症件数はその後も増加しつづけ、一九四〇年には約七一〇〇人を数えるようになった。この増加の背景には、確かにレントゲンなどの医療機器が開発された結果肺ガンが特定されやすくなったこと、そして予防医療の進歩などで伝染病の爆発的な蔓延が防げるようになって国民の寿命が徐々に延びるなか、発症まで比較的長期間を要す肺ガンが実際に症例として現れるようになる状況があった。(23)ちなみに、一九一〇年に五〇歳だった平均寿命は一九四〇年には六二・九歳になっている。

肺ガンの症例増加

しかし、肺ガン患者増加の最大の要因は、何と言っても紙巻きタバコの流行であると考えられる。(24)このことは現在ではほぼ定説とされているが、すでに一九二〇年代から医者のあいだで囁かれていたのである。それは、このタバコの煙が葉巻やパイプ・タバコよりも口当たりがまろやかだったので、使用者が刺激を求めてそれを肺のなかまで吸いこむ傾向にあったことも影響していたと考えられる。したがって、紙巻きタバコが流行しはじめた二〇世紀初頭には、肺ガンという病名は使用されなかったが、とにかく肺など呼吸器系の器官に悪いとしばしば指摘され、なかには「喫煙が肺結核に結びついている点は疑う余地はない」と、断言する反タバコ運動の活動家もいた。[25]

肺ガンに関する疑念が高まるなか、国の内外では研究者たちがいっせいに声をあげはじめた。まずイギリスでは、一九二七年に医学専門誌『ランセット』の編集者に対し、医師のフランク・タイルコート（Frank Tylecote）は書簡を送り、そのなかで「……私が見聞きしてきた肺ガン患者のほとんどすべてが、紙巻きタバコを常習的に使用している」と警告した。翌年ドイツにおいても、「他国で確認されている肺ガンの増加がわが国でも起こっており、それは一般に広まっている紙巻きタバコの喫煙と深い関係がある」点を医学雑誌に発表した研究者がいた。[26]

さらにアメリカでは、一部の医者や科学者が、肺ガンと紙巻きタバコ喫煙の関係を疑うようになっており、それを説明しようとする者は統計学の手法を用いる傾向にあった。例えば、マサチューセッツ州公衆衛生局に勤務するハーバート・ロンバード（Herbert Lombard）と、ハーヴァード大学公衆衛生研究所に所属するカール・ドウリング（Carl Doering）という二人の専門家による共同研究があった。彼らは、一九二八年四月に『ニューイングランド医学雑誌』へ論文を投稿し、「三五人の［肺］ガン患者のうち一人をのぞく三四人は［紙巻きタバコの］過度の喫煙者」だったという調査結果を発表した。[27]

また、プルデンシャル生命保険会社に勤める統計学者のフレデリック・ホフマン（Frederick Hoffman）とジョンズ・ホプキンズ大学の計量生物学者レイモンド・パール（Raymond Pearl）による一九三一年と一九三八年の共同研究もまた、肺ガン患者の圧倒的多数が過度の紙巻きタバコ喫煙者であったことを数値で示して、「喫煙者は非喫煙者よりも寿命が短い」という結論を導きだしたのである。[28] 同じころ、先述のオクスナー医師もまた、肺ガン患者増加の原因が紙巻きタバコの喫煙であることを示唆して次のように述べている。

私が医学生のころ、四年間でたったの一度だけ肺ガンの症例に出会うことができた。現在、私は毎週二人から五人の肺ガン患者に手術を施しており、もし患者が何か肺ガンを疑わせる兆候を示し、なおかつその人が紙巻きタバコの過度の使用者である場合、私は「喫煙者のガン」として知られるようになってきた肺ガンという診断をまずくだしている。これまで、そのような診断の九八％は間違っていなかった。[29]

しかし、当時この問題に関する見解はそれでも分かれており、タバコ会社にとって望ましい主張をする者も少なくなかった。例えば、アメリカ・ガン協会の理事を務めていた遺伝学者のクラレンス・リトル（Clarence Little）は、一九四四年に「タバコ使用と肺ガン発症との因果関係を明確に示す証拠はいまだ存在していない」と語ったし、またロバート・レヴィ（Robert Levy）医師も、一九四七年に『アメリカ医学会誌』のなかで、「精神的な安定をえるため、……適度な喫煙は許容される」と主張している。[30] ちなみに、リトルは後にタバコ業界が反タバコ言説に反論するための研究を行わせる目的で設立した「タバコ産業調査研究委員会」（Tobacco Industry Research Committee）の科学諮問委員長を務めるようになる人物だが、彼とこの委員会については第五章で詳しく述べることとする。

三　第二次世界大戦後の研究成果

二〇世紀中頃の喫煙を取りまく状況

二〇世紀前半、病院の記録や医者が作成したカルテに基づくタバコ不健康説は、広く一般の人びとに伝わることはなかったが、医学界という狭い範囲で議論を巻きおこし、新たに多くの研究者をこの分野に引きこむようになった。以前は適量であれば問題ないと考え、自ら喫煙していた多くの医者が徐々に喫煙量を減らしたり禁煙を試みはじめていた一九四〇年代、リトルやレヴィが行ったような「タバコ擁護論」は、公表された研究成果のなかでは少数派になりつつあり、多くは紙巻きタバコの喫煙に警鐘を鳴らすものになった。いずれにせよ、当時の研究は主に医学専門雑誌や学会誌などでのみ発表されており、それらが広く国民の目に触れることはあまりなかったのである。

大勢の人が読むとすれば、それは一般の新聞や雑誌に掲載されなくてはならなかったが、ジャーナリズムはタバコ不健康説を積極的に伝えてはいなかった。というのも、当時の新聞や雑誌には大量のタバコ広告が載せられており、巨額の広告料収入を考えると、タバコと不健康を結びつける記事は取りあげにくかったからだ。ただし、『リーダーズ・ダイジェスト』など一部の雑誌は例外で、しばしばこの話題の記事を掲載したのであった。また、当時医学の知識をもつ記者はほとんどいなかったため専門的な内容のものを書くことは容易でなく、たとえ苦労して取りあげたとしても、大恐慌以降第二次世界大戦を通して社会全体が動揺していた時代に、何年も先の不健康を予測する警告記事は、そもそも説得力をもつものではなかった。

このように、医者や統計学者など専門家によるタバコ不健康言説は、拡大する喫煙行為に歯止めをかけるものにはならなかったが、それは紙巻きタバコの消費量増加という形で表れた。一九二〇年に成人一人あたりの紙巻きタバコ年間消費量は六一〇本だったが、その後一九三〇年には一三七〇本、一九四〇年には一八二〇本、そして一九五〇年には三二五〇本へと着実に増えていったのである[31]。第二次世界大戦期に、第一次世界大戦期と同様に紙巻きタバコの消費量が増えたことを背景として、喫煙と肺ガンの因果関係を探ろうとする研究は、戦後になってそれまで以上に詳細なデータを蓄積して進められた。おりしも、第一次世界大戦をきっかけに爆発的に流行した紙巻きタバコの喫煙によって、年月をへてようやくこの時期に肺ガンの発症件数の増加が目立つようになった。アメリカでは一九四〇年にこの疾病によって死亡したのは、前節で触れたように七〇〇〇余人だったが、一九五〇年代を通してその数は増えつづけ、一九六二年には四万一〇〇〇人へと跳ねあがったのである[32]。

遡及調査研究

二〇世紀中頃の研究は、引きつづき統計学的手法によっても行われたが、それと同時に、長いあいだ解明されることがなかった病気の発症メカニズムに関する病理学的および化学的研究も進められ、その成果が発表されはじめた。まず統計学的研究についてであるが、肺ガンと診断された患者に対し、喫煙歴だけではなく職業や日常生活などを、面接やアンケートによって調べる「遡及調査研究」(Retrospective Study) という方法で資料が集められた。類似の調査は以前から行われていたが、患者の増加にともなって規模も大きくなり、したがって信頼度も増した。また、データはより細分化されたものが蓄積され、例えば疫病学者のリチャード・ドール (Richard Doll) は、それまで一律に喫煙者として扱われていた人たちを、一日の消費本数や喫煙年数によって細かく分類して肺ガン発症率の違いを示そうとした(33)。

このような遡及調査研究の例としてしばしば引用されるのが、アーニスト・ウィンダー (Ernst Wynder) とエヴァーツ・グレイアム (Evarts Graham) によって一九五〇年五月に発表された「肺ガン発症の潜在要因としてのタバコ喫煙」であった。彼らは各地の病院や医師の協力をえて、多数の入院患者を対象とした調査を行った。「以前、肺に関する病気を発症させたことがありますか?」で始まるこの聞きとり調査では、喫煙の有無、喫煙している場合にはタバコの形態や銘柄、吸いはじめた時期、一日に吸う量、肺のなかまで吸いこむか否かなど八項目の質問が問いかけられた。その後、職業、特に煙、埃、排気ガスなどに晒される職場で勤務したかどうか、飲酒する場合アルコールの種類とその摂取量、学歴や居住地域に関するものなどさらに七項目の質問がなされた(34)。

ウィンダーとグレイアムが、肺ガンで入院していた六〇五人の患者に関するこのようなデータを整理した結果、そのうちの九六・五%が一日あたり最低でも一〇本の紙巻きタバコを二〇年以上吸いつづけている喫煙者であることが判明した。ちなみに、肺ガン患者で非喫煙者だったのは二%のみであった。また、肺ガンがほかの形態のタバコではなく紙巻きタバコの使用者に集中していたのは、より強い刺激を求めて肺のなかまで煙を入れこむ吸いかたにあるとした。そして彼らは、「タバコ、特に紙巻きタバコの過度で長期にわたる喫煙は、おそらく肺ガンを発症させる大きな要因である」と結論づけた。[35] ちなみに、グレイアム自身肺ガンで亡くなっており、彼は禁煙を試みたが手遅れだったと友人への手紙に書きのこしている。

追跡調査研究

遡及調査研究と並行して、一九五〇年代の初頭には「追跡調査研究」(Prospective Study) という方法も取りいれられるようになった。これは、すでに病気を発症していた患者ではなく健康を自認する年配者を調査対象として選び、やはり喫煙を含む日常の生活習慣について定期的に調査してデータを収集しておき、将来その人物が死亡したときに、その原因と生活習慣の関係を探るというものであった。E・カイラー・ハモンド (E. Cuyler Hammond) とダニエル・ホーン (Daniel Horn) という二人の医師が共同で始めた追跡調査研究では、紙巻きタバコだけではなく、葉巻やパイプ・タバコも含めた喫煙歴が調査された。

彼らはアメリカ・ガン協会で訓練を受けたのべ約二万二〇〇〇人のボランティアの協力をえて、当時肺ガンの発生率が高かった五〇歳から六九歳までの年齢グループの、非喫煙者を含む一九万人に近い男性を対象にした調査を行った。ちなみに、一九五〇年の男性の平均寿命は六五・六歳だった。この研究では、毎年すべての対象者に「追跡調査」が行われ、その結果が蓄積されていった。そして、一九五四年に時期尚早としながらも第一回の報告が、『アメリカ医学会誌』に「喫煙習慣と死亡率との関係――一八万七七六六人の男性に関する追跡調査研究――」として掲載されたのである。[36]

それによると、前年一〇月三一日までに全対象者のうち四八五四人が死亡しており、心臓疾患やガンなど死亡原因は多様だったが、三〇〇二人が一日一箱（二〇本）以上を長年吸いつづけていた紙巻きタバコ喫煙者であることが判明した。そして彼らは、喫煙者と非喫煙者の年齢や死亡率などを比較して、もし全員が非喫煙者だったと仮定したら、喫煙習慣のあった死亡者三〇〇二人のうち少なくとも一〇二二人が、調査時点では生存していたと推定したのである(37)。

またこの調査では、全死亡者四八五四人のうち八四四人の死因はガンであり、さらにそのなかで一六七人は肺ガンだった事実が判明した。そして彼らは、「喫煙者の死亡率は非喫煙者よりもかなり高く、……肺ガンに関して、一日一箱以上を長期間吸いつづけている紙巻きタバコ喫煙者は、調査継続中のため明確な数値を示せないが五倍から一六倍にもなる」と結論づけたのである(38)。余談だが、以前は一口に紙巻きタバコを四箱も吸っていたハモンドと一箱だったホーンは、この研究をきっかけとしてともにこの形態の使用をやめ、パイプ・タバコの煙を肺のなかまで吸いこまずにただふかすだけという嗜みかたに変更した。

このような大規模調査は、多くの予算、労力、時間を必要とするのであるが、ひとたびデータが一定量蓄積されれば、多岐にわたる点が明らかになると期待された。事実、喫煙者と非喫煙者が患ういろいろな疾病の発症率の違いから、喫煙が肺ガンだけではなく、そのほかのガンや心臓疾患、気管支炎、肺気腫、血管障害などとも因果関係があるのではないかという以前から指摘されてきた言説の正しさを、ある程度裏づけるものになった。これ以外にも、若い女性に対して行われた別の調査によって、二〇世紀初頭から明確な根拠が示されないまま語られてきた、妊婦による喫煙は早産や死産などの確率を高めることが明白になり、あらためて彼女たちによる喫煙が強く警告されるようになった。

病理学的研究

以上のような統計学的手法以外にも、なぜ肺ガンが発症するのか、つまりタバコのなかの何がガンを引きおこす要因なのかについても、本格的な病理学的研究が行われた。これに関して、一九世紀末にまず疑われたのがすでに触れたようにニコチンという物質であった。しかし、二〇世紀になって、ニコチンに関する研究が明確な結論を引きだせないなか、新たにタールが発ガン性物質として注目されるようになったのである。この物質に関しては、一九三〇年代から医学専門雑誌に肺ガンなどとの関係を指摘する研究が現れるようになるが、この時点ではその成分について十分解明されていたわけではなかった。

しかし、その後研究は進み、ウィンダーとグレイアムが一九五三年から五六年にかけて発表した一連の動物実験の結果は、特に注目されるものになった。タバコからタールを抽出することに成功した彼らは、マウスに直接それを塗ることで、ガン——この場合皮膚ガン——が発症することを証明してみせた。彼らによると、タールを塗った場合二〇ヶ月後の生存率は一七%にまで下落するというものであった。ただし、この実験だけでタバコ煙と人間の肺にできる悪性腫瘍との直接的な因果関係が証明されたわけではなく、実際にタバコ煙を使った動物実験は失敗するケースが多かった。そのため、当時世界的に有名な病院を運営していたチャールズ・メイヨウ (Charles Mayo) 医師のように、それでも「喫煙が肺ガンの原因とは考えない」という立場をとる専門家もまだ少なからずいたのである(39)。

その後、タールを使ったより精度の高い動物実験が、アメリカだけではなくイギリス、フランス、西ドイツなどヨーロッパの先進国でも積極的に行われるようになった。その結果、紙巻きタバコから抽出されるタールは、発ガン性のものを含む多数の化学物質によって構成されているという研究成果が、一九五〇年代末までに発表されるようになったのである。当時の研究から、発ガン性物質としてニトロソアミン、ベータナフチルアミン、炭化水素など、またガンを促進する作用をもつ物質としてクレゾールやフェノールなど、さらには炎症を悪化させるものとしてはアクロレイン、一酸化窒素、二酸化窒素などの物質の存在がそれぞれ明らかにされた。これらにくわえて、一酸化炭素もタバコ煙に含まれていることがわかり、それが血液中の酸素含有量を減らすため、循環器系器官に悪影響をおよぼす可能性も指摘されるようになった。(40)

喫煙量の減少

このような統計学的および病理学的研究の成果は、以前であれば医学専門誌や学会の論文集に発表されるだけで、人びとの目にはほとんど触れられなかった。しかし、一九五三年頃から『リーダーズ・ダイジェスト』以外にも、『タイム』、『ニューズウィーク』、『コンシューマー・レポート』を含むいくつかの一般誌や、ときにはテレビやラジオのニュース番組で、タバコの弊害を指摘する研究が取りあげられるようになった。(41) その結果、それまでは「過度」の喫煙は健康に良くないと漠然と感じながらも「適量」を吸いつづけていた喫煙者に、決して小さくはない恐怖を与えるようになった。この健康に対する不安は、それまで増えつづけてきた紙巻きタバコの消費量が、一九五三年に前年より約一二〇億本も減少した事実に表れた。これに対して、タバコ会社はフィルターつきのタバコを急遽増産したり、広告にタバコを手にする医者やスポーツ選手をより頻繁に登場させ、「安全性」や「健康」をアピールして消費の減少に歯止めをかけようとしたのである。

このような一九五〇年代の喫煙をめぐるさまざまな動きは、公衆衛生の観点から、政府に適切な対策をすみやかにとるよう促した。元来、アメリカ政府はタバコを規制対象とすることには消極的であった。すでに触れたように、葉タバコは植民地の建設以来何世紀ものあいだ国の経済を支えてきた重要な農作物であり、それを生産する州から連邦議会へ送りこまれた議員たちは、結束して規制に反対してきた。また、大恐慌の時代にニューディールの一環として始められた葉タバコの価格を維持するために補助金を拠出する政策はその後も存続しており、タバコ業界も政府、特に農務省による保護政策に依存する状況がつづいていた。

しかし、喫煙が国民の健康にとって大きな問題を引きおこす可能性が認識されはじめ、一九五〇年代にはそれが否定しがたい事実と考えられるようになったため、設置後間もない厚生省を中心に、政府もようやく重い腰をあげざるをえなくなったのである。一九五六年、公衆衛生局医務長官リロイ・バーニー（Leroy Burney）は、アメリカ・ガン協会や「アメリカ心臓協会」（the American Heart Association）からの提案に応じ、当時あいついで発表されていた、喫煙による人体への悪影響に関する論文を検討するための組織を立ちあげるよう専門家たちに働きかけた。専門家たちは、わずかではあったが五ヶ国で公表されていた一六編の論文を検討し、翌一九五七年に「喫煙と健康に関する研究班の合同報告書」を政府に提出した。それを受けとったバーニーは、喫煙と肺ガンの因果関係を「示唆する」程度の消極的な内容ではあったが、喫煙に注意を促す初めての連邦政府関係者として見解を示したのである。(42)

四　一九六四年の「公衆衛生局医務長官諮問委員会報告書」

連邦政府による対応

前節で考察したように、喫煙と健康の関係を科学的に論じた研究は一九五〇年代にめざましい進展を遂げたが、一九六〇年代になると蓄積されてきたそれらの研究を包括的に検討して総合評価をくだす試みが、イギリスとアメリカでほぼ同時に行われた。イギリスでは、アメリカと同様に、タバコに関してそれまで「健康《ヘルス》」よりも「富《ウェルス》」を重視していた政府の腰は重かったので、喫煙に反対する医者たちによって、伝統と権威のある「英国医師会」

(the Royal College of Physicians) を動かすという手段がとられた。医師会は一九五九年四月に検討委員会を組織し、この問題を扱った多数の論文の精査に着手したあと約三年を費やして、一九六二年に「喫煙と健康」という表題のついた報告書を公表した。そのなかで「紙巻きタバコ喫煙は、肺ガンや気管支炎などを引きおこし、心臓疾患の進行を確実に速めるもの」と結論づけられており、政府による対策が促されたのである(43)。

一方アメリカでは、後にタバコ業界を批判の矢面に立たせるきっかけとなる一九六四年の「公衆衛生局医務長官諮問委員会報告書」(以下、「報告書」)として研究成果がまとめられた。確かに、先ほど触れたバーニー医務長官による見解は、第一歩を歩みだしたという点では評価されるものだった。しかし、検討された論文数は少なく、また内容も断定的な表現を避けるなどタバコ業界に大きな配慮を示したものとなっていたため、それは喫煙に警鐘を鳴らす医者やアメリカ・ガン協会などの反喫煙派団体には不満が残る見解だった。そこで、あらためてまとめられたのが一九六四年の報告書だったのである。

一九六一年一月大統領に就任したジョン・ケネディ (John Kennedy) は、自らの意思とは関係なく、喫煙問題を無視できない状況に追いこまれた。イギリスで「喫煙と健康」が発表された直後、それが大西洋の対岸でも話題になるなか、一九六二年五月二三日にケネディはこの問題への対応を記者会見中に突然尋ねられたのである。大接戦で現職の副大統領リチャード・ニクソン (Richard Nixon) を破り大統領になった彼にとって、葉タバコを生産する南部を中心とした州から選出された議員とは政権運営にあたって対立関係になりたくなかったため、その場は言葉を選びながら即答を避けようとした。しかし、それが多くの国民の健康に関する問題だけに、うやむやにできないと考えた大統領は、「十分な情報をふまえて……来週あらためて回答する」と述べざるをえなかった(44)。

この時点でケネディが取りえた方策は、イギリスと同様に関連分野の専門家で構成される諮問委員会を立ちあげて、できるだけ多くの学術論文を時間をかけて精査し、タバコと健康の問題に対し政府として何らかの見解を示す

図17　ルーサー・テリー第9代公衆衛生局医務長官（在職 1961-1965年）

出所：フィリップ・ヒルツ著『タバコ・ウォーズ』（小林薫訳：早川書房，東京，1998年）。

ことであった。これに関して、アメリカ・ガン協会、アメリカ心臓協会、「アメリカ肺協会」（the American Lung Association）など反喫煙の立場をとる任意団体は、その前年に就任間もない大統領へ連名で書簡を送り、そのような委員会の創設を請願していたのであるが、そのときは黙殺された。しかし、大西洋の対岸で発せられた警鐘はアメリカの世論にも影響を与えることになり、大統領に何らかの行動をとるよう促したのであった。

そのような委員会を組織する任務は、厚生省の公衆衛生局医務長官によって担われることが当然のように考えられたが、ケネディ政権になってその役職に就いていたのはルーサー・テリー（Luther Terry）であった[45]（図17）。彼は、ニューオリンズ市のティユレイン大学で医学を学び、医師としていくつかの病院で経験を積んでおり、医務長官に抜擢される直前にはジョンズ・ホプキンズ大学の医学部に勤めていた。一九六一年三月に就任したテリーは、自らも紙巻きタバコを嗜んでいたが、公衆衛生を担当する責任者として、当初からこの問題を避けては通れないと考えていた。したがって大統領から、委員会を設置して蓄積されてきた関連論文を精査し、その結果を報告書にまとめるよう指示されたとき、彼にはある程度の準備ができており、比較的短期間でそれに対処する態勢を整えることができたのである。

諮問委員会の設置

テリーは、諮問委員会――正式には「喫煙と健康に関する医務長官諮問委員会」(the Surgeon General's Advisory Committee on Smoking and Health)――を構成するメンバーの選考にさいし、まず国内の著名な研究者一五〇人からなる候補者名簿を作成したが、その過程でアメリカ・ガン協会や「アメリカ医学会」(the American Medical Association)だけではなく、タバコ業界からも意見を聴取した。特に、タバコ業界への配慮は大きく、彼らによってとうてい受けいれられそうにない人物は、当初から候補者名簿に載せなかった。彼は、そうすることで最終的に公表される報告書の内容に対し、業界として否定しにくい状況を築こうとしたのである。

テリー長官は、タバコ業界から除外要請のあった数名をのぞいたなかから、合計で一一人を委員会のメンバーに選んだ。このとき彼は、それまでタバコに関して特定の立場を明らかにしていないとか、タバコ会社にも反タバコ団体にも関係をもってこなかった点などを考慮しながら人選を行った。しかし、全委員の氏名公表に先だって執行役員ということで明らかにされたハーマン・クレイビル(Herman Kraybill)が、記者たちの前でうかつにも「タバコは健康にとって有害である」という持論を述べてしまったのである。そのため、委員会は結局クレイビルが外されて一〇人で組織されるようになったが、テリーは委員たちに記者からの質問にはノーコメントを貫くよう強く求めた(46)。

委員会を構成する一〇人のなかには、元イエール大学医学部長のスタンホウプ・ベインジョーンズ(Stanhope Bayne-Jones)、ユタ大学医学部外科部長のウォルター・バーディット(Walter Burdette)、ピッツバーグ大学病理学科長のエマニュエル・ファーバー(Emmanuel Farber)など医療専門家が八名、それにハーヴァード大学で統計学を専攻するウィリアム・コクラン（William Cochran）と、やはりハーヴァード大学で化学を専攻するルイス・フェイザー（Louis Feiser）が含まれていた[47]。ちなみに、一〇人のうち三人は紙巻きタバコの、そして二人は葉巻とパイプ・タバコの愛煙家であったが、報告書をまとめる過程で、フェイザーをのぞく四人は自らの意思で禁煙するようになった。

諮問委員会は、一九六二年一一月九日の会合を皮切りに、翌年の年末までに合計で一〇回の会合を重ねた。会合は原則非公開で、一回は通常二日から四日を費やして行われ、その間六〇〇〇以上の学術論文が精査の対象になったが、実際にはそのうち九一六編に言及がなされた。精査はテーマごとに設けられた小委員会で行われ、それには一〇人の委員を補佐するために一五〇人以上の専門家と、いくつかの任意団体や政府機関が協力したのであるが、それらのなかにはタバコ業界の関連組織も含まれていた[48]。

一九六四年報告書

諮問委員会によって三八七ページにまとめられた報告書は、タバコ会社の株価への影響に配慮して、株式市場が休みだった一九六四年一月一一日の土曜日に、テリーと一〇人の委員全員が出席し、一二〇人を超える記者がつめかけるなか発表された。当時とすれば珍しい「禁煙」と掲示された会見場にテレビカメラが入って報道されたため、報告書の内容は多くの国民、とりわけ喫煙者の関心を引くことになった。

報告書は一五章に分けられており、そのうち最初の四章が「導入、要約、そして結論」という第一部を、そして残りの一一章が「喫煙と健康の関係についての論拠」という第二部を、それぞれ構成している。全体の九〇％近くをしめる第二部は、例えばタールを塗った動物実験、嗜癖性薬物および毒物としてのニコチン、そのほかタバコに含まれるさまざまな発ガン性物質、喫煙の心理的および社会的側面、喫煙者と非喫煙者の疾病発症率や死亡率の違いを分析するための詳細な統計資料、肺を含めたさまざまなガン、循環器系疾患、呼吸器系疾患などを扱った多数の先行研究に言及しながら、第一部で論述された「結論」の正当性を導きだそうとするものだった[49]。

第一部で述べられた「結論」とは、確かに精神を安定させるというタバコの効用も一部で述べられているが、そのほとんどはやはり喫煙が健康被害をもたらすという点を強調するものだった。しかし、ここで注意すべきは、結論として論じられている項目のなかで、断定的な表現とそうではない曖昧なものが混在していることであった。その後に起こった科学や医学の進展にともないやがて断定的になる項目も多かったが、その混在は当時のこの問題に関する知識の限界を示すものでもあった。それでも報告書には、いくつかの断定的に述べられた言説が含まれており、それらがアメリカだけではなく世界中の喫煙者にとって重要な意味をもっていたのである。最後に、特に重要な二点を以下にあげてみたい。

一　紙巻きタバコ喫煙は、男性による肺ガン発症の原因として、ほかの原因とは比較にならないほど重要である。女性に関するデータは限られているが、同様の結論を示している。肺ガン発症の可能性は喫煙期間や喫煙量に比例して増すが、喫煙をやめると危険性は低下する。非喫煙者と比較して、「平均的な」喫煙者の肺ガン発症の危険性は九倍から一〇倍、そして「過度の」喫煙者のそれは少なくとも二〇倍にたっする[50]。

二　紙巻きタバコ喫煙は、アメリカにおいて慢性気管支炎発症に関して最大の原因であり、この疾病による死亡の比率を高めている。また、喫煙と肺気腫のあいだには因果関係が存在しており、……喫煙によって、肺気腫で死亡する可能性を高めている。……また、紙巻きタバコの喫煙者にとって、心臓疾患での死亡率は非喫煙者よりもかなり高くなっている[51]。

報告書にまとめられたこのような警告は、言うまでもなくすでに医学雑誌などに発表されていたものであるが、喫煙者のあいだで大きな衝撃となって広がった[52]。それは、『ニューヨーク・ヘラルド・トリビューン』が報告書を社説で取りあげるにあたり用いた、"Now it is official." という書きだしにも表れているように、喫煙の危険性が政府による公式見解として初めて述べられたためだった[53]。また、そのような衝撃の背景には、この頃までに医学を含めた諸科学に対する国民の信頼が格段に高まっていたことも忘れてはならない。これらの点が、それまでタバコ使用に反対する個人や組織が警鐘を鳴らしてきたものの、影響力をそれほどもちえなかったタバコ不健康説を、多くの人たちが無視しえなくなったと感じた理由だったのである。

おわりに

これまで考察してきたように、アメリカでは一八世紀末以来さまざまな人たちが、タバコと不健康を結びつけた警告を行ってきた。しかし、初期のものは明確な根拠が示されないまま、個人の印象や経験をもとに語られる場合が多く、ときには道徳的で情緒的な傾向になることさえあった。タバコ会社の巧みな広告、タバコ使用者がもつ嗜癖性、植民地建設以来タバコがしめてきた特別な地位、またそれに対する政府による配慮などもあり、そのような警告が影響力をもつにはいたらなかったのである。

ところが、二〇世紀の第二四半期になると、タバコと不健康を結びつける言説は学問の進歩にともないより科学的に語られはじめ、徐々に説得力をもつようになった。その後一九五〇年代になると、喫煙は健康被害の直接的な原因であると結論づけた研究が急速に進み、肺ガンという死亡率の高い病気が注目されるなか、アメリカやイギリスだけではなくそのほかの先進国でも、公衆衛生の立場からようやく喫煙に対する政治による関与が始まったのである。

一九六四年の医務長官諮問委員会報告書の意義は、アメリカ政府の公式見解としてタバコによる健康被害を認めたことにあった。これの意味するものは、それまでのタバコ産業寄りの姿勢を修正して、政府はタバコの販売や使用に関して一定の介入を行うつもりであるという意思の表示だった。事実、この報告書のなかで「アメリカでは、紙巻きタバコの喫煙が重大な健康被害をもたらすものと考えられており、改善のための適切な政策は当然とられるべきである」と提言されている[54]。これは、喫煙が人間の意志の力がおよびにくい嗜癖性をともなうということで、個人の健康問題としてだけではなく、公衆衛生の観点から議論された結果であった。

そして、その政策はすぐに紙巻きタバコのパッケージに注意を促す表示を義務づける「連邦紙巻きタバコ表示広告法」(the Federal Cigarette Labeling and Advertising Act) の成立という形で現れるのであるが、これについては第五章で詳しく論じる。そのような表示が、ただちに紙巻きタバコの喫煙量を減少させるようにならなかったとはいえ、店頭に並べられたタバコ製品へ直接注意表示を印刷する試みは、かつて誰にも想像されることはなかった。それは、明確な根拠も示されないまま語られてきた二〇世紀初頭までの不健康に関するタバコ言説のいくつかが、科学の進歩によって支えられ、時代を越えて説得力をもつようになった結果であった。

二一世紀になった現在、タバコに関するより新しい科学的に証明された知識も蓄積され、それらを根拠にさまざまな規制が強化されてきている。しかし、このことは一七世紀初頭のイングランドで「肺に危険をおよぼす」と警告したジェームズ一世や、一九世紀にアメリカで「肺に病気をもたらす可能性」を指摘したグリーン医師などが、反タバコ言説を提唱したことからそもそも始まった点を忘れてはならない。

註

(1) 世界保健機関は一九九九年度報告書のなかで、「一九五〇年頃から世界で公表されてきた七万編を超える科学的論文は、長期の喫煙習慣が人びとの寿命を縮めたり健康を損ねる大きな原因になっている状況に疑問の余地のないことを証明してきた。また、先進国において、一九五〇年から二〇〇〇年までのあいだに、約六二〇〇万人が喫煙によって命を落とすであろう」と警告している。World Health Organization, *The Wolrd Health Report 1999* (WHO, 1999), 66.

(2) Joseph C. Robert, *The Story of Tobacco in America* (New York: Alfred A. Knopf, 1952), 6.

(3) Gerard S. Petrone, *Tobacco Advertising: The Great Seduction with Values* (Atglen, Penn.: Schiffer Publishing Ltd., 1996), 237.

(4) ほかにも、淋病の治療薬や下剤としても使用されており、葉タバコを「万能薬」と考える者も少なくなかった。G. G. Stewart, "A History of the Medicinal Use of Tobacco 1492–1860," *Medical History* 11 (1967), 264ff; Jordan Raphael, "The Calabasas Smoking Ban: A Local Ordinance Points the Way for the Future of Environmental Tobacco Smoke Regulation," *Southern California Law Review* 80・393 (2007), 395–96.

(5) Elizabeth M. Whelan, *A Smoking Gun: How the Tobacco Industry Get away with Murder* (Philadelphia: George F. Stickley Co., 1984), 37.

(6) Richard Kluger, *Ashes to Ashes: America's Hundred Year Cigarette War, the Public Health, and the Unabashed Triumph of Philip Morris* (New York: Vintage Books, 1996), 16; Petrone, 14.

(7) Peter D. Jacobson, Jeffrey Wasserman, and John R. Anderson, "Historical Overview of Tobacco Legislation and Regulation," in *Smoking: Who Has the Right?* eds. Jeffrey A. Schaler and Magda E. Schaler (New York: Prometheus Books, 1998), 43; Robert, 111; A. Lee Fritschler, *Smoking and Politics: Policymaking and the Federal Bureaucracy* (Englewood Cliffs, N. J.: Prentice-Hall, Inc., 1983), 11.

(8) Petrone, 15; Mark E. Lender, "A New Prohibition ? An Essay on Drinking and Smoking in America," in *Smoking: Who Has the Right?* eds. Jeffrey A. Schaler and Magda E. Schaler (New York: Prometheus Books, 1998), 91.

(9) Ellen G. White, *Temperance: As Set Forth in the Writings of Ellen G. White* (Mountain View, Cal.: Pacific Press Publishing Association, 1949), 56.

(10) George Trask, "Circular," *Anti-Tobacco Tract* (Fitchburg, Mass.: 1866).

(11) Raymond R. Fragnoli, *The Transformation of Reform: Progressivism in Detroit—And after, 1912-1933* (New York: Garland Publishing, Inc., 1982), 22.

(12) Henry Ford, *The Case against the Little White Slaver* (Detroit: Henry Ford, 1916), 3.

(13) Whelan, 45.

(14) Robert, 108.

(15) Allan M. Brandt, "Engineering Consumer Confidence in the Twentieth Century," in *Smoke: A Global History of Smoking*, eds. Sander L. Gilman and Zhou Xun (London: Reakton Books, 2004), 332; Jordan Goodman, ed., *Tobacco in History and Culture: An Encyclopedia* (Farmington Hills, Michigan: Charles Scribner's Sons, 2005), 214-25.

(16) G. Decaisne, "The Effects of Tobacco Smoking in Children," *Journal of the American Medical Association* 1 (1883), 24-25; Cassandra Tate, *Cigarette Wars: The Triumph of 'The Little White Slaver'* (New York: Oxford University Press, 1999), 154. ちなみに、『アメリカ医学会誌』は一九五三年までタバコ広告を掲載していた。David L. Hudson, Jr., *Smoking Bans* (Philadelphia: Chelsea House Publishers, 2004), 17.

(17) Jack J. Gottsegen, *Tobacco: A Study of Its Consumption in the United States* (New York, 1940), tables on 34, 36, 39, 43.

(18) *New York Times*, July 24, 1885 & May 28, 1916.

(19) M.B. Rosenblatt, "Lung Cancer in the 19th Century," *Bulletin of the History of Medicine* 38 (1964), 395-425; Whelan, 66-67.

(20) Jordan Goodman, *Tobacco in History: The Cultures of Dependence* (London: Routledge, 1993), 122.

(21) Peter Taylor, *Smoke Ring: The Politics of Tobacco* (London: Bodley Head, Ltd., 1984), 2.

(22) Whelan, 55. この時点では明確に区別できなかったが、後に非喫煙者で肺ガン死した患者が病理解剖されたときに、喫煙者の肺の損傷がいかに激しいものだったかがわかるのである。そのような比較もまた、喫煙が肺ガン発症の大きな要因であるという主張の根拠として言及された。

(23) 喫煙する銘柄や本数、吸いかた、そしてもともとの健康状態に関しては個人差があるので、喫煙を開始して発症するまでの潜伏増殖期間を明確に示すことはできないが、通常二〇年から三〇年、ときにはそれ以上の年月がかかると言われている。

(24) 南北戦争直前にヨーロッパから伝えられ、戦後すぐにニューヨーク市のフランシス・キニー（Francis Kinney）によって本格的に製造が開始された紙巻きタバコは当初不人気で、本文中で述べたように、一八八〇年に紙巻きタバコへ加工された葉タバコは、わずか一％であった。しかし、第一章と第二章で考察したように、ジェームズ・ボンサック（James Bonsack）が開発した紙巻き機の使用権を獲得した「W・デューク・アンド・サンズ・タバコ会社」は、大量生産による低価格化を実現させた。また第一次世界大戦期間中に兵士となってヨーロッパ戦線で戦った若い男性が慰問品として大量に贈られた紙巻きタバコを吸いはじめ、アメリカへ帰還したあともこのタバコを手放そうとはしなかった。その結果、一九一五年には八・七％だった紙巻きタバコへの葉タバコ加工率は、一九三〇年には四四・六％へ跳ねあがったのである。Robert K. Heimann, *Tobacco and Americans* (New York: McGraw-Hil Book Co., 1960), 212 & 244-45; Agnes D. Hays, *Heritage of Dedication: One Hundred Years of the National Woman's Christian Temperance Union 1874-1974* (Evanston, Illinois: Signal Press, 1973), 134.

(25) Heimann, 252.

(26) Whelan, 67; Tate, 139.

(27) H. L. Lombard and C. R. Doering, "Cancer Studies in Massachusetts: Habits, Characteristics and Environment of Individuals with and without Cancer," *New England Journal of Medicine* 198(1928), 481-87.

(28) Goodman, 125.

(29) Whelan, 70.

(30) Robert L. Levy et al., "Effects of Smoking Cigarettes on the Heart," *Journal of the American Medical Association* 135 (1947), 421.

(31) D. H. Beese, ed., *Tobacco Consumption in Various Countries* (London: Tobacco Research Council, 1968), 62-63.

(32) U. S. Department of Health, Education and Welfare, *Smoking and Health: Report of the Advisory Committee to the Surgeon General of the Public Health Service* (Washington D. C.: U. S. Government Printing Office, 1964), 25.

(33) William R. Finger, *The Tobacco Industry in Transition* (Lexington, Mass.: D. C. Heath and Co., 1981), 236.

(34) Ernest L. Wynder and Evarts A. Graham, "Tobacco Smoking as a Possible Etiologic Factor in Bronchiogenic

Carcinoma: A Study of Six Hundred and Eighty-Four Proved Cases," *Journal of the American Medical Association* 143 (1950), 330.

(35) Ibid., 336.

(36) E. Cuyler Hammond and Daniel Horn, "The Relationship between Human Smoking Habits and Death Rates: A Follow-up Study of 187,766 Men," *Journal of the American Medical Association* 155 (1954), 1316–17.

(37) Ibid., 1328.

(38) Ibid., 1318 & 1323.

(39) Larry C. White, *Merchants of Death: The American Tobacco Industry* (New York: Beech Tree Books), 28 & 39f; Heimann, 253; Hudson, Jr., 17.

(40) Taylor, 4.

(41) Whelan, 88.

(42) Allan M. Brandt, *The Cigarette Century: The Rise, Fall, and Deadly Persistence of the Product That Defined America* (New York: Basic Books, 2007), 212–14; Whelan, 86.

(43) Paul R. Johnson, *The Economics of the Tobocco Industry* (New York: Praeger Publishers, 1984), 60; Finger, 236.

(44) *New York Times*, May 24, 1962.

(45) 公衆衛生局医務長官職の起源は、建国後間もない一八世紀末まで遡ることができる。医務長官の英語表記 "Surgeon General" が示唆するように、これは一七九八年に設立された海兵隊の付属病院において保健医療を統括するためにおかれた軍医が就く役職だった。ちなみに、このときに始まった「海兵隊病院制度」は、現在厚生省に属す公衆衛生局の前身であった。その後一八七〇年に海兵隊病院は国立病院として再編されたが、その責任者として医師の資格をもつ者が医務長官——当初は "Supervising Surgeon" と呼ばれた——を務めるようになった。テリーは、初代ジョン・ウッドワース（John Woodworth）から数えて九人目の長官であった。Michael Stobbe, "The Surgeon General and the Bully Pulpit" (Ph. D. diss., University of North Carolina, 2008), 2–4.

(46) Taylor, 9–10; Fritschler, 43.

(47) U. S. Department of Health, Education and Welfare, *Smoking and Health*, iii.

(48) Ibid, ix-xvii & 14.

(49) Ibid., 43-387.

(50) Ibid., 31.

(51) Ibid., 38-39.

(52) 一九六三年に五一〇〇億本だった紙巻きタバコの消費量は、一九六四年に四九五〇億本へ減少した。これに対し、タバコ会社は一九五三年の「危機」と同様に、フィルターつきタバコや低タール・低ニコチンのタバコを増産したり、健康をイメージさせる巧みな広告を使って乗りきろうとした。そして何よりも、喫煙者がやめたくてもやめられない嗜癖性によって、この減少傾向はわずか二ヶ月間という非常に短い期間で終わった。実際、報告書発表の三ヶ月後には消費量は再び上昇に転じ、一九六五年には五一八〇億本になったのである。Taylor, 10f.

(53) *New York Times*, January 12, 1964.

(54) U.S. Department of Health, Education and Welfare, *Smoking and Health*, 33.

第五章　「連邦紙巻きタバコ表示広告法」の成立をめぐる攻防

はじめに

一八九三年のワシントン州を皮切りに、アメリカでは紙巻きタバコの販売などを禁止する州法の成立と廃止が、一九二七年まで一四州と一准州において繰りかえされた。この「反紙巻きタバコ運動」が始まったころ、そもそもこの形態のタバコへは、全葉タバコのうち一％程度が加工されていたにすぎなかった。それにもかかわらず、紙巻きタバコのみが槍玉にあげられたのは、この形態のタバコが年少者、女性、移民労働者などのあいだで流行したことが原因としてあった。つまり、社会を支配した主流派に属す成人男性が、さまざまな理由でそのような非主流派の紙巻きタバコ使用を規制しようとしたのであるが、本書ではこれらの点について第一章ですでに考察している。

二〇世紀の中頃に始まる「現代タバコ戦争」において、それとは異なる理由でタバコ使用は規制されるようになった。言うまでもなくそれは、第二次世界大戦期から一九五〇年代にかけて数多く発表された、喫煙と疾病の因果関係を専門的に論じる研究の成果だった。それらが、学会誌や医学専門誌だけではなく一般の雑誌や新聞によってたびたび取りあげられるようになった結果、右肩あがりで増えつづけてきた紙巻きタバコの国内消費量が、一九五〇年代になって初めて減少に転じたのである。

危機感を覚えた大手タバコ会社は長年のライバル関係を見直し、初めて業界全体で協力してこの状況に対処しようとした。その矢先、それまで沈黙してきた連邦政府が喫煙と肺ガンを含む疾病との因果関係を初めて公式に認める、一九六四年の「公衆衛生局医務長官諮問委員会報告書」（以下、一九六四年報告書）を公表したのである。そして、この一九六四年報告書がきっかけとなり、翌年の七月二七日に「連邦紙巻きタバコ表示広告法」（the Federal Cigarette Labeling and Advertising Act＝以下、表示広告法）が成立することになった。

表示広告法で画期的だったのは、紙巻きタバコのパッケージに健康被害に注意を促す文言を印字することが義務づけられた点だった。これは、紫煙に関する医学的および化学的知見が蓄積されるなかで、タバコ使用に警鐘を鳴らす個人や団体、さらには一部の政府機関によって求められてきたものだったが、なかなか実現にいたってはいなかった。

本章の目的は、表示広告法の成立過程を、規制を推進した側だけではなくそれに反対した側、つまりタバコ業界の戦略にも焦点をあてながら、現代タバコ戦争の最初の争点として考察することである。そして表示広告法が、両者にとっていかなる意味をもっていたのか、さらにはこの法律によってどのような結果がもたらされたのかについても論じてみたい。

一　プラザホテル会合への経緯

タバコ業界による健康のイメージづくり

そもそも紙巻きタバコの喫煙は不健康の原因になるという注意喚起が、アメリカでは長年一部の人たちによって行われてきた。しかし、二〇世紀の中頃までは説得力のある論証に乏しく、タバコ会社は反対に「健康的である」というイメージを植えつける広告を行っており、実際に紙巻きタバコの消費量は、人気が出はじめた第一次世界大戦期以降常に増加しつづけたのである。

第二章で触れたように、早くも一九二〇年代に「アメリカン・タバコ会社」は「ラッキーストライク」が健康的なタバコであるとして、オペラ歌手のアーネスティン・シューマン＝ハインク（Ernestine Schumann-Heink）や女優のフローレンス・リード（Florence Reed）など、人気があった女性を登場させて「証言広告」を行わせた。彼女たちは、あたかも自らが体験したかのように、ラッキーストライクは「喉に対して鎮静効果がある」とか「喉をひりさせることは決してない」というように宣伝した(1)。

タバコ会社にとって、不健康説を打ちけすうえで、歌手や俳優以上に効果的と考えられたのが医者だった。二〇世紀の第二四半期には、多くの医者はいまだ喫煙を害のない生活習慣であり、それどころか「重圧のかかる現代社会を生きる者にとって、それには精神を落ちつかせる鎮静効果がある」と肯定的に捉えていたのである(2)。この時代、喫煙とさまざまな疾病との因果関係を疑い、調査や研究に協力する医者も確かに増えていたが、彼らは医学の世界では少数派であった。

一九四〇年代、妊婦による喫煙には反対するようになったが、それでも「適量の喫煙であれば問題はない」という考えかたが医者のあいだで大勢をしめており、一九五〇年の時点で彼らの五三％は喫煙していた(3)。当時、アメリカ医学会の年次大会では無料でタバコが配られており、医者たちが列を作ってお気にいりの銘柄を受けとっていたことが、タバコ会社によるプロパガンダとして使われる場合もあった。また一九四〇年代前半の年次大会では、「フィリップ・モリス・タバコ会社」を含む個々の会社は、参加者たちが「休息したり、読書したり、喫煙したり、少しお喋りするため」の場所として、「ドクターズ・ラウンジ」を会場内に開設して便宜を図るなど、タバコ業界

図 18 「ドクターズ・ラウンジ」開設のお知らせ

フィリップ・モリス社によるこの「宣伝」は『アメリカ医学会誌』（*JAMA*＝5/6/1944）に掲載された。

出所：http://tobacco.stanford.edu/tobacco_main/images_body.php?token1=img12239.php

は医学界と良好な関係を維持しようとしたのである[4]（図18）。

このような状況であったため、一九三〇年代から五〇年頃にかけて数多くのタバコ広告に医者――実態は役者が演じる「偽医者」――が登場しており、例えば「R・J・レイノルズ・タバコ会社」の広告では、「より多くの医者たちはほかの銘柄よりもキャメルを選択している」と語られた。同様に、アメリカン・タバコ社も「二万六七九人の医者たちは、［ほかの銘柄よりも］ラッキーストライクは刺激が少ないと言っている」と宣伝した。一九四〇年代には、多くの医学専門誌や学会誌にも白衣を着て反射鏡を前額部に装着した喉頭の専門医や聴診器を首にかけた内科医とおぼしき人物が広告に登場しており、紙巻きタバコを指のあいだに挟み、例えば「キャメルを吸って喉を痛めた経験は一度たりともない」と語るものが掲載された（図19）。ちなみに、医学の世界で最も権威のあった『アメリカ医学会誌』には、一九五三年まで「タバコは健康的である」ことを仄めかす広告が載せられており、すべての医学専門誌からタバコ広告がなくなるのは、一九六〇年代になってからだった[5]。これは、当時の医療関係者が、喫煙と健康被害について統一した見解をもてていなかったことや、業界から広告料収入をえたり研究費の助成を受けており、そのような状況を医学界も無視できなかった事情があったものと考えられる。

一般のメディアによる警鐘

それでも、第四章で述べたように第二次世界大戦期から一九五〇年代前半にかけて、国の内外で喫煙が原因で起こるとされるさまざまな疾病に関する研究の成果が、あいついで医学専門誌に発表されるようになった。他方、一般の雑誌や新聞にはタバコ広告が溢れており、専門誌と比較して広告料収入により大きくを依存するそのような活字メディアにとって、喫煙の危険性は、やはり取りあげにくいトピックであった[6]。しかし一九五〇年代の中頃には、一般の雑誌や新聞だけではなくテレビやラジオを含めたすべてのメディアにとって、喫煙の問題をもはや避けて通

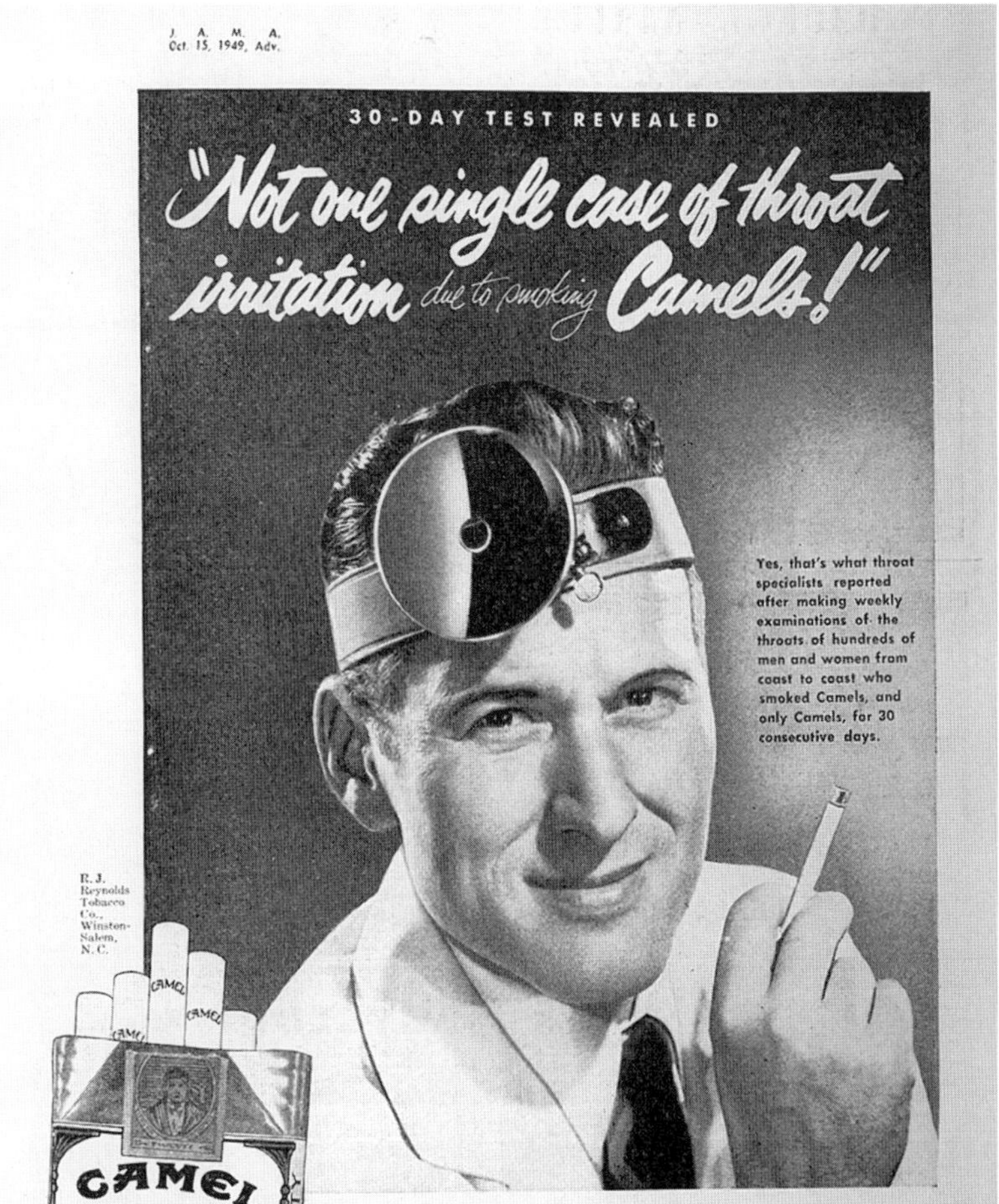

図 19　咽喉科医らしき人物による「証言広告」

レイノルズ社によるこの広告は『アメリカ医学会誌』（*JAMA*＝10/15/1949）にも掲載された。

出所：http://tobacco.stanford.edu/tobacco_main/images_body.php?token1=img5203.php

れないほど多くの研究成果が公表されていたのである。

一九四〇年代から例外的に警鐘を鳴らしつづけてきた『リーダーズ・ダイジェスト』は、一九五二年一二月にジャーナリストのロイ・ノー（Roy Norr）によって書かれた「タバコによるガン《キャンサー・バイ・ザ・カートン》」という記事を掲載して、わずかなページ数であったにもかかわらず読者にむけて「説得力のあるメッセージ」を発信した。当時、最も発行部数が多かったこの雑誌において、ノーが記事を書くうえで主に引用したのは、第四章で言及したアーニスト・ウィンダー（Ernest Wynder）とエヴァーツ・グレイアム（Evarts Graham）によって『アメリカ医学会誌』（一九五〇年五月）に発表された「肺ガン発症の潜在的要因としてのタバコ喫煙」という論文であった。彼らは全国の病院を調査して、肺ガンで入院していた患者の九六・五％が、紙巻きタバコを一日一〇本以上吸っていたことなどをつきとめ、喫煙に警鐘を鳴らしていたのである。(7)

幅広い読者をもつ『タイム』もまた、一九五三年一一月に「明白な事実《ビヨンド・エニー・ダウト》」という見だしの記事を載せた。そのなかで、喫煙がガン発症の原因であるというのは「もはやたんなる可能性ではなく、疑う余地のない事実として証明された」と断言されている。(8) これらの記事に触発されて、『ニューズウィーク』、『コンシューマー・レポート』、『ネイション』、『ニューヨーク・タイムズ』など一般の雑誌や新聞も、喫煙の問題を記事として扱うようになったが、同時にタバコ会社の反論も掲載されており、全体として「過度の喫煙」は健康にとってあまり良くないという曖昧な内容になっていた。

しかし、それでも一般の国民、とりわけ当時成人男性の半分以上をしめた紙巻きタバコ喫煙者の多くは、あいついで流される情報に恐怖を感じるようになっていた。その結果、紙巻きタバコの国内消費量は一九五二年に四三五〇億本だったものが、翌五三年には四二三〇億本へと初めて減少に転じた。(9) このような一九五〇年代前半の出来事は、タバコ会社にとってまさに危機であった、と言うよりも現在もつづいている危機のはじまりだった。このとき、それまでは喫煙者を奪いあうライバル関係にあったタバコ会社は、業界全体の将来に大きな不安をいだいたため、少なくとも表面上は協力してその危機に対処する姿勢を見せるようになったのである。(10)

プラザホテルでの秘密会合

一九五三年一二月の中旬、「リゲット・アンド・マイヤーズ・タバコ会社」をのぞく大手タバコ会社の社長や重役たちは、ニューヨーク市のプラザホテルに秘密裡に集まった。この会合の開催にあたっては、アメリカン・タバコ社のポール・ハーン（Paul Hahn）社長が中心的な役割を果たしたのだが、彼は「紙巻きタバコに関する否定的な研究や記事への対応」について話しあうために、会合を呼びかけたのである。ハーンは、それよりも少し前の一一月二六日に報道機関に対して声明を発表しており、そのなかで、多くの研究がなされてきたが、「［動物実験のマウスではなく］人体に発症する肺ガンが紙巻きタバコの喫煙に起因するなどということは、いまだ証明されていない」と持論を述べた。しかし、「国民には事実を知る権利がある」ので、「この問題（喫煙とガンの関係）に対して偏見や先入観をいだいていない研究者が、真実を突きとめるために行うさらなる研究が必要で、それに協力するのはわれわれの方針と一致する」とも彼は語っていた。(11)

ハーンによる声明の骨子、つまり「いまだ証明されていない」と「さらなる研究が必要である」という主張には一定の説得力があったため、これらのフレーズはタバコ業界を守ろうとする人たちによって、その後も繰りかえし述べられるのであった。プラザホテルでの会合では、「国民が抱く健康に対する不安を最小限に抑えこむ」ために業界として何をなすべきかが、少なくとも表むきには中心的な議題であった。タバコは「安全で健康的である」と宣言したり、「［タバコには］有害物質はいっさい含まれていないが、万が一、何か悪いものがあるのであれば、それを取りのぞけばよい」と説明するだけでは不十分で、人びとを説得するためには、ハーンの主張を裏づける専門家による研究成果が必要だった。(12)このような状況や先ほど触れたハーンの声明をふまえて、タバコ会社の経営者たちは広報活動をいっそう活発化させることと、そのために必要な喫煙が人体に与えるかも知れない影響に関する研究を進めることで合意したのである。(13)

二　「タバコ産業調査研究委員会」の設立とその活動

紙巻きタバコ喫煙者への率直な訴え

プラザホテルでの合意の背後には、広報の専門家ジョン・ヒル（John Hill）が率いる国内最大級の広告代理店「ヒル・アンド・ノウルトン社」（以下、H&K社）が存在していた。H&K社は、この会合の開催を含めてタバコ産業全体の広報活動を企画する役割を担うようになっていた。会合が開かれた翌日に、H&K社とタバコ業界の指導者たちは短期的な対策について相談したが、実はそのような話しあいは、彼らのあいだでかなり以前から繰りかえし行われていたのである。自らの健康を気遣って何年も前に喫煙をやめていたヒルだったが、それとタバコ業界を守ることは矛盾するものではなかった。

大手タバコ会社と個別に契約を結んだH&K社の幹部は、プラザホテルでの会合から年末にかけての約二週間、国民が感じていた健康に対する不安を最小限に抑えこむためにどのような広報活動を行うべきかについて、クリスマス休暇を返上して業界関係者と議論を重ねた。その結果として決まったのが、年明け早々の一月四日に全国各地の新聞に、「紙巻きタバコ喫煙者への率直な訴え《フランク・ステイトメント》」（以下、「率直な訴え」）という意見広告を掲載することと、そのなかでも言及されている研究推進のための機関「タバコ産業調査研究委員会」（the Tobacco Industry Research Committee＝TIRC）の設立であった。そして年が明けて一九五四年、実際に「率直な訴え」はタバコ会社九社を

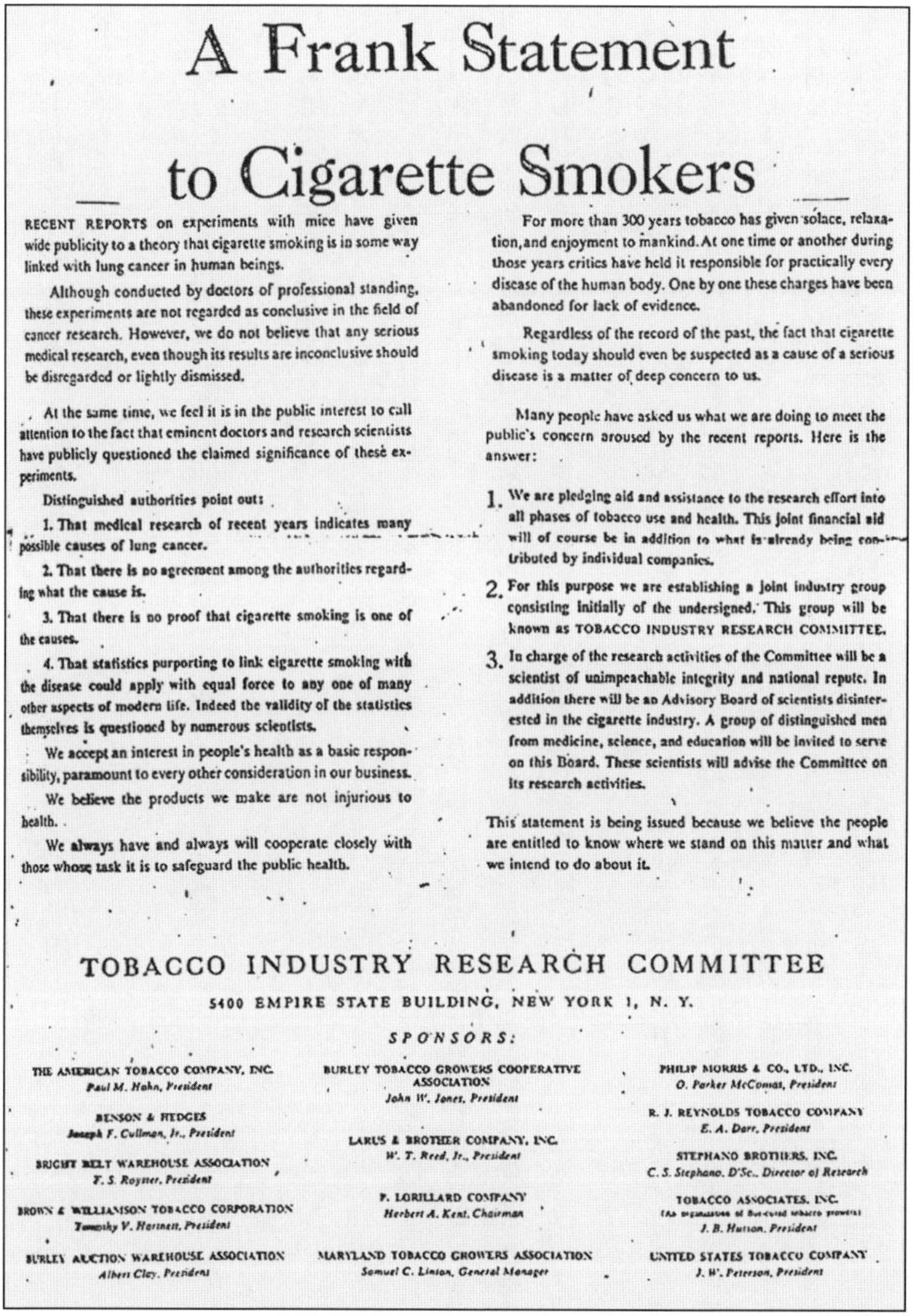

A Frank Statement to Cigarette Smokers

RECENT REPORTS on experiments with mice have given wide publicity to a theory that cigarette smoking is in some way linked with lung cancer in human beings.

Although conducted by doctors of professional standing, these experiments are not regarded as conclusive in the field of cancer research. However, we do not believe that any serious medical research, even though its results are inconclusive should be disregarded or lightly dismissed.

At the same time, we feel it is in the public interest to call attention to the fact that eminent doctors and research scientists have publicly questioned the claimed significance of these experiments.

Distinguished authorities point out:

1. That medical research of recent years indicates many possible causes of lung cancer.

2. That there is no agreement among the authorities regarding what the cause is.

3. That there is no proof that cigarette smoking is one of the causes.

4. That statistics purporting to link cigarette smoking with the disease could apply with equal force to any one of many other aspects of modern life. Indeed the validity of the statistics themselves is questioned by numerous scientists.

We accept an interest in people's health as a basic responsibility, paramount to every other consideration in our business.

We believe the products we make are not injurious to health.

We always have and always will cooperate closely with those whose task it is to safeguard the public health.

For more than 300 years tobacco has given solace, relaxation, and enjoyment to mankind. At one time or another during those years critics have held it responsible for practically every disease of the human body. One by one these charges have been abandoned for lack of evidence.

Regardless of the record of the past, the fact that cigarette smoking today should even be suspected as a cause of a serious disease is a matter of deep concern to us.

Many people have asked us what we are doing to meet the public's concern aroused by the recent reports. Here is the answer:

1. We are pledging aid and assistance to the research effort into all phases of tobacco use and health. This joint financial aid will of course be in addition to what is already being contributed by individual companies.

2. For this purpose we are establishing a joint industry group consisting initially of the undersigned. This group will be known as TOBACCO INDUSTRY RESEARCH COMMITTEE.

3. In charge of the research activities of the Committee will be a scientist of unimpeachable integrity and national repute. In addition there will be an Advisory Board of scientists disinterested in the cigarette industry. A group of distinguished men from medicine, science, and education will be invited to serve on this Board. These scientists will advise the Committee on its research activities.

This statement is being issued because we believe the people are entitled to know where we stand on this matter and what we intend to do about it.

TOBACCO INDUSTRY RESEARCH COMMITTEE

5400 EMPIRE STATE BUILDING, NEW YORK 1, N. Y.

SPONSORS:

THE AMERICAN TOBACCO COMPANY, INC.
Paul M. Hahn, President

BENSON & HEDGES
Joseph F. Cullman, Jr., President

BRIGHT BELT WAREHOUSE ASSOCIATION
F. S. Royster, President

BROWN & WILLIAMSON TOBACCO CORPORATION
Timothy V. Hartnett, President

BURLEY AUCTION WAREHOUSE ASSOCIATION
Albert Clay, President

BURLEY TOBACCO GROWERS COOPERATIVE ASSOCIATION
John W. Jones, President

LARUS & BROTHER COMPANY, INC.
W. T. Reed, Jr., President

P. LORILLARD COMPANY
Herbert A. Kent, Chairman

MARYLAND TOBACCO GROWERS ASSOCIATION
Samuel C. Linton, General Manager

PHILIP MORRIS & CO., LTD., INC.
O. Parker McComas, President

R. J. REYNOLDS TOBACCO COMPANY
E. A. Darr, President

STEPHANO BROTHERS, INC.
C. S. Stephano, D'Sc., Director of Research

TOBACCO ASSOCIATES, INC.
J. B. Hutson, President

UNITED STATES TOBACCO COMPANY
J. W. Peterson, President

図20　紙巻きタバコ喫煙者への率直な訴え

全国448紙に掲載された「意見広告」。

出所：http://tobacco.stanford.edu/tobacco_main/images_body.php?token1=img14658.php

含めて葉タバコ生産者や倉庫業者など一四の企業や団体が出資して設立したＴＩＲＣによって、全国二五八都市にあった四四八の新聞社が発行する紙上に掲載されたのである(14)（図20）。

「率直な訴え」では、まず最初にウィンダーたちが行った動物実験に触れながら、喫煙を肺ガンなどいくつかの疾病の原因と結論づけた研究に対する反論がなされている。その論旨をまとめると、①最近の医学研究と調査によって、肺ガンについてさまざまな原因の可能性が明らかにされてきている。しかし、②専門家のあいだでは、何が本当の原因なのかについての一致した見解はない。そして③紙巻きタバコ喫煙を肺ガンと結びつけようとする研究以外に、現代人が日常生活のなかで経験するさまざまな要因についても、同様に研究対象とするのは可能であるし、またそうすべきである。実際、これまでになされてきた喫煙にのみ原因を求める統計学的研究の有効性については多くの専門家が疑問をもっている、というものであった(15)。

ここから読みとれるのは、まず第一に喫煙と肺ガン発症との因果関係は「議論の余地がある《コントラヴァーシャル》」という主張であり、第二には当時喫煙と疾病を結びつける研究の多くが、ガン発症のメカニズムを解明する病理学的なものよりも、ガン患者の喫煙歴や喫煙量などと発症率との関係から統計学的に結論を導きだそうとすることへの反発であった。この反発は、少なくとも一九四〇年代末までの医学の分野では、「統計的および数量的研究方法は馴染みの薄いもの」だったので、それは「たんなる数字合わせにすぎない」と考える研究者の意見を代弁したものでもあった(16)。そして、第三に読みとれるのは、例えば大気汚染やアスベストや遺伝、さらには喫煙以外の生活習慣など、ガン発症に影響をおよぼすかもしれないほかの要因も考慮すべきであるという主張だった。

ＴＩＲＣ

次に「率直な訴え」では、それでもタバコ業界が喫煙者の健康について考えることは「最大の責務」であると述べられており、具体的にはＴＩＲＣの設立が提案されている。それはまた、「タバコ使用と健康についてのさまざまな問題に関する研究活動への助言と資金援助」を、タバコ業界全体で行うことを確約するものであった。さらに、ＴＩＲＣの活動は「まったく疑う余地のない誠実さと国民的信望をもつ科学者」に託されるべきで、そのためには「医学、科学、教育学の分野から、タバコ産業に利害をもたない著名な研究者」で構成される「科学諮問委員会」(the Scientific Advisory Board) をＴＩＲＣのなかに設置して、多様な研究に対して専門的な助言を行えるようにすることが重要であると、「率直な訴え」のなかで表明された。(17)

当初二名が欠員となり七名で構成された科学諮問委員会の初代委員長にはクラレンス・リトル (Clarence Little) が就任する予定になった。彼は一八八八年ボストンに生まれハーヴァード大学を卒業した遺伝学者で、当時ガン発症に関して遺伝的要因を重視しながらも、それ以外に「性別、ホルモン、食習慣、ビタミン」などさまざまな要因を総合的に研究する必要性を主張していた。したがって、喫煙が肺ガンを引きおこす原因であるという議論に関して、リトルはいまだ十分に証明されていないと主張するタバコ業界と歩調を合わせる立場にたっていた。三〇代の若さでメイン大学やミシガン大学の学長を歴任したあと、彼は一九二九年から「アメリカ・ガン抑制協会」(the American Society for the Control of Cancer) の理事を務めたり、一九三七年には政府による「国立ガン研究所」(the National Cancer Institute) の設立に貢献したことなどで、ガン研究に関して「比類なき卓越性と見識をもちあわせた権威」として評価されるようになっていた。(18)

実際に、リトルが「まったく疑う余地のない誠実さと国民的信望をもつ科学者」であったかどうかは別として、「[彼の] 科学諮問委員長への就任は、少なくとも当初は [マスコミによって] 評価された」のである。(19) したがって、このことはプラザホテルでの会合の目的であった国民がいだく健康に対する不安を最小限に抑えこむという点に関しても、タバコ業界へは一定の貢献がなされたものと考えられた。事実、「率直な訴え」の広報を含めた一連の動きに対して、タバコ業界が喫煙者の健康問題を真剣に受けとめようとしているとして、好意的な記事を載せた新聞が少なくなかった[20]。

しかし時間が経過するにつれて、ＴＩＲＣが重視したものが、「率直な訴え」のなかで明言されていた「喫煙者の健康」ではなくて、タバコ業界が生きのこるための広報活動だった点が明らかになっていった。そもそもＴＩＲＣは、エンパイア・ステイト・ビルディングにあったＨ＆Ｋ社のオフィスの片隅を間借りする形で出発したのであるが、この事実にも見られるように、ＴＩＲＣとＨ＆Ｋ社の緊密な関係、つまり前者が後者の指導のもとに、研究よりも広報を重視する活動を行っていたことが容易に想像された。ちなみに、ＴＩＲＣは「中立の立場」で調査研究を促進すると標榜していたため、半年後に間借りしていたＨ＆Ｋ社のオフィスから出て階下のフロアへ移動し、さらに一九五六年には別の建物へ引っこして表面上は距離をおこうとしたのである[21]。

タバコ業界が支援した研究

先ほども触れたように、ＴＩＲＣが掲げた役割の一つとして、タバコ使用と健康に関する研究への助成があった。具体的には、申請のあった研究テーマのなかから科学諮問委員会が精査して数件を採択し、タバコ会社や関連団体が出資した資金を、研究推進費としてそれらへ助成するというものであった。当初、提案された研究テーマは多様だったが、実際採択にあたって科学諮問委員会が選んだものは三つの範疇に集中した。それらは、①タバコを燃焼させることで発生する物質に関する化学的研究、②呼吸器系器官、循環器系器官、消化器系器官、口腔、咽喉、内分泌腺、そのほかの器官に関連する人間および動物の細胞組織変化について研究施設や臨床で行われる実験、そして③喫煙およびそのほかのタバコ使用からえられる精神的および肉体的福利についての研究、であった[22]。

しかし、これらは「率直な訴え」のなかに明記された、「タバコ使用と健康に関する研究」という多くの喫煙者が期待した課題に必ずしも焦点をあてたものではなく、より広範なタバコ研究もしくは医学研究と言えるものであった。そして、実際に採択された研究テーマを見てみると、多額の助成金が「紙巻きタバコ喫煙とは直接関係のない……遺伝的要因や環境リスクに焦点をあてたガン研究」に向けられたことがいっそう明らかになった[23]。しかも、それには科学諮問委員会のメンバーがもともと所属していた研究施設へのものが少なくなかったこともあり、TIRCの姿勢を疑問視する声が、とりわけ反タバコ派のなかから聞かれるようになったのである。

それでも、タバコ業界からの資金援助に対する研究者の意見は分かれた。これまでたびたび触れてきたウィンダーは、多額の費用を必要とする病理学実験や大規模調査のためには資金を受けいれるべきだし、それを提供するのは業界としての道義的責任でもあると考えた。ちなみに、後に彼はリゲット・アンド・マイヤーズ社の研究員になっている。一方、彼と共同研究を行ったグレイアムは、研究の独立性と客観性を担保すべきとの立場から、業界による助成金を受けとることに反対した。彼はウィンダーに宛てた書簡のなかで、「われわれの研究が、援助によって歪められてしまう可能性が多少なりともあるため、タバコ会社とはいかなる利害関係ももつべきではない」と戒めている[24]。

実際、TIRCを経由して出てくる研究成果には、喫煙と肺ガンの因果関係を直接的に結びつけるものはなく、喫煙以外の要因への言及が少なくなかった。これは、タバコ業界がTIRCに課した、喫煙と肺ガンに関する論争を終わらせることなく継続させるという戦略に沿うものだった。一九五〇年代中頃以降、タバコ業界は時間を稼ぐため、すでに述べたように「[喫煙と肺ガンの因果関係は]いまだ証明されていない」とか「さらなる研究が必要である」という立場をとりつづける一方、喫煙の危険性を曖昧にするため、健康と結びつく広報や広告を優先的に行ったのである。

医療関係者への働きかけ

また、タバコ業界による医療関係者への積極的な働きかけは、さまざまな形でなされた。受けとりを拒否しない医者に無料でタバコを贈ることは、第二次世界大戦以前から慣習化されていたが、一九五〇年代にはいっそう活発になった。さらに、個人ではなく病院やそのほかの医療関連施設に対するタバコの無料送付については、ルーサー・テリー（Luther Terry）による一九六四年報告書が発表されたあと、「公衆衛生局」（the Public Health Service）が管轄する一六の公立病院と主に居留地にある五〇のネイティヴ・アメリカンのための病院で、受けとりが禁止されるまでつづけられた(25)。

医者や研究者のなかに反タバコ派を増やしたくなかった業界は、彼らを対象とした啓蒙的な広報活動を積極的に行い、例えば『タバコと健康』という定期刊行物を配付しつづけた。これとは別に、一九五四年にTIRCは公表されていたタバコに関する研究から業界寄りの論文三〇余編を取りあげ、それぞれの要点を一八ページの冊子にまとめたものを発行した。『タバコ論争における科学的視点』というタイトルのついたこの冊子は、「合計で二〇万五〇〇〇部印刷され、……四月一四日に一七万六八〇〇人の勤務医、開業医、〔医療〕専門家」だけではなく、世論づくりのプロパガンダとして「新聞記者、専門誌や一般雑誌の編集者やコラムニスト、テレビやラジオのコメンテーター、さらには連邦議員」などへも送付された(26)。

このようなTIRCを中心としたタバコ業界の対応が、どの程度効果的であったのかを明確に論じることはできない。しかし、一九五三年に始まった紙巻きタバコの消費量減少という危機的状況は二年ほどで収束し、一九五〇年代中頃以降それは再び増加しはじめたのである。ただし、このとき消費を伸ばしたのは、それまでは不人気だったフィルターつきのタバコで、その突然の流行は喫煙者の多くが漠然といだく健康への不安を表すものであった(27)。

タバコには健康被害を引きおこす物質はいっさい含まれていないと言いつづけてきた業界にとって、フィルター・タバコを増産することの説明には慎重さが求められた。したがって、たとえ間接的なものであってもフィルターが有害物質を取りのぞいてくれるなどという表現が、当初広告に使用されることはなかった。実際、一九五三年にフィルターをつけて販売されはじめたときの「ウィンストン」の広告には、「香り高き本物の紙巻きタバコ」というフレーズがつけられただけで、フィルターそのものに言及されなかった。その一方で、この形態のタバコを増産する理由として、吸い口が唾液で濡れて破れ、唇に葉が付着するのを嫌がる喫煙者の要望に応えたものとタバコ会社は述べた。

ところで、この「喫煙者の要望」は、タバコ会社に大きな利益をもたらすことになった。それは、フィルターにかかる費用よりも、その部分で減らせる葉タバコの買いとり価格のほうが高かったので、結果として製造コストの削減につながったのである。ちなみに、一八歳以上の国民一人あたりの紙巻きタバコ消費本数はその後も増えるが、フィルター・タバコのシェアが伸びるにしたがって、葉タバコの紙巻きタバコへの加工量は一九五三年をピークに減少するのであった(28)。

三 「連邦取引委員会」と議会での公聴会

タバコ広告規制への動き

一九五〇年代にタバコ会社は、広告に医者や有名スポーツ選手をそれまで以上の頻度で登場させて健康をアピールしながら、宣伝費を四〇年代よりも数倍程度増やし積極的に製品を売りこんだ。そして、先ほども述べたように、消費量は一時的な落ちこみを脱して、一九五五年から再び伸びはじめたのである。これに対して、そのような広告に何らかの規制を設ける必要性を訴える声が、反タバコの活動家だけではなく、「連邦取引委員会」(the Federal

Trade Commission＝FTC）を含む連邦行政府の一部からも聞かれるようになった。

当時七年任期の委員五名を中心に組織されていたFTCは、一九一四年に政府内の各省から独立する形で設置された連邦機関《フェデラル・エージェンシー》であった。この機関は、もともと独占などによる不公正な商取引を監視する役割を担っていたが、一九三八年に成立した「ウィーラー＝リー法」（the Wheeler - Lea Act）によって、消費者保護の立場から不公正で欺瞞的な商取引慣行、具体的には虚偽広告への対応も職務権限にくわえられた。タバコ広告に関しては、「欺瞞的な、もしくは誤解を招く商取引慣行」として、一〇件を超える「指導」がただちに行われた。FTCは、例えば「チェスターフィールド」の「このタバコは鼻や喉やそのほかの副次器官に悪影響をおよぼさない」とか、「クール」の「冬の寒さのなかでもそのほかの季節でも、クールは頭脳を明晰に保ち体を保護する」という、健康的な製品であると仄めかす文言の使用を認めなかったのである。(29)

一九五〇年代前半の「危機」にさいして、各タバコ会社は予算を増やして健康をイメージさせるさまざまな広告を打ったため、FTCには個別ではなく統一した基準で対処することが求められるようになった。そこでFTCは、一九五五年九月にタバコ広告に関してのガイドラインを作成し、一括対応を試みようとした。ガイドラインには七項目が提案されており、そのなかで①タバコ製品の喫煙が呼吸器系器官、消化器系器官、神経組織に良い効果があるという文言の使用禁止、②医者たちが喫煙を是認していると直接的に伝えることの禁止、③基準に合った方法で計測されていないニコチンやタールの含有量の表示禁止、などが重要であった。(30)

これに対して、確かにタバコ業界は健康と結びつける広告、とりわけ医者を登場させるものを控えるようになったが、その背景には、先ほど触れたようにフィルターがついたタバコの売りあげが増加しているという好ましい状況があった。フィルターによって、タバコに含まれているであろう有害物質をかなり除去してくれるという、不安に駆られた喫煙者たちの「期待」、もしくは「思いこみ」が助長され、それが売りあげ増の大きな要因になったことは明らかであった。

フィルターに関するマスコミ報道と公聴会開催

確かに、一九五〇年代後半にフィルターつき紙巻きタバコが増産され、その売れゆきが良かった状況は、業界全体に大きな安堵感をもたらすものであった。ところが、このタバコも決して健康的ではないという調査結果が、いくつかの雑誌で取りあげられるようになったのである。一九五七年三月、『コンシューマー・レポート』は自らが行った実験や調査の結果を発表したが、それによると、多数の銘柄に関して、フィルターを通った紫煙に含まれるニコチンとタールの量が年々増えており、それはフィルターのないタバコの煙に含まれる量とほぼ同じであるというものだった。(31)

その後、『コンシューマー・レポート』よりも大きな影響力をもつ『リーダーズ・ダイジェスト』も、フィルターの有効性に疑問を投げかける記事を掲載した。R・J・レイノルズ社製でフィルターがついたウィンストンとアメリカン・タバコ社製の「ヒット・パレード」のほうが、フィルターのないキャメルやラッキーストライクなど従来からあった人気銘柄よりも、紫煙に含まれるタールとニコチンの量が多いという独自の調査結果を、具体的な数値をあげて示したのである。(32)

そのようなマスコミ報道を受けて、連邦議会は喫煙と健康の問題に関心を示すこととなった。議会下院の「政府活動委員会」(the Government Operations Committee) のもとにおかれた「法律金融問題小委員会」(the Legal and Monetary Affairs Subcommittee) では、タバコ広告に関して適正であるか否かを判断する権限がそもそもFTCにあるのか、またもしFTCに権限があると認めたとして、広告、特に当時シェアを拡大しつつあったフィルター・タバコの広告への対応はどのようになされるべきかを検討するため、一九五七年七月に公聴会が開かれることになった。ミネソタ州選出の民主党下院議員で、自身愛煙家だったジョン・ブラトニク（John Blatnik）小委員長を議長として四日間開催された公聴会では、要請されたにもかかわらず、タバコ会社の重役たちは誰一人として出席する者はいなかった。[33]

公聴会報告書をめぐる攻防

そのような状況で行われた公聴会では、当時公衆衛生局医務長官を務めていたリロイ・バーニー（Leroy Burney）が、「過度の喫煙は肺ガン発症の原因の一つであると結論づける研究が増えており、……公衆衛生局に関係する科学者や医者の圧倒的多数はそのように考えている」とまず証言した。次に、国立ガン研究所の所長ジョン・ヘラー（John Heller）は、『コンシューマー・レポート』や『リーダーズ・ダイジェスト』で取りあげられたフィルター・タバコの記事と同様の主張、つまりフィルターを通る紫煙に含まれるタールやニコチンの量は、フィルターのないタバコとほぼ同じであると述べた。さらに、フィルターによって失われると考えられた「刺激」を確保するために、タバコ会社は製造過程でニコチンの含有量を操作している可能性があるという衝撃的な話も語られた。[34]

証言の内容は、全体としてタバコ会社にとっては不利なものが多く、そのことは公聴会終了後にブラトニクを中心にまとめられた報告書にも反映された。当初そこには、仮にフィルター・タバコを選択しても、「喫煙者は安全であるとは言えない」とか、一般に考えられているほど「フィルターは効果的ではない」などと書かれており、最後には「タバコ会社は広告によって国民を欺いている」とさえ語られていたのである。これに反発したタバコ業界は、自らに近い議員に働きかけて法律金融問題小委員会の活動に介入し、報告書の公表阻止を図ったり小委員会のメンバーを強引に交替させようとし、最終的にブラトニクをこの小委員会から外すことに成功している。[35]

これは、小委員会とは異なり当時の連邦議会全体では、葉タバコの生産州やタバコ会社が大きな影響力をもつ州から選出された議員によって、主導権が握られていた状況を如実に示す出来事であった。そのような州の多くは、ヴァージニア、ノースカロライナ、サウスカロライナ、ケンタッキー、テネシーなど保守的な南部に位置し、議員は多選される傾向にあったため、議員経験の長い者が委員長など重要なポストに就く慣例のある議会では、タバコ業界と関係深い州から選出された議員の発言力が、相対的に強かったのである。

連邦取引委員会によるタバコ広告の規制を求める意見

タバコ業界の影響力が強い連邦議会ではあったが、FTCによるタバコ広告に対する規制権限の強化を求める議員も少なからずいた。そのなかで注目されるべきは、オレゴン州選出の民主党連邦上院議員モウリン・ノイバーガー（Maurine Neuberger）で、彼女は任期途中で急死した夫リチャード・ノイバーガー（Richard Neuberger）に代わって、補欠選挙をへて上院議員になった人物である。喫煙問題に大きな関心をもっていたノイバーガーは、ジョン・ケネディ（John Kennedy）政権の時代に、それを議論する大統領直属の諮問会議の設置を求める上院共同決議案を提出した。また彼女は、ケネディ政権でFTC委員長を務めたポール・ディクソン（Paul Dixon）や公衆衛生局医務長官のテリーなどと連携しながら、タバコ広告のあり方についていくつかの提案を行ったが、それには健康被害に関する警告文をパッケージや広告に表示することも含まれていた。

そのようなおりに発表されたのが、喫煙と疾病に関する一九六四年報告書であり、これがきっかけとなって、『ニューヨーカー』などいくつかの雑誌がタバコ広告の掲載を中止したり、広告代理店のなかにはタバコ会社との契約を打ちきるところが出てきたのである。また、この報告書のなかで「アメリカでは紙巻きタバコの喫煙が重大な健康被害をもたらすと考えられており、公衆衛生改善のための適切な政策は当然とられるべきである」と述べられているが、これはFTCに何らかの対策をたてるよう暗に促すものと理解された。(36) それを受けてFTCでは、ディクソン委員長が同僚委員のフィリップ・エルマン（Philip Elman）やメアリー・ジョーンズ（Mary Jones）たちと、「適切な対策」について話しあうための会合がただちに開かれた。

　そこでまずだされたのは、ＦＴＣが一九五五年に提示したガイドラインを無視して行われていた、医学的および科学的根拠も示されることなく喫煙は健康的だとアピールする広告や、ＦＴＣが適正と認める基準によらないニコチンやタールの含有量の表示を、より厳格な形で禁止すべきという意見であった。このような意見の背景には、タバコ会社が健康をイメージさせるために、根拠のない数値を使って低タールや低ニコチンの製品であると広告する事例が、その頃に増えていた状況があった。そして、そのような広告は「虚偽の、もしくは誤解を招く商取引慣行」であるとしたうえで、懲罰的な意味も含めて健康被害への注意を促す文章の表示についても話しあわれた。その後、ＦＴＣは二種類の注意文が提案されている広告規制案を作成し、一九六四年三月一六日から三日間公聴会を開催するなど、タバコ広告の問題に関して、その対策の主導権を握ろうとしたのである。[37]

広告規制に関する公聴会

　公聴会では合計で二九人が証言したが、初日まず証言席に座ったのは公衆衛生局の医務副長官で、そのあとにノイバーガーがつづくというように、ＦＴＣは規制案に好意的な証人をマスコミの注目が集まりやすい早い時間帯に集中させた。一方、規制案に反対する意見陳述も行われたが、なかでも注目を集めたのは、タバコ業界の法律顧問を務めていたＨ・トマス・オースターン（H. Thomas Austern）であった。オースターンによる証言の中心は、連邦行政府の一機関にすぎないＦＴＣには、タバコ広告に関してそもそも「規定作成の権限《ルールメイキング・パワー》」は与えられていないという主張であったが、彼は別の件で注目を集めてしまった。それは、証言のなかで「すべての国民は紙巻きタバコの喫煙が危険であることを知っているので、いまさら警告文は必要ない」とオースターンが言った、いや言っていないという論争を引きおこすというものであった（傍点は引用者による）。この証言が録音記録として鮮明に残されていなかったため、オースターンとエルマンなどＦＴＣ委員のあいだで、そのような水掛け論になってしまったのである。

このときまで、タバコ業界の指導者たちはＴＩＲＣが集めてきた研究成果をふまえて、「［喫煙と肺ガンの因果関係は］いまだ証明されていない」と主張しつづけ、「喫煙は危険である」とはいっさい認めてこなかった。したがって、彼らにとってオースターンが言ったとされる言葉はまさにタブーであった。それは、万が一危険性を認めたとなると、すでに起こされていたものだけではなく、その後堰を切ったように起こされるであろう製造物責任《プロダクト・ライアビリティ》を問う訴訟で、巨額の賠償金を支払う義務の生じる可能性があったからだ。これに関して、オースターンは「危険である」と断言したのではなく、自分は「疑われている」を意味する“alledged”という単語を使った、つまり「すべての国民が紙巻きタバコの喫煙は危険であると疑われていることを知っているので、……」と発言したのだと弁明するようになったのである[38]（傍点は引用者による）。結局、彼のこの弁明で論争は一応決着したが、これ以外にもタバコ業界は防戦に終始して公聴会は終わった。

四　紙巻きタバコ業界の対応

広告自主規制とＦＴＣによる警告表示命令をめぐる攻防

危機感をつのらせたタバコ業界は、「全国放送事業者協会」（the National Association of Broadcasters）の会長リロイ・コリンズ（Leroy Collins）が以前から指摘してきたタバコ広告の問題点にようやく対応する姿勢を示し、一九六四年四月に広告に関する業界による自主規制のための基準を作成することになった。そもそも放送事業者たちは、多額の広告費をタバコ会社からえており、業界とは決して敵対関係にあったわけではない。しかし、彼らは視聴者からの指摘を繰りかえし受けており、とりわけ未成年者を標的にしているとされる広告を問題視せざるをえなくなり、その是正を求めていたのである。

一九六四年報告書を受ける形でタバコ業界によって定められた自主規制の主な点は、未成年者を標的にしていると指摘された広告に関するものだった。具体的にそれは、①二五歳以下の若いモデルを登場させる広告を禁止する、②大学で学生むけに発行される新聞や冊子などへタバコ広告を掲載しない、そして③医学的および科学的に証明されていない事柄を健康と結びつける広告を禁止するというものだった。タバコ業界は、これらの基準を順守するよう個々の会社に求め、ロバート・メイナー（Robert Meyner）を長として設置された監視委員会によって違反と判断された場合、最高で一〇万ドルの罰金を科すことを決定した。しかし、現実はというと、「タバコ会社はこの規制にとらわれることなくそれまで通りの［未成年者を標的にする］広告を行った」のであるが、実際にこの委員会がいかなる広告に対しても多額の罰金を科した事例はなかった。[39] もともと、タバコ業界による自主規制は、実効をともなわないプロパガンダとして見られていたため、厳格な処分を受ける者がいなかったのは、予想された通りであると受けとられた。

三月に開かれた公聴会とこのような「自主規制」の結果をふまえて、ＦＴＣは一九六四年六月二二日に「紙巻きタバコ喫煙は健康にとって危険であり、ガンやそのほかの病気を引きおこして死を招く原因になりうる」という警告文を、翌年一月一日以降パッケージに、そして七月一日以降は活字広告に表示することを義務づけると発表したのである。タバコ業界は、ただちに警告文に反対する旨を表明し、とりわけ広告への表示には強く抵抗した。それは、すでに喫煙している人のみが目にするパッケージとは異なり、年少者を含めて不特定多数の人の目に触れる可能性がある広告への表示は、製品の売れゆきに少なからず影響を与えるものと危惧されたからであった。

この警告表示を義務化する行政命令がきっかけとなって、「虚偽の、もしくは誤解を招く商取引慣行」を取りしまるための規定作成の権限は自らに与えられていると考えるFTCと、それは連邦議会での立法に委ねられるべきものとするタバコ業界とのあいだで、対立はいっそう激化するのであった。業界にとって戦略上必要だったのは、公聴会などマスコミが注目する場において説得力のある議論を組みたてて、それを効果的に伝えることであった。そのためにタバコ業界は、一九六四年報告書が発表される前から豊富な資金を使い、例えばＴＩＲＣを立ちあげてタバコ不健康説に反駁させたり、首都ワシントンにあった「アーノルド・フォータス・アンド・ポーター」をはじめとしていくつかの大手法律事務所と契約して、裁判や公聴会などにおいて、タバコ広告の正当性を主張するための理論構築に関わらせたりしたのである。[40]

また、タバコ業界にとってもう一つ重要だったのは、年間三〇億ドルの税収を生みだし、また関連するほかの産業の盛衰をも左右する自らの影響力を最大限に活用することであった。具体的にそれは、タバコの製造から消費までに関わる葉タバコ栽培農家、仲買業者、小売業者、倉庫業者、運送業者だけではなく、自分たちの主張に好意的な広告業者、新聞、雑誌、テレビ、ラジオなどのメディア業界、研究者、医者、一般の愛煙家など多様な人たちを結集し、それを背景にして議員への働きかけを強めていくというものであった。[41] これは、連邦議会を主戦場とするように望んだ業界にとって当然の作戦であり、その有効性が一九五七年の連邦議会下院における公聴会の結果で示されたことはすでに触れた通りである。

タバコ業界によるロビー活動

ところで、議会において親タバコ派の力を結集して、それをより効果的に発揮させるのに不可欠だったのがロビー活動であり、それを指揮する人物であった。これに関して、Ｒ・Ｊ・レイノルズ社やアメリカン・タバコ社など大手タバコ会社六社は、一九六四年にアール・クレメンツ（Earle Clements）をその役割の担い手として選んだ。

彼は葉タバコ生産州の一つであるケンタッキー州選出の民主党連邦下院および上院議員を務めた経歴をもち、リンドン・ジョンソン（Lyndon Johnson）大統領とも旧知のあいだがらであった。また、大統領が上院院内総務を務めていた時代に、クレメンツは副院内総務として彼を補佐しており、議会運営にも精通していた。

さらに、温厚な人柄であったクレメンツは、上院と下院を問わず多くの議員たちに敬愛されており、議員引退後も彼らとの繋がりを維持していたが、特に一部の上院議員との絆は強かった。それは、一九五八年の中間選挙のときに、彼が民主党上院の選挙対策委員長として選挙運動の先頭にたち民主党の躍進に貢献したことと無関係ではなかった。タバコ産業にではなく、クレメンツに対して「大きな政治的恩義を感じていた」一部の上院議員は、「公聴会での発言においても、また本会議での投票においても、感謝の気持ちから」彼に協力的であった(42)。

ロビーストとして首都ワシントンへ赴いたクレメンツは、ただちに「タバコ協会」（the Tobacco Institute）へと向かった。一九五八年に設立されたこの協会は、業界にとって好ましくない立法を阻止するためのロビー活動とプロパガンダ活動を主な仕事とする組織で、多額の運営活動費を出資するタバコ会社一四社の社長が、この協会の役員として名前を連ねていた。二年後に自ら会長に就任することとなるクレメンツは、タバコ協会の弁護士たちと連携を図りながら活動を開始したのである。

まず彼らは、議会下院の「州際対外通商委員会」（the Interstate and Foreign Commerce Committee）のオウレン・ハリス（Oren Harris）委員長に、一九六五年一月一日から義務化すると発表されていたパッケージへの警告表示実施日について、その延期を求めてただちにＦＴＣと交渉するよう働きかけた。そして、実際に行われた交渉のなかで、ＦＴＣのディクソン委員長は、警告表示に関する自らの権限に疑問が投げかけられている状況で、議会と対立することはどうしても避けねばならないと判断するようになった。その結果、彼はパッケージへの警告表示の実施日を、活字広告への警告表示実施予定日である一九六五年七月一日まで延期する要請を受けいれたのである(43)。

このときディクソンが最も恐れたのは、妥協をすべて拒否した場合、タバコ業界に好意的な議員たちによってパッケージへの警告表示をいっさい認めない方向へ議会が動かされていくことであった。他方、タバコ業界にとって最も危惧される事態は、ＦＴＣがどこからも抑制されない状態で、さまざまな行政指導や命令を断続的に繰りかえしていくことであった。いずれにせよ、実施日の延期によって時間を稼げたタバコ業界は、警告表示と広告に関しての主導権を連邦議会に握らせるため、自らが許容できる法案を作成するよう議会へ働きかけたのである。

議会では、親タバコ派の議員を中心として、ＦＴＣの規制権限を無視する形で警告表示などタバコ広告に関する法案作りが始められるのだが、当然そこへはタバコ業界の関係者が関与していたと考えられる。法案作りと並行して、両院ではそれぞれ公聴会が開催されることになった。下院においては州際対外通商委員会が舞台になったが、そこではハリス委員長を含めて三三人の委員のうち一〇人以上がタバコ権益の大きな南部の葉タバコ生産州から選出されており、なかにはノースカロライナ州選出の民主党ホレイス・コーナゲイ（Horace R. Kornegay）議員のように、後にタバコ協会の会長に就任する人物も含まれていた。一方上院においては、ノイバーガーも委員を務めていた「通商委員会」（the Commerce Committee）が舞台になったが、一八人の委員のうち南部選出議員は三人だけで、下院よりも「消費者の立場で議論できる」と考えられていた(44)。

五　「連邦紙巻きタバコ表示広告法」の成立とその問題点

連邦議会主導による警告表示の義務化

連邦議会での公聴会は、まず上院で一九六五年三月二二日から四月二日にかけて合計八日間開かれ、つづいて下院では四月六日から五月四日にかけてやはり八日間開催されたのである。これらの公聴会を通して、ＦＴＣ、議員、公衆衛生の専門家など規制賛成派の証人たちは、おしなべて一九六四年報告書や喫煙は有害であるとする数多くの研究結果を引用しながら、警告表示の必要性を強調する傾向にあった。ただし、警告文に関して、例えばノイバーガー上院議員は「喫煙は健康を損なう」と断定的に語られる文言を求めたが、ジョン・モス（John Moss）下院議員は「……かも知れない」とか「……と言われている」というタバコ業界にも配慮した曖昧な表現を求めるなど、足並みは必ずしも揃っていなかった。

一方、タバコ業界からの証人は、例えば下院の公聴会で証言したR・J・レイノルズ社の役員会長ボウマン・グレイ（Bowman Gray）のように、喫煙と健康の問題には大きな関心をもっていると一応述べたものの、専門家の意見は分かれておりいまだ結論は出ていないという何年もつづけているタバコ業界の主張を繰りかえすだけであった(45)。それまでの公聴会などでは、TIRCが考案したタバコ不健康説への反論をしばしば行う場合もあったが、このときはそれもせずに極力健康問題を回避しようとした。これは、反論がもはや困難になりつつあった状況を物語っていた。その代わりに、グレイはタバコがジェームズタウン植民地のはじまりからアメリカ経済を支えてきた長い歴史を誇らしげに語りながら、「［現在でも］国民経済に大きな影響をおよぼすこの偉大な産業」には、多数の人びととその家族が関係していること、そして彼らの生活を危うくする可能性のあるいかなる規制にも強く反対する旨の証言を行ったのである(46)。

連邦議会の上院と下院は、公聴会終了後それぞれの委員会が作成した法案を支持したが、いくつかの点で違いが見られたため調整を行う必要が生じた。例えば、リベラル派が多数をしめた通商委員会で審議された上院案では、一般の活字広告への警告表示を少なくとも三年間は認めないとしつつも四年目以降は認めるよう示唆されている点や、パッケージでの表示箇所を表面の目立つところにするというものになっていた。一方、親タバコ派が主導権を握っていた州際対外通商委員会で審議された下院案では、活字広告への表示は無期限に認めないとされていたり、表示は表面ではなくやや目立ちにくい側面にすることになっていた。しかし、両院は協議によって、あとで述べるようにそれぞれの法案を曖昧な表現を用いるやりかたで一本化ができたため、それを承認してジョンソン大統領へ送付したのである。この時点で、タバコ広告の規制に関する主導権は、ＦＴＣから連邦議会へ移ることが決定的になった。

「連邦紙巻きタバコ表示広告法」に対するタバコ業界の建て前

そもそもタバコ業界は、広報でも公聴会における発言でも、タバコには有害物質はいっさい含まれていないという立場から、警告表示に関してはいかなる形であっても一貫して反対する姿勢をとりつづけてきた。したがって、パッケージへの表示を義務づけたこの連邦法の成立は、タバコ産業にとって受けいれがたいものと考える関係者は少なくないと思われた。そのため、彼らがタバコ業界に好意的な議員を通して、それまでタバコ問題への対応が消極的だったジョンソン大統領に、法案に対して拒否権を発動するよう働きかけることが当然予想されたのである。

ところが、実際に働きかけを行ったのはタバコ業界に近い議員ではなく、タバコ規制には基本的に賛成する議員たちであった(47)。法案が議会を通過した直後、大統領は八名の連邦議員から署名の拒否を要請する書簡を受けとっており、そのなかには先ほど触れた議会下院の法律金融問題小委員会のブラトニク元委員長もいた。彼らは書簡のなかで法案に含まれる問題点を列挙したが、その多くは警告文を一般の活字広告へ少なくとも一九六九年七月一日までは表示できないこと、さらにはその後もそのような状況がつづく可能性のあることをあげていた(48)。

確かに、この法案作成に関係した議会上院通商委員会のウォーレン・マグナスン（Warren Magnuson）委員長のように、表示広告法を「国民［の健康］を守るための責任ある歴史的第一歩」と好意的に評価する法案賛成派もいた。その一方で、この立法は国民の健康を守るのではなく、タバコ業界の「健康」を守るものであるという見解を表明する人もおり、それが賛成派と反対派を問わず徐々に広がりはじめたのである[49]。

一九六五年七月二七日、ジョンソン大統領の署名によって成立したこの「連邦紙巻きタバコ表示広告法」のなかには、確かにそれほど議論にならなかった条項もあった。例えば、文言を印刷するパッケージの箇所については、最終的に「人目につくところ」と曖昧に書かれただけで特に指定されなかった。そのため、面積の大きい表面や裏面ではなく、相対的に目立たない側面に印字されることが予想され、その後実際にそのようになった。そのほかにも、違反者には最高一万ドルの罰金が科せられることや法の執行責任者は司法長官であること、またパッケージへの表示が生みだす効果やタバコ広告の実情や新たな立法の提案などについて、ＦＴＣに年一回連邦議会へ報告する義務を課す条項があった。さらに、一九六四年に始まる公衆衛生局医務長官による『喫煙が健康におよぼす影響』と題する報告書を継続して公表することも、この表示広告法によって義務づけられた[50]。

表示広告法の問題点

一方、表示広告法成立後もタバコ規制派が問題視したため何かと議論になった条項も含まれていたが、それは主に以下の三点に関するものだった。まず、喫煙に対して明確に「警告」するというよりも、「注意」を促すという程度の曖昧な文言の表示が義務づけられた点である。次に、タバコ会社が嫌がる活字広告への警告表示は、先ほども触れたように、少なくとも一九六九年七月一日までの義務化が認められなかった点である。最後に、州や地方自治体によるタバコ広告への規制よりも、この連邦法が「専占」されることが認められた点である。つまり、タバコ広告に関して表示広告法の規制内容と異なるもの、特により厳格な内容をもつ州法や自治体条例は、この連邦法が優先されるため無効になるという点であった。

ここでは、これらの三点についてもう少し詳しく述べてみたい。まず、「注意――紙巻きタバコ喫煙はあなたの健康に危険をもたらすかも知れない」（Caution: Cigarette smoking may be hazardous to your health.）という文言についてである。タバコ会社が自らの製品にこのような文言を印刷するのは、一部の医薬品に関する使用上の注意表示をのぞくと、当時とすれば珍しい試みであった。しかしタバコ業界は、長年の論戦を通して何らかの表示は避けて通れないものと考えるようになっていた。そのうえで、タバコ業界は悪影響をできるだけ生じさせないやりかた、具体的には警告文の表示対象を限定し、その文言を極力曖昧な内容にすることを模索したのである。

実際に採用された先ほどの文言を見てみると、まず「警告（warning）」ではなく「注意（caution）」で始まっているのであるが、これは言うまでもなく赤色信号ではなく黄色信号を連想させるものであった。そもそもこの文言には、ＦＴＣが以前から提案してきた「肺ガン」など具体的な病名や、「死《デス》」とか「依存症《アディクション》」というような衝撃的な言葉が含まれていなかったこと、さらには「かも知れない」を意味する助動詞“may”を使うことなど具体的で直接的で断定的な表現ではなかったため、それはＦＴＣが意図した「警告」とはほど遠かった。つまり、ここに書かれているメッセージは、栄養不足は健康的ではないという戒めと同程度の印象を、それを目にする人に与えるものだった。

次に、一般広告への警告表示が義務づけられなかった点についてだが、これに関しては明らかにタバコ業界の思惑に沿う結果であったと言える。今も述べたように、特に一九六四年報告書の公表以降、タバコ業界は何らかの形での警告表示は免れないものと考えるようになっていたが、「将来の喫煙者」である年少者を含めた一般の人たちが目にする新聞や雑誌などの活字広告における表示はどうしても避けたかった。そこでタバコ業界は、製品に直接表示するという一見大きなリスクを背負うことと引きかえに、そのような広告へは表示が義務づけられない立法を求めたのである。(51)

また、一般広告への表示義務に対しては、タバコ業界以外からも反対の声があがっていたことを忘れてはならない。例えば、新聞や雑誌にとってタバコ広告からえる収入は大きく、広告を載せない一部の雑誌などでは当然広告料収入はなかったが、掲載している場合には全体の一〇％以上をしめており、なかには二〇％になるものもあった。したがって、この法案が審議される過程で、「アメリカ新聞発行者協会」（the American Newspaper Publishers Association）、「アメリカ広告業者連盟」（the Advertising Federation of America）、「全国広告業者協会」（the Association of National Advertisers）、「ラジオ広告協会」（the Radio Advertising Bureau）、「全国放送事業者協会」（the National Association of Broadcasters）などの業界団体は、タバコ広告に対するいかなる規制にも反対する立場をとりつづけていた(52)。このようなタバコ以外の業界の声も、この法案に反映されたと考えられる。

表示広告法の実態

最後に、連邦法の専占について考えてみたい。これに関連して、一九六五年三月に議会下院で行われた公聴会において、R・J・レイノルズ社のグレイは、次のように証言している。

私たちは、紙巻きタバコ広告や表示に関して政府による措置をいっさい必要としません。しかし、もしどうしてもそのような措置がとられるというのであれば、それはほかのどこかではなく連邦議会によってなされるべきと考えます。州政府や地方自治体は、この問題に関していかなる介入もするべきではありません。これは、地域的ではなく明らかに全国的な視点から対応すべき問題です。タバコ広告はそもそも全国ネットのテレビやラジオ、そして全国的に発行されている雑誌などによっても行われており、また紙巻きタバコの各銘柄も国中で同じものが販売されています。もし、異なった州法や自治体条例によって広告がばらばらに規制されるならば、それは非常に大きな混乱を引きおこすことになります(53)。

したがって、連邦法の専占を明記した表示広告法は、まさにグレイなどタバコ業界の人たちが望んだものであったと言える。彼らが恐れたのは、タバコ広告について地域ごとに異なる対応が求められたり、FTCが主張したもの以上に厳しい内容の州法や自治体条例が成立することであった。例えば、州や自治体によって文言が異なった場合、それぞれに対応するパッケージを作成する煩雑さや製造コストの上昇にくわえて、より強いインパクトのある警告文の採用やさまざまな広告への添付が義務づけられれば、それはタバコ消費の落ちこみに直結するものと考えられたのである。

事実、ニューヨーク、マサチューセッツ、カリフォルニアなどおよそ二〇の州で、タバコ広告に対する規制を立法化する動きがすでに始まっていた。例えばニューヨーク州では、一九六五年七月に表示広告法が成立するおよそ一ヶ月前、ネルソン・ロックフェラー（Nelson Rockefeller）知事が、肺ガンなどの病名が記されたより具体的で断定的な警告文を、州内で販売されるすべての紙巻きタバコのパッケージに表示することを義務づけた州法案に署名していたのである。(54) 以上のように、この連邦法の内容がタバコ会社にとって許容できるものであったため、『アトランティック・マンスリー』（一九六五年九月号）に掲載された「タバコ・ロビーの静かなる勝利」という記事は、表示広告法に対する適切な評価と言えた。つまり、この立法はタバコ会社により大きな「恩恵」をもたらすようになるのだが、それは喫煙によって健康を損ねるかも知れないという情報を、会社自らが消費者に提供することから生じる恩恵であった。そもそもアメリカ社会では、伝統的に個人主義的志向が強く、健康管理に関しても個人にその責任が求められる傾向にあった。したがって、ひとたびこの表示によって警鐘が鳴らされると、それでもタバコを手放さない喫煙者は、自らの意志で選択した「自発的《ヴォランタリー》リスク」を負うべきものと考えられるようになったのである。

第八章で詳しく述べるように、当時アメリカではタバコ会社の製造物責任を問う訴訟が病気になった喫煙者によって起こされており、法廷で被告席に座らされるタバコ会社にとって、注意表示はまさに助け船になった。このことは、タバコ業界では以前から認識されており、彼らは表むきにはいかなる表示にも反対する姿勢をとってはいたものの、「内輪では歓迎されていた」のである。(55)その一方で、注意表示はやはり消費の落ちこみにつながるのではとタバコ業界では危惧されていたことも事実であった。いずれにしても、表示広告法が成立したときの業界関係者は、「期待」と「不安」を同時に感じていたと想像される。

おわりに

現代タバコ戦争の初期に起こった注目すべき出来事として、一九六五年に成立した表示広告法があげられる。この時期にタバコ業界が用いた戦術は、喫煙に関して蓄積されてきたタバコ業界にとって好ましくない研究結果を、TIRCの広報活動によって曖昧にすること、フィルターつきのタバコを増産すること、そして低タールを強調しながら、若いスポーツ選手を登場させて健康的なイメージを伝える広告を氾濫させることであり、それらは確かに一定の効果があったと考えられる。

一九六六年一月一日にパッケージへの注意表示が始まっても、業界が危惧していたタバコ離れは起こらなかった。それどころか、その年の紙巻きタバコ生産量は前年よりも約三億本増えて五六二七億本に、さらに翌一九六七年には約一〇〇億本増えて五七二八億本になった。事実、FTCも一九六六年に表示されるようになった曖昧な注意文では、「ほとんどもしくはまったく、国民の喫煙習慣に影響を与えるものにはならなかった」と認めている。(56)また、個人が起こした製造物責任をタバコ会社に問う訴訟に関しては、一九五〇年代中頃から世紀末にかけて数百件にたっしたが、タバコ会社はこの注意表示のおかげもあり一セントたりとも賠償金を支払うことはなかった。

このように、タバコ業界は現代タバコ戦争の早い段階では優位に事を運べたのである。その後、反タバコ派からの反撃もあり、表示広告法は二回にわたって内容の変更がなされている。すなわち、一九七〇年に成立した「公衆衛生紙巻きタバコ喫煙法」(the Public Health Cigarette Smoking Act) と一九八四年に成立した「包括的喫煙教育法」(the Comprehensive Smoking Education Act) である。前者において、文言は「警告——紙巻きタバコ喫煙はあなたの健康にとって危険であると医務長官は断定した」(Warning: the Surgeon General has determined that cigarette smoking is dangerous to your health.) というように、助動詞の "may" がつかないより断定的な「警告」のメッセージとなった。またこの立法には、ラジオとテレビでのタバコ広告を一九七一年一月二日以降禁止する条項も含まれていた。一方後者の立法では、より直接的でインパクトの強い警告文を四種類作成し、マンネリ化を回避するためにそれらを交互に使用することになった(57)。

紙巻きタバコへの注意表示や広告に対する規制は、確かに現代タバコ戦争の初期段階における注目すべき出来事であった。しかし、その後この戦争では喫煙者の個人や集団、さらには州政府がタバコ会社を相手に起こした訴訟や、ニコチンの依存性とその含有量の操作などが注目されたり、また受動喫煙の弊害が問題視されるようになると喫煙場所が制限されるなど、注意表示や広告規制以外にも「戦線」は拡大したのだが、それらについては次章以降で考察したい。

註

(1) *New York Times*, February 2, 1927 & December 2, 1927.

(2) American Medical Association, ed., "The Advertising of Cigarettes," *Journal of the American Medical Association* 138 (1948), 652.

(3) Cassandra Tate, *Cigarette Wars: The Triumph of "The Little White Slaver"* (New York: Oxford University Press,

1999), 140; Charles Marwick, "Many physicians following own advice about not smoking," *Journal of the American Medical Association* 252 (1984), 2804.

（4）Nartha N. Gardner and Allan Brandt, "The Doctors' Choice is America's Choice: The Physician in US Cigarette Advertisements, 1930-1953," June 20, 2005 〈http://www.ncbi.nlm.nih.gov/pmc/articles/PMC1470496/?tool〉.

（5）David L. Hudson, Jr. *Smoking Bans* (Philadelphia: Chelsea House Publishers, 2004), 17; R. J. Reynolds, "How Mild Can a Cigarette Be ?" July, 1949 〈http://legacy.library.ucsf.edu/tid/nfj88d00〉.

（6）Larry C. White, *Merchants of Death: The American Tobacco Industry* (New York: Beech Tree Books, 1988), 26.

（7）Ernest L. Wynder and Evarts A. Graham, "Tobacco Smoking as a Possible Etiologic Factor in Bronchiogenic Carcinoma: A Study of Six Hundred and Eighty-Four Proved Cases," *Journal of the American Medical Association* 143 (1950), 336. また、彼らによって一九五三年一二月に『キャンサー・リサーチ』誌上で発表された、抽出したタールをマウスの皮膚に定期的に塗ることで皮膚ガンを発症させた実験の成果――「スローン・ケタリング報告」――も大きな話題となった。

（8）"Beyond Any Doubt," *Time*, November 30, 1953, 60-61.

（9）アメリカ合衆国商務省編『アメリカ歴史統計』（原書房、一九八六年）二巻、六九〇ページ。

（10）このような、いつもは競合関係にある紙巻きタバコ会社の代表たちによる会合がかつて一度だけあった。それは一九三九年で、価格協定を結んだとして政府に告発されたことに対応するためだった。

（11）Stanton A. Glantz et al., *The Cigarette Papers* (Berkeley, Cal.: University of California Press, 1996), 33; Paul Hahn, "Smoking & Lung Cancer—No Proof," November 26, 1953 〈http://tobaccodocuments.org/ness/6746.html〉.

（12）Elizabeth M. Whelan, *A Smoking Gun: How the Tobacco Industry Gets away with Murder* (Philadelphia: George F. Stickley Co., 1984), 89-90.

（13）この合意には、フィリップ・モリス社、R・J・レイノルズ社、「ブラウン・アンド・ウィリアムソン・タバコ会社」など大手タバコ会社のほとんどが賛同したが、唯一ロリラード社は広報活動をしかけるよりも沈黙を守ったほうが賢明であるという判断でくわわらなかった。Philip J. Hilts, *Smoke Screen: The Truth behind the Tobacco Industry Cover-up* (Reading, Mass.: Addison-Wesley Publishing Company, Inc., 1996), 4.

（14）　ウィンダーやグレイアムたちが行った動物実験とは、タールを抽出しそれをマウスに塗り皮膚ガンを発症させるというもので、紫煙の肺など呼吸器系器官への影響に関するものではなかった。しかし、この実験によって解明されたガン発症のメカニズムなどいくつかの成果が発表され、またそれらについての討論も行われたことで、当時この実験は非常に注目された。David Kessler, *A Question of Intent: A Great American Battle with a Deadly Industry* (New York: PublicAffairs, 2001), 198.

（15）　The Tobacco Industry Research Committee, "A Frank Statement to Cigarette Smokers," January 4, 1954.

（16）　Allan M. Brandt, *The Cigarette Century: The Rise, Fall, and Deadly Persistence of the Product That Defined America* (New York: Basic Books, 2007), 184.

（17）　ＴＩＲＣは個々のタバコ会社とは異なり、自らの研究施設を設けて研究そのものを行うのではなく、あくまでも外部の研究機関へ資金を拠出して望ましい研究成果や情報を収集することが役割としてあった。一九五四年七月から一九五七年六月までの三年間に、ＴＩＲＣは五二の研究機関に所属する六七人の研究者へ総額一七〇万ドル以上の研究費を助成した。その後、この機関は一九六四年に「タバコ研究協議会」（the Council for Tobacco Research）へ改称され、一九九八年の「一括和解合意」により、翌一九九九年に解体された。C. C. Little, *Report of the Scientific Director*, June 30, 1957〈http://legacy.library.ucsf.edu/tid/fof39d00〉, 4-5; *New York Times*, January 4, 1954.

（18）　Peter Pringle, *Cornered: Big Tobacco at the Bar of Justice* (New York: Henry Holt & Company, 1998), 115. アメリカ・ガン抑制協会は、一五人の医者やビジネスマンがガン患者の救済や苦痛の軽減などを目的として、一九一三年にニューヨーク市で結成したボランティア組織で、一九四五年に「アメリカ・ガン協会」（the American Cancer Society）と改称されている。

（19）　Brandt, 178.

（20）　例えば、『ニューヨーク・ジャーナル・アメリカン』は「肺ガンの恐怖沈静化にむけてタバコ会社は正しい方向に歩みはじめた」と書いたし、また『ジャージー・ジャーナル』も「紫煙のもやもやをふきとばす」という見だしの記事を載せて、タバコ業界の対応に一定の評価を与えた。*New York Journal-American*, January 6, 1954; *Jersey Journal*, January 5, 1954.

（21）　Council for Tobacco Research, *A Brief History of the Council for Tobacco Research—U. S. A., Inc. (CTR) Originally*

Tobacco Industry Research Committee (TIRC), December 12, 1982 〈http://legacy.library.ucsf.edu/tid/udt30a00〉, 4; Dan Zegart, *Civil Warriors: The Legal Siege on the Tobacco Industry* (New York: Random House, Inc., 2000), 37.

（22）Little, 19.

（23）Brandt, 186.

（24）Diana K. Sergis, *Cipollone v. Liggett Group: Suing Tobacco Companies* (Berkeley Hights, N.J.: Enslow Publishers, Inc., 2001), 17; Evarts A. Graham to Ernest L. Wynder, February 16, 1953, Box 103, Folder 762, Graham Papers.

（25）Charles Marwick, "Many Physicians Following Own Advice about Not Smoking," *Journal of the American Medical Association* 252 (1984), 2804.

（26）Tobacco Industry Research Committee, "Report on TIRC Booklet, 'A Scientific Perspective on the Cigarette Controversy'," May 3, 1954 〈http://tobaccodocuments.org/ness/10362.html〉, 1; Glantz et al., 358.

（27）喫煙者の「より安全なタバコ」を求める心理に対処するため、タバコ会社はフィルターつき紙巻きタバコの販売を本格化させたのである。最初のフィルターつき製品であるブラウン・アンド・ウィリアムソン社製の「ヴァイスロイ」が発売された一九三六年以降、フィルター・タバコの市場占有率は低いままで、一九五〇年の時点でも一％以下であった。しかし、一九五二年にロリラード社が「ケント」を、五三年にはR・J・レイノルズ社が「ウィンストン」を、五四年にはフィリップ・モリス社が「マルボロ」を、それぞれフィルターつきタバコとして販売すると、そのシェアは一九五〇年代前半の五年間の平均で六・五％へ、そして一九六〇年までの五年間の平均では四二・一％へと急速に拡大したのである。Jordan Goodman, *Tobacco in History: The Cultures of Dependence* (New York: Routledge, 1993), 110f; Robert Heimann, *Tobacco and Americans* (New York: McGraw-Hill Book Company, Inc., 1960), 254.

（28）Paul R. Johnson, *The Economics of the Tobacco Industry* (New York: Praeger Publishers, 1984), 63ff & 136f; White, 39.

（29）A. Lee Fritschler, *Smoking and Politics: Policymaking and the Federal Bureaucracy* (New Jersey: Prentice-Hill, Inc., 1969), 29ff & 64.

（30）Robert E. Goodin, *No Smoking: The Ethical Issues* (Chicago: The University of Chicago Press, 1989), 19-20.

（31）*Consumer Reports* (March, 1957). ニコチンとタールに関して、フィルターの有無で差が見られなかったのは、フィルターによって刺激が少なくなったことへの対応の結果であると考えられた。そのような「弱い」タバコに満足できない喫煙者が、ほかの銘柄へ切りかえることを阻止するために、タバコ会社は全面的に否定したが、ニコチンの含有量を操作したためと噂されるようになった。

(32) *Reader's Digest* (July, 1957).

(33) Richard Kluger, *Ashes to Ashes: America's Hundred-Year Cigarette War, the Public Health, and the Unabashed Triumph of Philip Morris* (New York: Vintage Books, 1996), 189.

(34) Whelan, 95.

(35) John A. Blatnik, "False and Misleading Advertising (Filter-Tip Cigarettes)," House Committee on Government Operation, 1958; Fritschler, 27.

(36) Stephen Fox, *The Mirror Makers: A History of American Advertising & Its Creators* (Chicago: University of Illinois Press, 1997), 303f; U. S. Department of Health, Education and Welfare, *Smoking and Health: Report of the Advisory Committee to the Surgeon General of the Public Health Service* (Washington D. C.: U. S. Government Printing Office, 1964), 33.

(37) ＦＴＣが考案した二種類の文言とは、①「注意――紙巻きタバコ喫煙は健康にとって危険なものである。医務長官諮問委員会は、紙巻きタバコ喫煙が特定の疾病による死を招き、さらには死亡率全体の上昇の一因になったことを確認した」と、②「注意――紙巻きタバコ喫煙は健康にとって危険なもので、ガンそのほかの疾病による死亡の原因となるかも知れない」であった。Fritschler, 83f; Kluger, 268.

(38) Peter Taylor, *Smoke Ring: The Politics of Tobacco* (London: The Bodley Head, Ltd., 1984), 169f.

(39) *New York Times*, April 28, 1964; Fox, 304; "Meetings at Covington & Burling with Regard to the Code and F. T. C. Problems," May 8, 1964 〈http://tobaccodocuments.org/ness/34703.html〉; John Slade, "Marketing Policies," in *Regulating Tobacco*, eds. Robert L. Rabin and Stephen D. Sugarman (New York and Oxford: Oxford University Press, 2001), 84.

(40) Elizabeth B. Drew, "The Quiet Victory of the Cigarette Lobby: How It Found the Best Filter Yet—Congress," *The Atlantic Monthly* (September, 1965), 2.

(41) John C. Burnham, *Bad Habits: Drinking, Smoking, Taking Drugs, Gambling, Sexual Misbehavior, and Swearing in American History* (New York: New York University Press, 1993), 102; Robert Kagan and David Vogel, "The Politics of

Smoking Regulation: Canada, France, the United States," in *Smoking Policy: Law, Politics, and Culture*, eds. Robert L. Rabin and Stephen D. Sugarman (New York and Oxford: Oxford University Press, 1993), 37; Whelan, 106.

(42) Kagan and Vogel, 47.

(43) Drew, 3; *New York Times*, August 22, 1964.

(44) Whelan, 117ff.

(45) Hearings before the Committee of Interstate and Foreign Commerce, House of Representatives Eighty-Ninth Congress First Session on H. Rs. 2248, 3014, 4007, 7051, 4244, April 6 – May 4, 1965〈http://legacy.library.ucsf.edu/tid/thh30c00〉. 283; Whelan, 125.

(46) Hearings before the Committee of Interstate and Foreign Commerce, 281.

(47) この法案は、上院では賛成七二票対反対五票で通過したが、反対した五人、つまりポール・ダグラス（Paul Douglas）、ロバート・ケネディ（Robert Kennedy）、ゲイロード・ネルソン（Gaylord Nelson）、ジョゼフ・クラーク（Joseph Clark）、ウォーレス・ベネット（Wallace Bennett）はおおむねリベラル派であり、タバコ権益の大きな南部の葉タバコ生産州選出の議員ではなかった。Whelan, 114.

(48) *New York Times*, July 17, 1965.

(49) *New York Times*, July 9, 1965.

(50) Federal Cigarette Labeling and Advertising Act, July 27, 1965〈http://legacy.library.ucsf.edu/tid/eeg49b00〉.

(51) Taylor, 172.

(52) Burnham, 103; Fritschler, 12.

(53) Hearings before the Committee of Interstate and Foreign Commerce, 282.

(54) Brandt, 254; Whelan, 108 & 113.

(55) Taylor, 11.

(56) アメリカ合衆国商務省編『アメリカ歴史統計』（原書房、一九八六年）二巻、六八九ページ：Richard F. Beltramini, "Perceived Believability of Warning Label Information Presented in Cigarette Advertising," *Journal of Advertising* 17 (1988), 26.

(57)　四種類の新たな「警告文」は以下の通りである。①医務長官による警告——喫煙は肺ガン、心臓疾患、肺気腫の原因となり、また妊娠合併症を引きおこす恐れがある。②医務長官による警告——今すぐ禁煙すれば、あなたは健康への重大なリスクを大幅に軽減できる。③医務長官による警告——妊婦による喫煙は、胎児傷害、早産、低体重児出産を引きおこす恐れがある。④医務長官による警告——紙巻きタバコの煙には一酸化炭素が含まれている。

第六章　「現代タバコ戦争」の転換点としての一九八〇年代

――ニコチンの依存性と受動喫煙の危険性――

はじめに

一九五〇年代の前半に、それまで蓄積されてきた喫煙による健康被害についての研究結果を、一般の雑誌や新聞がいっせいに取りあげたことによって始まった「現代タバコ戦争」は、二一世紀になった今もつづいている。この戦争のきっかけとなった反タバコの大きな動きとして、喫煙と肺ガンなど疾病との因果関係を連邦政府が公式に認めた一九六四年の「公衆衛生局医務長官諮問委員会報告書」の公表があり、それに基づいて成立した、喫煙に対する注意文をパッケージに表示する義務を負わす一九六五年の「連邦紙巻きタバコ表示広告法」(the Federal Cigarette Labeling and Advertising Act) と、テレビやラジオによるタバコ広告を一九七一年一月二日以降禁止した「公衆衛生紙巻きタバコ喫煙法」(the Public Health Cigarette Smoking Act) があった。

一方、タバコ業界はこれらの「攻撃」によって大きな痛手を受けると予想されるなか、喫煙と疾病の因果関係を「いまだ証明されていない」と間接的に否定しながら、フィルターつきや低タールと低ニコチンを強調する製品を増産したり、さらには若いアスリートが登場する健康をイメージさせる広告を、雑誌や野外看板などを使って行う方法で対抗した。そのような戦術がどの程度効果的であったのかを正確に述べることはできないが、紙巻きタバコの国内消費量は一九八〇年までにやや落ちこんだものの、製造量は海外への輸出拡大もあって増えつづけたのである(1)。

現代タバコ戦争における初期段階での危機を乗りこえたタバコ業界だったが、一九八〇年代に入ると新たな危機に直面するようになった。今回は、二つの要因が逆風を起こすのだが、それらはニコチン依存と受動喫煙の問題で、両者とも一九七〇年代の初頭から議論されるようになっていた。そして、ニコチンは依存作用を引きおこす物質であることが一九八八年に、さらには受動喫煙が非喫煙者の健康に悪影響をおよぼしうることがそれより前の一九八六年に、それぞれ発表された「公衆衛生局医務長官報告書」のなかで、連邦政府の公式見解として認められたのである。

本章の目的は、ニコチン依存と受動喫煙の問題がアメリカ社会において歴史的にいかに語られてきたのか、そしてそれらの問題が、どのような研究成果をふまえて公衆衛生局医務長官報告書で取りあげられるようになったのかを考察することである。また、これらの報告書に示された見解が、喫煙は個人の自発的で自由な行為であると長年タバコ会社が述べてきた主張を説得力に欠けるものとしたのだが、この点についても論じてみたい。

一 「自発的で自由な行為」としての喫煙

喫煙にまつわる政治文化

連邦紙巻きタバコ表示広告法によって、一九六六年一月一日から紙巻きタバコのパッケージに、「注意——紙巻きタバコの喫煙はあなたの健康に危険をもたらすかも知れない」(Caution: Cigarette smoking may be hazardous to your health.）と表示することが義務づけられた（傍点は引用者による）。第五章で考察したように、確かにこれは「警告」（warning）というよりも「注意」（caution）であり、助動詞“may”を使用したため「かも知れない」と断定表現を避けた曖昧な内容であった。しかし、この注意文がひとたび表示されると、タバコを吸うか吸わないかは喫煙者の「情報に基づく自発的な選択」によって決められ、そこでは自らの意志が何よりも優先されるべきとするタバコ業界の主張に一定の説得力が生じたのである。(2)立法提案者の一人だったワシントン州選出の民主党連邦上院議員ウォーレン・マグナスン（Warren G. Magnuson）も、「この表示はそれを目にするすべての人（喫煙者）に対して、喫煙は自らの意志で行う自由な行為であることを通告するもの」という見解を述べている。(3)

喫煙が「自発的で自由な行為」であるという考えかたは、アメリカ社会において伝統的に支持されてきた個人主義的価値観に裏打ちされたもので、公的医療保険制度が長年確立されてこなかったのも、そのような価値観を生みだした政治文化が背景にあったと思われる。国民の多くが、「アメリカは自由な国で、これは俺の体だ。放っておいてくれ！」と叫ぶ喫煙者の言葉が、たとえタバコ会社による作文だったとしても、長いあいだ受けいれられてきたのは事実であった。(4)喫煙で健康を損ねたとしても、それは喫煙者が自ら選択した行為によって生じたものという考えかたが、広く支持されてきたのである。

そのような状況であったため、依存作用を生むと考えられたニコチンの含有量が操作されたと疑われたり、判断力に乏しいとされる未成年者を標的とした販売戦略について述べられた機密文書が裁判の過程や内部告発によって白日のもとに晒されていた二〇世紀末の時点でも、喫煙者に自らの不健康に対する責任があるとする世論は、タバコ会社に責任があるという世論よりもはるかに大きかった。その結果、紙巻きタバコの製造物責任を問う訴訟は、喫煙者やその家族によって一九五〇年代中頃から起こされはじめ一九九〇年代の初頭には数百件にたっするようになっていたが、タバコ会社は一セントたりとも賠償金を支払うことはなかったのである。(5)

女性と年少者に訴えかける「自発的で自由な行為」

紙巻きタバコが流行しはじめた二〇世紀の初頭以来、タバコ業界は喫煙が自発的で自由な行為であるというメッセージを発信しつづけた。このメッセージは、一九二〇年代に人前での喫煙が目立つようになった女性に向けた紙巻きタバコ広告のなかにまず現れたのだが、その背景として彼女たちを取りまく状況の変化があった。第二章で論じたように、既婚女性にとって家庭という私的空間が留まるべき「領域」であり、家事と育児に専心するのは「女性の美徳」であるという考えかたが、二〇世紀の初頭まで中産階級を中心にアメリカ社会で信奉されてきた(6)。

しかし、第一次世界大戦終結後の開放感と大都市を中心に出現した大衆消費社会の活気は、女性を取りまく堅苦しい雰囲気を徐々に変えはじめたのだが、その変化を感じとったタバコ会社は、市場拡大のためタブー視されてきた女性をターゲットにした広告を行うようになった。このとき、広告のなかで彼女たちにむけて強く訴えられたものの一つが、紙巻きタバコの喫煙は自発的で自由な行為であるというメッセージだったのである。つまり、喫煙は「自由や平等という価値観を最も象徴的に表現する行為」であるとともに、古い道徳観からの解放を求める進歩的な女性たちによる意思表示でもあった。当時、紙巻きタバコが彼女たちによって「自由の松明」に喩えられたのも、そのような状況を反映してのことだった(7)。

タバコ会社が市場の拡大を図るうえで、喫煙が自発的で自由な行為であると訴えかけたのは女性だけではなかった。それは年少者で、常に新しい喫煙者を必要としていたタバコ業界にとってきわめて重要な販売促進の対象者であったが、彼らへの働きかけは女性以上に問題視されてきた。事実、アメリカでは一八九〇年までに二一州において、また一九二〇年までにはヴァージニアとロードアイランドをのぞくすべての州で年少者への紙巻きタバコ販売が、そして州によっては公の場における彼らによる喫煙が違法行為とされたのである。ちなみに、当時この年少者とは、多くの州では一六歳以下の少年および少女と定義されていた(8)。

したがって、タバコ会社は表むきには年少者より少なくとも数歳年上の「若い成人《ヤング・アダルト》」を販売対象にしているという立場を長年とりつづけており、そのようにすることで、年少者を標的にしているのではという批判をかわそうとしてきた。一九八〇年代に作成されたタバコ会社の内部資料によると、若い成人とは「二四歳までの若者」を指すが、何歳以上とは書かれていなかった。実際、「この年齢以降に喫煙を始める者は〔喫煙者全体の〕五％のみ」であったため、若い成人の年齢は低いほど望ましいというのが業界の本音だったのである。(9)

実際、「将来の愛煙家」になりうる年少者への働きかけは古くから行われており、二〇世紀への転換期における典型的な例は「シガレット・カード」と呼ばれた絵や写真が印刷された厚紙片だった。第三章で述べたように、もともとこのカードは丈夫ではなかったパッケージを補強するために用いられたもので、当初はセクシーな女性が描かれるなど成人男性むけに作られる場合が多かった。しかし、その後紙巻きタバコ購入者の子どもたちをターゲットにしたカード、具体的には動物、鳥類、万国旗、船舶、歴代の大統領などのシリーズものが登場したのだが、なかでもスポーツ界のヒーローが描かれたものは、彼らに紙巻きタバコへの興味を抱かせるきっかけになった。(10)いずれにしても、タバコ業界にとって若い人たちに喫煙を始めさせることが自らの存続に不可欠であるという点は、昔も今も変わっていない。

ところで、喫煙を初めて体験したときやその後しばらくのあいだ、鼻や喉、さらに煙を吸いこむ場合は呼吸器系器官に違和感や不快感を経験する人は多いと言われている。それにもかかわらず、初心者が喫煙をやめようとしないのは、「それ（喫煙）によってえられる心理的効果に満足する」からだと考えられているためだ。ここでいう「心理的効果」とは、喫煙によって同世代の若者たち、特に周囲にいる異性から、自分が成熟した大人として魅力的に見られていると思いこむことによってえられる自己満足感を意味するのである。「R・J・レイノルズ・タバコ会社」の内部資料のなかでは、この「成熟した大人」から連想されるものとして、「自由」とか「自立」などが具体的に言及されている。[11] このように、背伸びをする傾向にある若い人たちに対してタバコ会社がとった戦略は、喫煙を「自由な行為」として位置づけるとともに、誰からも束縛を受けない「自立した大人の嗜み」であると仄めかすことであった。[12]

フィリップ・モリス社とマルボロ・マンの登場

これらの点を最も象徴的に表したものが、「フィリップ・モリス・タバコ会社」によって生みだされた「マルボロ・マン」の登場する広告であろう。このタバコ会社は一八四七年にタバコ販売店としてロンドンで誕生し、約一〇年後に紙巻きタバコの製造を始めたが、一九世紀を通して規模は小さいままであった。二〇世紀になって、フィリップ・モリス社は大西洋を渡ってニューヨーク市へと進出し、一九二〇年代の中頃に「マルボロ」の製造を開始したのである。当初、この銘柄は刺激の比較的弱い葉タバコをブレンドして「軽い」製品に仕上げられ、「五月のようにかろやか」（Mild as May）というコピーを採用したり、口紅の色を隠すために吸い口に色紙を使用するなど、それまでタブー視されてきた女性むけのものとして作られた。[13] しかし、当時「ラッキーストライク」、「キャメル」、「チェスターフィールド」が三大銘柄として強固な壁を築いており、マルボロの市場におけるシェアは一％にも届かなかった。

その後一九五〇年代になって、喫煙と肺ガンや肺気腫など疾病との因果関係が、学会誌や医学専門誌だけではなく一般の雑誌や新聞、さらにはテレビやラジオによって広く伝えられるようになると、紙巻きタバコの消費量は一九五三年から翌年にかけて、二〇世紀初頭以来初めて減少に転じたのである。この危機にさいして、フィリップ・モリス社は生きのこりをかけ、マルボロに大きな変更をくわえる決定をくだした。その指揮を執ったのは、後に社長へ就任することになる広告代理店出身のジョージ・ワイスマン（George Weissman）だった。彼は市場および世論調査の専門家や経営コンサルタントなどを招いてチームを編成してこれを進めたのだが、最大の変更点は販売対象者をそれまでの女性ではなく男性にするというものであった(14)。

マルボロの「性転換」に関して、まずこのタバコをフィルターつきにして安全性を強調すること、次にイギリスから取りよせた機械で製造する丈夫な押しあげ蓋式《フリップ・トップ》のボックス型にパッケージを変えること、そしてそのパッケージには従来の緑に代わって白と赤を基調とした配色を採用することが決められた。広告に関しても、当然男性をターゲットにしたものになったが、一九五四年にそこへ登場したのは「船長、スポーツ選手、鉄砲鍛冶、カウボーイなどで、彼らは手の甲に彫った入れ墨を見せびらかす」、つまり男らしさをアピールした(15)（図21）。そのなかから、最終的にカウボーイが生きのこり、彼がフィリップ・モリス社の命運を握るようになったのである。

カウボーイに扮したマルボロ・マンが、「大草原、山岳地帯、渓谷を舞台に、家畜を放牧したり馬にロープをかける姿」は、電波広告が禁止される一九七一年一月まではテレビを中心に、そしてその後は主に雑誌や野外看板によって伝えられた（図22）。「マルボロ・カントリー」を馬で駆けめぐる孤高のカウボーイが表象したものは、社会や組織などによる束縛を受けない「自由」や「自立」といった、多くの人たちが思いえがくであろう「二〇世紀に顕在化する官僚化や都市化以前の古き良き時代にあったとされる価値観」だった(16)。カウボーイが鞍のうえで紙巻きタバコを格好良く吸う姿は、思春期の若者たちが憧れる独立独行の精神で生きぬく男を連想させるもので、喫煙はまさにそのような大人になるための「通過儀礼」であった(17)。

このようなマルボロ広告の効果は、すでに述べた製品そのものの変更とあいまって、誰もが予想しなかったインパクトを市場に与えることとなった。さらに、このタバコは男性だけではなく女性――その多くが、想像するにマルボロ・マンのような男を好む女性――のあいだでも売りあげを伸ばしたため、一九七四年にはそれまで最も売れる銘柄だったR・J・レイノルズ社製の「ウィンストン」に並び、一九八五年には市場のほぼ二一％をしめるにい

図21　「性転換」した直後のマルボロ広告

1950年代に広告へ登場したさまざまな職業の男性はすべて手の甲に彫った入れ墨で男らしさをアピールしていた。

出所：http://tobacco.stanford.edu/tobacco_main/images_body.php?token1=img19327.php

図22 1985年の「マルボロ」広告

「マルボロ」をベストセラーにしたと言われるカウボーイによる広告は現代でも見られる。

出所：http://tobacco.stanford.edu/tobacco_main/images_body.php?token1=img9550.php

たったあとも、ほかの銘柄を引きはなして首位の座を守りつづけた。その結果、マルボロが男性用に転換された一九五四年に国内第五位の紙巻きタバコ会社だったフィリップ・モリス社は一九七一年に第二位へ、そして一九八三年には一九五八年以来首位を守ってきたR・J・レイノルズ社を抜いて第一位の市場占有率を誇るタバコ会社になったのである。[18]

二　ニコチンの依存性

ニコチンによってもたらされる弊害

前節で述べたように、喫煙が自発的で自由な行為であると訴えるタバコ会社の広告は、長年にわたり一定の効果を保ちつづけてきたと思われる。しかし、一九七〇年代にこのような戦略を取りつづけることを困難にする状況が生じたのである。それはニコチンの依存性と受動喫煙の危険性に関する研究が進んだために問われはじめた、喫煙は自らの意志によるものであるとか、どこでも自由に行える行為であるという考えかたに対する疑問であった。そこで、本節ではニコチンの依存性について、そして次節では受動喫煙について、それぞれ歴史的に考察しながら論じてみたい。

そもそもニコチンは、葉タバコにはじめから存在する物質であると長年語られてきたが、その抽出が可能になるのは一九世紀の初頭だった。[19]それを試みたのは、イタリア人化学者ガースパレ・チェリオリ（Gaspare Cerioli）とフランス人化学者ルイ＝ニコラ・ヴォクラン（Louis-Nicolas Vauquelin）で、彼らは一八〇七年と一八〇九年に行った実験によって、葉タバコに含まれる活性アルカロイドを油の形態で取りだすことに成功した。しかし、これには不純物が多く含まれており、純粋なニコチンを抽出する実験にはならなかった。その後一八二〇年代になって、ドイツ人化学者S・F・ヘルムブシュテット（S.F. Hermbstadt）、医師ヴィルヘルム・ポッセルト（Wilhelm Posselt）、化学者カール・ライマン（Karl Reimann）などによる実験において、ニコチンが「完全に純粋な形」で抽出されたのである。[20]

ニコチンに関する研究は一九世紀中頃から本格的に行われるようになったが、この物質が「ディー・ディー・ティー」（DDT）の実用化まで殺虫剤として使用されていたことから想像されるように、毒性効果を確かめるための動物実験が多かった。[21]それと並行して、タバコ使用が人体に与える影響について論じられた場合もあり、ときにはニコチンが喉頭ガンや舌ガンなどを引きおこす物質であると主張する者もいたが、この点に関する研究は進まなかった。しかし、一九世紀末に始まった「反紙巻きタバコ運動」のなかで、一部の指導者がこの物質を疾病との関係ではなく依存作用の観点から取りあげたことは注目に値する。[22]例えば、第四章で言及したニューヨーク市の教育委員長チャールズ・ハベル（Charles Hubbell）は、ニコチンが年少者の人格形成に悪影響をおよぼすものとして、「ニコチンに対する抗しがたい欲求を満足させるため、少額のお金を盗んでまで」タバコを手にいれようとすると、一八九三年に警告している。[23]

また、第一章で論じた「アメリカ反紙巻きタバコ連盟《アンチ・シガレット・リーグ》」の役員で、当時開学間もないスタンフォード大学の初代学長を務めていたデヴィッド・ジョーダン（David Jordan）も、ニコチンは「神経障害の原因になる薬物」であり、「服用することでそれ自体が引きおこす苦しみを一時的に和らげるかも知れないが、効果が薄れてくると苦しみは再発する」と指摘している。彼にとってニコチンは、「酒類そしてコカインやアヘンなどの麻薬と同様に、禁断症状を招く物質」だったのである。[24]

ここで引用したハベルやジョーダンの主張は、喫煙によるニコチンの摂取が人間の健全な成長だけではなく、日常生活にも悪影響をおよぼす「依存」につながるという警告であり、これは主に喫煙者の日々の行動を観察することによって導きだされたものだった。したがって、喫煙に関する医学的および化学的研究が本格化する以前の時代において、この物質の弊害が道徳的に、そしてときには情緒的に、タバコ使用に反対する人たちによって語られていた印象は否めなかった。

ニコチンが依存性物質であるという見方は、その後も引きつづいて示された。大恐慌の時代、ほとんどすべての産業が打撃を受けるなかにあって、紙巻きタバコの消費量が落ちこむことはなかった。当時経済記者だったエドワード・コネリー（Edward Connelly）は、「景気が良いときも悪いときも、ニコチンがもつ依存という特性のおかげで、人びとは紙巻きタバコの喫煙を、食事と同様に日常生活のなかで不可欠な行為と思いこんでいるようだ」と記述した。また、ハーヴァード大学のニール・ボーデン（Neil Borden）教授も、「この物質（ニコチン）が習慣的使用を生みだすため、たとえ収入が減っても切りすてられない紙巻きタバコには、堅調な需要が見込まれる」と述べている[25]。

このように二〇世紀の中頃までは、ニコチンが嗜癖誘導物質として語られる場合でも、道徳的な観点や経済的な視点から論じられるものが多く、それらが反タバコ派の関心を呼ぶことはあっても、一般の人たち、とりわけ喫煙者に注目されることはほとんどなかった。しかし二〇世紀の中頃以降、喫煙が肺ガンなどさまざまな疾病の原因になるとする研究結果を多くの国民が知るようになり、状況は変わりはじめたのである。

喫煙は習慣か依存か

ニコチンに関する議論の中心になったのは、喫煙という行為が「習慣」なのか、それとも「依存」なのかという点であった[26]。前者の立場にたったのがタバコ業界の関係者で、彼らはタバコ使用が自発的な行為であるためいつでもやめられるとしたうえで、そもそも習慣は悪いものとは限らないと強調した。業界関係者は、依存ではなく習慣であることの根拠として、禁煙を試みてそれを実現した人が多数いる状況をあげた[27]。さらに彼らは、喫煙は食事と似ており、例えば痩せたいと願う人のなかにも、カロリーは高いが美味しそうな料理に出会ったら、我慢できる人がいる一方でつい食べてしまう人もいるが、たとえ食べたとしても、その行為は「依存」というほど大げさなものではなく、たんなる美食習慣であると主張した[28]。

他方、タバコ使用に警鐘を鳴らす人たち――医師や研究者の多数派、政府の公衆衛生担当者、ガンや心臓病の患者やその家族など――は、後者の立場にたった。彼らは、タバコには依存作用を引きおこすニコチンが含まれており、喫煙が意志の力によって制御されうるものとは限らないと主張した。さらに反タバコ派は、「すべての喫煙者がタバコの虜になり、誰一人として禁煙できない状況」のみを依存とする議論を、あまりにも極端なものとして否定したのである。

その論拠の一つとして、ヴェトナム戦争体験者でヘロイン依存症と診断された者の七〇％以上が、自らの意志の力、カウンセリングやリハビリや投薬などの医療措置、そして周囲の人たちの励ましなどによって、帰還後にその使用をやめることができたのであるが、この物質は法律的にも医学的にも社会的にも依存性薬物として認知されている点を反タバコ派はあげている。つまり、彼らにとって依存とは「使用をまったくやめられない状態ではなく、それが困難な場合」を指すもので、喫煙はまさにこれに該当する行為であるとした[29]。実際、紙巻きタバコを吸いはじめて間もない者にとって、喫煙をやめるのはそれほど困難ではないが、長年一定以上の本数を日常的に吸ってきた、つまり大量のニコチンを摂取しつづけてきた人が禁煙を試みても、その多くが失敗に終わる現実を捉えて、反タバコ派はそのように結論づけたのである[30]。

ところで、テリー医務長官が一九六四年に公表した報告書では、ニコチンによる作用が「依存」ではなく「習慣」と位置づけられていた。そのなかで、「タバコの習慣的使用は、主として精神的および社会的要因によるもの」

という解釈が示された（傍点は引用者による）。したがって、「タバコの生物学的影響はコーヒーと同じで、モルヒネ、酒類、バルビツル酸誘導体、そしてそのほか多くの潜在的に依存性をともなう麻薬によって生みだされる影響とは異なる」というのが、当時のニコチンに対する厚生省公衆衛生局の公式見解であった(31)。

一九八八年医務長官報告書

ニコチンの特質についての議論と並行して、この物質に関する化学的研究も行われた。確かに、ニコチンが脳に作用することは二〇世紀中頃までの研究で指摘されていたが、その詳細、つまり「ニコチンが何にそしていかに作用するのかについては十分解明されていなかった」のである(32)。しかし、その後薬理学や脳科学の研究が進み、最終的にこの物質によって依存作用が引きおこされるメカニズムが明らかにされるようになった。それによると、一本の紙巻きタバコに含まれるニコチン――銘柄によって〇・五ミリグラムから二・〇ミリグラム程度と異なる――のおよそ二〇％が煙とともに肺のなかへ吸いこまれたあと、血液を介して八秒以内に脳へ運ばれてそこに溜まるというのだ。脳へ運ばれたニコチンは、血管と脳のあいだにある障壁を越えてニコチン性アセチルコリン受容体に作用し、中枢神経のドーパミン神経系を活性化させることで依存性――快感をもたらす覚醒作用――を生みだすという事実が明らかにされた(33)。

さらに、薬物動態学や薬効学などの分野でも研究が進み、ニコチンの依存作用に関連するさまざまな影響――例えば自己管理能力の減退、使用停止後に起こる禁断症状をともなう精神状態の変化、薬物依存に対する耐性限界量の上昇――にも焦点があてられるようになった。このような一九八〇年代にかけて公表されてきた研究結果をふまえて、ニコチンは依存性物質であることを厚生省として公式に認めたのが、エヴェリット・クープ（Everett Koop）医務長官によって公表された一九八八年の「公衆衛生局医務長官報告書」だったのである（図23）。

『喫煙が健康におよぼす影響——ニコチン依存症——』という表題がつけられた六〇〇ページを超えるこの報告書では、さまざまな角度からニコチンの影響について分析がなされている。報告書全体の概要が書かれた第一章につづく第二章では、「ニコチンはすべての形態のタバコに含まれており、無煙タバコの場合は口や鼻から体内へ取りこまれ、血液を通って脳へ運ばれる」動きが説明されている。第三章と第四章では、この物質が依存性物質であること、そしてその依存作用を生じさせる先ほど述べたようなメカニズムが詳細に描かれている。次の第五章では、ニコチンの依存性とヘロインやコカインなどの薬物による依存性とがほぼ同じで、いったんは使用をやめることができても「再発」する可能性がともに高い点が述べられている。

つづく第六章では、長年喫煙してきた人は、禁煙によってニコチンの吸収を途切れさせたときよりも、喫煙によってそれを補給したときのほうが感覚は鋭くなったと錯覚するかも知れないが、それは一時的な覚醒作用であって、全般的な認知機能の改善にはならないという事実が論じられている。さらに第七章では、ニコチン依存は医療対応が可能であることを前提に、例えばガムを使った置換療法が禁断症状の緩和に効果的であるという調査結果が説明されている。そしてこれらの章をふまえて、「ニコチンは葉タバコに含まれる薬物であり、ヘロインやコカインと酷似している」と結論づけられている。(34)

クープ医務長官によってこの報告書が公表された一九八八年、「アメリカ精神医学会」(the American Psychiatric Association) な

図23　C. エヴェリット・クープ第13代公衆衛生局医務長官（在職 1982-1989年）

出所：Diana K. Sergis, *Cipollone v. Liggett Group: Suing Tobacco Companies* (Berkeley Heights, NJ: Enslow Publishers, Inc., 2001), 37.

ど国内の専門家集団もニコチンが依存作用を引きおこす物質であると結論づけており、さらには「世界保健機関」(the World Health Organization)も同様の立場にたった。しかしながら、このような見解が多方面からだされても、タバコ会社がただちにそれを認めることはなかったし、喫煙による健康被害はタバコを製造した者の責任であるという世論が支配的になることもなかった。それは、喫煙者自身やその家族が、健康被害に対する賠償を求めてタバコ会社を訴えた裁判の結果にも、依然として表れていたのである。

詳細は第八章で述べるが、一九五〇年代の中頃に始まるそのような裁判においてタバコ会社敗訴の判例はなかったし、それは一九八〇年代でも変わらなかった。その背景として、裁判に参加した陪審員つまり一般市民の多くが、喫煙をやめられない人を「依存症者」という病人ではなく、やはり「意志薄弱者」と考えていたことがあったと思われる。通常、事件や事故の「犠牲者」には同情が寄せられるものだが、当時喫煙者はそのように思われてはいなかった。[35]

三　迷惑行為としての喫煙

受動喫煙がどのように意識されてきたのか

喫煙が自発的で自由な行為であるとするタバコ会社の主張に疑問を投げかけるようになった要因として、前節ではニコチンの依存作用について論じたが、ここではもう一つの要因である「受動喫煙」について考えてみたい。[36]この問題が注目されると、喫煙者は犠牲者としてはますます見られなくなるばかりか、今度は「加害者」にされはじめるのであった。元来、パイプ・タバコや葉巻などの有煙タバコから出てくる紫煙は目に見えるし、鼻でその臭いを嗅げたため、喫煙者の近くにいれば自分が紫煙に晒されていると容易に自覚できたことから、受動喫煙は紙巻きタバコが出現する以前から意識されていたと言える。

しかし、パイプ・タバコと葉巻は使用するのに手間隙がかかったり、携行可能な安全マッチが出回っていなかったことなどが理由で、家庭や職場以外の場所においては嗜みにくいものであったため、外出先では無煙の噛みタバコや嗅ぎタバコを用いる者が少なくなかった。ちなみに、噛みタバコは手軽に楽しめたため、一九二二年頃まで最も使用された形態であった(37)。ところで、紙巻きタバコが流行するまでのアメリカは、一部をのぞいて都市化が本格的に始まる以前の「一九世紀的社会」で、酒場のような喫煙者が集まる場所は限られており、閉ざされた空間で見ず知らずの他人が吸うタバコの煙に長時間晒される機会は相対的に少なかった。その結果、もし受動喫煙が意識されるとすれば、それは家庭や職場など身近な人たちがいる空間が多かったため、広く社会で問題視されるものにはなりにくかったのである。

しかし、産業化や都市化に拍車がかかり人びとが時間の流れを速く感じるようになると、発火しにくい安全なマッチの出現とあいまって、携行しやすく短時間に使用できる紙巻きタバコが、デパートや劇場さらには交通機関など都市を中心に不特定多数の人が集まる場所で使用される機会が増えはじめた。そのため、他人が吸うタバコの煙に嫌悪感を覚える人が増加し、例えばレストランでは「嫌な気分になることなく食事を楽しめる非喫煙者などほとんどいない」状況が生じるようになった(38)。二〇世紀の初頭、公の場における喫煙は、健康問題というよりも目や鼻や喉に不快な刺激を与える「迷惑行為」として取りあげられる場合が多く、特に飲酒と喫煙に反対する「改革者」たちによって問題視されたのである(39)。

二〇世紀前半の喫煙規制

しばしば引用してきた「女性キリスト教テンペランス同盟」（the Woman's Christian Temperance Union）の活動家

で敬虔なキリスト教徒だったエレン・ホワイト（Ellen White）は、「喫煙は嫌悪すべき行為で、ほかの人たちにとっては非常に迷惑なものです。酒とタバコの悪臭が充満する列車のなかや室内に留まるのは、危険ではないのですが不快きわまりないことです」と講演で語っている。また、前節でも触れたジョーダンは一九一二年発行の『禁酒教育季刊誌』のなかで、タバコの煙は「それ（煙）に無頓着ではいられない人の目や鼻や肺を激しく攻撃する」と嫌悪感を述べて、公の場における禁煙措置を提唱した。やはり、反紙巻きタバコ運動の活動家で一九〇六年に成立した「純良食品薬品法」（the Pure Food and Drug Act）の草案作りへ中心的に関わった化学者ハーヴィー・ワイリー（Harvey Wiley）も、「周囲にいる人たちに誰彼となく不快なタバコ煙と臭い息を吹きかける権利を、いかなる者に対しても絶対に認めてはならない」と述べながら同様の措置を求めた。(40)

実際、紙巻きタバコが流行しはじめると、ジョーダンやワイリーのような反タバコ派は不特定多数の人が集まる場所での喫煙を規制するため、いくつかの州で立法化を試みるようになった。例えばサウスカロライナ州では、一九二〇年に飲食店での禁煙を義務化する法案が州議会上院を通過したが、下院で否決されている。またミネソタ州では、飲食店以外にも劇場や鉄道の駅や列車のなか、そして公共の建物内での喫煙を禁止する法案が議会で審議されたものの、成立はしなかった。

その一方で、反タバコ派には喫煙がたんなる迷惑行為としてではなく火災の原因になりかねない点を憂慮する者も多く、ミシガン州ではそのような人たちが中心になって、一九一九年にこれに関連する州法を成立させている。それは、ボクシングやレスリングの試合会場——当時の興行はひとたび着火すると瞬くあいだに燃えひろがるテント張りの会場でしばしば行われていた——での喫煙を禁止したもので、周囲にいる人が感じる煙による不快感への配慮から提案されたわけではなかった。また、それより数年前のニューヨーク州では、混みあった場所で衣服を焦がして火傷につながる事故を憂慮して、列車やフェリーボートなどの交通機関やその関連施設において、喫煙を禁止する措置が行政命令によってとられていたのである[41]。

これらのことから見えてくるのが、公の場での喫煙が規制の対象になるのは、周囲にいる人が不快を感じるだけでは不十分で、火災や火傷のような「実害」が認識される場合のみであった[42]。したがって、伝統的に自由を尊重してきたアメリカにおいて喫煙は公の場でも認められてきたため、受動喫煙の問題が本格的に議論されるのは、それによる健康被害が問題視されるようになる二〇世紀の中頃以降であった。当初、喫煙者が自ら吸いこむ主流煙が注目されたが、その後副流煙に晒される非喫煙者の健康被害も徐々に研究の対象となり、人びとが集まる場所での喫煙規制が議論されるようになるのであった。

タバコ煙に関する研究

古くから、タバコ煙は近くにいる人の「目を刺激して潤ませたり違和感を感じさせるほか、咳、鼻水、息苦しさ、頭痛、喉の痛みを引きおこす」と観察や経験に基づいて言われてきた。しかし一九六〇年代になると、このような症状に関する研究が行われ、「迷惑行為」の実態が明らかにされはじめた。例えば、タバコ煙に晒される非喫煙者は「暖かく乾いた空気のなかで不快感を最も感じる」とか、「喫煙者自身は目に不快な刺激を感じるが、非喫煙者は目よりも鼻にそれを感じる」という調査結果が、一九六六年にC・R・ジョハンソン（C.R. Johansson）とH・ロンゲ（H. Ronge）によって発表された[43]。

またF・スピア（F. Speer）は、一九六八年に四四一人の非喫煙者を対象に聞きとりや皮膚の反応テストを行ってタバコ煙の影響を調査したが、このときアレルギー反応を引きおこした経験のある非喫煙者に焦点があてられた。彼によると、アレルギー歴のある人もない人も、タバコ煙による目の不快感に関してはともに七〇％が経験したとしているが、そのほかの症状について、鼻の不快感では六七％対二九％、頭痛では四六％対三一％、咳では四六％

対二五％など、アレルギー歴がある人のほうがない人よりも高い割合を示したのである(44)。

アレルギー体質以外に、持病の有無を考慮に入れた調査も行われたが、とりわけ心臓疾患や喘息などを患っている人ほどタバコ煙に対して敏感に反応したり、深刻な影響を受けやすい点が指摘された。例えば心臓疾患の患者の場合、二時間にわたり一五本の紙巻きタバコの煙に晒されると、「安静時の心拍数増加、血圧の上昇、血液による酸素運搬能力の低下のほかに、運動時に狭心症を引きおこしやすくなる」と警告された(45)。また、カナダでも眼科医や耳鼻科医が中心になって、一九七七年の夏に成人四二六人を対象とした調査がなされた。対象者には非喫煙者だけではなく喫煙者や元喫煙者も含まれており、「タバコ煙に晒されたときの流涙、目に感じる痛みや違和感、ぜいぜいという荒れた息づかい、そして鼻漏などの症状」に関して聞きとりが行われた。興味深い結果として、例えば喫煙者は自らが発生させる煙よりも他人による煙のほうが涙が出やすいこと、また鼻漏に関しては、非喫煙者によく見られる症状であることなどが報告されている。やはり、持病をもつ人への影響が大きい点も述べられているが、ここでは花粉症についても言及された(46)。

さらに、呼吸器疾患に焦点をあてた研究も進められたが、これに関しては、ジェームズ・ホワイト（James White）とハーマン・フローブ（Herman Froeb）によって一九八〇年に発表された論文「長時間タバコ煙に晒される非喫煙者に起こる小気道機能障害」が、代表的なものとしてしばしば引用されている。彼らは二つの仮説、すなわち職場で長時間タバコ煙に晒される非喫煙者の小気道の機能が、晒されない非喫煙者のそれよりも低下すること、そして小気道の機能障害の程度が、タバコ煙との接触時間の長さに比例して悪化することを証明しようとしたのである。

当初の調査対象者五二一〇人から、肺や心臓に病歴のある人、仕事において日常的に埃や有害な煙に晒されてきた人、大気汚染指定地域に居住していた人などをのぞいた三〇〇二人が、タバコ煙に晒される度合いによって六つのグループに分けられ、肺活量やそのほかの検査によってそれぞれの呼吸器系器官の機能が比較された。その結果、小気道機能障害に関しては「タバコ煙が充満した環境で仕事をする非喫煙者は、肺まで煙を吸いこまない喫煙者や一日一〇本までの紙巻きタバコの煙を吸いこむ喫煙者と、ほぼ同じ程度の損傷リスクを負って」おり、「当然、「煙に」晒される時間が長いほど肺の機能は低下する」と結論づけられている。(47)

このような受動喫煙に関する研究は、一九七〇年代末までそれほど多くなかったが、一九八一年に二八編の論文が発表されたあと増えはじめ、一九八九年にはその数は二一三編になった。首都ワシントン郊外のメリーランド州ベセスダ市にある生物医学関係の論文や著作の所蔵規模では世界最大級の「国立医学図書館」(the National Library of Medicine) では、一九八一年に「タバコ煙汚染《ポルーション》」という分類項目が新たに設けられたが、これは当時の受動喫煙に対する関心の高まりを示すものであった。(48)

四 受動喫煙と肺ガンの関係

受動喫煙に関する多様な研究

一九八〇年代になって、非喫煙者の多くは受動喫煙が原因とされる健康被害の話題に注目するようになり、なかでも肺ガンを取りあげたものは、それが治癒困難な病気であると考えられていたため、彼らに衝撃を与えることとなった。そのきっかけは、日本人疫学者のタケシ・ヒラヤマ (Takeshi Hirayama＝平山雄) によって一九八一年に発表された、「大量喫煙者を夫にもつ非喫煙妻の肺ガンに関する危険性――日本からの研究報告――」という論文であった。この論文はイギリスの権威ある医学専門誌に掲載されたため注目を集め、アメリカでも『ニューヨーク・タイムズ』などがその内容を社説や記事で紹介している。

ヒラヤマの研究は、一九六六年から七九年まで行われた聞きとり調査によって蓄積されたデータを分析してなされており、喫煙者を夫にもつ喫煙しない妻が肺ガンで死亡する事例を取りあげたため、日米だけではなく世界中の家庭で起こりうる危険《リスク》として注意を喚起するものになった。この研究では四〇歳以上で非喫煙者の既婚女性九万一五四〇人が対象になったが、そのうち肺ガンで亡くなった一七四人について分析が行われた。このとき、夫が（A）非喫煙者、（B）元喫煙者もしくは一日一九本までの喫煙者、（C）一日二〇本以上の喫煙者という三つのグループに分類され、それぞれのグループにおける妻の死亡状況が比較されている。結果は、（A）を基準（一・〇〇）とした場合、（B）は一・六一、そして（C）は二・〇八というように喫煙量が増加するにつれて肺ガンで死亡する割合も高くなるというものだった。さらに、一緒にいる時間が比較的長い農業に従事する夫婦の場合、それ以外の職業従事者よりも妻の肺ガン死の割合は約一・四倍になることもつけくわえられている[49]。

ヒラヤマ論文が発表された一九八一年に、後にハーヴァード大学で教鞭をとるようになるギリシャ人疫学者ディミートリオス・トリチョポウロス（Dimitrios Trichopoulos）も、アテネ大学の同僚やハーヴァード大学の研究者仲間と、規模は小さいが類似の調査を行い結果を公表している。彼らは、一九七八年九月から八〇年六月までのあいだに肺ガンを発症させてギリシャ国内の病院へ入院した既婚女性五一人のうち喫煙者をのぞく四〇人を対象にして、それぞれの夫の喫煙状況を調査した。その結果、非喫煙者である妻が肺ガンで死亡する割合は、夫が非喫煙者である場合を基準（一・〇〇）に比較すると、一日二〇本未満の喫煙量では二・四、それ以上では三・四になるとしたが、この数値はヒラヤマ論文で示された数値よりも高かった[50]。

さらに一九八一年、疫学者のローレンス・ガーフィンケル（Lawrence Garfinkel）も論文「非喫煙者の肺ガン死についての期間動向と受動喫煙に関する報告」を、国の専門機関である「国立ガン研究所」（the National Cancer Institute）が発行する学術雑誌に発表した。彼の研究は二つの追跡調査をまとめたもので、ヒラヤマよりも長い一七年半という期間にわたり多数の非喫煙者を対象として行われた。しかし調査結果は、喫煙者と非喫煙者の夫をそれぞれもつ喫煙しない妻が、肺ガンによって死亡する割合に目立った違いはないという、ヒラヤマやトリチョポウロスたちとは異なる結論になったのである。(51)当時、ガーフィンケルは「アメリカ・ガン協会」（the American Cancer Society）で疫学部門の責任者を務めており、タバコの主流煙が喫煙者自身の健康におよぼす悪影響については認めていたが、受動喫煙については懐疑的であった。

一方、これらの統計学的調査と並行して、屋内に浮遊する粒子量を測定することで、受動喫煙の危険性を指摘しようとする研究も行われた。そのなかで注目されたのは、一九八〇年五月の『サイエンス』に掲載された環境保護局に勤務するアメリカ人物理学者ジェームズ・リペイス（James Repace）と、「海軍研究試験所」（the Naval Research Laboratory）の理論化学者アルフレッド・ローウェイ（Alfred Lowey）による共著論文「屋内の空気汚染とタバコ煙と公衆衛生」であった。彼らは、粒子状物質の重量濃度を測定できる粉塵計を使い、実際にバーやレストランやボーリング場などさまざまな場所を訪れて、そこに浮遊するタバコ煙の粒子量を計測したのである。(52)測定調査の結果として、例えば夜間の八時間を週五日、そして年間五〇週にわたり換気が不十分なナイトクラブで演奏を行い、昼間は喫煙するルームメイトと一緒に暮らすタバコを吸わないミュージシャンの場合、その人物は一日二七本の紙巻きタバコを自ら喫煙するのと同じ量の発ガン性粒子を吸いこむ可能性があると論じられた。そして、「屋内でのタバコ煙による空気汚染は、非喫煙者の健康に大きな危険性をもたらすことが明白であるため、野外での大気汚染と同じように注視されなくてはならない」と、リペイスとローウェイは警告したのである。(53)

タバコ業界による対応

一九八〇年以降、あいついで発表された受動喫煙に警鐘を鳴らす論文を、深刻に受けとめたタバコ業界からの反応はすばやかった。彼らは数百万ドルの資金を使って、ただちにそれを否定する意見広告を『タイム』、『ニューズウィーク』、『ピープル』のような一般誌や、全国の主要新聞に掲載した（図24）。このような対応を主導したのは、業界の利益代表としてロビー活動や広報活動を行っていた「タバコ協会」(the Tobacco Institute) と、研究活動を担当していた「タバコ研究協議会」(the Council for Tobacco Research) であった。これらの組織は、ヒラヤマやトリチョポウロスたちの主張に反駁する論文の執筆を、例えば疫学研究者のネイサン・マンテル (Nathan Mantel) などへ依頼し、その「研究成果」をタバコ協会が発行する雑誌で発表した。

また、先ほど触れたガーフィンケルの論文も引用されたが、自らが問題点としてあげていた喫煙本数が多い人も少ない人も区別していないことを含め、晒されるタバコ煙の量への配慮が不十分であった点は言及されなかった。そして、ガーフィンケルという個人よりも、彼が所属するアメリカ・ガン協会や、論文を掲載した医学専門雑誌を発行する国立ガン研究所を強調することによって論文への権威づけを試みるなど、タバコ業界は、受動喫煙と肺ガンの関係を曖昧にするための広報活動を行ったのである。[54]

この時期のタバコ業界は、副流煙の危険性に関して「いまだ証明されておらず、さらなる研究が必要である」とするガーフィンケルのような研究者を必要としていた。そこで業界は、同じ立場にたつ例えば「アメリカ健康基金」(the American Health Foundation) の創設者であるアーニスト・ウィンダー (Ernst Wynder) やピッツバーグ大学の病理学者エドウィン・フィッシャー (Edwin Fisher) などの論文を、自らが発行する出版物のなかで繰りかえし引用して、受動喫煙の問題が大きくならないよう沈静化に努めた。そのため、当時タバコ研究協議会が発行する広報誌に「紙巻きタバコ喫煙は、非喫煙者に病気を発症させるとしばしば語られるが、それは科学的にまったく検証されていないし証拠もない」というメッセージがしばしば登場した。ある調査によると、このメッセージの内容が受けいれられたか否かは別にして、アメリカ国民の実に八〇％へ伝えられたことになっている。[55]

図 24 「ヒラヤマ論文」へ反論するための意見広告

「タバコ協会」によって行われたもので，ガーフィンケルにも言及している。

出所：http://tobacco.stanford.edu/tobacco_main/images_body.php?token1=img18861.php

一九八六年医務長官報告書

このように、一九八〇年代には受動喫煙についての研究、特に肺ガンとの関係を論じたものが、現代タバコ戦争における重要な争点になっていたのである。そのようなおり、一九八六年にクープ医務長官は蓄積されてきた研究結果をふまえて、恒例の『喫煙が健康におよぼす影響』という報告書を発表したのであるが、この報告書では"smoking"の前に「不本意な」を意味する"involuntary"が書きくわえられて「受動喫煙」を特集するものになった(56)。

一九六四年以降、歴代の医務長官が毎年のように発表してきた喫煙に関する報告書のなかに、初めて受動喫煙の問題が登場したのは一九七二年だった。前節で触れたジョハンソンとロンゲやスピアによる研究もそこで取りあげられているのだが、当時受動喫煙の危険性はあまり注目されなかった。その理由として、この報告書では肺ガンなど具体的な疾病に言及されることも、また結論が断定的に語られることもなかった点があげられる。実際、受動喫煙に関して述べられたのは、①タバコ煙によって汚染された空気は多くの人に不快感を与える、②室内に浮遊するタバコ煙に含まれる一酸化炭素は法律上許容される最大量にほぼ等しく、人体に悪影響をおよぼすかも知れない、③動物実験では肺や心臓の細胞組織と機能に障害が見られたが、それが人間に当てはまるかどうかは現在のところ解明されていないというもので、①以外は曖昧なものであった(57)。

その後、「ガン」を特集した一九八二年と、「慢性閉塞性肺疾患」を特集した一九八四年の「公衆衛生局医務長官報告書」のなかでも受動喫煙は触れられたが、それらは「[一九七二年の報告書と比較して]非喫煙者が被る健康被害により注目しているものの、断定的な結論を導きだすにはデータが不足していた」ため、やはり曖昧な内容であった(58)。

しかし一九八六年の報告書において、受動喫煙に対する厚生省の見解が、ようやく明確な文言によって示されたのである。この報告書はまずヒラヤマとトリチョポウロスの論文を紹介し、その後多くの研究に言及したため六〇〇ページを超えるものになったが、結論は以下の三点に集約された。すなわち、①受動喫煙は健康な非喫煙者にとって肺ガンを含む疾病の原因になる、②喫煙する親をもつ子どもは、非喫煙の親をもつ子どもよりも呼吸器疾患の発症頻度が増し、年齢とともに肺も成長するが機能の向上をともなわない、③同じ空間で、喫煙者と非喫煙者を単純に分離しただけでも、非喫煙者が「環境タバコ煙《エンヴァイロンメンタル・タバコ・スモーク》」に晒される状況は緩和されるが、完全に逃れられるわけではない、というものだった(59)。

この報告書は、その数週間後に発表された「全米科学アカデミー」(the National Academy of Sciences)による報告書『環境タバコ煙――晒される煙の分量計測と健康への影響評価』とともに、受動喫煙の危険性に大きな警鐘を鳴らすものとなった。ちなみに、全米科学アカデミーの報告書は本文三三七ページからなり、医務長官による報告書と同様に、受動喫煙に関する多くの研究結果を検討評価したものであった。言うまでもなく、これら二つの報告書は「この問題(受動喫煙)に関する論争を終結へむかわせるための科学的根拠」となり、その結果非喫煙者は受動喫煙によって健康被害を受ける可能性が高いという考えかたが、社会に定着するようになったのである(60)。

おわりに

喫煙によるとされる健康被害に広く注目が集まりはじめた一九五〇年代の初頭、これに関する医学的および科学的研究の成果は、信頼を十分に勝ちとるところまでたっしていなかった。しかし、その後研究の信頼度は急速に増し、一九八〇年代になると喫煙に対する警告の内容はもはや否定されえない「事実」として、多くの国民に受けいれられるようになった。そのような状況で、新たに注目されはじめたニコチンの依存性と受動喫煙の危険性という二つの問題に関する研究の結果を、タバコ業界は避けて通れなくなっていた。これらの問題によって、業界を取りまく環境がいっそう厳しいものになったことは、国内での紙巻きタバコ消費量の減少という形で現れており、具体的には一九八〇年に国民一人あたりの紙巻きタバコ消費量は年間約三八〇〇本であったものが、その後の一〇年間で約三〇〇〇本へと減少している。(61)

一九八〇年代、アメリカ社会では「フィットネス」という言葉がしばしば語られ、暴飲暴食や喫煙を控える一方で、ジョギングをしたりスポーツ・ジムへ通う健康志向の人たちが目立つようになった。当時、「ヤッピー」と呼ばれた専門知識をもつ若いエリート集団による健康と自己イメージへのこだわりも、このような社会風潮を後押ししたものと考えられる。ある雑誌で語られた「太ったヤッピーなんかいやしない」というフレーズは、彼らが信奉する生活スタイルを象徴する言葉でもあった。(62)

そのような時代に、「現代タバコ戦争」は新たな局面に入ったのである。ニコチンの依存作用と受動喫煙の危険性を多くの国民が認識するようになった一九八〇年代、喫煙は「自発的で自由な行為」であるとタバコ会社が主張しつづけるのは、もはや困難になっていた。すなわち、ニコチンに関する研究の成果は、タバコ使用者に「自発的」ではなくなかば「強制的」にタバコを求めさせていると考える人を増やしたし、受動喫煙に関する研究の成果は、喫煙がどこでも行える「自由な行為」だという主張を受けいれない世論を生みだした。

これにともなって、タバコ広告をより厳格に規制したり反タバコの啓蒙活動をいっそう活発化させることによって、特に未成年者に喫煙を始めさせないようにする働きかけが強められた。また、第七章で考察するように、不特定多数の人が集まる屋内空間から紫煙を締めだし、そこを清浄な空気の空間にするよう求めた活動が、多くの州や自治体において法律——屋内清浄空気法《クリーン・インドア・エアー・アクト》——を制定させた。連邦レベルでも、飛行機や長距離バスなどの州際交通機関や連邦政府の関連施設において、禁煙措置がとられるようになった。一方タバコ業界は、喫煙が自発的で自由な行為であるという従来の主張を控えざるをえなくなり、新たにそれは喫煙者の「権利」だと語りはじめたのである。このような業界による姿勢の変化は、彼らが明らかに守勢に回ったことを意味しており、現代タバコ戦争の転換点を示すものであった。

註

（1）紙巻きタバコの製造量は一九六〇年には約五〇六一億本、一九七〇年には約五六二二億本、そして一九八〇年には輸出が増加したこともあり約七一四〇億本というように、アメリカ人の喫煙率が低下していたにもかかわらず伸びつづけたのである。アメリカ商務省編『アメリカ歴史統計』二（原書房、一九八六年）、六八九-六九〇ページ；同編『現代アメリカデータ総覧一九九八』（原書房、一九九八年）、七五二ページ。

（2）Robert L. Rabin and Stephen D. Sugarman, "Overview," in *Smoking Policy: Law, Politics, and Culture*, eds. Robert L. Rabin and Stephen D. Sugarman (Oxford and New York: Oxford University Press, 1993), 9; Allan M. Brandt, "The Cigarette, Risk, and American Culture," *Journal of the American Academy of Arts and Sciences* (1990), 167.

（3）Emerson Foote, *Smoking and Health Newsletter* (Bethesda, Md.: The National Interagency Council on Smoking and Health, 1965), 2.

（4）Allan M. Brandt, "Up in Smoke: How Cigarette Came to be a Controlled Substance," *Magazine of History* (Bloomington, Ind.: the Organization of American Historians, Fall 1991), 23; Gaines M. Foster, *Moral Reconstruction: Christian Lobbyists and the Federal Legislation of Morality, 1865–1920* (Chapel Hill, N. C.: The University of North Carolina Press, 2002), 149.

（5）一九九七年の時点でタバコ会社に最大の責任があるとする世論は三三％で、一方喫煙者にあるとする世論は五九％だった。棚瀬孝雄編『たばこ訴訟の法社会学』（世界思想社、二〇〇〇年）、二九、六二-六四ページ。

（6）Andrew Sinclair, *Prohibition: The Era of Excess* (Boston: Little, Brown and Company, 1962), 53; Carl N. Degler, *At Odds: Women and the Family in America from the Revolution to the Present* (Oxford and New York: Oxford University Press, 1980), 283.

（7）Michael Schudson, "Women, Cigarettes, and Advertising in the 1920s," in *Mass Media between the Wars: Perceptions of*

Cultural Tension, 1918–1941, eds. Catherine L. Covert and John D. Stevens (Syracuse, N. Y.: Syracuse University Press, 1984), 74; David Kessler, *A Question of Intent: A Great American Battle with a Deadly Industry* (New York: PublicAffairs, 2001), 274; Allan M. Brandt, "Engineering Consumer Confidence in the Twentieth Century," in *Smoke: A Global History of Smoking*, eds. Sander L. Gilman and Zhou Xun (London: Reaktion Books, Ltd., 2004), 340; Roland Marchand, *Advertising the American Dream: Making Way for Modernity, 1920–1940* (Berkeley, Cal.: The University of California Press, 1985), 274.

(8) Cassandra Tate, *Cigarette Wars: The Triumph of "The Little White Slaver"* (Oxford and New York: Oxford University Press, 1999), 4–5 & 30; John C. Burnham, *Bad Habits: Drinking, Smoking, Taking Drugs, Gambling, and Sexual Misbehavior, and Swearing in American History* (New York: New York University Press, 1993), 91.

(9) 一九八〇年代の中頃に行われた調査において、喫煙者の約六〇％が一三歳もしくは一四歳で喫煙を経験したということが報告されている。R. J. Reynolds Tobacco Company, *Young Adult Smokers: Strategies and Opportunities* (secret report) (Winston-Salem, N. C.: The Marketing Development Department of the R. J. R., 1984), 2; Vincent Blase and Henry Monaghan, "The First Amendment and Cigarette Advertising," *Journal of the American Medical Association* 256 (1986), 503.

(10) John Slade, "Marketing Policies," in *Regulating Tobacco*, eds. Robert Rabin and Stephen Sugarman (Oxford and New York: Oxford University Press, 2001), 92; Gordon L. Dillow, "Thank You for Not Smoking," *American Heritage Magazine* (February/March, 1981), 94ff; Gerard S. Petrone, *Tobacco Advertising: The Great Seduction* (Atglen, Pa.: Schiffer Publishing, Ltd., 1996), 57; Richard Kluger, *Ashes to Ashes: America's Hundred Year Cigarette War, the Public Health, and the Unabashed Triumph of Philip Morris* (New York: Vintage Books, 1996), 18; David L. Hudson, Jr., *Smoking Bans* (Philadelphia: Chelsea House Publishers, 2004), 86–87.

(11) Claude E. Teague, Jr., "Research Planning Memorandum on Some Thoughts about New Brands of Cigarettes for the Youth Market" (Winston-Salem, N. C.: The Marketing Development Department of the R. J. R., 1973), 2 & 10.

(12) Elizabeth M. Whelan, *A Smoking Gun: How the Tobacco Industry Gets away with Murder* (Philadelphia: George F. Stickley Co., 1984), 113; Burnham, 108.

（13） Peter Taylor, *Smoke Ring: The Politics of Tobacco* (London: The Bodley Head, 1984), 25; Susan Wagner, *Cigarette Country: Tobacco in American History and Politics* (New York: Praeger Publishers, 1971), 33.

（14） Allan M. Brandt, *The Cigarette Century: The Rise, Fall, and Deadly Persistence of the Product That Defined America* (New York: Basic Books, 2007), 262.

（15） Jordan Goodman, *Tobacco in History: The Cultures of Dependence* (New York: Routledge, 1993), 113; Leo Burnett, "The Marlboro Story: How One of America's Most Popular Filter Cigarettes Got That Way," *New Yorker* (November 15, 1958), 41-43.

（16） Brandt, *The Cigarette Century*, 5-6 & 264; Philip Morris, "Marlboro Copy History" (1982), 〈http://legacy.library.ucsf.edu/tid/alr20c00〉.

（17） R. J. Reynolds Tobacco Company, *Young Adult Smokers*, 16 & 49; Kessler, 276-80; Larry C. White, *Merchants of Death: The American Tobacco Industry* (New York: Beech Tree Books, 1988), 119 & 122-23.

（18） 山口一臣、宇田理『米国シガレット産業の覇者――R・J・レイノルズ社とフィリップ・モリス社の攻防――』（千倉書房、二〇〇六年）、五-七、二三四ページ；Richard McGowan, *Business, Politics, and Cigarettes: Multiple Levels, Multiple Agendas* (Westport, Conn.: Quorum Books, 1995), 24.

（19） ニコチン（nicotine）の語源は一六世紀中頃のフランス人外交官ジーン・ニーコウ（Jean Nicot）に由来するが、命名者は本文中でも触れたドイツ人化学者ヘルムブシュテットだった。ニーコウが赴任先のポルトガルから本国へ薬草として葉タバコを送ったのだが、そのおかげで王妃キャサリン・メディチ（Catherine Medici）は、ヨーロッパでそれを最初にパイプで嗜んだ女性として知られるようになった。Joseph C. Robert, *The Story of Tobacco in America* (New York: Alfred A. Knopf, 1949), 4.

（20） Goodman, 116.

（21） Robert, 108; Petrone, 238.

（22） 紙巻きタバコに麻薬が混入されていたため依存性が生まれたという言説が、この形態のタバコの販売などを禁止する立法を求める理由としてしばしば語られた。しかし、実際に混入されていた形跡は見つかっていない。

（23） Whelan, 45.

（24） David Jordan, "Three Counts against Tobacco," *Temperance Educational Quarterly* (July, 1912), I.

（25） Edward G. Connelly, "The Ups and Downs of Tobacco," *Advertising and Selling* (November 12, 1930), 20; Neil H. Borden, "The Effect of Advertising on the Demand for Tobacco Products—Cigarettes," *The Economic Effects of Advertising* (Chicago: Richard D. Irwin, 1944), 248.

（26） 喫煙に関する論争が始まった一九五〇年代、その行為は「習慣」を意味する "habit" ではなく "addiction" が用いられていた。日本では "addiction" が「中毒」と訳されることもあるが、もともと日本語の「中毒」は「食中毒」や「ガス中毒」など食品や化学物質によって「生体が突然変調をきたす状態」を指すため、喫煙を自らの意志でやめられない人を「タバコ中毒者」、さらには差別的に「モク中」などと呼ぶのは誤用である。したがって、本書では "addiction" の和訳を「中毒」ではなく「依存」とした。ちなみに、この「依存」にあたる英語に "dependence" もあり、アメリカでは "addiction" の同義語として併用されている。Robert E. Goodin, *No Smoking: The Ethical Issues* (Chicago: The University of Chicago Press, 1989), 26; Whelan, 158–59.

（27） Brandt, *The Cigarette Century*, 338. 禁煙の試みに関する調査はしばしば行われてきたが、結果に大きな差が生じることもあった。例えば一九七五年に行われたある調査では、喫煙者の八四％は禁煙を試みるが、そのうち一年以上禁煙を継続できたのは三六％で、これは比較的大きな達成数値であった。一方、「食品医薬品局」（the Food and Drug Administration）のランディ・ワイコフ（Randy Wykoff）たちが行った調査によると、アメリカには約四九〇〇万人の喫煙者がおり、毎年ほぼ一七〇〇万人が何らかの禁煙を試みるが、その九〇％以上が失敗しているということであった。Goodin, 27; Kessler, 120.

（28） Robert D. Tollison and Richard E. Wagner, *Smoking and the State: Social Costs, Rent Seeking, and Public Policy* (Lexington, Mass.: Lexington Books, 1988), 39.

（29） Herbert Fingarette, "Addiction and Criminal Responsibility," *Yale Law Journal* 84 (1975), 429–31. また、ヴェトナムに派遣されたアメリカ兵のヘロイン依存を研究したリー・ロビンズ（Lee Robins）は、依存症になった兵士で帰国後「再発」するのは五％程度で、多くの者が少なくとも短期的にはこの問題を克服していると一九七三年に発表した。Jerome H. Jaffe, "A Follow-up of Vietnam Drug Users: Origins and Context of Lea Robins' Classic Study," *The American Journal on Addiction* 19 (2010), 213.

（30）「食品医薬品局」は、一日一二～一三本以上の紙巻きタバコを吸いつづける人には依存性が発生するが、五本程度の喫煙者はそうはならないと考えていた。Kessler, 121-22.

（31）Surgeon General's Advisory Committee on Smoking and Health, *Smoking and Health: Report of the Advisory Committee to the Surgeon General of the Public Health Service* (Washington D.C.: U.S. Department of Health, Education and Welfare, Public Health Service, 1964), 352-54.

（32）Kessler, 120.

（33）Robert M. Julien, *A Primer of Drug Action: A Concise, Nontechnical Guide to the Actions, Uses, and Side Effects of Psychoactive Drugs* (New York: W. H. Freeman & Co., 1995), 166-69; Alfred G. Gilman et al., eds., *The Pharmacological Bases of Therapeutics* (New York: Macmillan Publishing Co., 1985), 555; American Council on Science and Health, *Cigarettes: What the Warning Label Doesn't Tell You* (New York: Prometheus Books, 1997), 112-13. また、この「報告書」の概要は"Implications of Tobacco Use as an Addiction," *British Journal of Addiction* 86 (1991), 485-88 にわかりやすくまとめられている。

（34）U.S. Department of Health and Human Services, *The Health Consequences of Smoking: Nicotine Addiction: A Report of the Surgeon General* (Washington D.C.: U.S. Government Printing Office, 1988), 13-16.

（35）Stanton A. Glantz et al., *The Cigarette Papers* (Berkeley, Cal.: The University of California Press, 1996), xiii; Rabin and Sugarman, eds., *Smoking Policy*, 9.

（36）「受動喫煙」とは"passive smoking"もしくは"involuntary smoking"の和訳で、「副流煙」と喫煙者が吐きだした煙の一方もしくは両方を吸いこむことを意味する。ちなみに、副流煙とは火のついたタバコの先端から大気中へ直接放出される煙と、吸っていないときに吸い口から漏れでてくる煙の両方を指す。副流煙は英語で"sidestream smoke"と表記されるが、歴史的には一九二〇年代中頃までに定着した"second-hand smoke"もある。また、最近では"environmental tobacco smoke"（環境タバコ煙＝ＥＴＳ）も使用されるが、これには喫煙者が吐きだした煙も含まれる。ちなみに、喫煙者が直接吸いこむ煙は"mainstream smoke"と表記され、「主流煙」と訳される。Committee on Passive Smoking Board on Environmental Studies and National Research Council, *Environmental Tobacco Smoke: Measuring Exposures and Assessing Health Effects* (Washington D.C.: National Academy Press, 1986), 13; Stanton A. Glantz et al. 391-92 & 402.

（37） Robert K Heimann, *Tobacco and Americans* (New York: McGraw-Hill Book Co., 1960), 244.

（38） *New York Times*, August 23, 1913. 受動喫煙の問題を組織として最初に取りあげたのは、管見の限り女性キリスト教テンペランス同盟と思われる。例えば一八九五年六月一〇日発行の機関誌『ユニオン・シグナル』に、非喫煙者には「新鮮な空気を吸う権利」があるため、喫煙者は「タバコを吸わない人たちの権利と自由を踏みにじることのない場所とやりかたでのみ、喫煙することが許されるべきである」という、現在の受動喫煙防止運動の先駆的意見表明が載せられた。また、ニューヨーク市の医師チャールズ・ピーズ（Charles G. Pease）は一九一一年に「アメリカ非喫煙者権利連盟」（the American League of Nonsmokers' Riths）を組織し、路面電車の車内や待合室での禁煙を求めて市当局へ働きかけたほか、条例制定後には自ら列車などを巡回して喫煙者を「告発」する活動も行った。Ronald J. Troyer and Gerald E. Markle, *Cigarettes: The Battle over Smoking* (New Brunswick, N. J.: Rutgers University Press, 1983), 38–39; Ruth Bordin, *Woman and Temperance: The Quest for Power and Liberty, 1873–1900* (Philadelphia: Temple University Press, 1981), 109.

（39） 非喫煙者にとって他人の喫煙が迷惑行為であるとする記事を載せた地方紙もあったが、同時にそれは喫煙者の権利でもあり尊重されるべきという両者の立場を併記しただけの曖昧な内容であった。*Seattle Daily Times*, July 2, 1909.

（40） Ellen G. White, *Temperance: As Set forth in Writings of Ellen G. White* (Mountain View, Cal.: Pacific Press Publishing Association, 1949), 58; Wiley quoted in "Bad Talk but a Good Purpose," *Life*, August 3, 1911, 178.

（41） Whelan, 57–58 & 128.

（42） Goodin, 63–64.

（43） C. R. Johansson and H. Ronge, "Climatic Influence on Smell and Irritation Effects from Tobacco Smoke," *The Health Consequences of Smoking: Report of the Surgeon General* (Washington D. C.: U. S. Government Printing Office, 1972), 128.

（44） F. Speer, "Tobacco and Nonsmoker: A Study of Subjective Symptoms," *Archives of Environmental Health* 16 (March, 1968), 443–46.

（45） Whelan, 193–94.

（46） R. J. Shephard et al., "Effect of Cigarette Smoke on the Eyes and Airway," *International Archives of Occupational and Environmental Health* 42 (1979), 135–36.

(47) James R. White and Herman F. Froeb, "Small-Airways Dysfunction in Nonsmokers Chronically Exposed to Tobacco Smoke," *The New England Journal of Medicine* 302 (March 27, 1980), 720-23.

(48) Franklin E. Zimring, "Comparing Cigarette Policy and Illicit Drug and Alcohol Control" in *Smoking Policy: Law, Politics, and Culture*, eds. Robert L. Rabin and Stephen D. Sugarman (Oxford and New York: Oxford University Press, 1993), 107.

(49) Takeshi Hirayama, "Non-smoking Wives of Heavy Smokers Have a Higher Risk of Lung Cancer: A Study from Japan," *British Medical Journal* 282 (January 17, 1981), 183-85.

(50) Dimitrois Trichopoulos et al., "Lung Cancer and Passive Smoking," *International Journal of Cancer* 27 (1981), 1-4. 受動喫煙と肺ガンとの関係を論じた類似の研究論文は、受動喫煙を特集した「公衆衛生局医務長官報告書」が発表されるまでに主なもので一三編の公表があり、そのうち一一編は因果関係を認めるものだった。

(51) Lawrence Garfinkel, "Time Trends in Lung Cancer Mortality among Nonsmokers and a Note on Passive Smoking," *Journal of the National Cancer Institute* 66 (June, 1981), 1061-66.

(52) Jacob Sullum, *For Your Own Good: The Anti-Smoking Crusade and the Tyranny of Public Health* (New York: The Free Press, 1998), 148.

(53) James L. Repace and Alfred H. Lowrey, "Indoor Air Pollution, Tobacco Smoke, and Public Health," *Science* 208 (May 2, 1980), 464-72.

(54) Stanton A. Glantz, "What to Do Because Evidence Links Involuntary (Passive) Smoking with Lung Cancer," *The Western Journal of Medicine* 140 (April, 1984), 636-37; Kluger, 499.

(55) Tobacco Institute, "Environmental Tobacco Smoke: A Scientific Perspective" (February, 1986) 〈http://tobaccodocuments.org/ti/TINY0020573-0577.html〉; Elisa Ong and Stanton A. Glantz, "Hirayama's Work Has Stood the Test of Time," *Bulletin of the World Health Organization* (2000), 938-39.

(56) 喫煙と疾病の関係が初めて「報告書」として発表されたのは一九六四年だったが、一九六七年以降医務長官もしくは組織として公衆衛生局が喫煙問題をさまざまな角度から取りあげた報告書を、二〇〇七年までに三〇回以上発表している。

(57) HEW, *The Health Consequences of Smoking* (1972), 130-31.

(58) Brandt, *The Cigarette Century*, 292.

(59) U. S. Department of Health and Human Services, *The Health Consequences of Involuntary Smoking: A Report of the Surgeon General* (Washington D. C.: U. S. Government Printing Office, 1986), 13.

(60) Goodin, 60. その後一九九二年から翌年にかけて、環境保護局（the Environmental Protection Agency）は環境タバコ煙を発ガン性物質と指定したうえで、年間約三〇〇〇人が受動喫煙によって発症した肺ガンで死亡していると報告した。U. S. Environmental Protection Agency, *Respiratory Health Effects of Passive Smoking: Lung Cancer and Other Disorders* (Washington D. C.: Environmental Protection Agency, 1992), 1.

(61) アメリカ商務省編『現代アメリカデータ総覧一九八八』（原書房、一九八八年）、七一九ページ；同編『現代アメリカデータ総覧一九九八』（原書房、一九九八年）、七五二ページ。

(62) Mark E. Lender, "A New Prohibition?: An Essay on Drinking and Smoking in America," in *Smoking: Who Has the Right ?*, eds. Jeffrey A. Schaler and Magda E. Schaler (Amherst, N. Y.: Prometheus Books, 1998), 81. また、一九八〇年代のアメリカにおけるフィットネス志向の時代思潮に関しては、Michael S. Goldstein, *The Health Movement: Promoting Fitness in America*（New York: Twayne Publishers, 1992）を参照されたし。

第七章　喫煙の政治問題化

——タバコ増税と「屋内清浄空気法」——

はじめに

アメリカでは、植民地時代からパイプ・タバコや嗅ぎタバコが使用されており、独立後にはそれらにくわえて葉巻や噛みタバコも嗜まれるようになった。そして、最後発の紙巻きタバコが流行しはじめた第一次世界大戦以降、その喫煙は多くの国民にとって生活の一部として定着していった。ところが一九六四年に、厚生省公衆衛生局のルーサー・テリー（Luther Terry）医務長官によって、喫煙は肺ガンや肺気腫などの疾病を引きおこす原因になりうるという警鐘が鳴らされたのである。ただし、この時点で喫煙を直接規制する法的措置がとられることはなく、吸う吸わないは個人の判断に任される状況がいましばらくつづくのであった。

確かに、この警鐘と前後して「アメリカ・ガン協会」（the American Cancer Society）や「アメリカ肺協会」（the American Lung Association）など、患者やその家族を中心に結成された任意団体によって喫煙に対する注意喚起がなされ、禁煙をめざした啓蒙活動が徐々にではあったが行われるようになった。しかし、この活動がただちに反喫煙の幅広い大衆運動とはならなかった。その後、他人が吸うタバコの煙によって周囲にいる非喫煙者の健康も脅かされることが研究によって明らかにされてくると、状況は徐々に変化しはじめた。受動喫煙が問題にされたことで新たに反喫煙組織が誕生し、「現代タバコ戦争」はより激しいものになっていった。そのようななか、一九八六年にエヴェリット・クープ（Everett Koop）医務長官は、受動喫煙の危険性を連邦政府として認める報告書を発表したが、これによって、喫煙はタバコの使用者だけではなく、周囲にいる非喫煙者にも健康被害をもたらしうる行為として、多くの国民に問題視されるようになった。

その結果、国民の喫煙量削減を目的にした活動が、各地で活発化したのである。このとき、そのための手段として例えばタバコ広告の規制や喫煙者を対象とした医学的な禁煙プログラムや喫煙の弊害を説く啓蒙活動などの実施もあったが、特に効果的とされたのは、タバコ増税と屋内公共空間における喫煙規制であった(1)。言うまでもなく、増税や喫煙規制を実現するには立法という手段が不可欠だったため、個人の生活習慣であった喫煙が、マナー問題ではなく政治問題として扱われることは避けられなくなった。確かに、後になって企業や飲食店の経営者がオフィスや店内での喫煙を「自主的に」規制するようにもなるが、その多くは法律によって義務化されたことから始まっている。

本章の目的は、アメリカで受動喫煙が問題視されるようになった一九七〇年代以降、タバコ増税と公共の屋内空間での喫煙規制は、連邦、州、自治体の各レベルでさかんに議論されるようになったが、それらがどのような過程をへて実現されていったのかを考察することである。このとき、そのような立法に関して、住民投票という直接民主主義の手法を最初に用いた州であるカリフォルニアに注目しながら、反タバコ派と親タバコ派——後者の実態はほぼタバコ業界——がどのような戦略で、それらを実現もしくは阻止しようとしたのかについても論じてみたい。

一　タバコ増税政策

連邦タバコ物品税

タバコ物品税《エクサイズ・タックス》を引きあげる政策は、喫煙量を減らすのに有効な手段としてしばしば言及されており、例えば「税率が一〇%上昇すると喫煙量は四%減少し」、その結果として「年間およそ五二〇〇人もの命を救える」と試算する研究もある。[2] さらに、増税は成人よりも未成年者により大きな影響を与えるものと指摘されるが、それは彼らが喫煙を開始して間もないため依存症状が比較的軽いことにくわえ、金銭的に余裕がない場合が多いため、価格上昇の影響を相対的に大きく受けると考えられるからだ。アメリカ・ガン協会のある幹部は、「増税はタバコ会社に損害を与えるうえで最も効果的な戦術だ。……一〇代の若者の喫煙量を減らすために私たちが行ってきたさまざまな啓蒙活動を、タバコ業界は［広告などによって］効果のないものにしてきたが、この経済の法則（増税が購買意欲を低下させること）だけは、打ちやぶれなかったのである」と述べている。[3]

ところで、アメリカにおけるタバコ製品への課税は、現在連邦と州だけではなく、自治体によって行われているところもある。[4] そもそも連邦政府が、タバコ製品へ物品税を初めて課したのは南北戦争中で、開戦当初は製造量が少なく課税対象ではなかった紙巻きタバコだが、さらなる戦費が必要になったため、一八六四年六月に成立した「国内歳入法」（the Internal Revenue Law）によって課税されるようになった。もともとこの立法は戦争終結までの期限つきで成立したのだが、課税額は変化したものの連邦政府の財政を支えるため、酒類とともに戦後も継続されたのである。

しかし、当時は葉巻や噛みタバコなどほかの形態のタバコと比較して紙巻きタバコの販売量は非常に少なく、一八八〇年の連邦タバコ税全体にしめるこのタバコの割合は二%以下だったため、この時点で財源確保に大きく貢献していたわけではなかった。南北戦争中一〇本入り一箱が二・四セントだった連邦政府による紙巻きタバコへの課税額は、その後に起こった米西戦争や第一次および第二次世界大戦などの戦時には上昇し、一方平時においては下降する傾向にあった。朝鮮戦争中の一九五一年に二〇本入り一箱が八セントへ引きあげられて以降、およそ三〇年間八セントの時代がつづいた。しかし、一九八二年に成立した「公平課税財政負担法」(the Tax Equity and Fiscal Responsibility Act)によって、翌年から連邦紙巻きタバコ税は一六セントへと倍増されたのである。(5)

確かに一九八二年に施行された増税法は、逼迫していた連邦政府の赤字財政を立てなおすのが第一の目的とされたが、「その増税分を価格に上乗せして喫煙者へ転嫁することが、喫煙量を減らすための手段」としても有効であると反喫煙派は評価した。実際、連邦レベルでの増税が実施された一九八三年の上半期に、紙巻きタバコの消費量が前年と比較して約一四〇億本減少している。これは、確かに国民の健康志向が大きな原因であったが、増税もその一因と考えられたため、州や自治体レベルでのさらなる増税を求めた反喫煙派の活動に影響を与えるようになったことは否定できない。(6)

その後、連邦紙巻きタバコ税は一九九一年と一九九三年にそれぞれ四セントずつ、二〇〇〇年に一〇セント、そして二〇〇二年には五セント引きあげられて合計三九セントになった。その間、未成年者の喫煙に警鐘を鳴らすウィリアム(ビル)・クリントン(William Clinton)大統領は、一九九三年に「国民医療保障計画」(the National Health Security Plan)の一環として一箱につき七五セントという大幅な増税を提案したが、これは親タバコ派議員の激しい抵抗にあい実現しなかった。しかし、バラク・オバマ(Barack Obama)政権が誕生した二〇〇九年に、クリントン政権の時代から懸案になっていた、支援を必要とする子どもたちの健康を守ることを目的としたプログラムを支える財源確保のために、紙巻きタバコ税を六二セント引きあげて一箱一ドル一セントにする「子供健康保険プログラム再認定法」(the Children's Health Insurance Program Reauthorization Act) が成立している。(7)

州政府によるタバコ課税政策

次に、州レベルでの紙巻きタバコ課税について考察するが、言うまでもなく全国同一の連邦税と異なり、州税は多様で複雑である。アメリカ史上、州として紙巻きタバコへ最初に物品税を課したのはアイオワで、それは一九二一年であった。第一章で考察したように、二〇世紀への転換期に紙巻きタバコのみの使用に反対する大衆運動が中西部を中心に活発化し、州レベルで紙巻きタバコの主に販売を禁止する立法である「紙巻きタバコ販売等禁止法」がアイオワを含めて一〇余州で成立するなど、女性や年少者や移民労働者が好んだこの形態のタバコを敵視する動きがあった。

これに対して、一九二一年のアイオワ州における政策は紙巻きタバコを合法化して課税することによって、予算を確保する方向へ各州を向かわせるきっかけになったのである。この方針転換は、当時連邦レベルだけではなく多くの州で酒類の製造や販売などを禁止する法律が施行されており、酒税に代わる新たな財源が必要になっていた状況と無関係ではなかった。その後一九三二年までには一四州で、一九四一年までには二六州で、一九五一年までには四一州で、一九六一年までには四八州で、そして最終的に一九六九年までには全五〇州と首都ワシントンで課税されるようになった。

今も触れたように、これらの物品税が喫煙量を減少させるためではなく予算の確保を目的にするものであったことは、ノースカロライナ州以外の六大葉タバコ生産州——ケンタッキー、サウスカロライナ、ヴァージニア、ジョージア、テネシー——でも比較的早い時期から課税政策が導入されていた事実からもうかがえる。ちなみに、喫煙と疾病の因果関係が囁かれはじめた一九五〇年代初頭の州紙巻きタバコ税は、六大葉タバコ生産州の平均が一箱につき二・五セントで、これはそのほかの州の平均額である二・八八セントと大きな差はなかった(8)。

しかし一九五〇年代後半以降、引きつづき各州の政治家たちはタバコ増税を歳入確保を目的としたものとしながらも、健康のために消費量を減少させるという公衆衛生の観点からも眺めはじめたのである。それにともない州による増税の回数が増えており、一九五一年から一九五五年までは年平均で二・八州が新たに課税したりすでにある税率を引きあげたが、一九五六年から一九七二年までの期間でその数は年平均で一〇・四州になった。特に、一九七〇年から一九七二年までは年平均で一四・三州と多かった。その結果、大幅増税を実現した州と隣接する低い税額の州とのあいだで無視できない価格差が生じてしまい、安価な紙巻きタバコの「個人的および組織的な密輸入」が横行して混乱を引きおこすことがあったため、なかには一度提出された増税法案が撤回されるという事例も起こった(9)。

その後、一九七三年から一九七九年までに紙巻きタバコへの増税を試みたのは年平均で二・七州へと減少し、増税の動きは一時的に目立たなくなった。一九七九年の時点で紙巻きタバコにかけられた州物品税は、最低額だったノースカロライナ州の二セントから、最高額のマサチューセッツ州およびフロリダ州の二一セントまで一九セントの差があり、全州の平均額は一二・九セントだった。ちなみに、六大葉タバコ生産州の平均額は六・七五セントで、そのほかの州の平均額である一三・五八セントの半分程度になったが、この差の拡大は、いくつかの州では消費量を減少させることも課税目的になりはじめていたことを反映したものと考えられる(10)。

税収増加と健康増進目的の増税

すでに述べたように、一九七〇年代後半のアメリカ社会では、それまでの喫煙者自身にとっての不健康にくわえ、環境タバコ煙による非喫煙者の健康被害にも警鐘が鳴らされはじめていた。また一九八〇年代には、「ヤッピー」

と呼ばれた都市に居住して知的専門職についた若いエリート層を中心に健康志向の潮流も生じ、実際に紙巻きタバコの国内販売量は減少していた。この潮流は、喫煙量のさらなる減少を求める世論にも後押しされており、多くの州ではその手段として増税がより積極的に議論されたのである。そして、一九八三年に連邦紙巻きタバコ物品税が一箱一六セントへ引きあげられた頃から一九九〇年代にかけて、販売量の減少を目的にした増税がいくつかの州で実施されるようになった(11)。

さらに、一九八〇年代は社会政策の責任主体を連邦から州へ移そうとするロナルド・レーガン（Ronald Reagan）大統領による「革命」の時代でもあり、州政府には歳入を増やすためいっそうの努力が求められており、税収増加を目的としたタバコ物品増税は引きつづき重要な政策であった。そのため多くの州は、紙巻きタバコの消費量を減らそうとするなかで、歳入の増加も図るという一見矛盾する目標を掲げて、課税政策をとりつづけたのである。事実、それらの州では表むきには健康増進を強調しながら、実際には歳入の確保にも細心の注意が払われたのだが、このことは増税額と引きあげのタイミングが注意深く考慮された点に表れている。

例えばロードアイランド州の場合、一九八七年に二セント、一九八九年に一〇セント、そして一九九三年に七セントというように、一〇セント以下の小規模増税を短期間に複数回行って、一箱の税額を四四セントにした。その結果、一九八七年から一九九四年にかけてのロードアイランド州では、紙巻きタバコの販売量はやや減少したものの、物品税収入は「穏やかだが着実に増加した」ため、先ほど述べた健康増進と歳入増加を両立させることはある程度達成されたと言える(12)。

一九八七年には三一州の議会で増税法案が提出され、そのうち一一州において成立した。当時、州紙巻きタバコ物品税で二五セントを超えていたところ――最高額はミネソタ州の三八セント――もあったが、平均額は一八セントだった。その後、数セントから一〇セント台半ばまでの比較的少額の増税を行う州が目立つようになった。具体的には一九九〇年に四セント引きあげて一二セントにしたワイオミング州、四セント引きあげて二〇セントにしたルイジアナ州、三セント引きあげて三四セントにしたワシントン州、一五セント引きあげて四一セントにしたテキサス州、一九九二年に八セント引きあげて三八セントにしたウィスコンシン州、一九九三年に一二・五セント引きあげて三四・五セントにしたアーカンソー州などであった(13)。

二　住民投票による州タバコ税の引きあげ

健康増進を目的とした大幅増税

一方、一回に二〇セントを上回る比較的大幅な増税を実施して健康増進を重視する姿勢を示そうとした州もあったが、これに関して指摘しておきたいのは、増税立法が必ずしも州議会での審議ではなく、住民投票によって実現される場合もあったということだ。実際、一九八〇年以降いくつかの州で反喫煙団体の活動によって住民発動が行われ、最終的に増税提案の可否を住民の判断に委ねるという直接民主主義の手続きがとられたところもあった。その背景には、連邦議会だけではなく州議会の議員に対しても、タバコ業界のロビーストによる働きかけが活発化していたことがあった。その結果、多くの州では業界にとって好ましくない法案の成立が阻止されたり、あるいは大幅に修正される傾向にあったため、これに対抗する戦術として、反喫煙派によって住民投票という手段が用いられたのである。

この戦術に関して注目すべき州は全米最大の人口をかかえるカリフォルニアで、そこでは一九八八年に紙巻きタバコ一箱につき二五セント、そしてほかの形態のタバコにも同程度の増税を求めた「提案《プロポジション》第九九号」(以下、提案九九)が住民投票にかけられるようになった。そもそもこの提案は、一九八六年の初頭に大気汚染や産業廃棄物の埋めたて処分などによる環境問題へ対処するための資金をタバコ税から捻出できないものかと考えた環境保護活動家ジェラルド・メラル（Gerald Meral）が、喫煙問題に取りくんでいたアメリカ肺協会のカート・メケムソン（Curt Mekemson）に働きかけたことによって始まった。当時カリフォルニア州では、一九五七年以来約三〇年間紙巻きタバコに課せられた州物品税は一箱一〇セントのまま据えおかれており、この額は「葉タバコ生産州なみの低さ」であった。その間、州議会へは増税法案が繰りかえし提出されたが、タバコ・ロビーによる議員への働きかけが影響したためであろうか、すべて廃案にされてきた(14)。

カリフォルニア州「提案第九九号」

そこで、一九八六年一〇月にメラルたちは、タバコ増税に賛成していた環境保護団体の「計画立案保全連盟」（the Planning and Conservation League）と、アメリカ肺協会やアメリカ・ガン協会などのさまざまな反喫煙を標榜する組織に働きかけて、増税実現にむけて何をなすべきかを話しあうための会合を開催した。その後、この会合に参加した個人や団体が中心となって「健康カリフォルニア連合」（the Coalition for a Healthy California 以下、健康連合）が結成され、さらに「カリフォルニア州医師会」（the California Medical Association）や「カリフォルニア州病院医療制度協会」（the California Association of Hospitals and Health Systems）のような団体もこの連合へくわわり、住民投票を実現すべく活動が開始されたのである(15)。

健康連合がまず行わねばならなかったのは、提案九九の具体的な内容を有権者に提示することであり、その後住民投票に必要な数の署名を集める活動であった。前者に関しては、増税額をもう少し高額にすべきという意見もあったが、先ほど述べた二五セントという額が、世論調査によって支持されているのがわかったため、大きな反対もなく決定された。しかし、増税によって増えた歳入の使途については白熱した議論が交わされ、最終的に以下のような配分案が決定された。まず、増収分のうち二〇%がメディアを使った反喫煙キャンペーンや学校における禁煙教育などの啓蒙活動、さらには禁煙治療への支援に使用されることとなった。次に、医療費を支払えない患者に代わって病院および民間の医院《クリニック》へ費用を立替払いするための財源としてそれぞれに三五%と一〇%が配分されるほか、五%がタバコ使用によるとされる疾病に関する研究のために確保された。さらに、環境保護に関連して五%が魚、水鳥、野生生物の保護と、州および自治体の公園やレクリエーション施設の維持と管理のために割りあてられることになった。そして残りの二五%は、事前に使途を決めておかない予算にするというものであった。(16)

この結論へいたる過程で、病院および民間の医院に対する医療報酬の立替払いに関しては激しい論争があった。特に後者については、すでに十分な報酬を受けている開業医にさらなる報酬を保証するのかという批判が起こった。しかし、健康連合に参加して多額の活動資金を寄付していたカリフォルニア州医師会の意向が最終的に反映されて、支払われるべき医療費の不足分がタバコ増税によって補塡されるようになった。また、「啓蒙活動」が項目の一つとしてあげられたのは、提案九九が喫煙量を減らす目的で発議されたことを強調すると同時に、医療報酬補塡の議論から人びとの目をそらそうとするための試みであると指摘する者もいた。(17)

提案九九の具体的な内容を決定した健康連合が次になすべきは、それを有権者に示しながら署名を集めることであった。住民投票を実現するには、通常であれば直近の知事選挙で投票した有権者の五%にあたる数の署名が必要だったが、先ほど触れたように、使途項目を指定した提案九九が、州憲法にあった修正条項――タバコ税の使用目的をあらかじめ決めておくのを禁止した一九七九年成立の通称「ギャン・リミット」――に抵触する内容を含んでいたため、五%ではなく八%にあたる約六〇万人の署名が求められた。さらに、重複しているとか確認できないなど無効と判断されるものが多数あることが見込まれたため、健康連合は九〇万人というかなり多めの目標を定めた。これだけの署名を短期間に集めるには、アメリカ・ガン協会やアメリカ肺協会の会員を中心としたボランティアだけでは不十分だったため多数の運動員を雇用しなくてはならず、それには多額の資金が必要であった。

住民投票をめぐる論争と結果

最終的に健康連合は、必要な活動資金を確保して一九八八年五月四日の期限直前に必要数の署名を集め住民投票を実現させたのであるが、提案九九をめぐる対立は、一一月の投票日にむけていっそう激しさを増すのであった(18)。健康連合もタバコ業界も、提案九九に対する自らの主張を、広く州民に訴えるための広報活動を積極的に行った。健康連合は、タバコ増税の目的を公衆衛生の向上という観点から、とりわけ未成年者をタバコ製品から遠ざけること、さらには州全体の喫煙量を減らすこととした。彼らは、提案九九を州民の健康問題に結びつけるやりかたが効果的であると世論調査の結果から判断しており、増税による収入のかなりの部分が、メディアを使った反喫煙キャンペーンや病院での禁煙治療への財政支援として使用される点を強調した(19)。

これに対してタバコ業界は、国内販売量の一〇%程度が消費されるカリフォルニア州での大幅増税の動きに危機感をつのらせ、提案九九の成立を阻止するために二〇〇〇万ドルを超える資金を注ぎこんだ。その多くは、「不平等増税に反対する市民たち」(Citizens Against Unfair Tax Increases)という組織を立ちあげてその活動費として使用され、表むきにはタバコ業界ではなくこの市民組織が反対運動を行った(20)。タバコ業界の戦略は、健康連合が強調した喫煙による健康被害の問題を争点から切りはなすことで、そのために以下の点を強く訴えた。それは、第一に増税による価格の上昇によって州境を越えて安価な紙巻きタバコが流入する闇ルートが生まれ、これを取りしまるために警察官が忙殺されて凶悪な犯罪が増える一方、もし警察官を増員すればさらなる予算が必要になるということ、第二に増税分がすでに裕福な医者の懐へ入ること、そして第三に喫煙という日々の生活習慣へ政治権力が介入するという理不尽さであった。これらのメッセージは、意見広告としてビラなどの印刷物だけではなく、テレビやラジ

オといったメディアによっても繰りかえし伝えられたのである。(21)

一一月八日に行われた住民投票の結果、三ヶ月前に行われた世論調査の数値よりも一〇ポイント以上さがったものの、それでも投票した有権者のうち五八％が賛成票を投じたため提案九九は成立し、翌一九八九年一月からそれは「カリフォルニア州タバコ税および健康増進法」（the California Tobacco Tax and Health Promotion Act）として施行されるようになった。増税が実施されると、カリフォルニア州での紙巻きタバコ販売量は実際に減少しはじめた。喫煙による健康被害を危惧する人たちが増加したためすでに減りはじめていた州民一人あたりの紙巻きタバコ消費量の減少率は、提案九九成立前の八年間で年平均三・六％だったものが、施行直後の一九八九年には九・四％、一九九〇年には四・四％、一九九一年には七・七％と数値に大小があったものの、それぞれ高くなったのである。したがって、州タバコ税の大幅な引きあげは、少なくともカリフォルニア州では紙巻きタバコの消費を一定量減らしたと言える。(22)

マサチューセッツ州「質問一」の争点

カリフォルニア州における住民投票の結果は、マサチューセッツ州で行われようとしていた同様の試みを後押しするものになった。この州では紙巻きタバコ物品税がほぼ二〇年のあいだ一箱二六セントのままであったが、一九九二年の大統領選挙時に、やはり二五セントという大幅な増税を実施させて五一セントにする提案の可否が州民に問いかけられることになった。この住民投票を実現するための活動を牽引したのは、アメリカ・ガン協会の州支部を中心にタバコ使用に反対する個人や団体によって結成された「マサチューセッツ州健康未来連合」（the Massachusetts Coalition for a Healthy Future）という組織であった。この組織が通称「質問一《クエスチョン・ワン》」と呼ばれる住民提案を推進したのだが、増税の第一の目的として、カリフォルニア州と同じように州民、特に未成年者の健康をタバコの害から守ることがあげられており、それは住民投票を求めた活動のなかで頻繁に使用された「タバコに課税して子どもたちを健康に！」という標語にも表れていた。また質問一には、増税分によって「健康保護基金」（the Health Protection Fund）を創設し、この基金を活用して地域社会や学校における反喫煙の啓蒙活動を行うと明記されており、これによって長期にわたる喫煙率の低下が期待されるとした[23]。

一方、タバコ業界は質問一の成立を阻止するため「不公平課税に反対する委員会」（the Committee Against Unfair Taxes）を立ちあげて、この委員会を経由して投入した多額の資金を使い反対キャンペーンを行った。カリフォルニア州と同じように、タバコ増税を健康問題から切りはなすことがやはり戦略の中心だったので、プロパガンダとして、例えば「個人による選択（喫煙）の自由を認める多様な社会で生きる素晴らしさ」を説きながら、喫煙する権利が主張された。実際に、高学歴で高収入の人ほど喫煙率が低いので、比較的低収入の人たちが購入する傾向にあった紙巻きタバコの増税に含まれる逆累進制をタバコ業界は指摘し、彼らから喫煙する権利を奪う増税案を糾弾する三〇秒間のテレビ・コマーシャルを繰りかえし放映したのである[24]。このコマーシャルの背景として、増税による価格の引きあげに労働者の多くが反対していた事実が、厚生省の「疾病管理予防センター」（the Centers for Disease Control and Prevention）による調査で判明していたことがあった[25]。

さらにタバコ業界は、増税による価格の引きあげが二〇世紀前半の禁酒法時代に現実に起こった混乱を彷彿させるものと訴えた。つまり、酒類が禁制品になっても経済的に余裕のあった人たちは割高になった酒を飲みつづけられた一方で、貧しい人たちのなかには工業用のメチルアルコールを飲用して失明したり命を落としたりする人がいた状況をそれは指している。このような歴史的事実を念頭におきながら、タバコ税の引きあげは、安価で粗悪なタバコの流通を招くと予想されるものであり、それははたして公平なのであろうかという問いかけがタバコ業界によって行われた。

これに対して健康未来連合は、増税によってそのような人たち、とりわけ金銭的余裕があまりなかった未成年者の消費量が減るため、彼らが将来にわたって健康的に人生を送ることができると反論した。またこの組織は、喫煙率の低下でタバコが原因とされる疾病の発症件数は減少するものと期待されるため、州によるメディケイド医療費扶助への負担が軽減されるなどと主張した。さらに健康未来連合は、喫煙する労働者の疾病が原因とされる生産性の低下による損失が年間一五億ドルにもなると試算しており、もし増税が実現すれば、これらの損失額が縮小されるぶん税収入は増えて州の財政にとって良い結果をもたらし、それによって州民に対する行政サービスも向上するとした。(26)

「質問一」の投票結果と他州での住民投票

結局、一九九二年一一月に行われた住民投票によって増税案は支持されたため、マサチューセッツ州では翌年一月から州紙巻きタバコ物品税が一箱五一セントへと引きあげられることになった。増税の影響はここでも見られ、年率数%の減少傾向にあった消費量が、施行後の一年間で一二・五%と大幅に減少するようになった。また、質問一での公約通り「マサチューセッツ州タバコ抑制計画」(the Massachusetts Tobacco Control Program)のもとに健康保護基金が立ちあげられ、受動喫煙の防止や禁煙治療支援のためのプログラムを実施しようとする州内二六〇の自治体に、その基金から資金が提供されたのである。(27)

その後、カリフォルニア州やマサチューセッツ州のように、喫煙量を減らす目的でタバコ製品に対する大幅な増税を住民投票によって実現しようとする試みが、アリゾナ州などでも行われた。この州では、一九九四年に住民投票によって「タバコ税健康管理法」(the Tobacco and Health Care Act)が成立し、一箱あたり四〇セントが増税された。しかし、コロラド州では増税法案は否決されてしまい、住民投票という手段で大幅増税を実現させる試みはすべてで成功したわけではなかった。コロラド州で否決された理由として、増税によって小売価格が大幅に上昇すると、隣接する税金の安い州から紙巻きタバコが大量に運びこまれて闇市場ができ、それによって生じる混乱を州民が危惧した点があげられた。

かつて『ワシントン・ポスト』は、「北東部で二一セント余分に物品税がかけられると、ノースカロライナ州やヴァージニア州で合法的に購入した安価な紙巻きタバコをトラックの荷台に積んで北上して売りさばけば、二万ドルから三万ドルの利益を手にできる」という記事を掲載したことがあった。[28] このように、増税しても結果として税金が思惑通り州政府に入ってこないだけではなく、「密輸」を行う者の組織化を促すなどこの試みには「副作用」を生じさせるところもあった。したがって、目的が税収を増やすことであろうと健康のために喫煙量を減らすことであろうと、タバコ増税については、州よりも連邦レベルでなされる全国一律のものが効果的と考えられたのである。

三　連邦レベルでの喫煙規制

政府施設内での喫煙規制

国民の喫煙量を減らす手段として、これまでの節では増税について考察したが、ここからは喫煙そのものの規制について論じてみたい。喫煙が、本人だけではなく周囲にいる非喫煙者の健康も脅かすと結論づけた研究結果が広く認知されるようになった二〇世紀終盤のアメリカ世論は、不特定多数の人が集まる屋内空間での喫煙規制を支持するようになっていた。しかし、一口に喫煙規制といっても、それは多様であったため整理して考察する必要がある。これに関しては、連邦と州および自治体の各レベルに分けて、それぞれで行われた規制について考えることが理解しやすいと思われる。そこで、まず連邦政府の権限で行われた規制について見てみたい。

連邦レベルでの喫煙規制は主に二つの範疇で行われたが、それらは政府の関連施設内と州境を越えて移動する公共交通機関におけるものだった。[29]政府施設内での喫煙規制は、関係機関の長によってだされる命令などで実施される場合が多く、連邦政府のなかで喫煙規制へまっ先に動こうとしたのは、言うまでもなく国民の健康を司る厚生省だった。これに関しては、ジェームズ（ジミー）・カーター（James Carter）政権で長官を務めたジョゼフ・カリファーノ（Joseph Califano）がまず触れられるべき人物であろう。もともとカリファーノは紙巻きタバコを一日に三箱吸うこともあったヘビー・スモーカーだが、一一歳になった息子への「誕生日プレゼント」として、自らの強い意志で禁煙を実践するようになった。長官就任後、彼は喫煙を「公衆衛生にとっての最大の敵」であると位置づけたり、「喫煙する人はスローモーションで自殺しようとしている」などと発言したため、タバコ業界からは要注意人物として見られるようになった。[30]

カリファーノは、政府の関連施設以外にも旅客機内での禁煙措置、タバコのパッケージや広告に表示されている警告文のより具体的で断定的なものへの変更、反喫煙の啓蒙活動やタバコ煙に関する病理学的研究への補助金の増額、そして連邦タバコ税の引きあげなどを提唱した。[31]このような彼の反タバコ姿勢は、例えばノースカロライナ州選出の共和党連邦上院議員ジェシー・ヘルムズ（Jesse Helms）や、サウスカロライナ州選出の民主党連邦上院議員アーネスト・ホリングズ（Ernest Hollings）のような葉タバコ生産州の有力議員たちとの衝突を引きおこし、それが一九七九年七月のカーター大統領によるカリファーノ更迭の一因になったとされており、彼の在任中に禁煙措置はとられなかった。

実際、厚生省内でその措置がとられるようになるのは、カリファーノが更迭されて八年が経過し、受動喫煙の危険性を特集した「公衆衛生局医務長官報告」が発表された翌年の一九八七年で、首都ワシントンを中心として全国に分散する同省の関連施設で働く数万人の職員とそのほか大勢の訪問者が、紫煙のない環境におかれることになった。その後、厚生省以外の中央官庁でも同様の規制が行われるようになり、例えば合衆国郵便公社では一九九三年に、また国防省では一九九四年にそれぞれの関連施設内が対象となった。また、嫌煙家のクリントン大統領は就任直後にホワイトハウスを禁煙にし、さらに一九九七年には「連邦政府が所有するすべての施設において、職員と訪問者に紫煙のない屋内空間を確保するため」の行政命令書に署名したのである(32)。

航空機内での分煙措置

連邦レベルでの喫煙規制として、次に州際公共交通機関について考察するが、ここでは民間航空機を見てみたい。確かに、鉄道やバスの車内での喫煙規制についてもほぼ同時進行で議論されたが、それらは航空機に関する議論によって触発される場合が多かった。冷房装置が十分には普及していなかった一九六〇年代、窓を開けて走行することも可能だった鉄道やバスよりも、わずかな換気は行われたもののほぼ完全に閉ざされていた航空機内での喫煙は、タバコを吸わない乗客や客室乗務員にとってより切実な問題だったのである(33)。

航空機内での全面禁煙を早い時期から求めた者のなかに、消費者保護や環境保全を訴えて草の根運動を展開していたラルフ・ネーダー（Ralph Nader）がいた。彼は一九六九年に運輸省へ要望書を提出したが、そこには非喫煙者が被る不快感や健康被害だけではなく、機内火災の危険性についても言及されていた。また、当時は反喫煙組織だけではなく紫煙を嫌う乗客も禁煙措置をこうじるよう各航空会社に個人として働きかけており、会社側もそのような声を無視することができなくなっていた。ちなみに、ネーダーは翌一九七〇年一月に州境を越えて運行されていた列車やバスに関しても同様の要望書を、運輸省と「州際通商委員会」（the Interstate Commerce Commission）へ提出している(34)。

規制を求める動きにまず対応したのが「ユナイテッド航空会社」で、この会社は一九七一年に座席の一部を自主的に禁煙とした。その後、ほかの航空会社も順次この方式を導入し、一九七三年には国内のおよそ半数の航空会社において「分煙」——当初禁煙席の割合は三〇〜四〇％——の措置がとられるようになっていた。[35] このような状況下で、連邦政府の行政機関として設置されていた「民間航空委員会」(the Civil Aeronautics Board) は、残りの航空会社にも同様の措置をとるよう求めたのだが、当時は喫煙する権利も尊重されていたため、全面禁煙ではなく分煙が選択されたのである。ネーダーなどによる禁煙を求める動きに対して、タバコの業界団体である「タバコ協会」(the Tobacco Institute) の顧問弁護士リチャード・キンガム (Richard Kingham) は、民間航空委員会が開催した公聴会において「喫煙者を含めてすべての乗客には楽しい空の旅をする権利があり、それ（全面禁煙）は不公平な扱いである」と語ったが、一九七〇年代前半の時点ではこのような考えかたに一定の支持があった。[36]

分煙をめぐるトラブル

ところが、座席の一部だけを禁煙にする方式は中途半端なもので、数々のトラブルを引きおこすことになった。例えば、限られた数の禁煙席にそれ以上の乗客が殺到した場合、遅れて搭乗手続きをした人は喫煙席に座らされることになり、彼らは苦情を言うだけではなく禁煙席に座る「権利」が蹂躙されたとして、なかには航空会社に「慰謝料」を求める者もいた。また、一部を禁煙席にしたからといって、飛行機の客室という仕切りもなく換気がきわめて不十分な空間で喫煙すれば、煙は当然禁煙席へも流れていくわけで、日刊紙『トロント・スター』はそのような状況を、「プールのなかで小便をするのと同じ」であるとコメントしている。[37]

特に、喫煙席と禁煙席の境界ではトラブルが絶えず、客室乗務員を巻きこんで吸う吸うなの言いあらそいや、ときには掴みあいの喧嘩が起こることもあり、それが原因で首都ワシントンとニューヨーク市を結ぶ「イースタン航空会社」のシャトル便が、途中のボルティモア空港へ緊急着陸するというトラブルも一九七九年に発生している。当時、喫煙に関する機内でのトラブルは多発したが、それは客室内だけの話ではなかった。やはりイースタン航空のフライトで、タバコを吸わない副操縦士が喫煙する機長に操縦室のなかではタバコを控えるよう求めたが、機長はそれを無視してたびたび喫煙したため、副操縦士が酸素マスクを装着したところ機長はそれを認めず収納するよう命令した。すると今度は、副操縦士がそれに従わずマスクをつけたままの状態で業務をつづけたのだが、このやりとりは目的地に到着後会社に報告された。ちなみに、副操縦士は機長の命令に従わなかったとして、後に懲戒処分を受けている。

また、メディアが大きく取りあげたものに次のような出来事もあった。ジョン・マカウォード（John McAward）という乗客が、希望した喫煙席に座れなかったため、ボストンのローガン空港を離陸するため誘導路を移動していた「アメリカン航空会社」のニューヨーク便機内で、喫煙席に座ることを拒否して不満を伝えるために操縦室へ向かった。機長が管制官に状況を報告して飛行機をターミナルへ戻したところで、彼は飛行を妨害したとして警察に拘束された。その後裁判が行われ、一審では二五〇ドルの罰金刑が言いわたされたが控訴審では無罪になるなど、司法の場でも「非喫煙者の権利」に関して相反する決定がだされている。このような出来事以外にも、ユナイテッド航空のホノルル便で、タバコ煙に晒される職場環境に対する抗議の意思表示として、客室乗務員が簡易なガスマスクを装着して、喫煙席の乗客に食事のサーヴィスを行った件など、飛行機内でのエピソードは枚挙にいとまがない[38]。

客室内全面禁煙の提案

いずれにしても、客室内での分煙は紫煙を嫌う乗客をとうてい納得させるものではなかったため、反喫煙派は

「喫煙と健康に関する行動隊」（Action on Smoking and Health＝ＡＳＨ）という組織を中心に、飛行時間の短いフライトでの全面禁煙を求めて民間航空委員会などへの働きかけをつづけた。実はこれらの要求は、搭乗機会が限られていた乗客よりも、今も触れたように、紫煙に晒されながら勤務する客室乗務員にとって切実なものであり、その一人ジョイス・ヘイゲン（Joyce Hagen）は「誰かがこのような目標（全面禁煙）を掲げた活動を先導してくれるのを、私たちは待ちのぞんでいました」と語っている。[39] 言うまでもなく、乗務員には客室が職場であり、航空会社にとって機内における喫煙規制は社員の健康を守るということに関して大きな意味をもつもので、禁煙を求める客室乗務員と喫煙する乗客とのあいだで板挟みになっていた航空会社にすれば、規制強化への動きは本音を語れば朗報であった。

使用者が少なく、煙の刺激が比較的強く、また後始末に手のかかるパイプ・タバコや葉巻の全面禁煙は、それらの製造や販売を行う業者からの反発はあったものの、民間航空委員会による指導を各航空会社が受けいれたため一九八〇年代中頃までに実現していた。しかし、タバコ使用者のうち圧倒的多数が選択していた紙巻きタバコの場合、ただちにそうはならなかった。民間航空委員会は、一九八三年にフライト時間六〇分以内の旅客機を全面禁煙にすることや、それを超えるフライトでは紫煙に晒されると喘息などの症状が悪化する恐れのある乗客を、喫煙セクションから可能な限り遠くに離して座らせることを提案した。これに対して、大手航空会社で組織する「航空運送協会」（the Air Transport Association）は客離れを危惧したり、持病をもつ乗客が出発間際に搭乗手続きをした場合に混乱を招くとして、最終的にそれらの提案を拒絶したのである。[40]

ところで、連邦議会は旅客機内の喫煙問題に関する公聴会を一九八三年と翌八四年に開催したのであるが、その場で示された世論調査の結果や諸外国の実情などに関するデータや情報は、それらを提示した組織や人物の立場の違いによって相反するものが多かった。そのため議会は、「全米研究評議会」（the National Research Council）——一九一六年に「全米科学アカデミー」(the National Academy of Sciences) によって設立された研究機関――に対して、あらためて調査を行いそれをふまえて助言するよう求めた。これへの回答として、全米研究評議会は一九八六年に『旅客機の客室環境――空気の質と安全性について――』という報告書を提出したのだが、そこには当時実施されていた分煙では客室乗務員――八〇%の乗務員が平均で月に七〇時間から八五時間紫煙に晒されていた――の健康を守るのには限界があると記述されていた。[41] さらにこの一九八六年には、すでに述べたように、厚生省公衆衛生局と全米科学アカデミーが受動喫煙の危険性に警鐘を鳴らす報告書をあいついで発表しており、これが航空機における全面禁煙への流れを加速させたことは明白だった。

飛行二時間以内全面禁煙

そのようなときに起きたある出来事が、航空機内での全面禁煙を義務づける連邦法の成立に直接結びつくのであった。それはイリノイ州選出の民主党連邦下院議員リチャード・ダービン (Richard Durbin) にまつわるもので、彼が空港で搭乗手続きをしたところ、出発間際だったので禁煙席がとれず喫煙者に挟まれる座席に座らされるはめになった。一四歳のころ、一日二箱の紙巻きタバコを吸っていた父親を肺ガンで亡くしていたため、喫煙を否定的に眺めるようになっていたダービンは、カウンターの係員に「何とかしてもらえないだろうか」と頼みこんだ。しかし、それに対する返事は「私には無理ですがあなたならできます、ダービン議員」というものだった。[42]

実際にダービンは、飛行時間二時間以内の国内便を全面禁煙にする内容の連邦法案を一九八七年に下院へ提出したのであるが、このような航空機内の禁煙措置を、先ほど触れたASH以外にも「喫煙公害に反対する会」(the Group against Smoking Pollution＝GASP) という草の根の反喫煙組織が長年にわたり求めており、さらには「アメリカ医学会」(the American Medical Association) や「アメリカ心臓協会」(the American Heart Association) などの患者支援団体も支持することを表明していた(43)。反喫煙派のなかには、二時間以内の飛行時間だけではなく、より長時間のフライトを含めるよう求めた者も少なくなかった。彼らは、受動喫煙の危険性を憂慮し、飛行時間に関係なく紫煙に晒される状況を嫌悪したのである。

これに対して、航空業界には全面禁煙にするとタバコを吸う乗客が離れていくのではと危惧する者もおり、建前としては反対する会社が多かった。しかし、この措置によって清掃コストを削減できるだけではなく、乗客のあいだで起こるトラブルや、環境タバコ煙によって健康を損ねたと考える客室乗務員による自らを相手どった賠償請求訴訟を回避できるという利点もあり、航空会社がかたくなに反対しつづけることはなかった(44)。タバコ業界も全面禁煙には反対したものの、この流れはとめられないと判断していたため、反対というよりも修正を求めてヘルムズなど親タバコ派の上院議員に、下院で提案された二時間以内ではなく一時間三〇分以内のフライトという案を上院案とするように働きかけた。そして、二時間と一時間三〇分の二つの案が提出されたため両院によって協議が行われた結果、二時間の下院案が最終的に統一案となり、その賛否が問われたのである。

そもそも二時間以内のフライトでの禁煙が提案されたのは、国内便のおよそ八〇％がこの飛行時間の範囲に入っており、多くの喫煙者は二時間程度ならがまんできるであろうと漠然と考えられたことにくわえ、いきなりすべての便を全面禁煙にする提案をすれば、タバコ会社や喫煙する乗客だけではなく、少なくとも表むきには航空会社も反発すると予想されたからであった。ダービンや彼の支持者たちは、たとえ飛行時間が短くても全面禁煙のフライトをまず実現させるのが優先されるべきやりかたと考えた。さらに、これを二年間の時限立法にして規制反対派にも受けいれやすいようにする一方、二年後にはより長時間のフライトを禁煙にできる新たな法律を成立させる可能性を残すことで、規制賛成派にも配慮するものになった。

この統一法案は、下院では禁煙措置に反対する議員だけではなく、二時間よりも長いフライトへの措置を求める議員も一部反対票を投じたため接戦になったが、一九八七年七月に一九八対一九三で通過し、一方上院では、同年九月に八四対一〇と圧倒的な支持をえた。そして、レーガン大統領の署名によってそれは成立し、アメリカでは一九八八年四月二三日から飛行時間が二時間以内のフライトを全面禁煙にすることが義務づけられ、違反者には一〇〇〇ドル、またトイレの煙探知機を不正操作した者には二〇〇〇ドルを、それぞれ上限として罰金が科せられるようになったのである。(45)

ほぼすべての国内便での禁煙措置

このとき、「ノースウエスト航空会社」は飛行時間の長短に関わりなくすべての国内便を禁煙にし、それを大々的に宣伝して業績をあげている。また、アメリカと同様に二時間以内のフライトを禁煙にしていたカナダでも、「カナディアン・エアライン・インターナショナル航空会社」や「エアー・カナダ航空会社」などは、一九八九年に北米路線を自主的にすべて禁煙にした。一方、ノースウエスト航空をのぞくアメリカの大手航空会社が、その後自ら禁煙措置をこうじる事例はなかったが、この点に関してタバコ会社から圧力がかけられていたことを示唆する記事が、『ニューヨーク・タイムズ』に掲載されている。そのなかで、北部を中心とした路線を展開するノースウエスト航空とは異なり、例えば「デルタ航空会社」や「アメリカン航空会社」はタバコ産業のお膝元である南部を本拠にしていたため、本業の紙巻きタバコ以外にもさまざまな業界に進出し多角化を進めていたタバコ会社の影響力を無視できなかったと指摘されていた。(46)

ノースウエスト航空やカナダの航空会社による自主的禁煙措置には、当時すでに飛行時間に関係なく機内の全面禁煙に対する支持が世論の多数派を形成していたこと、さらにその支持は時間の経過とともに拡大していた状況が背景としてあった。ところが、タバコ業界のロビーストによる働きかけの結果、二年間の時限立法であった一九八八年に執行された法律の期限切れを前にした一九八九年、議会下院で審議されていた新たな法案の内容が、飛行時間が二時間以内のフライトのみを禁煙にしている現行法をそのまま延長するというものになっており、下院は八月にそれを二五九対一六九の賛成多数で通過させたのである。(47)

一方上院は、国内便のほぼすべてに該当する飛行時間が六時間以内のフライトを禁煙にする法案を審議し、九月に七七対二一の賛成多数で通過させた。そして両院による話し合いの結果、世論が後押しする上院案を優先させることになり、下院はあらためて審議と採決を行い一〇月三一日に上院案を可決させている。このとき、親タバコ派議員が「不必要で不公平」な立法であるとこれに強く反発したため、一九八八年法の失効を前に新法のすみやかな成立をめざして妥協する必要があったことから、彼らが求めるグアム便、ハワイ便、アラスカ便などのうち、西海岸以外の都市を発着する六時間以上の飛行時間を要する一部の長距離国内便で喫煙が認められる状況は、その後も短期間だったがつづくのであった。いずれにせよ、このような少数の例外はあったものの、アメリカでは一九九〇年からほぼすべての国内便で禁煙が実施されるようになったのである。(48)

四　州レベルの「屋内清浄空気法」

多様な「屋内清浄空気法」

前節で述べたように、連邦レベルでの喫煙規制は主に政府の関連施設と州際公共交通機関で行われたが、州や自治体レベルでの規制はより多岐にわたっていた。後になって自主的に行われる場合も増えるが、当初その多くは立法によってなされており、そのような立法には個別に名称がつけられることもあったが、総称として「屋内清浄空気法」(the Clean Indoor Air Act＝CIAA)と呼ばれた。

しかし、一口にＣＩＡＡといっても規制の対象となる場所やその内容については多様だったため、それぞれの州や自治体で成立したものを単純に比較するのは困難である。「多様」とは、規制対象が州や自治体政府に関連する建物、州境を越えない列車やバスや航空機を含む公共交通機関、さらに教育や医療の施設、民間企業のオフィスや作業場、飲食店、娯楽施設、商業施設、そしてこれら以外にもさまざまな屋内空間があるが、そのうちどこを指すのかとか、また建物全体なのかそれともエレベーターや階段やトイレなどの共用部分だけなのかという点でも個々に異なっていたことを意味している。さらに規制内容に関しても、廊下の片隅に灰皿をおいてそこでの喫煙を認めるという不完全分煙、壁や扉で物理的に仕切られ換気扇が設置された部屋でのみ喫煙を認めるという完全分煙、さらにそれすら認めない全面禁煙などがあり、やはり多様であった(49)。

ただし、時間の経過とともに規制場所が拡大していっただけではなく、喫煙者にとって緩やかな規制からより厳しい規制へと変化したのは確かである。ちなみに、最近では規制場所に屋内のみならず野外のスポーツ施設や公園や繁華街の路上なども含まれることが多くなっているため、建物内に限定された「屋内清浄空気法」ではなく、「無煙空気法」（the Smoke-Free Air Act）という名称が使用される場合もある。

そもそも、州レベルでのＣＩＡＡが議論されるようになったのは一九七〇年代の初頭で、まず五州において法案が提出されたが、それらはすべて廃案になっている。当時、受動喫煙の危険性はすでに囁かれはじめていたが、法案提出の第一の理由は健康問題というよりも、他人が吸うタバコの煙に不快を感じるというものだった。やや低下したとはいえ成人男性の喫煙率が四〇％を超える状況で、航空機における初期の規制と同様に、喫煙者の「吸う権利」がいまだ尊重されていたのである。しかし、一九七一年にジェシー・スタインフェルド（Jesse Steinfeld）医務長官が、「喫煙者がタバコを吸う権利——私はこれを『空気を汚染する権利』と定義する——を有しているのと同様に、非喫煙者にも健康的で清浄な空気を吸う権利がある」と反タバコ派の集会で述べたり、また翌七二年には

「公衆衛生局医務長官報告書」において、曖昧な表現ながらも受動喫煙の危険性に初めて言及した頃から、状況は変わりはじめたのである。(50)

ところで、タバコ協会は喫煙規制に対する世論の動向を調べるよう民間の「ローパー調査会社」に依頼していたのだが、その結果が一九七四年に報告されている。それによると、非喫煙者の九〇％と喫煙者の八〇％が列車や飛行機内での分煙については賛成していたが、職場でのそれに賛成したのは非喫煙者の六四％と喫煙者の四二％で、またレストランについては六〇％と三四％が賛成したものの賛否は分かれていたと言える。ちなみに、非喫煙者の三九％がこれらの公的空間では分煙ではなく禁煙を求めていたが、喫煙者を含めて考えると、この時点で世論の多数派が全面禁煙を必ずしも支持していたわけではないと、タバコ業界は考えていた。(51)

初期の州「屋内清浄空気法」

受動喫煙の問題が議論されはじめるなか、ＣＩＡＡを最初に成立させた州は一九七三年のアリゾナで、サウスダコタ、ネブラスカ、コネティカット、ミネソタなどの州がそれにつづいた。アリゾナ州では、一九六六年に著名な鳥類学者ベティー・カーンズ（Betty Carnes）が中心になって組織した「喫煙を危惧するアリゾナ州民」（Arizonans Concern about Smoking）という反喫煙団体などが、議員たちに働きかけた結果として立法化が実現した。このアリゾナ州ＣＩＡＡの骨子は、「エレベーター、図書館、屋内の劇場、博物館、音楽堂、政府関連の建物、医療施設、州境を越えないバスや鉄道や航空機を含む公共交通機関では喫煙が禁止されるか、分煙が可能ならば喫煙スペースを設置する」というものであった。(52)

翌一九七四年に成立したコネティカット州ＣＩＡＡでは、アリゾナ州法で言及されなかったレストランも対象になり、さらに一九七五年のミネソタ州ＣＩＡＡでは、政府関連のものに新たに民間もくわえたすべての職場――多くの非喫煙者が家庭と同様に長時間紫煙に晒される可能性のある場所——も規制の対象となった[53]。そして、このミネソタ州法で規定された屋内空間を対象にしたものが、その後他州における反喫煙派が目標にした「網羅的《コンプレヘンシヴ》」と呼ばれるＣＩＡＡになったのである[54]。

また、これら初期の州ＣＩＡＡでは、先ほど触れたように全面禁煙というよりも、基本的に分煙が求められることが多かった。例えばレストランでは、座席数の少ない店が除外されたり、たとえ分煙が義務づけられても、その多くが壁や扉などで仕切られるのではなく、「喫煙席」と「禁煙席」を同じ空間で分けるだけという旅客機で試みられた「分煙」と同様のものであった[55]。一九七〇年代の州ＣＩＡＡは、二一世紀に入った現在の視点から見れば、確かにどれも中途半端だった。しかし、それは喫煙が個人の権利として広く認められていた当時の状況を考えると、画期的な立法であったとも言えた。

一九七〇年代のタバコ業界では、何らかの喫煙規制は避けて通れないものと認識されはじめていたが、どうしても受けいれたくない規制もあった。それは、影響が大きいと考えられた職場とレストランにおける全面禁煙で、彼らはこれを回避すべく業界をあげて議員への働きかけを行ったのである。その結果、実際に反喫煙派がＣＩＡＡを勝ちとったとしてもそのような場所が除外されていたり、または中途半端な分煙になるなど、タバコ業界の意向がある程度反映される方向へといまだ動いていたのである。例えば一九七八年には、州および自治体レベルで喫煙規制を目的とした法案が五四本提出されたが、そのうち成立したのは六本のみで、しかもそれらは「ミネソタ州法が規定する網羅的な内容からほど遠く」、州や自治体に関連する公的な建物などに限定されたものが多かった[56]。

カリフォルニア州におけるＣＩＡＡをめぐる住民投票

そこで反喫煙派は、タバコ業界によるロビー活動を受けやすい議員たちに頼る立法だけではなく、ヴェトナム戦争やウォーターゲート事件などによって醸成された政治不信のなかで目立ちはじめた市民へ直接働きかける戦術、つまり住民投票という手段を重視するようになった。これに関しても、タバコ増税の場合と同じように、その発端となったカリフォルニア州に焦点をあてた考察が必要と思われるため、やはりそこでの活動について見てみたい。

一九七〇年代中頃以降のカリフォルニア州で、CIAAの成立をめざした草の根運動の中心にいたのは、プロ・バスケットボール選手という経歴をもち、当時サンフランシスコ市で弁護士を開業していた紫煙アレルギーに悩むポール・ラヴデイ（Paul Loveday）と、同じく弁護士で法律専門誌の編集者を務めていたピーター・ハーナウアー（Peter Hanauer）であった。ただし、彼らはいきなり州レベルで住民投票という複雑な手続きと多額の資金を必要とする手段を選択したわけではなく、最初は反喫煙派の議員へ請願することから活動を始めたのである。

ラヴデイとハーナウアーたちは、まず反喫煙派が優勢だったバークレー市においてCIAAを成立させるのだが、これは先ほど触れたGASPが、市会議員へ積極的に働きかけた結果であった。このとき、ラヴデイはバークレー市GASPの支部長を、そしてハーナウアーは会計責任者をそれぞれ務めていた。ミネソタ州CIAAの成立に触発されて、彼らが一九七六年に提出した市条例案の骨子は、公的機関の建物内での喫煙規制と州内の自治体では初めてとなる飲食店での分煙だった。この条例案は、その後市議会での承認と市長の署名をえて一九七七年四月に成立し、「自治体レベル最初の本格的な環境タバコ煙《エンヴァイロンメンタル・タバコ・スモーク》規制法」となったのである。(57)

バークレー市でCIAAを成立させたのち、ラヴデイとハーナウアーたちは当初の計画通り州レベルへと目標を移すのだが、州議会でのタバコ業界によるロビー活動は予想以上に活発に行われていた。それは、先ほども触れたようにカリフォルニアがタバコ販売に関しては最重要州であり、また喫煙規制についても多くのことが他州に先行して行われる「先駆者《ベルウェザー》」と考えられていたためだった。(58) その結果、たとえタバコ規制の法案がだされたとしても、それは委員会で棚上げにされてしまう状況がしばしば起こるなど成立させるのは容易でないと判断されるようになったため、反喫煙派は州民に直接働きかける戦術へ切りかえるのであった。

こうして一九七七年九月、ラヴデイたちは州レベルでは全国で初めてとなる住民投票によるCIAAの成立をめざして署名集めに着手したのである。カリフォルニア州で住民投票を実現させるには、第二節で触れたように、直近の州知事選挙における有効投票数の五％以上の署名が必要で、当時具体的にそれはおよそ三〇万という数だった。このとき、反喫煙派が準備できた資金は五万ドルのみで、この金額では必要な数の運動員を確保したり効果的な広報活動を行うことは困難だったため、活動の多くをボランティアに頼らざるをえなかった。そのような状況ではあったが、喫煙規制派は期限の直前になって必要数の署名を集めることができた。

その後、一九七八年一一月の中間選挙に合わせて行われる住民投票へむけて、ラヴデイたちは「屋内に清浄な空気を求めるカリフォルニア州民」(Californians for Clean Indoor Air) という組織を立ちあげて大衆運動を展開したが、引きつづきGASPなどほかの組織からの支援は必要だった。しかし、組織内の主導権争いのためアメリカ・ガン協会のカリフォルニア州支部からは少額の寄付があったものの、ボランティア活動についてはほとんど支援をえることができなかった。またアメリカ肺協会やアメリカ医学会を含む団体からの支援も限定的で、資金不足に陥り事務所の賃貸もできず、個人の住宅を活動拠点にせざるをえなかったのである。(59)

「提案第五号」へのタバコ業界の対応

住民投票にかけられる州CIAA案は、「提案《プロポジション》第五号」（以下、提案五）と呼ばれるようになるのだが、そのなかで喫煙規制が義務づけられる空間として、基本的にミネソタ州CIAAと同様に「網羅的」と言えるものが規定されていた。ただし、ジャズコンサート会場での喫煙は認められなかった一方で、野外が多いロックコンサート会場では許されるというやや統一性を欠く内容だった。また、レストランや職場や公共の建物では、仕切りの設置を義務づけた厳格な分煙が求められたほか、珍しく野外の競技場や公園も規制対象となり、違反者には五〇ドルの罰金が科せられることが明記されるなど、それは当時としてはかなり厳しい喫煙規制の提案であった[60]。

当初、提案五に対するカリフォルニア州民の支持は大きく、一九七七年一二月から翌年にかけてタバコ協会が行った調査によっても、支持率は六八％で不支持率の二四％をはるかに上回っていた。この結果にあらためて危機感をつのらせたタバコ業界は、提案五が「たかだか［カリフォルニアという］一州だけの問題である」と述べて冷静さを装う一方で、その成立を阻止するための活動を本格化させた。その活動は、タバコ協会が指名したタバコ流通グループのジャック・ケリー（Jack Kelly）をリーダーにして、サンフランシスコ市のコンサルタント会社「ウッドワード・アンド・マクドウエル」によって作成された行動計画に基づいて行われた[61]。

このときタバコ業界が細心の注意をはらったのは、多くの州民に不信感をもたれていた業界が、提案五に反対する活動を先導していると可能な限り見られないようにすることであった。そこで登場したのが、「常識を求めるカリフォルニア州民」（Californians for Common Sense＝CCS）という委員会組織で、これが前面に出て反対運動を行ったのである。言うまでもなく、この組織は資金や要員や戦略などさまざまな面でタバコ業界に依存していたが、表むきには「地域住民によって結成された自主独立の組織」であると強調された[62]。

CCSにはジョン・ヘニング（John Henning）、ヒューストン・フルーノイ（Houston Flournoy）、キャサリン・ダンラップ（Katherine Dunlap）という三人の共同委員長がいた。連邦政府の労働次官やニュージーランド大使などを歴任したヘニングは非喫煙者で、当時「カリフォルニア州労働同盟」（the California Labor Federation）の財務主任を務めていた。フルーノイは喫煙者で、州下院議員や州会計検査院長官などを歴任したあと、当時は南カリフォルニア大学の教授であった。また、非喫煙者のダンラップは環境保護論者で、経済発展と環境保護の両立を図る目的で設置された「カリフォルニア州環境経済均衡諮問会議」（the California Council for Environmental and Economic

Balance）の議長を、このときは務めていた[63]。

しかし、彼らは名前だけの指導者にすぎなかったのである。後に公表されることになるタバコ業界の内部資料によると、CCSによる提案五に反対する運動を実際に指揮していたのはやはりケリーと大手タバコ会社の役員たちで、具体的には「R・J・レイノルズ・タバコ会社」のジム・ダウデル（Jim Dowdell）、「フィリップ・モリス・タバコ会社」のエド・グレファ（Ed Grefe）、「ロリラード・タバコ会社」のアーサー・スティーヴンズ（Arthur Stevens）、「リゲット・グループ」のジョー・グリアー（Joe Greer）、そして「ブラウン・アンド・ウイリアムソン・タバコ会社」のアーネスト・ペプルズ（Ernest Pepples）であった。彼らは少なくとも月に一度はサンフランシスコとロサンゼルスの両市にあったCCSの本部に集まったほか、ウッドワード・アンド・マクドウエル社とも常に会合をもった。役員たちのなかでは、特に元ロビーストで、当時はフィリップ・モリス社の広報担当副社長だったグレファが影響力をもっていた[64]。

先ほど述べたように、事前の世論調査では提案五への支持が大きかったため、CCSを中心とした反対派は必死で巻きかえしを図った。このとき彼らは、喫煙者にむけてはタバコを吸う「権利」と喫煙という個人の生活習慣へ介入しようとする政治権力からの「自由」を、また納税者にむけてはCIAAの執行に使われる多額の費用、つまり税金の「浪費」を強く訴えた。これらの訴えのうち、税金の浪費問題がより説得力のあるものとCCSは考えていた。それは、法執行に費やされる予算が年間五〇〇万ドル程度の場合に提案五への支持率は五〇％を超えていたが、例えばそれが二〇〇〇万ドルになると支持率は四一％へ下落することが世論調査によってわかっていたからであった。CCSは、具体的な金額として少なくとも四三〇〇万ドルが法の執行によって浪費されるという主張を、さまざまな方法で繰りかえし訴えた。彼らによると、州政府に関連するすべての建物内の必要箇所に「ノー・スモーキング」のプレートを取りつけるだけで、有権者の許容範囲を超える予算が必要になるというのであった[65]。

多額の資金を投入しての反対キャンペーン

これに対して提案五推進派は、CCSが示す金額は「まったく根拠が示されておらず誤解を招くもの」であること、さらにはCIAAによって「喫煙量は確実に減るので、［メディケイドに対する州政府による］医療費の税負担が軽減できる」と反論したが、CCSのように多額の資金を使った広報活動ができなかったため、その効果はきわめて限られたものだった。反対派が喫煙する自由や税金の無駄づかいを争点としたのに対して、ラヴデイたち推進派が選択したのはやはり健康問題であった。一九七〇年代の後半が、受動喫煙による健康被害の議論がされはじめて間もない時期だったとはいえ、この問題を深く憂慮する州民も少なからずいたことが、これを主要な争点に選んだ背景にあった。

タバコ業界の依頼で世論の動向を調査してきたローパー社は、一九七八年に「アメリカ人の半数以上が、喫煙する人の周囲にいること自体おそらく健康に悪いと考えている」と報告した。[66] CCSは受動喫煙の問題を避けたかったが、提案五推進派が絶えずこれに言及したため、まったく触れないわけにはいかなかった。そこで反対派が行った主張は、タバコ業界の基本姿勢を表すもの、つまり喫煙が直接的にも間接的にも健康被害を引きおこすとは「いまだ証明されていない」という、それまでも繰りかえされてきたフレーズだったのである。[67]

このとき反対派が登場させたのは、例えばアンソニー・コウゼンティノ（Anthony Cosentino）やアルバート・ニーデン（Albert Niden）のような親タバコ派の医者たちで、肺疾患の専門医としてニーデンは『ロサンゼルス・タイムズ』のインタビューを受けて、「受動喫煙の危険性は存在しない」という見解を述べている。[68] 彼は、記者たちの前では否定したが、タバコ業界から研究資金を受けとっていたことが、後に公表されたタバコ会社の内部資料によって明らかにされる人物だった。

当初、提案五成立の可能性は高いと思われていたが、反対派からの巻きかえしには激しいものがあり、投票日の直前にはほぼ互角の闘いになっていた。その最大の要因は、反対派が多額の費用を使ってプロパガンダ活動を積極的に行ったことであった。このとき、カリフォルニア州内での販売シェアに比例して各タバコ会社が拠出した資金は、一〇月二三日の時点でR・J・レイノルズ社の一六七万ドルを筆頭に合計で四〇〇万ドルを超え、そのほかの関連団体、業者、個人からの寄付金を合わせると五〇〇万ドル以上になった。この点を捉えて、ネーダーは「タバコ会社は最も欺瞞的な活動のために五〇〇万ドルをカリフォルニア州へ注ぎこんで……提案五への［反対］票を買収した」と非難している。推進派が使用した金額の約一〇倍の資金が、テレビやラジオでの意見広告だけではなく、収集した個人情報から喫煙者を特定して反提案五のプロパガンダ冊子を集中的に送付するなど、さまざまな活動に投入されたのである。(69)

「提案第五号」と「提案第一〇号」の否決

一九七八年一一月七日に行われた住民投票の結果、反対票が五四％をしめたため、提案五は当初の予想に反して否決されてしまった。このように、住民投票はタバコ業界の予想外の勝利で幕を閉じたのだが、反喫煙派の活動がこれで終息するわけではなかった。それは、この時点でも州民の七一％が、公共の屋内空間における何らかの喫煙規制を望んでいたことが調査によって明らかにされており、そのような状況がラヴデイたちに活動をすぐに再開させるよう促す要因になったと考えられる。(70)実際、彼らは再度住民投票による州ＣＩＡＡの成立を目標に、ただちに署名集めを始めたのである。そして、期限内に必要な数の署名を集めたため、新たに「提案第一〇号」（以下、提案一〇）が喫煙規制法案として州民に提示され、一九八〇年一一月の大統領選挙時にその可否が問われることとなった。

提案五と比較して、提案一〇では戦術や法案の内容に関していくつかの変更がなされた。具体的には、推進派もコンサルタント会社と契約してより専門的で緻密な広報活動を行ったことや、ダイレクト・メールを送って提案一〇への理解と寄付金を積極的に求めたことなどが戦術面での変更であった。その結果、前回莫大な資金を反対活動に投入したとして批判された親タバコ派が、活動資金を半分以下の二三〇万ドルに減らした一方、反喫煙派は逆に五〇％近く増やして七〇万ドルを使って対抗したのである。また、提案一〇の内容に関して、ジャズコンサートだけではなくロックコンサートの会場も禁煙にして例外をなくした以外にも、全体として厳格さを緩めて幅広い支持をえやすいものにした。例えば、前回反発の強かった飲食店業界に配慮して、店内では仕切りを設置した完全分煙を必ずしも求めないようにしたこと、禁煙表示を設置するための予算に上限を設けて経費を抑制しようとしたこと、そして競技場や公園など野外の施設を規制対象から外したことが主な変更点だった。さらに、罰金の最高額も提案五では五〇ドルだったが、提案一〇では一五ドルに減額された(71)。

しかし、一九八〇年一一月四日に実施された住民投票は、このような変更にもかかわらず、またしても提案五と同じ経過をたどるのであった。すなわち、当初は提案一〇への支持が大きかったものの徐々に差は縮まり、最終的に逆転されてしまい投票結果は前回とまったく同じ得票割合——反対票が五四％——となり、タバコ業界が再度勝利を宣言したのである。提案五の住民投票からそれほど時間が経過しておらず、また受動喫煙の危険性に対する州民の考えかたがいまだ定まっていなかった状況にくわえ、額を減らしたとはいえタバコ業界による効果的なプロパガンダ活動が行われた一方で、反喫煙派による広報活動が、今回も十分になされなかったことが、このような結果になった要因と考えられた(72)。

五　自治体レベルの「屋内清浄空気法」

州から自治体レベルへ

州レベルでのＣＩＡＡをめぐる住民投票で連敗したカリフォルニア州の反喫煙派は、それでも戦いをやめなかった。ラヴデイとハーナウアーたちは、提案一〇不成立の一ヶ月後には戦略を練りなおすために会合を開いており、そこでは公共の屋内空間における喫煙規制に対する州民の支持がそれでも大きいことがまず確認された。話し合いの結果、彼らは一九七七年に成功をおさめたバークレー市での活動を念頭におきながら、タバコ業界の影響が比較的およびにくく、また自らの限られた人員や資金を集中的に投入できる自治体レベルへ再び視線を向けるようになった。

このとき、提案五を成立させるために立ちあげていた「屋内に清浄な空気を求めるカリフォルニア州民」は、「非喫煙者の権利を守るカリフォルニア州民」（Californians for Nonsmokers' Rights＝ＣＮＲ）へと改称され、州内各自治体でＣＩＡＡの成立をめざした活動の中心組織になった。自治体を舞台にした戦術への再転換は、カリフォルニア州では一定の結果をだすようになり、一九八一年七月に条例がユーカイア市議会で成立したことを皮切りに、一九八三年五月までに州内二一の市もしくは郡がそれにつづいたのである。(73)

そのなかで最も注目されたのが、大都市サンフランシスコにおける攻防だった。一九八三年の初頭、「サンフランシスコ市政執行委員会」（the San Francisco Board of Supervisors）の委員だったウェンディ・ネルダー（Wendy Nelder）は、職場のみに限定して喫煙規制を義務づける条例案を自らが属す市政執行委員会へ提出した。その内容は、喫煙者と非喫煙者双方に配慮した職場における分煙ルールを経営者に作成するよう求めるものだった。そして、もし提案されたルールに非喫煙の従業員が納得しない場合は、基本的に全面禁煙を義務づけ、それに違反した経営者に対しては一日五〇〇ドルの罰金が科せられるというものだった。

これに関してラヴデイたち反喫煙派は、職場だけではなくレストランなどを含む幅広い空間での喫煙規制をめざしていたため、この案は必ずしも満足できるものではなかった。しかし、病院や図書館などの公共施設や飲食店でも自主的に分煙や禁煙の措置をとるところが増えつつあったし、また何よりも反喫煙派の分裂を回避するために彼らはネルダー案への支持を表明することになった。最終的にこの条例案は、サンフランシスコ市政執行委員会において一〇対一の賛成多数で採択され、六月三日にダイアン・ファインスタイン（Dianne Feinstein）市長が署名したため、あとは執行を待つ状況になったのである。(74)

これに対してタバコ業界は、ただちに「政治介入に反対するサンフランシスコ市民連合」（San Franciscans Against Government Intrusion）という「有志の会」を結成し、一〇〇万ドル以上の資金を準備して規制反対運動を開始した。当時サンフランシスコ市では、このようなプロセスで成立した条例に異議のある場合、市長による署名後三〇日以内に一定数――ここでは一万九〇〇〇人――の署名を集めると、条例の執行停止とその可否を問う住民投票が実施できたのである。このとき、業界によって雇用された運動員たちは、短期間に必要数の二倍以上の署名を集めたため、規定に従って住民投票が行われることになった。(75)

サンフランシスコ市におけるＣＩＡＡをめぐる住民投票

一九八三年の住民投票は、それまでと異なりタバコ業界が条例案の否決をめざして発議する側になった。ネルダーによって提出された条例案は、住民投票では「提　案　Ｐ《プロポジション・ピー》」と呼ばれるようになり、当初反喫煙派は二対一の割合で優勢だったが、提案五や提案一〇の場合と同様に、投票日が近づくとその差は縮まっていった。ただし、サンフランシスコ市の反喫煙派は州レベルでの敗戦から教訓を学びとっており、なかでも結果を左右しかねないテレビやラジオを使っての意見広告など、今回はそれまで以上に広報活動を重視するようになっていた。

そのために、州組織であったCNRはアメリカ・ガン協会やアメリカ肺協会の支部に働きかけて、広く地域社会へ訴えかけるために新たに「喫煙」とか「タバコ」という単語を使用しない「地方自治を守るためのサンフランシスコ市民連合」(San Franciscans for Local Control) という組織を立ちあげて、資金集めなどを精力的に行った。(76) このとき、サンフランシスコ市の反喫煙派にとって幸いだったのは、まず論争が州全体ではなく比較的狭い自治体で交わされたので、広告費用の安価な地元の放送局を使用できた点であった。これにくわえて、「公平の論理《フェアネス・ドクトリン》」――対立する一方の当事者が資金力を背景にメディアを使って広告を流した場合、反対の立場の者にも意見広告のため一定の時間枠が無料で与えられるべきとする考えかた――を市当局が認めたため、無料の意見広告を放映できたこと、さらには放送局が、番組のスポンサーになる場合がたびたびあるタバコ会社に必ずしも好意的とはならず、最終的に中立の立場にたってくれたことも彼らに幸いした。

最後の点、つまり「中立の立場」についてであるが、それは「連邦通信法」(the Fedeal Communications Act) に関するものだった。この法律によると、意見広告には資金を実際に拠出した「本来のスポンサー」を明示するよう義務づけられており、その厳正な実施を求めた反喫煙派に放送局側が真摯に対応したことを意味したのである。サンフランシスコ市では、喫煙規制が人びとの自由を侵害する行為であるとか、法執行には多額の税金が注ぎこまれるなどと主張する意見広告が、当初タバコ業界が立ちあげた政治介入に反対するサンフランシスコ市民連合をスポンサーとして流されていた。

しかし、「本来のスポンサー」がタバコ業界であるのは明白だったため反喫煙派はこれを問題視し、特に地元では影響力が大きかったテレビ局のKRONやラジオ局のKNBRなどに、訴訟も辞さずという姿勢で是正を求めた。

これに対して、放送局にとってタバコ業界は広告料の大きな収入源であったにもかかわらず、KRONは業界がスポンサーであるという字幕を画面上に流すこと、またKNBRは広告の最後に同様の内容を音声で伝えることを約束した。これに対してタバコ業界は、特に音声で伝えられるものは好ましくない影響をおよぼすとして、ラジオによる意見広告の中止をただちに決定したのである(77)。

一九八三年一一月八日に行われた住民投票はやはり大接戦で、提案Pへの反対票が四九・六%、そして賛成票が五〇・四%とその差はわずか〇・八ポイント、数にして一二五九票だったが喫煙規制派の勝利で幕を閉じた。これは、タバコ業界がCIAAに関する住民投票で喫した初めての敗北だった。そのため、サンフランシスコという大都市で成立したこともあって、投票の結果はABCテレビの「ナイトライン」やCBSテレビの「六〇分《シックスティ・ミニッツ》」など視聴率の高い全国放送の報道番組によって詳細に取りあげられ、一部外国へも伝えられた。

自治体CIAAへの対抗手段としての「専占条項」

その後、受動喫煙の危険性を特集した一九八六年の「公衆衛生局医務長官報告書」が公表されると、各地の自治体ではCIAAの成立をめざした草の根の政治運動に拍車がかかった。一九八五年末までにカリフォルニア州やマサチューセッツ州を中心に全国約九〇の自治体においてCIAAが成立していたのだが、その数は一九八八年に三八〇、そして一九九六年には七八二へと増加し、さらに翌年から二〇〇三年六月までの六年間に、修正されたものを含めて六五〇の自治体が喫煙規制の隊伍にくわわった。このとき、喫煙が規制される空間がたんに広がっただけではなく、規制内容も分煙ではなく禁煙が中心になっていったのである(78)。

一方、タバコ業界はこのような自治体レベルでの動きをただ傍観していたわけではなく、サンフランシスコ市の場合と同様に喫煙規制に反対する活動を全国的に展開した。しかし、一九八〇年代の世論が公共の場での喫煙に対する何らかの規制を求めていたのは事実で、業界はそれを十分に認識していた。そこで、もしＣＩＡＡの成立が避けて通れないのであれば、例えば影響の大きい民間の職場やレストランを対象から外して、規制区域を病院、教育施設、映画館、公共交通機関——実は、これらの施設の多くではＣＩＡＡが成立していなくてもすでに自主的に喫煙規制が行われていた——などに限定するとか、全面禁煙ではなく分煙を選択させるというように、条例をタバコ業界にとってできる限り穏健なものとすることが彼らの目標になった。

先ほど触れたように、サンフランシスコ市における喫煙規制条例の成立を受けて、ＣＩＡＡの立法化をめざして自治体レベルでの活動が全国的に活発化し、時間の経過とともに成立事例は増えた。タバコ業界にとって、サンフランシスコのような大都会ではない地方の小さな町において、お互いが面識のある住民同志による草の根の反喫煙運動に対抗するのは容易でない場合も多かった。そこで業界が重視したのは、自らの影響力をより発揮しやすい州議会を舞台にしたロビー活動であった。このとき活動目標とされたのが、州法のなかに自治体条例へ制限をくわえることを可能にする条項を含ませるというものだった。具体的にそれは「専占条項《プリエンプション》」と呼ばれるもので、この条項が州ＣＩＡＡに明記された場合、例えば州法の内容が民間企業の職場やレストランでの完全分煙や禁煙を義務づけるものでなかったならば、たとえ州内どこかの自治体でそのような条例が成立したとしても州法が優先されるため、その自治体では職場やレストランでの完全分煙や禁煙が義務づけられることにはならなかった(79)。

このように、反喫煙派が自治体を主戦場にしようとした戦略に対抗して、戦いの場を州議会に求め資金や人材を効果的に活用しようとするタバコ業界の戦略は、一定の効果をあげた。実際、厳格な内容をもつ州ＣＩＡＡを実現できたところは二〇世紀末まで少数であったし、また一九八二年から一九九八年までに成立したもののうち三一州では専占条項が含まれたため、それらの州内で成立した自治体条例による規制は、あまり厳格なものにはならなかった(80)。

例えば、アイオワもそのような州の一つで、ＣＩＡＡが最初に成立したのは一九七八年だったが、そこには喫煙規制の場所として飲食店が入っていなかった一方で、専占条項も含まれていなかった。その後、一九九〇年に州ＣＩＡＡは改正されたのであるが、そのとき、タバコ業界のロビーストたちは飲食店を規制対象にすることと引きかえに、全面禁煙を求めない専占条項を書きくわえるのに成功したのである。その結果、アイオワ州の各自治体で成立した条例は完全禁煙を強制しない州法が優先されたため、分煙を中心とした業界にとって穏健なものとなった。

これに対して、アメリカ・ガン協会、アメリカ心臓協会、アメリカ肺協会などのアイオワ州支部で組織する「タバコのない社会をめざす連合」(the Tobacco Free Coalition) は、州ＣＩＡＡに含まれる専占条項の削除を求めて議会での働きかけを強めることを第一に考えるようになった。このような状況を捉えて、カリフォルニア州に起源をもち、自治体レベルでの活動を先導していた反喫煙草の根組織「非喫煙者の権利を守るアメリカ人」(Americans for Nonsmokers Rights) の指導者マーク・パーシャック (Mark Pertshuk) は、「それ (専占条項が含まれる州ＣＩＡＡ) は、タバコ業界を救済するための法律だ」と嘆いたのである。(81)

州および自治体ＣＩＡＡのその後

このように、受動喫煙による健康被害が問題視されるようになった一九七〇年代の後半以降、喫煙規制を目的とした政治活動が広く行われたが、潤沢な資金を使ったタバコ業界によるロビーおよびプロパガンダ活動によって、「厳格な」と言えるＣＩＡＡが次から次へと成立する状況とはならなかった。しかし、受動喫煙の危険性に関する病理学的研究は時間の経過とともにいっそう進んだため、より厳格な規制を求める世論が高まったのも事実で、それにともなってＣＩＡＡの内容が、タバコ業界にとって徐々に厳しいものへと変化していくことは不可避となっていた。

一九九四年三月に調査会社「ギャラップ」が「CNNテレビ」と「タイム社」の依頼で行った調査によると、CIAAによって愛煙家の三〇％は喫煙量を減らしたと回答したし、また別の研究では、職場での禁煙措置が理由で喫煙率が三・八％低下したことと、喫煙本数も一日あたり三・一本減少したことが明らかにされた(82)。その後も立法化は進み、二〇〇七年の時点で全五〇州と首都ワシントンでは州レベルでCIAAが成立しており、またこれ以外にも全国の約二六〇〇の自治体で、不特定多数の人が集まる屋内空間において喫煙規制が義務づけられるようになっている(83)。

世紀転換期のCIAAのなかには、飲酒に喫煙はつきものということで以前は当然のように認められていた酒場も、一部の州や自治体では規制対象にされるところが現れはじめた。例えばカリフォルニア州では、一九九八年一月から壁で仕切られ換気扇が備わった喫煙室が設置されていなければ、酒場での喫煙は禁止になった。また、ニューヨーク市においては二〇〇三年三月末に、そしてニューヨーク州全体では同年七月に、酒場での喫煙が全面的に禁止されたのである。特にニューヨーク市での罰則は厳しく、喫煙を黙認した飲食店の経営者に対して、初犯では二〇〇ドルから四〇〇ドル、再犯では五〇〇ドルから一〇〇〇ドル、再々犯では一〇〇〇ドルから二〇〇〇ドルと罰金の額が増えるだけではなく、短期間に繰りかえせば経営許可の取りけし処分も適用されるようになった(84)。さらに、野外のスポーツ施設、公園、繁華街の路上などを規制区域とする自治体も増えており、喫煙者がひとたび外出すると、街なかでの喫煙は建物の内外を問わず困難な状況になってきている。

おわりに

自由主義と個人主義が政治文化の伝統として残るアメリカにおいて、市民生活の安全を守るためとはいえ、政治がどのような問題へいかに介入できるのかがしばしば議論になる。例えば銃規制に関してだが、自分や家族の生命と財産は自らの銃によって守ると解釈できる合衆国憲法の修正条項によって裏打ちされた信条を肯定する国民は今でも多くおり、規制の強化が求められていながら、それが遅々として進まない状況が現実にある。たとえ、学校などを舞台にした銃の乱射や、子どもが親の所有する銃の引きがねを間違って引いて幼い弟や妹の命を奪ったり、九歳の少女が射撃訓練場で短機関銃を誤射してインストラクターを死亡させるというような悲惨な事件や事故が繰りかえされても、多くのアメリカ人は銃を手放そうとしない。

一方、タバコに関しても当初は同じように規制は進まなかったが、それでも本章で述べてきたように、二〇世紀の第四四半期以降、政治による本格的な介入を受けるようになった。そして、国民の多くもその介入を基本的に受けいれてきており、最近では実際にタバコを手放したり、そもそも喫煙しない人が増えている。現在、市民に保有されている銃の数は人口よりも多いと言われ、決して減ってはいないが、他方紙巻きタバコに関する成人男性の喫煙率は一九五〇年頃に五〇％以上あったものが、現在は二〇％程度になっている。

これらのことから見えてくるのが、アメリカ社会では昔も今も銃の所有は“norm”、つまり「社会基準」でありつづけている一方で、タバコに関しての社会基準は喫煙から禁煙へと明らかに変化したという現実だ。民主主義国家のアメリカでは、政治による市民の日常生活への介入は、それを認める社会基準がなければ良い結果は生まれない。「アメリカは自由な国で、これは俺の体だ。放っておいてくれ！」と喫煙者が叫んだ一九六〇年代、禁煙はいまだ社会基準にはなっていなかったので、それを法律によって強制することは困難だった。(85) しかし、一九七〇年代後半から八〇年代にかけて、特に受動喫煙の危険性が指摘されるようになると、テレビ、ラジオ、新聞、雑誌などさまざまなメディアがこの問題を取りあげたため、多数の国民が健康被害に関心を示すようになった。

その結果、喫煙に対する国民の姿勢に変化が生じるようになり、アメリカ人の喫煙率は低下するとともに、タバコを吸わないことが社会基準へと変わりはじめたのである。新たな基準に促されて、人びとの日常生活に根づいていたこの習慣は政治問題化するようになり、タバコ製品に対する増税や喫煙を規制するための立法化が進んできた状況は、本章において述べた通りである。もちろん、喫煙率の低下は内的要因、つまり国民の多くが健康を損なうのを恐れて自らの意志で禁煙したり、そもそもタバコに手をださなかったことにもよるが、ここで論じた増税や喫煙を規制するためのさまざまな立法もまた、外的要因としてこの動きを加速させた点は明らかであった。

註

（1）広告の規制をのぞいて、これらの手段は、直接的にはすべて喫煙者が対象にされたものであり、第八章と第九章で考察する「タバコ訴訟」のように、タバコ会社や業界を標的にしたものではなかった。ちなみに、国民の喫煙量を減らすための手段としてタバコ増税と喫煙規制法が効果的であるとする研究として、例えばセス・エモント（Seth Emont）たちによる共著論文がある。Seth L. Emont et al., "Clean indoor air legislation, taxation, and smoking behaviour in the United States: an ecological analysis," *Tobacco Control* 2 (1992), 13-17.

（2）Richard Wilson, David Duncan, and Thomas Nicholson, "Public Attitudes toward Smoking Bans in a Tobacco-Producing County," *Southern Medical Journal* 97 (2004), 646; U. S. Department of Health and Human Services, *Reducing Tobacco Use: A Report of the Surgeon General* (Atlanta: HHS, 2000), 356.

（3）David C. Johnson, "Anti-Tobacco Groups Push of Higher Cigarette Taxes," *New York Times*, April 3, 1997.

（4）アメリカでは連邦や州以外にも、州議会が認めた場合には自治体でも課税することが可能である。その数は一九六四年の医務長官諮問委員会による報告以降増えはじめ、ヴァージニア州など葉タバコ生産州を含めて一九七五年には全国三六五の自治体でタバコに物品税を課しており、一九九七年には四五〇へと増加した。ただし、多くの場合課税額は数セントと少額だった。Donley T. Studlar, *Tobacco Control: Comparative Politics in the United States and Canada* (New York: Broadview Press, 2002), 149.

（5）その後、一時的に八セントへ戻されたが、一九八六年に再び一六セントになった。Richard B. Tennant, *The American*

Cigarette Industry: A Study in Economic Analysis and Public Policy (New Haven: Yale University Press, 1950), 15ff; U. S. Department of Health and Human Services, *Reducing the Health Consequences of Smoking: 25 Years of Progress: A Report of the Surgeon General 1989 Executive Summary* (Washington D. C.: HHS, 1989), 527; Paul R. Johnson, *The Economics of the Tobacco Industry* (New York: Praeger Publishers, 1984), 132.

（6） Eugene Lewit and Douglas Coate, "The Potential for Using Excise Taxes to Reduce Smoking," *Journal of Health Economics* (1982), 142; Elizabeth M. Whelan, *A Smoking Gun: How the Tobacco Industry Gets away with Murder* (Philadelphia: George F. Stickley Co., 1984), 6.

（7） Ronald Bayer and James Colgrove, "Children and Bystanders First: The Ethics and Politics of Tobacco Control in the United States," in *Unfiltered: Conflicts over Tobacco Policy and Public Health*, eds. Eric A. Feldman and Ronald Bayer (Cambridge, Mass.: Harvard University Press, 2004), 33-34; Studlar, 118-19; American Legacy Foundation, "Excise Taxes" 〈www.legacyforhealth.org/PDF/excise_TAX_0910.pdf〉.

（8） Kenneth E. Warner, "State Legislation on Smoking and Health: A Comparison of Two Policies," *Policy Sciences* 13 (1981), 141-42.

（9） ある州のタバコ物品税が隣接する州と大きな差がある場合、それが高い州の役人は「密輸入」を憂慮したり、州境の近くに住む住民が隣接する州へ「買いだしに出かけること」を嘆いた。例えばニュージャージー州（ＮＪ州）南部の居住者がデラウェア州へ行けば四〇セントだった物品税が二四セントになるだけではなく、販売税（消費税）も六％のＮＪ州に対してデラウェア州ではかけられていなかったため、三〇セントも価格差が生じた。また、ニューヨーク州（ＮＹ州）の住民でＮＪ州へ買いに行く人もいたが、それはＮＹ州の物品税は四七セントでＮＪ州よりも七セント高く、さらに販売税もＮＪ州のほうが安かったからだ。このほか、マサチューセッツ州での物品税が五一セントで、隣のニューパンプシャー州ではほぼ半額の二五セントという場合や、ワシントン州での五四セントとオレゴン州での三八セントの場合も、価格差が比較的大きくなる事例であった。Richard McGowan, *Business, Politics, and Cigarettes: Multiple Levels, Multiple Agendas* (Westport, Conn.: Quorum Books, 1995), 104-06; Frank Chaloupka, "Clean Indoor Air Laws, Addiction and Cigarette Smoking," *Applied Economics* 24 (1992), 193; Kenneth Warner, "Tobacco Policy Research: Insights and Contributions to Public Health Policy," in *Tobacco Control Policy*, ed. Kenneth E. Warner (San Francisco: John Wiley and

Sons, Inc., 2006), 37.

（10）ちなみに、二〇〇〇年の最低額はヴァージニア州の二・五セントに対して最高額はＮＹ州の一・一一ドルで、平均は四一・九セントだった。二〇〇八年の最低額はミズーリ州の一七セントに対して最高額はＮＹ州の二・七五ドルであり、また二〇一三年の最低額は変わらずミズーリ州の一七セントで最高額はＮＹ州の四・三五ドルとなっており、平均は一・五三ドルだった。Studler, 143; Campaign for Tobacco-Free Kids, “State Cigarette Excise Tax Rates and Rankings,” 〈http://www/tobaccofreekids.org/research/factsheets〉.

（11）アメリカではタバコや酒類はおおむね合法的な嗜好品であったが、その乱用に対しては「悪徳」として警鐘が鳴らされてきた。したがって、それらの物品に課す税金はしばしば「罪悪税《シン・タックス》」と呼ばれることがあり、世論もこれらの増税に関しては比較的寛容であった。しかし、葉タバコを生産する州では必ずしも寛容ではなかった。ケンタッキー、テネシー、ヴァージニア、ジョージア、ノースカロライナ、サウスカロライナなど主要生産州では、一九八〇年代から九〇年代にかけて増税は行われていない。Ross C. Brownson et al., “Environmental and Policy Interventions to Control Tobacco Use and Prevent Cardiovascular Disease,” *Health Education Quarterly* 22 (1995), 485.

（12）McGowan, 83-84 & 100-01.

（13）Howard Leichter, *Free to be Foolish: Politics and Health Promotion in the United States and Great Britain* (Princeton, N.J.: Princeton University Press, 1991), 130; McGowan, 81-88.

（14）Robert A. Kagan and David Vogel, “The Politics of Smoking Regulation: Canada, France, The United States,” in *Smoking Policy: Law, Politics, and Culture*, eds. Robert Rabin and Stephen D. Sugarman (Oxford and New York: Oxford University Press, 1993), 38-39; Stanton A. Glantz and Edith D. Balbach, *Tobacco War: Inside the California Battle* (Berkeley: University of California Press, 2000), 33-34.

（15）Ibid., 35; Thomas E. Novotny and Michael B. Siegel, “California's Tobacco Control Saga,” *Health Affairs* 15 (1996), 60.

（16）Ibid., 59-60; Teh-wei Hu et al., “The Impact of California Proposition 99, a Major Anti-Smoking Law, on Cigarette Consumption,” *Journal of Public Health Policy* 15 (Spring 1994), 26-27.

（17）Thomas E. Novotny et al., “The Public Health Practice of Tobacco Control-Learned and Directions for the States in the 1990s,” *Annual Review of Public Health* 13 (1992), 287-89. 医療費の補塡に関して、一九六五年以降貧困者のための連邦と

州が連携する医療費扶助制度である「メディケイド」があったが、財政負担を少しでも軽減するため、増税分をその補塡に使用する案が浮上したのである。

(18) Glantz and Balbach, 55; Daniel C. Carson, "Supporters confident non-smokers will carry Prop. 99," *San Diego Union-Tribune*, October 31, 1998, A3.

(19) V. Lance Tarrance and Associates, *Prop 99 Campaign Study #3587* (Houston), August 4, 1987.

(20) ちなみに、提案九九賛成派は一六〇万ドルの資金を使用した。Michael P. Traynor and Stanton A. Glantz, "California's Tobacco Tax Initiative: The Development and Passage of Proposition 99," *Journal of Health Politics, Policy, and Law* 21 (1996), 570.

(21) Glantz and Balbach, 68.

(22) Lester Breslow and Michael Johnson, "California's Proposition 99 on Tobacco, and Its Impact," *Annual Review of Public Health* 14 (1993), 597; Teh-wei Hu, Hai-Yen, and Theodore E. Keeler, "Reducing Cigarette Consumption in California: Tobacco Taxes vs. an Anti-Smoking Media Campaign," in *Tobacco Control Policy*, ed. Kenneth E. Warner (San Francisco: John Wiley and Sons, Inc., 2006), 341 & 344; Michael Siegel, "Evaluating the Impact of Statewide Anti-Tobacco Campaigns: The Massachusetts and California Tobacco Control Program," *Journal of Social Issues* 53-1 (1997), 151. また、カリフォルニア州では増税分の一部が反喫煙の啓蒙活動に使用されるようになっていたが、年々その額は減少していった。これは、啓蒙活動の成果を評価することが容易でなかったため、その一部が効果の認識されやすいほかの政策へ回されたためと考えられた。

(23) Betsy Lehman, "Raising the Cost of Risky Behavior," *Boston Globe*, October 12, 1992, 25; Toni Locy, "Tobacco firms pay $4.5 million to fight tax Dwarf contributions by supporters of Mass. ballot question to raise cigarette levy," *Boston Globe*, September 5, 1992, 1; Paul F. Heiser and Michael E. Begay, "The Campaign to Raise the Tobacco Tax in Massachusetts," *American Journal of Public Health* 87 (1997), 968.

(24) Frank Phillips, "Tobacco Industry Ads Tout Tolerance," *Boston Globe*, October 24, 1992, 13.

(25) M. C. Farrelly and J. W. Bray, "Response to Increases in Cigarette Prices by Race/Ethnicity, Income, and Age Groups—United States, 1976–1993," *Morbidity and Morality Weekly Report* 47 (1998), 606–08; J. L. Townsend, P. Roderick,

and J. Cooper, "Cigarette Smoking by Socioeconomic Group, Sex, and Age: Effects of Price, Income, and Health Publicity," *British Medical Journal* 309 (1994), 925-26.

（26）Heiser and Begay, 970; Thomas A. Hodgson, "Cigarette Smoking and Lifetime Medical Expenditures," *Milbank Quarterly* 70 (1992), 110-11.

（27）Heiser and Begay, 968.

（28）"Bootleg Cigarettes," *Washington Post*, October 30, 1978, A22.

（29）Paul Axel-Lute, "Legislation against Smoking Pollution," *Boston College Environmental Affairs Law Review* 6 (1978), 360. また、ここで言及する連邦政府の関連施設と州際公共交通機関での規制以外に連邦レベルで行われたものとして、例えば、一九九三年の経済的理由による栄養不足の状況を改善するという目的をもった「女性・幼児・児童のための特別食糧支援計画」（the Special Supplemental Food Program for Women, Infants, and Children）に関わっている民間の医療施設での全面禁煙を義務づけた行政命令や、連邦政府によって財政支援が行われている子どもむけの事業に関連する施設での全面禁煙を求める条項のある一九九四年成立の「子どもたちのための法律」（the Pro-Children's Act）など、子どもを紫煙から保護しようとするものが目立った。

（30）Richard D. Lyons, "Califano in Drive to End Smoking: Calls Habit 'Slow-Motion Suicide'," *New York Times*, January 12, 1978, A14.

（31）Jacob Sullum, *For Your Own Good: The Anti-Smoking Crusade and the Tyranny of Public Health* (New York: The Free Press, 1998), 57-59.

（32）Ross C. Brownson et al., "Environmental Tobacco Smoke: Health Effects and Policies to Reduce Exposure," *Annual Review of Public Health* 18 (1997), 161; Kagan and Vogel, 22-23.

（33）州境を越えて走るバスや列車も、ほぼ同じ時期に分煙方式がとられるようになった。「グレイハウンド」などの長距離バスに関しては、州際通商委員会の行政措置によって後部座席に二〇％を超えない範囲で喫煙席が設けられた。また、「アムトラック」などの鉄道に関しては、当初は同じように行政措置によって車両を分けて分煙にしたが、飛行機やバスと比較して完全分煙の措置がとりやすかったこともあり、自主的に半分以上の車両と食堂車が禁煙車になった。ちなみに、州境を越えないバスや列車についても、州や自治体のＣＩＡＡによって分煙から禁煙へと徐々に変化していった。Joel D.

Joseph and Marcy S. Kramer, "Legal and Policy Issues Concerning Smoking and Health to Be Faced in the 1980s, " in *The Tobacco Industry in Transition: Policies for the 1980s*, ed. William R. Finger (Lexington, Mass.: Lexington Books, 1981), 289-90; Kagan and Vogel, 36-37; Bayer and Colgrove, 20.

(34) Allan M. Brandt, *The Cigarette Century: The Rise, Fall, and Deadly Persistence of the Product that Defined America* (New York: Basic Books, 2007), 303.

(35) Celestine Bohlen, "No Smoking in Translation," *New York Times*, June 30, 1996.

(36) 一九八〇年代前半、分煙ではなく禁煙への動きもすでに始まっており、民間航空委員会は一九八四年三月に座席数三〇以下の小型機に関しては全面禁煙を指導した。また、それより前の一九八一年七月に設立されたダラスとヒューストンなどテキサス州内の都市を結ぶ「ミューズ航空会社」は、当初から自主的に全面禁煙で運行されていた。Roger W. Schmidt, "The U.S. Experience in Nonsmokers' Rights," *American Lung Association Bulletin* (1975), 11-15; Thomas Ferraro, "Both Sides Demand Rights: A Heated Fued over Smoking," *Los Angeles Times*, April 8, 1984, 16-18.

(37) Mitchell Smith, "Hey, Weed Addicts! Here's Your Smoking Salon in the Sky," *Toronto Star*, September 30, 1995.

(38) J.C.B. Ehringhaus, Jr., "Some Legal Aspects of the Smoking-and-Health Controversy," in *The Tobacco Industry in Transition: Policies for the 1980s*, ed. William R. Finger (Lexington, Mass.: Lexington Books, 1981), 281; Peter Greenberg, "Fight over Right to Smoke in Flight," *Los Angeles Times*, March 30, 1986, J2; Ken Franckling, "Nonsmokers Gaining Ground in Campaign to Breathe Clean Air," *Los Angeles Times*, September 2, 1979, 2.

(39) 「喫煙と健康に関する行動隊」という反喫煙の立場で行動する草の根組織は、ニューヨーク市の弁護士ジョン・バンザフ三世（John F. Banzhaf, Ⅲ）を中心に一九六七年から翌年にかけて結成された。最初の活動目標は、当時テレビやラジオで自由に行われていたタバコ広告に対抗するため、本章第五節でも触れている「公平の論理」に基づいて喫煙による悪影響を一般の人たちに啓蒙するための意見広告を無料で放映することであった。その後、この組織は公共の場における喫煙規制を求める運動を主導し、現在でも活動をつづけている。Whelan, 114; Brandt, 270 & 286-87; Scott Thurston, "Support Growing for Smoking Ban on Overseas Flights: Attendants Stepping to Forefront of Battle," *Atlanta Journal-Constitution*, March 12, 1994.

(40) A.L. Holm and R.M. Davis, "Clearing the Airways: Advocacy and Regulation for Smoke-Free Airlines," *Tobacco*

Control 13 (2004), 31.

（41）National Research Council, *The Airliner Cabin Environment: Air Quality and Safety* (Washington D.C.: National Academy Press, 1986), vi & 28.

（42）Ron Scherer, "Smoking Ban is Durbin's Crusade: Bill would halt smoking on most air routes," *Christian Science Monitor*, October 20, 1989, 7.

（43）「喫煙公害に反対する会」は "the Group Against Smoking Pollution" 以外にも "the Group to Alleviate Smoking Pollution" と英語で表記されることもあるが、いずれにしてもＧＡＳＰである。ＧＡＳＰは一九七〇年代前半にカリフォルニア州内の各地に誕生したいくつかの組織が一九七六年に州レベルで統合されたもので、当初は受動喫煙に反対する啓蒙活動を行ったが、すぐに公共空間での立法による喫煙規制を活動目標とするようになった。それにともなって、カリフォルニア州中心だったこの組織は他州でも活動するようになり、一九八〇年代に本文中でも言及した「非喫煙者の権利を守るアメリカ人」という組織に改称され、影響力のある反喫煙組織の一つになった。Brandt, 305.

（44）John H. Cushman, Jr., "Senate Weighs Ban on Flight Smoking: Filibuster by Tobacco States Delays Vote on a Curb for All Domestic Routes," *New York Times*, September 14, 1989, A23.

（45）Sullum, 140-41; Glenn Kramon, "Smoking ban near on flights in U.S." *New York Times*, April 17, 1988, 24.

（46）Glenn Kramon, "No-smoke policy on flights stalls: Foreign carriers extend ban, but in U.S. there is little momentum to change," *New York Times*, April 13, 1989, A20.

（47）Robin Toner, "Senate Approves a Ban on Smoking on All U. S. Flights: Fight Expected in House," *New York Times*, September 15, 1989, A1.

（48）一九八九年、ダービン議員は航空機の全面禁煙によって非喫煙者の健康を守ることだけではなく、喫煙率を低下させる効果もあるとする「勝利宣言」を行った。また、国際便に関しては、一九九四年にカナダやオーストラリアと条約を締結して禁煙フライトを実現したあと、一九九七年までにアメリカの航空会社はほぼすべてのフライトで、自主的に禁煙措置をとるようになった。Associated Press, "House Votes to Extend Ban on Smoking to Almost All Domestic Airline Flights," *Los Angeles Times*, November 1, 1989, A28; "Smokers Get Dealt a Final Blow by United and American," *Best Fares*, July 3, 1997; Studlar, 99.

(49) Frank Chaloupka, "Clean Indoor Air Laws, Addiction and Cigarette Smoking," *Applied Economics* 24 (1992), 194; Martin Tolchin, "House would extend smoking ban on U. S. flights," *New York Times*, November 1, 1989, A25.

(50) Tobacco Institute, *Smoking Restrictions* (Washington D. C.: Tobacco Institute, 1986), 1; Jesse L. Steinfeld, "Women and Children Last? Attitudes toward Cigarette Smoking and Nonsmokers' Rights, 1971," *New York State Journal of Medicine* 83 (1983), 1257–58.

(51) Roper Organization, Inc., "A Study of Public Attitude toward Cigarette Smoking and the Tobacco Industry in 1974: Prepared for the Tobacco Institute," 1: 41 (1974), Bates No. 85425611/78/81.

(52) Jordan Raphael, "The Calabasas Smoking Ban: A Local Ordinance Points the Way for the Future of Environmental Tobacco Smoke Regulation," *Southern California Law Review* 80 (2007), 399; Stella A. Bialous and Stanton A. Glantz, *Tobacco Control in Arizona, 1973-1997* (San Francisco: Center for Tobacco Control Research and Education, U C San Francisco, 1997), 7; David L. Hudson, Jr., *Smoking Bans* (Philadelphia: Chelsea House Publishers, 2006), 29–30.

(53) 当初、レストランなどが組織する飲食店協会は、改装費がかかったり客足が遠のくことを危惧したため、店舗内での完全分煙や禁煙に反対していた。しかし、そのような措置をとっても採算がとれたり、また予想に反して売りあげを伸ばす店舗も少なくなかったことが各地で行われた調査によって明らかになったため、飲食店協会は喫煙規制に反対しなくなっただけではなく、自主的に完全分煙や全面禁煙の措置をとる店舗も増えた。Stanton A. Glantz and Lisa R. A. Smith, "The Effect of Ordinances Requiring Smoke-Free Restaurants on Restaurant Sales," in *Tobacco Control Policy*, ed. Kenneth E. Warner (San Francisco: John Wiley and Sons, Inc., 2006), 221ff.

(54) ＣＩＡＡのなかに、しばしば「職場」(workplace/worksite) という言葉が出てくるが、それが意味する場所は各州のＣＩＡＡで異なることがあった。例えば一九七五年のミネソタ州ＣＩＡＡの場合ホワイトカラーの人たちが働く事務所《オフィス》を意味し、「一般の人が通常訪れない工場や倉庫、そしてそれに類する場所」は除外された。しかし、その後成立したユタ州法ではそのような場所も含まれている。さらに、職場とは従業員が仕事をする場所と考え、レストランや酒場などを含める事例が増えている。

また、職場におけるＣＩＡＡの執行は、ルール違反に対する苦情が行政機関へ申したてられてはじめて行われた。例えばミネソタ州では、当初は年間で約一〇〇件の申したてがあったが、その場合経営者に警告書を郵送するか係官が現場へ赴いて口頭で注意するかの方法で法律順守を求めた。そして、警告を繰りかえしたにもかかわらず改善が見られない場合にのみ罰則が科せられるというものだった。Axel-Lute, 255 & 362–63; Peter Taylor, *Smoke Ring: The Politics of Tobacco* (London: The Bodley Head, Ltd., 1984), 190; Raphael, 399–400; Peter Jacobson and Jeffrey Wasserman, *Tobacco Control Law: Implementation and Enforcement* (Santa Monica, Cal.: RAND, 1997), 123.

（55）U. S. Department of Health and Human Services, *Reducing Tobacco Use: A Report of the Surgeon General* (Atlanta: HHS, 2000), 558; Stanton A. Glantz et al., *The Cigarette Papers* (Berkeley, Cal.: University of California Press, 1996), 416.

（56）Douglas E. Kneeland, "Antismoking Drive Keeps Gaining, but Impetus Seems to Have Slowed: Comprehensive Minnesota Law of 1975 Stands Alone and Piecemeal Attacks Are Found Tapering Off," *New York Times*, January 26, 1979, A8.

（57）Constance A. Nathanson, "Social Movements as Catalysts for Policy Change: The Case of Smoking and Guns," *Journal of Health Politics, Policy and Law* 24 (June, 1999), 460; Stanton A. Glantz and Edith D. Balbach, *Tobacco War: Inside the California Battle* (Berkeley: University of California Press, 2000), 2 & 9.

（58）喫煙規制に関して、カリフォルニア州は「先駆者《ベルウェザー》」以外にも「流行創出者《トレンド・セッター》」とか「ひな型《モデル》」の州と呼ばれることもあり、マサチューセッツ、アリゾナ、オレゴン、メインなど多くの州に影響を与えた。Richard Kluger, *Ashes to Ashes: America's Hundred-Year Cigarette War, the Public Health, and the Unabashed Triumph of Philip Morris* (New York: Vintage Books, 1996), 553; Michael Siegel et al., "Trends in Adult Cigarette Smoking in California Compared with the Rest of the United States, 1978–1994," *American Journal of Public Health* 90·3 (March, 2000), 372.

（59）Glantz and Balbach, 10–11.

（60）Taylor, 197–98.

（61）Glantz et al., eds., *The Cigarette Papers*, 419; Taylor, 200–01.

（62）Glantz et al., eds., *The Cigarette Papers*, 418.

（63）Ernest Pepples, "Campaign Report—Proposition 5, California 1978," January 11, 1979, 13–14. 〈http://legacy.library.ucsf.edu/tid/kti01c00/pdf〉.

（64）Ibid., 27–29; Taylor, 194.

(65) Economic Research Associates, "Memorandum Report: Estimated Costs for Government Occupied Buildings to Comply with the Proposed 'Clean Indoor Air Act'," April 25, 1978.

(66) Glantz and Balbach, 14; Stanton A. Glantz and Roper Organization, "A Study of Public Attitudes toward Cigarette Smoking and the Tobacco Industry in 1978" (New York: Roper Organization, 1978), 20.

(67) この「いまだ証明されていない」という言葉が最初に注目されたのは、第五章で触れたように、マスコミが喫煙の危険性について大きく取りあげた一九五三年に、「アメリカン・タバコ会社」のポール・ハーン（Paul Hahn）社長が発表した声明文のなかで、「[動物実験のマウスではなく］人体に発症する肺ガンが紙巻きタバコの喫煙に起因するなどということは、いまだ証明されていない」と持論を展開させたときとされる。この「いまだ証明されていない」という言葉は、「さらなる研究が必要である」という言葉とともに、タバコ業界を守ろうとする人たちによって、長年繰りかえし使われてきた。Paul Hahn, "Smoking and Lung Cancer—No Proof," November 26, 1953 〈http://tobaccodocuments.org/ness/6746.html〉.

(68) Albert Niden, "No: Environmental Smoke Can Irritate, Not Injure Others," *Los Angeles Times*, October 29, 1978, F1.

(69) 後になって、このときに反対派が投じた費用の総額が六五〇万ドルであったと報じられている。W.B. Rood, "Prop. 5 Battle Sets State Campaign Spending Mark," *Los Angeles Times*, November 1, 1978, A3; Paul Loveday and Peter Pool, "Proposition 10: Is State Law the Way to Get Smoke-Free Zones? Yes: People Have a Right to Healthy Air, and Voluntary Separation Does Not Work," *Los Angeles Times*, October 26, 1980, G3.

(70) Pepples, 40.

(71) Ronald L. Soble, "Prop. 10: Smoking Segregation Getting Another Test: Would Apply to Public Places, Work Areas, Schools, Clinics," *Los Angeles Times*, September 7, 1980, B1.

(72) Roger Smith, "No-Smoking Proposition Beaten Again: Losses 54% to 46%; Voters Divide on Other Ballot Issues," *Los Angeles Times*, November 5, 1980, A3. その後もカリフォルニア州ではＣＩＡＡの成立をめざす活動はつづいたが州議会を舞台にした反対派の抵抗は激しく、何度となく提出された法案はすべて廃案になった。最終的に一九九四年に提出された職場での受動喫煙を防止するための法案（ＡＢ一三）が、リゾート施設などの一部を例外扱いにしたり執行猶予期間を設けるなどの妥協を重ねて、ようやく成立することになった。California Department of Health Services, "Eliminating

Smoking in Bars, Taverns and Gaming Clubs: The California Smoke-Free Workplace Act," 12–14.

(73) Glantz and Balbach, 21–22.

(74) Ibid., 23.

(75) Philip Hager, "Tobacco Firms' Donations Set S. F. Campaign Record," *Los Angeles Times*, November 4, 1983, B 3 & 19.

(76) Peter Hanauer, "Proposition P: Anatomy of a Nonsmokers' Rights Ordinance," *New York State Journal of Medicine* (July, 1985), 369f.

(77) Glantz and Balbach, 27–28.

(78) Mark Pertchuk and Donald R. Shopland, eds., *Major Local Smoking Ordinances in the United States* (Berkeley, Cal.: Americans for Nonsmokers' Rights, 1989), 9–18; U. S. Department of Health and Human Services, *The Health Consequences of Involuntary Smoking—A Report of the Surgeon General* (Washington D. C.: U. S. Government Printing Office, 1986), 556–74; Peter D. Jacobson, Jeffrey Wasserman and John R. Anderson, "Historical Overview of Tobacco Legislation and Regulation," *Journal of Social Issues* 53 (1997), 86; Allan M. Brandt, "The Cigarette, Risk, and American Culture," *Journal of the American Academy of Arts and Sciences (DAEDALUS)* (1990), 168; Glantz and Balbach, 29; Taylor, 206; Michael Givel and Stanton A. Glantz, "The 'Global Settlement' with the Tobacco Industry: 6 Years Later," *American Journal of Public Health* 94·2 (February, 2004), 221.

(79) 専占とは、アメリカ法では通常州法に対する連邦法の優位を認める法理であるが、ここでは自治体条例に対する州法の優位を示すものとして援用した。National Cancer Institute (HHS), *State and Local Legislative Action to Reduce Tobacco Use* (Bethesda, Md.: HHS, 2000), 52–56; Michael Siegel et al., "Preemption in Tobacco Control: Review of an Emerging Public Health Problem," *Journal of the American Medical Association* (September, 1997), 858–62.

(80) Julie A. Fishman et al., "State Laws on Tobacco Control—United States, 1998," *Morbidity and Mortality Weekly Report Surveillance Summaries* 48 (2003), 21f; Jacobson and Wasserman, 83–85.

(81) Marc Linder, *'Inherently Bad, and Bad Only' A History of State-Level Regulation of Cigarettes and Smoking in the United States Since 1880s* (2012), 2684–85, 2742 & 2756 〈ir.uiowa.edu/cgi/viewcontent.cgi?filename=2&article...〉; Daniel M. Weintraub, "Controversial Tobacco Bill Passes Test," *Los Angeles Times*, June 14, 1990.

(82) Sullum, 154; Warner, "Tobacco Policy Research...," 50.

(83) Michael P. Eriksen and Rebecca L. Cerak, "The Diffusion and Impact of Clean Indoor Air Laws," *Annual Review of Public Health* 29 (2008), 174–75.

(84) Winnie Hu, "New York State Adopts Strict Ban on Workplace Smoking," *New York Times*, March 27, 2003; Michael Brick, "City's Smoking Ban Grows Teeth with Fines Beginning at Midnight," *New York Times*, April 30, 2003; Glantz and Balbach, 1.

(85) Johnathan E. Fielding, "Smoking Control at the Workplace," *Annual Review of Public Health* 12 (1991), 220; Allan M. Brandt, "Up in Smoke: How Cigarettes Came to be a Controlled Substance," *Magazine of History* 6 (1991), 23.

第八章　「現代タバコ戦争」における個人訴訟

はじめに

一九五〇年代の初頭、アメリカでは喫煙による健康被害に関する研究の成果が、多くの国民の目に触れる一般の雑誌に掲載されたため、成人男性の半数以上をしめていた喫煙者に大きな衝撃を与えるようになった。これがきっかけとなって、厚生省公衆衛生局医務長官ルーサー・テリー（Luther Terry）は、専門家による諮問委員会を立ちあげて関連する数多くの論文を精査させた。その結果として、喫煙と肺ガンや肺気腫など疾病との因果関係を認める報告書が一九六四年に公表されたことについては、第四章で考察した通りである。このように、行政を中心として始まった「現代タバコ戦争」は、その後立法や司法へも「戦線」を拡大させながら、二一世紀になった今もつづいている。

戦線が立法の場へ拡大したことに関して、連邦レベルではパッケージへの注意表示を義務づけた一九六五年成立の「連邦紙巻きタバコ表示広告法」（the Federal Cigarette Labeling and Advertising Act）や、テレビとラジオでのタバコ広告を禁止した一九七〇年成立の「公衆衛生紙巻きタバコ喫煙法」（the Public Health Cigarette Smoking Act）をめぐる戦いが注目された。また州や自治体レベルでは、不特定多数の人が集まる屋内空間での喫煙を規制する法律——総称として「屋内清浄空気法」(the Clean Indoor Air Act)と呼ばれた——をめぐる戦いに関心が集まった。これら立法の場におけるものについて、すでに第五章と第七章で触れたが、これと並行して行われた司法の場におけるものは、これまでの章ではほとんど考察されていない。そこで本章と次章では、司法の場での戦い、つまり「訴訟」に焦点をあてて論考を行いたい。

ただし、このとき注意すべきは一口にタバコにまつわる訴訟といっても、その内容が多様であったという点だ。例えば、アパートに住む喫煙しない住民が別の部屋の住民が吸うタバコの煙を嫌って建物全体の禁煙を求めたり、また職場での喫煙ルールが十分に機能していないとして従業員が経営者に厳格な規制を求めて訴訟を起こすなど、タバコ会社が当事者にならない事例も多々あった。それどころか、タバコ会社が原告になって、自らにとって不利な決定、例えば「環境保護局」(the Environmental Protection Agency)が紫煙には発ガン性物質が含まれていると認定したことや、各州や自治体で成立しはじめた屋内空気清浄法に対して、それらの無効を訴える事例のほかに、タバコ会社の機密資料を無断でもちだした「密告者」を、窃盗罪で訴える場合もあった(1)。

しかし、現代タバコ戦争のなかで訴訟といえば、やはり健康被害を受けたと考える喫煙者が、タバコ会社に損害賠償を求めたものが通常考えられるため、ここではタバコ会社が被告席に座らされる事例を「タバコ訴訟」と呼ぶことにする。このような民事訴訟は一九五〇年代の中頃に始まり、その後一九九〇年代には個人だけではなく集団によっても起こされるようになり、さらには喫煙が原因とされる疾病患者の医療費の一部を負担した州政府による求償訴訟もあり、タバコ訴訟は多様化した。

本章では、このうち個人によって起こされた訴訟に焦点をあてるが、集団訴訟や医療費求償訴訟については第九章で論じることとする。タバコ使用によって健康を損ねたと考える喫煙者やその家族が原告になる裁判は、二一世紀になってもつづいているもののその数は少なくなってきている。それは、パッケージに注意の文言が表示された一九六五年よりも前に喫煙を始めた人の数が徐々に減ってきているのと、最近ではタバコ煙には健康にとって有害な物質が含まれているという情報が広く知られるようになっているためで、それでも喫煙を始めて病気になった場合には、自らが責任を負うべきという「了解」が、裁判において陪審員を務める一般市民のなかでほぼ共有されていると考えられるからだ。したがって、ここでは注意文の表示が始まる一九六五年以前に喫煙を始めた人たちによって起こされた訴訟を中心に論じることとする。このとき、原告として彼らは何をどのように訴えて賠償を求めたのか、一方被告であるタバコ会社は、それに対してどのように抗弁したのかを、いくつかの事例を取りあげながら考察してみたい。

一　「第一波」のタバコ訴訟

個人による初めての提訴

喫煙によって自らの健康を損ねたとして、個人がタバコ会社に損害賠償を求めて起こした訴訟は、「はじめに」のなかで触れたように一九五〇年代の中頃に始まった。当時、被害を受けた消費者が商品の製造元を裁判に訴えた事例として、例えば金属片が製造過程で混入した食品や飲料を口にして体に変調をきたした場合、ソーダ瓶が何もしないのに突然破裂して身体に損傷を負った場合、通常走行をしていた車のホイールベースが突如破砕して交通事故を招いた場合などがあった(2)。このような事例では、基本的に製造元の責任が問われたが、それを購入して使用した原告は、よほど乱暴な扱いをしない限り自らの責任が問われることはなかった。しかし、初期のタバコ訴訟は、被告である製造元に原告よりも重い責任があるという前提では必ずしも見られていなかったという点で、ほかの製造物責任を問う訴訟と異なっていた。

個人によるタバコ訴訟で争点の一つになったのは、特定銘柄の喫煙と原告が被ったとされる健康被害との因果関係だったが、特に複数の銘柄を喫煙していた場合にそれを証明するのは容易でなかった。その場合、複数の製造元を訴えることも可能ではあったが、その責任割合を正確に算定する方法など困難な点も多かった。そもそも、喫煙と疾病の因果関係についての研究は二〇世紀の前半に行われるようになったが、当時は医学や化学などへの信頼が十分に確立されていなかったり、一部の専門家のなかでのみ議論されていたことが理由で、多くの国民によってそれが注目されるまでにはいたらなかった。

しかし、第四章や第五章で触れたように、第二次世界大戦の終結から一九五〇年代前半にかけて、肺ガンなどの疾病を引きおこす原因として喫煙をあげる研究が増え、それまでのような医学関係の専門誌だけではなく、例えば『リーダーズ・ダイジェスト』や『タイム』などの発行部数の多い一般誌によってそれが取りあげられたため、喫煙の危険性に関する情報は多くの国民によって共有されはじめた。(3) その結果、二〇世紀に入ってから右肩あがりで増えつづけてきた紙巻きタバコの消費量が、一九五三年に前年よりも約一二〇億本減少し、さらに翌一九五四年も減少傾向はつづいたのである。(4)

そのような状況下で、タバコ会社の製造物責任を問い賠償を求める訴訟が、疾病を患った喫煙者によって起こされるようになった。最初の事例は、一九五四年三月にアイラ・ロウ（Ira C. Lowe）という肺ガンを罹患した工場労働者が、ミズーリ州で「R・J・レイノルズ・タバコ会社」を相手に起こしたものであった。しかしこの事例は、原告側による取りさげや再提訴をへたのち、最終的にタバコ会社の責任を問うだけの十分な証拠が提出されていないと判断されたため、事実審理にはいたらなかった。(5) 確かに、喫煙と健康被害の因果関係を論じた研究は増えていたが、これはあくまで一般論として関係が存在する可能性を示唆したものであって、ロウという個人が肺ガンを発症させたことと、「キャメル」という銘柄を喫煙したことの因果関係を、必ずしも証明するものではなかった。

グリーン対アメリカン・タバコ会社事件

ロウによる提訴後およそ一〇年あまりのあいだに起こされたものは、「第一波《ファースト・ウェーヴ》」のタバコ訴訟として分類されるようになった。ちなみに、一九六〇年代の後半以降提訴は一時的に目立たなくなるが、一九八〇年代に入ると再び増えており、その後一九九〇年代のはじめまでつづく一連の訴訟は「第二波《セカンド・ウェーヴ》」として分類されている。第一波および第二波の期間中に数百件の提訴が行われたが、そのうち二三件のみが実際に法廷で争われることになった。さらに、そのなかで二件だけが一審でタバコ会社に賠償を命じる評決がだされたが、それらも控訴審で覆されたため、最終的に原告が賠償金を手にする結果とはならなかった(6)。つまり、第一波と第二波の訴訟を通して、タバコ会社が原告に賠償金を一セントたりとも支払う事例は二〇世紀中にはなかったのである。

一〇〇件以上起こされた第一波のタバコ訴訟のなかで法廷で争われたのは七件だけで、それ以外は審理にいたらず却下された場合もあったが、原告側が取りさげたものも少なくなかった。その七件のうちの一つに、一九五七年一二月フロリダ州マイアミ市で「アメリカン・タバコ会社」を相手どってエドウィン・グリーン（Edwin Green）によって起こされた「グリーン対アメリカン・タバコ会社事件」（*Green v. American Tobacco*）があった。グリーンは一九二五年に一六歳で「ラッキーストライク」を吸いはじめ、その後三〇年以上吸いつづけて最後には一日に三箱程度吸うヘビー・スモーカーになっていた。彼は一九五六年一月に肺ガンが発症していると告知され、その原因がこの紙巻きタバコの喫煙にあるとして、製造元のアメリカン・タバコ社に一五〇万ドルの賠償を求めてフロリダ連邦地方裁判所へ提訴した。ちなみに、グリーンは一九五八年に四九歳で亡くなるのであるが、その後親族が訴訟を引きつぐことになった(7)。

この裁判における最大の争点は、やはりグリーンの肺ガン罹患とラッキーストライクの喫煙との因果関係であった。この訴訟に限らず、喫煙者によって起こされた場合は、先ほど触れたように、長年つづけた特定銘柄の喫煙と、自らが患った疾病の因果関係を証明するよう原告に求められた。そしてこれを証明することが困難であると判断されたら、たとえ被告が喫煙の危険性を警告する義務を怠ったという過失責任を問う申したてを行ったとしても、事実審理にいたらない場合が多かった。

グリーン訴訟の法廷では、合計で八名の医師が証言台にたったが因果関係についての見解は分かれたため、結論にはいたらなかった。そして、一九六一年にだされた陪審団の評決では、喫煙がグリーンの肺ガン死に関して考えられる原因の一つであるとされたものの、遺族への賠償は認められなかった。その主な理由として、医師たちの見解が分かれたことのほかに、陪審員たちは、喫煙の危険性について当時タバコ会社が認識しておらず、したがって肺ガンの発症を予見できなかった点をあげている。事実上、被告側の勝利となった評決を受けて、この訴訟は原告によって連邦第五控訴裁判所に控訴され、そこで行われた審理の結果一審のフロリダ連邦地方裁判所へ差しもどされる決定がなされた。その後、再び一審での評決やそれを受けた控訴が繰りかえされたため、結局裁判は一九七〇年まで一二年以上つづくのだが、最終的に原告が満足する結果にはならなかった(8)。

被告にとっての「第一防御線」

喫煙者自身がタバコ会社に損害賠償を求めて裁判を起こした場合、原告には例えば被告が行った広告によって特定の銘柄を選択してそれを吸いつづけた状況や、再三述べているように、自らが患った疾病とその銘柄を喫煙したことの因果関係についての明確な説明が被告側から求められた。一方被告は、無罪を勝ちとるためには喫煙の潜在的危険性を認識していなかった点や、広告が製品の安全性を明示的に保証したものではなかったことなどを証明する必要があった。これらの点は、提訴後に行われる審査、つまり事実審理で争うだけの証拠や資料が十分に準備されているか、また論点が明確に示されているかが判断される時点から重視された。

実際、提訴はされたものの、それが原告側の準備や論点整理などが十分なされていないと判断されたために却下されたり、審査そのものが長びいて事実審理を維持するのに必要な費用の確保が困難になったという理由で原告側が提訴を取りさげた例は数多くあった。また、たとえ事実審理が行われ一審で評決がだされたとしても、控訴や差しもどしての再審理などが繰りかえされると、やはり最終的な決着がつく前に裁判が終わってしまう場合が多かった[9]。そのため、被告にとって裁判の長期化で原告の資金を枯渇させることが有効な戦術と考えられるようになり、タバコ会社はこれを「第一防御線《ファースト・ライン・オブ・ディフェンス》」と位置づけるようになったのである。被告側弁護士としてタバコ訴訟にしばしば関わったジョージ・パットン（George Patton）の「……タバコ訴訟におけるわれわれの勝利は、レイノルズ社の「潤沢な」資金を注ぎこんだためではなく、敵（原告）の資金を使いはたさせたことによる」というタバコ業界の内部へむけた発言は、そのような事情を物語るものであった[10]。

資金の問題は、周到な準備ができた被告側に対して、原告側に準備不足をもたらす要因になった。原告は喫煙者やその親族だけの場合が多く、確保できる資金に限りがあったため、弁護士に関しては勝訴したときの成功報酬を約束して、引きうけてくれる人物を探すことがしばしば求められた。そして、そのような弁護士がたとえ見つかったとしても、彼は自ら裁判費用の一部を肩代わりする場合もあり、さらに準備手続きから事実審理にいたるまで、すべてを一人で担当する事例も少なくなかった。通常、彼らは一匹狼的な弁護士で、個人で独立していたり小さな法律事務所に所属していたが、このような状況はとりわけ初期の頃によく見られたのである。

一方、被告であるタバコ会社は、莫大な資金を使って有能な弁護士を多くかかえる大手の法律事務所と契約し、さらには提訴された裁判所の所在地で開業する地元の弁護士も雇用して弁護団を結成した。その結果、一人の原告側弁護士に対して、被告側が一〇人を超える弁護団で対応する事例も珍しくはなかった[11]。被告側がこのように万全の態勢で臨もうとしたのは、裁判の結果がタバコ会社の運命を左右しかねないと十分に認識されていたためで、裁判は会社存続のためにはどうしても負けられないというだけではなく、和解さえ許されない戦いと位置づけられていたからであった。それは、一件でも敗訴したり和解して金銭を支払ったら、それがきっかけになって、病気にかかった喫煙者たちが堰を切ったように訴訟に踏みきることが予想されたためであった。

一九五〇年代のはじめには年間で二万人以上が肺ガンで死亡したとされており、その数は時間の経過とともに大幅に増加していた状況で、タバコ会社にとっては裁判を起こさせない雰囲気づくりが必要だった。また、ほぼ同じ時期に行われていた一連のアスベスト訴訟において、被告であった企業、例えば大手の「マンヴィル社」が多額の賠償責任を負わされて最終的に倒産してしまうことを目のあたりにしていたため、タバコ会社は資金に制限を設けず徹底的に裁判闘争を行わざるをえなかったのである[12]。

二　攻めの被告側と守りの原告側

攻撃は最大の防御

大規模な弁護団は、被告にとって裁判を有利に運べる要因となった。被告側が用いた戦術の一つは、先ほども触れたように手続きや審査などを長びかせるというもので、それは原告を資金面で、さらには精神面でも消耗させることを目的にしていた。そのために、被告側の弁護士たちは原告に関するありとあらゆる情報を集めたのである。通常肺ガンは、喫煙が原因である場合には吸いはじめて発症するまで比較的長い年月がかかるので、その長期間におよぶ原告の生活状況が、提訴後に行われる審査だけではなく裁判においても常に議論される傾向にあった。

弁護士たちは手分けをして、原告がいつ頃どの銘柄のタバコを吸いはじめて一日に何本消費していたのかとか、どの程度喫煙の危険性を認識していたのかなどの情報を、原告側によらない独自のルートで集めた。そのほか、原告が喫煙意外に肺ガンや肺気腫を含むさまざまな病気を発症させる可能性のある「原因」、例えばアスベストに接触する環境で仕事をしていなかったかとか、大気汚染の激しい地域に居住していなかったかとか、また親族にガン患者がいなかったかなどの情報を集め、さらにこれらのもの以外にもさまざまな個人情報を調べあげた。そして、被告弁護団は集められたデータを詳細に分析して、裁判において問題点を指摘したり、ときには威圧的に質問を浴びせかけて原告を長時間にわたり過度の緊張状態においたため、その人物が肉体的にも精神的にも追いこまれてしまうことがしばしば起こったのである。

実際、法廷でのやりとりは辛辣なものになる傾向があり、タバコ訴訟と直接関係があるとは思われない原告の性格、日常の生活習慣、思想や信条、さらには人種や宗教を含めたプライバシーに関わる問題などが取りあげられることも珍しくはなかった。例えば、第二波のタバコ訴訟の範疇に入るのだが、一九八六年に保守的な土地柄のミシシッピ州ホームズ郡で、子どもの頃に喫煙を始めて五〇歳で亡くなるまでの三七年間、主に「ポールモール」を一日二箱程度を吸いつづけてきたアフリカ系アメリカ人の大工ネイサン・ホートン（Nathan Horton）によって、自らの死の直前に起こされた「ホートン対アメリカン・タバコ会社事件」（*Horton v. American Tobacco*）があった。このホートン訴訟は、陪審裁判として事実審理が開始されるのだが、死を前にして体調がきわめて悪かったホートン自身にも証言が求められた(13)。

ホートンの死後、妻のエラ・ホートン（Ella Horton）によって引きつがれたこの訴訟では、彼は教会へ通った経験のない非宗教的なアフリカ系アメリカ人で、ギャンブルや酒に溺れた生活をする「堕落した黒人」であったと被告弁護団によってしばしば強調された。このように裁判を「道徳劇」として見せることは、南部ミシシッピ州に居住する陪審員の多くが敬虔なクリスチャンで保守的な人たちであったと考えられたので、彼らに原告に対する嫌悪感を醸成させるための戦術と思われた。被告弁護団は陪審員になる地域住民の心理や思考の傾向を理解したうえで、それらを利用するのを怠らなかったのである。(14)

その後、この裁判は陪審員の意見がまとまらず審理続行が不可能と判断されたため、いったんは判事によって「未終結審理《ミストライアル》」とされたが、結局再審が行われるようになった。そして、ホートン訴訟は最終的にミシシッピ州最高裁判所で争われ、アメリカン・タバコ社に原告の肺ガン死の一部に責任はあるものの、大部分は健康被害の可能性を認識しながらも喫煙をつづけた原告自らにあったとして、損害賠償は認められないと結論づけられた。(15)

裁判で被告側に求められたもの

ホートン訴訟を含めて、第一波と第二波のタバコ訴訟で被告側に説明が求められたのは、自らが製造した銘柄の潜在的危険性に対する認識や、タバコ広告の妥当性などについてであった。そこで重要な意味をもったのが、第五章で論じた一九六五年成立の連邦紙巻きタバコ表示広告法で、これによって一九六六年一月から「注意——紙巻きタバコの喫煙はあなたの健康に危険をもたらすかも知れない」(Caution: Cigarette smoking may be hazardous to your health) という文言をパッケージに印刷することが義務づけられた。確かに「かも知れない」という曖昧な注意喚起ではあったが、この表示によって警告懈怠を理由にタバコ会社の「過失責任《ネグリジェンス》」を問う訴訟が起こされにくくなった点は事実である。いずれにしても、この立法はその後のタバコ訴訟に大きな影響を与えるものになった。

喫煙にともなう危険性に関しては、すでに述べたように、一九五〇年代には多くの国民に注意を喚起する雑誌や新聞の記事が掲載されはじめたにもかかわらず、タバコ会社は喫煙と疾病の因果関係を否定する研究事例をあげながら、「それ(因果関係)はいまだ証明されてはいない。……[したがって、]さらなる研究が必要である」というそれまでの姿勢を、少なくとも公の場所ではとりつづけた。(16) つまり、被告にとって喫煙と疾病の関係は明確になっておらず、その意味で喫煙は「不可知の危険《アンノウワブル・リスク》」であったため、それを「予測可能な危険《フォーシーアブル・リスク》」だとする原告の主張と対立するのであった。

この点が争われた初期の訴訟として、例えば五〇年以上の喫煙歴があり、肺と喉に発症したガンによって六五歳で亡くなったフランク・ラーティグ（Frank Lartigue）の未亡人ヴィクトリア・ラーティグ（Victoria Lartigue）によって、タバコ会社二社を相手に夫の「理不尽な死」に対する賠償を求めて、一九五五年にルイジアナ連邦地方裁判所へ起こされた「ラーティグ対R・J・レイノルズ・タバコ会社およびリゲット・アンド・マイヤーズ・タバコ会社事件」（*Lartigue v. R.J. Reynolds and Liggett & Myers*）があった。この訴訟は、第一波のなかで実際に法廷で争われた七件のうちの一つで、彼女が求めた賠償金額は七七万九五〇〇ドルだった。九歳で「ピカユーン」という銘柄を吸いはじめたラーティグには、亡くなるまでに麻疹、百日咳、ジフテリア、マラリア、淋病、梅毒、結核、リューマチなど肺ガン以外にもさまざまな病歴があり、被告側の証人として出廷したセントルイス市にあるワシントン大学で外科の教授を務めていたトマス・バーフォード（Thomas Burford）は、これらの疾病と肺ガン発症の関係を示唆しながら、「喫煙が必ずしも彼（ラーティグ）の死の原因ではない」と証言した。これに対して、原告側の依頼で出廷した著名な胸部外科医のオールトン・オクスナー（Alton Ochsner）は、喫煙とラーティグの肺ガン死との因果関係を認める証言を行っている。(17)

原告側は、当時公表されつつあった研究成果によって喫煙が予測可能な危険であると認識されるべきで、被告側は適切な警告を行う義務があったにもかかわらず、それを怠ったため過失責任は免れないと主張した。これに対して被告側は、喫煙があくまでも不可知の危険であったことを強調しつつ、注意喚起を行う責任も賠償金を支払う義務もないとした。一九六〇年の陪審評決と、三年後にだされた連邦第五控訴裁判所の判断は、ともに予測可能な危険に対しての責任はあるが、不可知の危険に対してはその限りではないという裁判官の意見が反映され、被告側の抗弁が認められたため請求棄却が言いわたされたのである。[18] ちなみに、この訴訟は一九六一年に連邦最高裁判所へ控訴されたが受理されなかった。

タバコ広告が争点の訴訟

すでに触れたように、タバコ会社が健康被害の注意喚起を義務づけられたのは一九六六年一月以降で、それ以前は販売促進を目的としたタバコ広告のなかで、おおむねそれとは反対のメッセージを発信しつづけていた。そのため、広告も一連のタバコ訴訟における争点になることがあった。例えば、マサチューセッツ州において一九五四年にイーヴァ・クーパー（Eva Cooper）が、肺ガン死した夫ジョゼフ・クーパー（Joseph Cooper）への賠償を求めてR・J・レイノルズ社を連邦地方裁判所へ訴えた事例もその一つだった。提訴にあたって、原告は被告が広告のなかで使用したとされる「キャメルは無害である」という言葉を信頼して喫煙をつづけ、その結果として肺ガンを発症させてしまったため、被告が商品の安全性について「不実表示《ミスリプレゼンテーション》」を行ったと主張した。一般的に、タバコの安全性を直接的で具体的な表現、例えば喫煙によって「肺」を含む呼吸器系の臓器や器官が病気に冒されることはないと伝える広告コピーは、「明示的保証《エクスプレス・ウォランティ》」を与えて消費者を欺くものと考えられ、その場合被告の責任が問われる可能性があった。[19]

これに対して、R・J・レイノルズ社はそのような直接的な表現で健康を保証する広告をしたのではなく、間接的に仄めかす程度のものを行ったにすぎないと反論した。実際、反射板を額につけたり聴診器を首にかけた白衣の人物が、「より多くの医者はほかの銘柄よりもキャメルを選択している」とか、女性歌手が「キャメルを吸っても喉はいがらっぽくはならなかった」などと「証言」する広告は行われていた。ちなみに、喫煙に警鐘が鳴らされる以前、多くの医者がこの銘柄の紙巻きタバコを喫煙していたのは事実であり、このような広告が虚偽だったとは必ずしも言えなかった。結局、クーパーによる提訴の内容を審査する過程で、被告側の抗弁に理があるとして裁判所は原告の訴えを認めず、それは法廷までたどりつかなかった。[20]

しかし、同時期に行われたやはり広告が大きな争点になった訴訟で、事実審理にいたったものもあった。それは、一六歳で喫煙を始めて三〇年以上のあいだ一日一箱半の紙巻きタバコを吸いつづけてきた家具職人のオット・プリチャード（Otto Pritchard）が、一九五四年に「リゲット・アンド・マイヤーズ・タバコ会社」――後の「リゲット・グループ」――を、ペンシルヴェニア州の連邦地方裁判所に訴えた「プリチャード対リゲット・アンド・マイヤーズ・タバコ会社事件」（*Pritchard v. Liggett & Myers*）で、実はこれが第一波のタバコ訴訟のなかで事実審理される最初の事例になったのである。

一九五三年にガンに冒された右肺を切除したプリチャードは、一九三四年頃にピッツバーグ市の地元新聞に載せられた「チェスターフィールド」の広告コピーを信頼して、この銘柄を選択したため肺ガンを発症させてしまったと訴えた。原告が証拠として提出した広告の一つには、「純良な紙巻きタバコはいかなる病気も引きおこす可能性はなく、……あなたにこのうえもない心地よさと、心に安らぎや悦びをもたらします」などと書かれていた。さらに原告は、被告が一九五二年に「チェスターフィールドを吸っても、鼻や喉やそのほかの副次器官に悪影響を与えることはない」とか、「チェスターフィールドは、あなたが［毎日］飲んでいる水や口にする食品と同様に汚れのないもの」であるなどと、安全性を保証する広告を繰りかえし、当時マスコミが行っていた喫煙の危険性に対する警告を曖昧にする一方で、タバコ煙には発ガン性物質が含まれているという情報を、消費者に伝えなかった点で過失責任があったと主張した。[21]

裁判のなかで、プリチャードはこのような広告をどれほど信頼して喫煙したのかを合理的に説明するよう求められたが、陪審員たちによってそれが十分になされたとは判断されなかった。結局一審での評決は、被告が行ったタバコ広告を原告は全面的に信頼したわけではなく、最終的に自らの判断で健康被害というリスクを負う選択をしたものと結論づけた。確かに、被告の行った広告は商品の安全性を保証したものであるとしたが、プリチャードの場合広告の影響は限定的であったと判断されたため、それだけで賠償責任があるとは認められなかったのである。(22)

プリチャード訴訟は、その後フィラデルフィア市にあった連邦第三控訴裁判所へ控訴されており、そこでは一九六一年に原告の訴えを一部認めて、一審へ差しもどして審理をやりなおすよう命じる判断がくだされた。しかし、一九六二年に開始された再審では、チェスターフィールドの喫煙が肺ガンを発症させた一因であると認められたものの、被告の行った広告が製品の安全性を保証したことだけで原告が喫煙を始めたという点は認められず、喫煙によるリスクの大半は自らが負うべきという再度被告側に有利な結論となった。その後、一九六五年七月に再び第三控訴裁判所はこの評決を取りけすなど、プリチャード訴訟は一〇年以上にわたって紆余曲折をへたのち、最終的に原告側の資金が枯渇したために取りさげられたのである。(23)

第二次不法行為法リステイトメント四〇二A条

そもそも第一波の訴訟が始まった一九五〇年代は、製造物責任がそれほど厳格に問われることのない時代で、紙巻きタバコもその例外ではなかった。プリチャード訴訟を担当したハーバート・グッドリッチ（Herbert Goodrich）判事も厳格責任論者ではなく、後に彼はタバコ会社がたとえ欠陥商品を製造して販売したと訴えられたとしても、例えば「広告のなかで紙巻きタバコ［の喫煙］は絶対に肺ガンの原因にはならない」などと断定的に保証しない限り、喫煙を勧めるいかなる広告も不実表示になるとは考えていなかった。(24)

実際、このような考えかたは、第一波のタバコ訴訟に関わった原告以外の当事者たちに共通するもので、その主旨は一九六五年に「アメリカ法律協会」（the American Law Institute）によって「第二次不法行為法リステイトメント四〇二A条」として明文化されたのである。以下に引用するこの条項に明記された指針は、プリチャード訴訟を含めた係争中のタバコ訴訟のなかでしばしば引用されることになった。

［責任が問われる欠陥製品とは、］その品質について地域社会が共有する知識によって危険なものと判断されなくてはならない。良質のウイスキーは一部の人を酩酊させるほか、アルコール依存の人にとって確かに危険ではあるが、必ずしも不合理に危険《アンリーズナブリィ・デンジャラス》な商品とは言えない。しかし、フーゼル油が混ぜられた粗悪なウイスキーは、不合理に危険なものである。同様に、もし紙巻きタバコにマリワナのような有害物質が含まれていたら話は別だが、一部の人にとって健康に悪い影響を与える可能性があるからというだけで、それが不合理に危険な製品というものではない[25]。

そもそもアメリカ法律協会によって示されたこの指針は、欠陥があると考えられた商品に対する製造責任を厳格化する目的で作られたものだった。しかし、このように通常の紙巻きタバコが不合理に危険なものではない、つまり欠陥商品ではないと例示されたため、タバコ業界にとっては有利な状況が生じた。その結果、この指針は同じ年に成立した連邦紙巻きタバコ表示広告法とともに、タバコ訴訟の第一波を沈静化させる要因になったのである。

三　「第二波」を象徴するチポロン訴訟

なぜチポロン訴訟なのか

一九六〇年代後半から一九八〇年頃にかけて、喫煙者やその親族が原告となってタバコ会社に損害賠償を求める訴訟は一時的に影をひそめたが、この時期アメリカでは、大気汚染、河川や湖沼などの水質汚濁、有害な産業廃棄物の投棄による土壌汚染のような公害問題が、ニュースとしてしばしば取りあげられた。一九六九年に成立した環境アセスメントを制度化するための「国家環境政策法」(the National Environmental Policy Act) や、翌年に改正法として成立した自動車の排気ガスに含まれる有害物質を規制するための「大気浄化法」(the Clean Air Act＝通称「マスキー法」) などは、人びとに日々の生活における健康被害への関心を高めさせるものとなった。その結果、国民のなかに自らの健康に対するリスクを回避しながら健康でありたいとする願望がより鮮明に現れるようになり、暴飲暴食を慎み喫煙を控えるだけではなくジムに通ったりジョギングで汗を流すことで、体型維持も念頭においた「フィットネス」を追求する者が目立ちはじめた。

このように、健康に対する国民の意識が高まるなか、タバコ訴訟が再び活発に行われるようになった。この第二波と位置づけられるタバコ訴訟が始まった一九八〇年代、当然のことながら第一波の時代よりも喫煙に関連する病理学や化学の専門知識は増えており、それにはタバコ煙に含まれる発ガン性物質の新たな種類やその性質、受動喫煙の危険性、ニコチンの依存作用に関する研究成果もあった。これらの成果は、社会が求める情報として多様なメディアによってより多くの人びとに伝えられたため、喫煙に対する関心そして不安をあらためて呼びおこしたのである。

ところで、この第二波のタバコ訴訟のなかに、喫煙によって肺ガンを発症させたと考えたニュージャージー州に住むローズ・チポロン（Rose Cipollone）が、夫のアントニオ・チポロン（Antonio Cipollone）とともに複数のタバコ会社に損害賠償を求めたものがあったが、本節では、広く社会の注目を集めたこの訴訟を考察したい。これを取りあげる理由については、以下にあげるいくつかのものがあった。それらは、まずこの「チポロン対リゲット・グループ事件」（*Cipollone v. Ligette Group et al.*）が、実際に法廷で争われた数少ない事例の一つであったこと、次にタバコ会社の内部資料が証拠として初めて認められ、それによってタバコ会社が喫煙と疾病の因果関係に気づいていながら、その事実を業界をあげて隠蔽するために「共謀《コンスピラシー》」したかどうかが争点になったこと、またタバコ会社が五〇〇〇万ドルという過去最大の資金をこの訴訟のために費やし、一方原告にも「バッド・ラーナー・グロス・ローゼンバウム・グリーンバーグ・アンド・セイド」というニュージャージー州では大手の弁護士事務所がついて被告側に対抗しようとしたため、メディアが大きく取りあげたこと、さらに被告に対して損害賠償の支払いを命じる一審での評決が初めてだされたこと、などであった[26]。

ローズ・チポロンの喫煙歴と肺ガン罹患

チポロン訴訟で原告側の主任弁護人になったのは、この弁護士事務所に所属していた若くて有能なマーク・エイデル（Marc Edel）で、彼はアスベスト訴訟では被告だった企業側の弁護士を務めていた。アスベスト訴訟において、製造物責任を問われた側の弁護をした経験から、エイデルはタバコについても製造物責任を問う裁判での勝利を確信するようになり、原告になれそうな肺ガンを患った喫煙者を探しはじめた。そのようなおり、同じ弁護士事務所に勤務する同僚の友人である医師から、リトル・フェリーの町に居住する五八歳のローズ・チポロンを紹介されたのだが、当時彼女は肺ガンの手術を受けたものの余命いくばくもない状態にあった。エイデルの説得を受けたチポ

図25　新婚時代のチポロン夫妻

出所：Diana K. Sergis, *Cipollone v. Liggett Group: Suing Tobacco Companies* (Berkeley Heights, NJ: Enslow Publishers, Inc., 2001), 9.

ロン夫婦は訴訟を起こす決断をし、一九八三年八月にニューアーク市にある連邦地方裁判所に提訴したのである（図25）。ただし、その後一年あまりが経過した一九八四年一〇月にローズは亡くなり、アントニオが裁判を引きつぐことになった。以下、体調のきわめて悪かったローズが四日間にわたって宣誓証言を求められた事前審査や、裁判のなかで原告と被告が実際に行った証言の内容に触れながら、この訴訟を概観してみたい(27)。

　ローズは一九四二年に一六歳で当時市場シェア第三位の銘柄だったチェスターフィールドを吸いはじめた。彼女によれば、喫煙は格好が良く自らを成熟した魅力的な女性としてアピールできると思い、ハリウッド映画に登場する例えばベタ・デイヴィス（Bette Davis）やイヴォンヌ・デ・カーロ（Yvonne De Carlo）などの女優が喫煙する姿に自らを投影したというのであった。そして、雑誌や新聞の広告で、ロザリンド・ラッセル（Rosalind Russell）やバーバラ・スタンウィック（Barbara Stanwyck）やジョアン・クローフォード（Joan Crawford）など憧れのスターたちが「薦めてくれた」この銘柄を、彼女は吸いつづけたのである(28)。

　ローズの母親は、ヘビー・スモーカーだった理髪師の夫が心臓病で亡くなっていたこともあって喫煙を嫌っており、特に娘の行為については「女らしくない」と言いながら強く反対した。ローズは、「タバコがおまえの父親を殺したんだよ」と繰りかえす母親のいない場所で喫煙するようになり、当初の喫煙量は一日一箱程度だったがすぐに一箱半に増えた。ちなみに、母親からこのように再三「警告」を受けていた事実は、裁判のなかで彼女が危険性を知らされていたという被告側の主張に論拠を与えるものとして、しばしば言及された[29]。

一九四六年、彼女は電話や電気のケーブルを接合する技師をしていたアントニオと知りあい、翌年に結婚してすぐに身ごもるのであるが、当時すでに妊婦による喫煙に対しては、一部の産婦人科医が警鐘を鳴らしはじめていた。結婚後、ローズが運転免許証をもっていなかったこともあって買い物にはもっぱら夫の運転で出かけたのだが、夜間手元にタバコがなくなると彼女はしばしばアントニオに買いに行ってもらった。しかし、もし間違った銘柄や数を買ってきたら、彼女は怒りを露わにしたという。このように、ローズは「タバコが切れるとイライラした状態になった」ため、夫が買いに行けない場合は、近所のドラッグ・ストアに不要なものを注文してまでタバコを配達してもらった。彼女が最初に妊娠したときは、夫や産婦人科医の助言もあり、一時的に喫煙量を減らせたがすぐに元に戻り、二人目と三人目のときはいつも通りの本数を吸いつづけた。このような情報は、事実審理中に被告弁護団によって明らかにされたもので、チポロンが「自己中心的でわがままな女性」であったという印象を陪審員たちに与えるために、繰りかえし取りあげられた[30]。

喫煙の弊害が広く囁かれるようになった一九五〇年代、アントニオと子どもたちはそれを扱った例えば『リーダーズ・ダイジェスト』に掲載された「タバコによるガン」などの記事をローズに見せたが、彼女は「放っておいて。喫煙が危険だとは証明されていないんだから」などというタバコ業界の「見解」を読みあげるような返事をするだけだった[31]。ローズは、タバコ広告によって喫煙はそれほど心配する必要のない行為と思いこまされていたと後になって証言したが、それでも一九五五年にチェスターフィールドからフィルターつきの「L&M[32]」に切りかえ、その後も一九六八年には女性をターゲットにした「ヴァージニアスリム[33]」、一九七二年には「パーリアメント」、一九七四年には「トゥルー[34]」など低タールで刺激が少ないと宣伝された銘柄へと変更していったのである。

ローズは、肺ガンを罹患させたほかの喫煙者と同じように、病状としてまず咳が出ることから始まり、その後胸膜炎、頻脈、胸の痛み、高血圧など体の変調を経験した。一九八一年に受けたエックス線検査によって右側の上肺葉に陰が見つかり、精密検査の結果ガンの発症が確認された。彼女は、ニューヨーク市内の病院で患部の切除手術を受けたが、それでも喫煙をやめようとはしなかった。そして一年も経過しないうちにガンは再発し、このとき肺のすべてを切除したが手遅れで、ガン細胞が肝臓や脳へも転移したところでようやく禁煙できたのである。エイデルがチポロン家を訪れたのは、まさにそのような一九八三年の夏のことだった[35]。

審理開始までの四年半

提訴時、チポロンはエイデルの助言もあって、それまでに喫煙したすべての銘柄の製造元三社を訴えており、この裁判を担当した連邦地方裁判所のH・リー・サロキン（H. Lee Sarokin）判事も、裁判の過程でそれを受けいれた。しかし、それより前にテネシー州で起こされた「ロイズドン対R・J・レイノルズ・タバコ会社事件」（*Roysdon v. R.J. Reynolds*）において、パッケージに注意を促す表示が義務づけられた一九六六年一月一日以降、それ以外にタバコ会社が果たすべき注意義務はないという見解が一九八五年に示されていた。これは、州の不法行為法《トート》に基づいて警告懈怠を訴える原告側と、一九六五年の連邦紙巻きタバコ表示広告法によって、求められた義務を果たしているためほかのいかなる警告も不要と反論する被告側との論争に関して、後者の側にたつ原則、つまり連邦法が州法を専占していることを認めるものだった。

ロイズドン訴訟の判決で示された見解は、専占を認めていなかったサロキンによって行われたチポロン訴訟にも影響を及ぼすことになった。訴えられた三社のうち、チポロンが一九六六年以降に喫煙した銘柄の製造元二社――フィリップ・モリス社と「ロリラード・タバコ会社」――は、自分たちを被告グループから除外するよう求めて上級裁判所で争ったが、これもチポロン訴訟を長期化させる一因になったのである[36]。ちなみに、連邦第三控訴裁判所は一九八六年四月に、サロキンの決定を覆して専占を認める決定を行っている。
提訴にあたって、原告側は次のように訴訟原因をあげてタバコ会社を告発した。

（1）原告が喫煙してきた紙巻きタバコは、精神を安定させるなどという恩恵よりも健康に大きな被害をもたらした。
（2）被告は、一九六四年以前に喫煙の危険性を認識していたにもかかわらず、消費者へそれを適切に伝えなかった。
（3）被告はフィルターの効果や、製品が低タールや低ニコチンであることを過大評価させて、一九六六年に始まる注意表示を曖昧なものにした。
（4）例えば「健康でいたいのならチェスターフィールドを吸おう」とか、著名な司会者アーサー・ゴドフリ（Authur Godfrey）を登場させて「私は一日に二箱以上吸っているが、いたって健康である」などと証言させる広告によって、被告は喫煙が健康に悪影響をおよぼさないという誤解を、チポロンを含めた消費者に与えた。
（5）被告は自らが行った研究の結果を公表せず、とりわけ都合の悪いもの――例えばタバコ煙に発ガン性物質が含まれているという事実――を隠蔽した。
（6）被告はより安全な商品を開発しており、もしそれを市場に流通させていたら、原告の肺ガン死の可能性を低下させえた。(37)

提訴から約四年半が経過して、この裁判はようやく法廷で争われるようになるのだが、裁判を長期化させることを戦術としてきたタバコ会社だけではなく、エイデルにとってもこの期間は結果として有意義であった。それは、彼と二人の同僚弁護士がタバコ会社によって長年にわたって機密扱いにされてきた膨大な量の内部資料――会社の幹部が書きとめたとされるメモ、書簡、会議録、内部研究の報告書など――を証拠の開示手続きによって入手し、それを時間をかけて精査できたからであった。そのなかには、喫煙と疾病の因果関係に触れているものなど重要な資料もいくつかあった。最終的にエイデルは公表を前提として約三〇〇点を裁判所へ提出し、その多くが証拠として採用されるようになったのである(38)。

それを可能にしたのは、サロキン判事がタバコ業界の販売姿勢に批判的であったことも無関係ではなかった。彼は、かつてタバコ会社は消費者の健康よりも「業界の健康」を守ることを目的に、「モラル」よりも「マネー」を重視したという主旨の発言を行っていた事実が、後になって判明する人物だった。そのため、一九八五年七月にサロキンが憲法によって保障された「国民の知る権利」を優先させるという見地から内部資料を証拠として認めたのは、タバコ訴訟史上画期的ではあったが不思議なことではなかった(39)。

これに対して、被告側は公表されればそれが企業活動に悪影響をおよぼす機密情報の暴露にあたるとして、上級裁判所へサロキンの決定を差しとめるための仮処分を申請したのである。この申請は、連邦第三控訴裁判所からさらに最高裁判所で審議されるようになり、裁判の開始時期を遅らせる要因になった。しかし、内部資料に関して具体的に言及しづらかったタバコ会社は、「公表されたらどのように企業活動を妨害するのかを明確にしていない」として、一九八七年の六月と一二月に両裁判所ともサロキンの決定を支持する判断を示したのである(40)。このときの判断がきっかけとなり、その後裁判における内部資料の開示や、「内部告発者《ホイッスル・ブロウワー》」による機密情報の漏洩などが起こり、タバコ業界を取りまく環境はますます厳しいものになるのであった。

事実審理での論争

一九八八年二月に始まり四ヶ月以上つづいた事実審理では、まずチポロンが喫煙の危険性についてどの程度認識していたのかが議論になった。最終的に二〇人を超えた被告弁護団の調査によると、チポロンは一九六六年以前に喫煙が自らの健康を損ねる可能性のあることを、すでに触れたように親族や産婦人科医などから繰りかえし受けた忠告と新聞や雑誌の記事によって、タバコ会社が警告するまでもなく熟知していたというのである。また、喫煙による健康被害の問題を扱った記事に関して、チポロンがしばしば購読していたとされる『タイム』の場合は一一五本、そして『リーダーズ・ダイジェスト』の場合は四七本の記事が掲載されていたが、これ以外にも彼女が暮らしていた地元で発行される新聞『バーゲン・カウンティ・レコード』の場合一九六六年までに一五五本の記事が載せられており、被告側はこれらを含む三〇〇以上の記事を証拠として提出した。

リゲット・グループの弁護士の一人だったドナルド・コーン（Donald Cohn）は、チポロンについて「その気になれば喫煙をやめることは可能だったにもかかわらずそうする選択をしなかった。喫煙を制御できたのでベッドではいっさい吸わなかった彼女は、頭が良く強い意志をもつ独立した女性で、自分がしている行為を十分に理解しながら、自らの考えで喫煙をつづけていたのだ」と語った(41)。

これに対してエイデルは、『喫煙が健康におよぼす影響――ニコチン依存症』と表題がつけられた一九八八年の「公衆衛生局医務長官報告書」を根拠に反論した。この報告書では、ニコチンがヘロインやコカインと同じ程度の依存作用を生じさせる物質であると認定されており、生前チポロンは重度のニコチン依存症になっていたため、自らの意志で禁煙するのは不可能であったとエイデルは主張した。大きな争点となったこの「依存《アディクション》」に関して、彼は以前リゲット・グループの広告代理店が秘密裡に七五〇人のヘビー・スモーカーに対して行った調査の思わしくない結果、つまり禁煙を試みた調査対象者のほとんどがそれに失敗したという結果を報告している内部資料に言

及して、チポロンもそのような一人であったと論じたのである。(42)

原告側の依頼で死の直前のチポロンに一時間以上面談した薬物依存の専門家ジェローム・ジャフィ(Jerome Jaffe)は、「タバコはドラッグで、ローズはニコチン依存症になっていたため自分の意志で喫煙をやめたり、[本数を]減らしたりすることが非常に困難だった」と法廷で証言し、情報が与えられた状況で自らの選択によって喫煙をつづけていたとする被告側の主張に反駁した。また、チポロンはより安全であると考えた製品を求めて、自らの意志で銘柄をたびたび変更できたので、禁煙することも可能であったとする被告側の主張に対して、やはり原告側の証人として出廷した心理学者ジョエル・コーエン(Joel Cohen)は、次のような主旨の証言を行った。それは、チポロンがフィルターつきタバコや低タールで低ニコチンの「軽い」銘柄へ変更したのは、喫煙をやめられないが健康を損なうことへの恐怖や不安を感じた彼女の「迷い」を表したもので、そこには「迷わず」禁煙するという選択肢はなかったというものであった。(43)

依存に関するこのような原告側の主張に対して、被告側はそもそもニコチンがヘロインやコカインと同等の依存性薬物であるとした医務長官報告書を否定する抗弁を行った。この点に関する当時のジャーナリズムはどちらかと言うと被告側の主張に近く、例えば『ボストン・グローブ』、『インディアナ・スター』、『カンザスシティ・スター』などの有力地方紙は、ニコチンをヘロインやコカインと同じように扱うのは間違っているという記事を掲載している。またリゲット・グループは、一九六四年にテリー公衆衛生局医務長官が、喫煙と疾病の因果関係を連邦政府の公式見解として認めて以来、裁判時までに三〇〇〇万人以上の喫煙者が禁煙に成功したという調査結果をあげながら、「ニコチンは[ヘロインやコカインと同等の]依存性薬物ではない」ので、喫煙をつづけたのはあくまでもチポロン自身の意志によるところが大きいとあらためて主張したのである。(44)

一九八八年の一審評決とその後

一九八八年六月、法廷での審理終了後に六日間行われた六名の陪審員——非喫煙者三名、元喫煙者二名そして喫煙者一名——による協議の結果、原告側が認定を求めたニコチンによる依存作用によるものとはならず、チポロンは自らの肺ガン死の八〇％に責任があるとして、彼女への賠償は認められないとする評決が言いわたされた。当時、裁判が行われたニュージャージー州で損害賠償が求められた場合、原則として被告に五〇％を超える責任がなければ賠償責任は発生せず、評決はこれに従ったものと言えた。さらに、健康的に喫煙が楽しめると仄めかす巧みな広告や広報が、消費者に誤解を与える不実表示であったとか、タバコ業界が喫煙の危険性に関して共謀のうえ隠蔽を図ったなどという原告側の主張も認められなかった。(45)

その一方で、この評決はチェスターフィールドの喫煙が肺ガン発症の一因であったとし、被告には健康被害の可能性について消費者——ここではローズ・チポロンのこと——へ警告する義務が存在した点を指摘しており、それを適切に行わなかった被告側に過失責任があったと認めた。これらのことをふまえて、リゲット・グループには原告の死に対する責任を一部認めて、亡くなったローズにではなく、モルヒネの注射を打つなど三年以上にわたり病気の妻を献身的に看病したアントニオに対して、四〇万ドルの慰謝料を支払うよう命じる評決がだされたのである。(46)ちなみに、一緒に訴えられていたフィリップ・モリス社とロリラード社は、事実上無罪とされた。

裁判が始まったころ、ニコチンには依存作用のあることが国民の健康を司る厚生省によってすでに認知されていたにもかかわらず、少なくとも陪審員を務めた一般市民のあいだでは、試みても禁煙できない喫煙者はやはり意志薄弱者として見られる傾向にあったため、チポロンが被害者として同情されることはほとんどなかった。個人の意志の強さや自立の精神が重んじられるアメリカの伝統的な政治文化において、自らの行動を制御できる能力は当然評価されるが、彼女にはそのようなものが欠けていたと考えられたのである。

さらに、一九八〇年代は受動喫煙が問題視されていたにもかかわらず、中途半端な分煙のなかでしばしば紫煙に晒されながら不快を感じていた非喫煙者が厳しい態度で臨んだのは、はるか彼方にあってふだん接する機会のないタバコ会社ではなく、近くにいてところかまわずタバコに火をつける喫煙者に対してであった。そのような喫煙者が、多額の賠償金を手にするという結論に納得できない陪審員も、少なからずいたと想像される。(47)

被告側は、この評決に対して「アメリカ人は選択の自由を保持しているが、同時に自らの行動に責任をもつことも重要である」という主張が認められた点を評価しながらも、一セントたりとも賠償金を支払うわけにはいかなかったため、ただちに連邦第三控訴裁判所へ控訴した。一方原告側も、長年にわたって支払ってきた医療費や訴訟費用を考慮し、さらにはローズへの賠償が認められなかった点に納得できず控訴した。そして、二年近くが経過した一九九〇年一月に、控訴裁判所は二つの連邦法――一九六五年成立の連邦紙巻きタバコ表示広告法と一九七〇年成立の公衆衛生紙巻きタバコ喫煙法――がニュージャージー州不法行為法に専占しているとして、タバコ会社が警告を怠ったとする過失責任を認めなかったので、アントニオへ賠償金の支払いを命じた一審の評決は覆されたのである。(48)

その後、この訴訟はさらに最高裁判所で審理されたのであるが、一九九二年六月にだされた判断には、連邦法の専占に関する決定は判事の意見が割れたため示されず、これを下級審へ差しもどすという結論だけが述べられていた。この時点で、アントニオは二年ほど前にすでに死亡しており、コンピュータ技師の息子トマス・チポロン（Thomas Cipollone）が訴訟を引きついでいた。確かに、裁判をつづけた場合に原告側が勝訴する可能性も残されていたが、エイデルの所属する法律事務所は、裁判費用の支払いや貰えるはずの弁護士手当などが宙に浮いている状態であったため、この時点で五〇〇万ドル以上の赤字を計上していた。さらに、そのほかにも費用回収の困難なタバコ訴訟をこの法律事務所は複数かかえており、合計で一〇〇〇万ドル程度の損失が見込まれていた。結局、訴訟提起からおよそ一〇年が経過したチポロン訴訟は、最高裁判所による差しもどし判決の五ヶ月後に、事務所の判断で取りさげ申請が行われたのである。その結果、タバコ会社が一セントたりとも賠償金を支払わないという状況は、いましばらくつづくことになった(49)。

四　原告勝訴の事例

カーター対ブラウン・アンド・ウイリアムソン・タバコ会社事件

今も述べたように、チポロン訴訟を含めて個人によって起こされた第二波のタバコ訴訟の結果、二〇世紀中に賠償金を手にした原告は誰一人としていなかった。しかし、二一世紀になって状況は変わりはじめており、実際タバコ会社に賠償金の支払いを命じる判決がだされる事例も、数は少ないが散見されるようになってきている。これらの訴訟は、おおむね一九九〇年代中頃以降散発的に起こされており、一九八〇年代に集中的になされた第二波のタバコ訴訟の範疇には入らないがその延長線上で捉えられるべきで、ここではあらためて「第三波」として分類していない。そもそも、アメリカのタバコ訴訟に関して第三波として分類されているものは別にあって、それは集団訴訟や州政府による医療費求償訴訟など、一九九〇年代に起こされた原告が個人ではないものを指す。それらについては第九章で詳しく考察することとし、ここでは喫煙者個人による訴訟についての話をつづけたい。

そのような訴訟で最初に賠償が認められる事例になったのは、長年航空管制官を務めていたフロリダ州在住のグレイディ・カーター（Grady Carter）だった。彼は一九四七年一七歳のときにアメリカン・タバコ社が製造するラッキーストライクを吸いはじめ、別の銘柄に変更する一九七二年までの四半世紀のあいだこの銘柄を吸いつづけた。ちなみに、アメリカン・タバコ社はその後「ブラウン・アンド・ウイリアムソン・タバコ会社」の傘下に入ったため、最終的に後者が被告となった。四〇年以上喫煙をつづけてきたカーターは、一九九一年二月に肺ガンと診断されて闘病生活を余儀なくされた。そして彼は、タバコ会社は健康にとって有害な商品を製造していたにもかかわらず、その危険性を消費者に十分伝えてこなかったために製造物責任と過失責任があるとして、一九九五年二月に妻ミリー・カーター（Millie Carter）とともに、フロリダ州裁判所へ賠償を求めて訴訟を起こした[50]。

この「カーター対ブラウン・アンド・ウイリアムソン・タバコ会社事件」（*Carter v. Brown & Williamson*）で、一九九六年八月にだされた六名の陪審員による評決は、タバコ会社に七五万ドル――カーター自身へ五〇万ドル、そして妻へ二五万ドル――の損害賠償の支払いを命じる内容だったため、被告側はこれを不服としてただちに控訴した。それを受けて三名の裁判官が審議した結果、州控訴裁判所は一九九八年六月に一審の評決を覆して賠償金を認めない判断をくだしたのである。

その理由は以下のようなものだった。カーターがX線検査で肺に陰があるとして精密検査を受けるよう助言されたのが一九九一年二月四日で、その後呼吸器の専門家によって行われた精密検査の結果肺ガンと診断されたのが二月一四日、そして、最終的に彼が提訴したのはおよそ四年後の一九九五年二月一〇日だった。当時の「フロリダ州出訴期限法」（the Florida Statute of Limitations）では、事例発生時点から四年間が提訴の有効期限であった。一審は最終的に肺ガンと診断された二月一四日に事例が発生したと解釈したのだが、控訴裁判所の判事たちはそれをX線検査で最初に異常が見つかった二月四日としたため、四年間という期限を六日間徒過した時点での提訴は無効であると判断したのである[51]。

今度は原告がこの判断に納得せず上告した結果、フロリダ州最高裁判所は二月一四日を事例発生日としてあらためて認めたため、二〇〇〇年一一月に控訴裁判所の判断を覆して再度賠償を認める決定をくだしている。その後被告側は、この決定が適正な法の手続きなくして生命や自由や財産を奪ってはならないとする合衆国憲法修正第一四条に抵触するとして、連邦最高裁判所に判断を求めた。(52) 結局、最高裁判所はその訴えを却下したため、カーターは二〇〇一年に利子を含めて一〇九万ドルの賠償金を受けとることが認められたのである。この訴訟や、以下で言及する訴訟において被告に賠償命令がくだされるようになった大きな要因として、タバコ会社が喫煙の危険性やニコチンがもつ依存作用をかなり以前から認識していたにもかかわらずそれを隠蔽してきた事実が、第九章で触れるように、流出したタバコ会社の内部文章によって明らかにされたことがあげられる。(53)

ヘンリー対フィリップ・モリス・タバコ会社事件

次に、タバコ会社による賠償金の支払いが命じられた別の判例として、「ヘンリー対フィリップ・モリス・タバコ会社事件」(*Henley v. Philip Morris*)について見てみたい。カリフォルニア州ロサンゼルス郡に居住していた原告のパトリシア・ヘンリー(Patricia Henley)は、タバコ製品に注意表示がなされる以前の一九六二年に、一五歳で「マルボロ」を喫煙しはじめ、およそ三五年間この銘柄を中心にフィリップ・モリス社製の紙巻きタバコを吸いつづけた。そして、一九九七年に彼女は肺ガンを発症させていると診断され、ただちに損害賠償を求めてフィリップ・モリス社をカリフォルニア州裁判所へ訴えたのである。

一九九九年に行われた一審の裁判では、いったんは五一五〇万ドルを被告側が支払うようにという陪審員による評決がだされたが、担当判事はそれを二六五〇万ドルへと減額した。さらに、この修正額は控訴された州控訴裁判所によって一〇五〇万ドルへと減らされたものの、引きつづき賠償金の支払いが命じられていた。これに対して被告側は、州最高裁判所へ上告しただけではなく、カーター訴訟と同様に連邦最高裁判所へ再審理するように求めたが、両者ともその訴えを却下したため、二〇〇五年三月に利子を含めて総額一六七〇万ドルの賠償金が、フィリップ・モリス社によって支払われることになった。(54) ちなみに、先ほどのカーター訴訟とこのヘンリー訴訟では賠償の支払いが認められた時点で原告の元喫煙者たちは生存していた。

ボウケン対フィリップ・モリス・タバコ会社事件

しかし、次に考察する「ボウケン対フィリップ・モリス・タバコ会社事件」(*Boeken v. Philip Morris*)に関して、原告となったリチャード・ボウケン(Richard Boeken)は、チポロンなど喫煙者個人によって起こされたほかの多くの訴訟と同様に裁判の途中で亡くなっている。カリフォルニア州在住のボウケンは、一九五七年に一三歳で喫煙を始め、その後四〇年以上にわたって「ライト」や「ウルトラ・ライト」など低タールであると宣伝されたものを含め一貫して「マルボロ」を一日二箱程度吸いつづけた。彼はたびたび禁煙を試みたが成功せず、一九九九年一〇月に肺ガンを発症させたことが判明した。翌年の三月、ボウケンは地元のロサンゼルス郡において過失責任、不実表示、欠陥商品の製造など八項目の訴訟原因をあげて、フィリップ・モリス社を提訴したのである。

二〇〇一年六月にだされた陪審員による評決では、補償的損害賠償金《コンペンセイトリィ・ダメージズ》約五五四万ドルのほかに、懲罰的賠償として三〇億ドルの支払いが命じられ大きな話題になった。しかし、この三〇億ドルという金額があまりに巨額であったため、一審判事《トライアル・ジャッジ》のチャールズ・マッコイ(Charles McCoy)は、九月にそれを一億ドルへと減額している。そして翌二〇〇二年二月、ガン細胞が脳に転移していたボウケンは五六歳で亡くなるのだが、裁判は妻ジュディー・ボウケン(Judy Boeken)に引きつがれることになった。その後、二〇〇四年九月にカリフォルニア州控訴裁判所はその額をさらに減額して五〇〇〇万ドルとしたものの、フィリップ・モリス社の賠償責任を引きつづき認める決定をくだしたのである。(55)

控訴裁判所によるこの減額については、二〇〇三年に連邦最高裁判所が示したタバコ訴訟における賠償額に関する指針を抜きにしては考えられない。指針というのは、一時的とはいいながら、ボウケン訴訟において三〇億ドルという金額が提示されるなど、懲罰的賠償額の高騰に一定の歯止めをかける必要性があると考えた最高裁判所によって示されたもので、その金額は補償的損害賠償額の九倍を超えるべきではないというのが具体的な内容だった。ボウケンの場合、損害賠償額が五四四万ドルであったため、その九倍程度ということで五〇〇〇万ドルが、二〇〇四年に控訴裁判所によって導きだされた金額と考えられる。このような減額に対して、原告側弁護士のマイケル・ピューズ（Mihcael Puize）は不満を表明しており、最高裁判所が示した指針はあくまで努力目標であり、絶対に守るべき拘束力をもった「判決」とは異なるものと主張した。その後、減額されたとはいえ賠償責任を負わされた被告側はもちろん、原告側も控訴審判決を不服としてカリフォルニア州最高裁判所へ上告したのである。(56)

これを受けて州最高裁判所は、五〇〇〇万ドルへの減額を評価して控訴裁判所の決定を支持したため、二〇〇五年八月に両者の控訴を却下する判断をくだした。この時点で、原告側はそれに従ったが、一方の被告側は承服することなく、先ほど述べたカーター訴訟やヘンリー訴訟と同様に連邦最高裁判所に最終判断を仰ぐ手続きをとった。そして二〇〇六年三月、連邦最高裁判所はカリフォルニア州での結論を尊重すべくこの案件の再審理は行わないことを決定したため、約六年間つづいた裁判は、個人で起こしたタバコ訴訟としては裁判費用を含めてその時点での最高額となるおよそ八一〇〇万ドル――補償的損害賠償として約五五四万ドル、懲罰的賠償として五〇〇〇万ドル、そして利子など約二六〇〇万ドル――が、フィリップ・モリス社によって支払われることになったのである。(57)

おわりに

これまで論じてきたように、個人によって起こされたタバコ訴訟のなかで必ず語られたのは、喫煙に関して対立する二つの考えかたであった。第一の考えかたとして、そもそも喫煙はそれを行う個人の判断でなされるものであり、たとえタバコに含まれるニコチンに一定の依存作用があったとしても、最終的な責任は喫煙者本人にあるというものがあった。それによると、自らの意志でつづけた喫煙によって健康管理に失敗した者が、周囲からの同情とタバコ会社からの多額の賠償金をえようとして訴訟を起こすことは、個人が自らの責任から逃れるための方便であるというのだ。つまり、そのような訴訟は、愚かな行為に対してもつべき責任を他者に押しつけようとする間違った司法制度の使いかたであるという主張であった。

一方、これとは異なる第二の考えかたがあった。それは、ニコチンがヘロインやコカインと同程度の依存性薬物であり、そのため禁煙したくても個人の意志ではどうしようもない状況を引きおこすこと、つまりニコチンによって生みだされる状況は依存症という疾病にほかならないという主張であった。したがってタバコ訴訟は、貪欲で詐欺まがいの方法でそのような依存症患者を増やしつづけてきたタバコ会社に、法と正義による裁きを受けさせるために必要な手段であるというものであった(58)。

一連のタバコ訴訟において、言うまでもなく前者は被告であるタバコ会社の考えかたであり、後者は原告である喫煙者やその家族の考えかたであった。一九五〇年代の中頃に始まるタバコ訴訟の歴史のなかでは、長年前者の考えかたが認められてきたため、裁判の過程でたとえタバコ会社に賠償命令がだされる事例があったとしても、上級裁判所の見直し判決などによって、最終的には被告が賠償金を支払うことにはならなかった。

しかし、二一世紀への転換期になってそのような状況は変化しはじめており、先ほど触れたボウケン訴訟のように、原告が勝訴する判例も散見されるようになってきている。このような変化の流れを作るうえで重要だったのが、次章で考察する一九九〇年代に行われた集団訴訟と州政府による医療費求償訴訟であった。これらの訴訟が進められる過程で公表されたり、または内部告発者によって無断で持ちだされた機密資料の暴露によって、タバコ会社が早くからニコチンの依存作用を熟知していただけではなく、その量を人為的に操作したとされることなど、彼らによる国民の健康を無視した無責任な利潤追求の姿勢が明らかにされたため、裁判において喫煙者は被害者として同情される方向へ導かれたのである。

註

（1）Paul Axel-Lute, "Legislation Against Smoking Polluton," *Boston College Environmental Affairs Law Review* 6 (1978), 357-58; David L. Hudson, Jr., *Smoking Bans* (Philadelphia: Chelsea House Publisher, 2004), 42-53.

（2）Robert L. Rabin, "A Sociolegal History of the Tobacco Tort Litigation," *Stanford Law Review* 44 (April, 1992), 855.

（3）確かに、『リーダーズ・ダイジェスト』など喫煙に警鐘を鳴らす記事を載せた雑誌もあったが、そのような記事を避ける雑誌も一九八〇年代の前半までは多かった。例えば一九八三年一一月七日の『ニューズウィーク』は、食事、運動、ストレス解消など自らの健康を守るために注意すべき項目を、「個人による健康管理」というタイトルのもと一六ページにわたって特集したが、タバコに触れている箇所はわずかで、それも喫煙が不健康の原因になるとは書かれていなかった。この号には合計一二ページにタバコ広告があり、その広告収入は一〇〇万ドルとされている。また、一九八四年一〇月八日の『タイム』も類似の特集記事を載せたが、喫煙への言及はまったくなされなかった。その一方で、タバコ広告は合計八ページにあった。『タイム』は一九五〇年代に一時的に喫煙に警鐘を鳴らす記事を掲載したことはあったが、その後は立場を変えていたのである。Kenneth E. Warner, "Cigarette Advertising and Media Coverage of Smoking and Health," *New England Journal of Medicine* 312·6 (February 7, 1985), 384-88.

（4）アメリカ合衆国商務省編『アメリカ歴史統計』（原書房、一九八六年）二巻、六九〇ページ。

（5）James A. Henderson, Jr. and Aaron Twerski, "Reaching Equilibrium in Tobacco Litigation," *South Carolina Law Review* 67 (2010), 68.

（6）Peter Pringle, *Cornered: Big Tobacco at the Bar of Justice* (New York: A Marian Wood Book, 1998), 7; Martha A. Derthick, *Un in Smoke: From Legislation to Litigation in Tobacco Politics* (Washington D.C.: CQ Press, 2002), 27-28.

（7）Richard A. Wegman, "Cigarettes and Health: A Legal Analysis," *Cornell Law Quarterly* 51 (1965-1966), 697-705.

（8）Marcia L. Stein, "Cigarette Products Liability Law in Transition," *Tennessee Law Review* 54 (Summer 1987), 635-38;

Peter F. Riley, "The Product Liability of the Tobacco Industry: Has Cipollone v. Liggett Group Finally Pierced the Cigarette Manufacturers' Aura of Invincibility," *Boston College Law Review* 30 (1989), 1120–23; Gary T. Schwartz, "Tobacco Liability in the Courts," in *Smoking Policy: Law, Politics, and Culture*, eds. Robert L. Rabin and Stephen D. Sugarman (New York and Oxford: Oxford University Press, 1993), 132; Green v. American Tobacco Company 304 F. 2d 70 (5th Cir. 1962) 〈http://www.casetext.com/case/greenv-american-tobacco-company〉.

(9) Marc Z. Edell, "Cigarette Litigation: The Second Wave," *Tort & Insurance Law Journal* XXII (Fall 1986), 91–92.

(10) Myron Levin, "Tobacco Industry Unharmed by Landmark Defeat in Smoker Death Case," *Los Angeles Times*, December 31, 1989, A41; Rabin, "A Sociolegal History of the Tobacco Tort Litigation," 868.

(11) Tracy Schroth, "At Last, Edell Sees Light at End of Tobacco Tunnel," *New Jersey Law Journal* (1992), 1; Myron Levin, "Key Smoker Death Trial Draws to Close: Jury Is First to See Company Documents," *Los Angeles Times*, June 1, 1988, 4; David Margolick, "The Law; At the Bar," *New York Times*, April 1, 1988, B7.

(12) U. S. Department of Health, Education and Welfare, *Vital Statistics of the United States* II (Washington D. C.: Public Health Service, 1954), 38; Rabin, "A Sociolegal History of the Tobacco Tort Litigation," 857–58 & 868.

(13) Jacob Sullum, *For Your Own Good: The Anti-Smoking Crusade and the Tyranny of Public Health* (New York: The Free Press, 1998), 200.

(14) Anthony Ramirez, "Smoking Is Ruled a Cause of Death," *New York Times*, September 26, 1990, B4.

(15) Michael Orey, *Assuming the Risk: The Mavericks, the Lawyers, and the Whistle-Blowers Who Beat Big Tobacco* (Boston: Little, Brown and Company, 1999), 112–13.

(16) アメリカン・タバコ社のポール・ハーン（Paul Hahn）社長が、一九五三年に発表した声明文のなかで、喫煙と疾病の因果関係はいまだ証明されていないと述べて以来、このフレーズはタバコ業界関係者によってその後長期にわたり繰りかえし使用されることになった。Paul Hahn, "Smoking & Lung Cancer—No Proof," November 26, 1953 〈http://tobaccodocuments.org/ness/6746.html〉.

(17) Elizabeth M. Whelan, *A Smoking Gun: How the Tobacco Industry Gets away with Murder* (Philadelphia: George F. Stickley Co., 1984), 155.

(18) Robert Rabin, "Institutional and Historical Perspectives on Tobacco Tort Liability," in *Smoking Policy: Law, Politics, and Culture*, eds. Robert L. Rabin and Stephen D. Sugarman (New York and Oxford: Oxford University Press, 1993), 115; Wegman, 701; Lartigue v. R. J. Reynolds Tobacco Co., 317 F.2d 19, 39 (5th Cir. 1963).

(19) Whelan, 157; Cooper v. R. J. Reynolds Tobacco Co., 158 F. Supp. 22, 25 (D. Mass. 1957).

(20) Schwartz, 134–35.

(21) Riley, 1124; Pritchard v. Liggett & Myers Tobacco C., 295 F. 2d 292 (3d Cir. 1961); Karen E. Meade, "Breaking through the Tobacco Industry's Smoke Screen: State Lawsuits for Reimbursement of Medical Expenses," *Journal of Legal Medicine* 17 (1996), 113.

(22) Kathleen M. McLeod, "The Great American Smokeout: Holding Cigarette Manufactures Liable for Failing to Provide Adequate Warning of the Hazards of Smoking," *Boston College Law Review* 27 (1986), 1039.

(23) Harmon B. Allen, "Torts: Products Liability—Cigarette Manufacturer—Lung Cancer," *Tulsa Law Review* 3 (1966), 78; Stein, 633–34; Prichard v. Liggett & Myers Tobacco Co., 295 F. 2d 292 (3d Cir. 1961), 350 F. 2d 479 (3d Cir. 1965), 370 F. 2d 95 (3d Cir, 1966).

(24) Rabin, "A Sociolegal History of the Tobacco Tort Litigation," 862–63.

(25) Derthick, 29–30.

(26) Cipollone v. Liggett Group, Inc., 683 F. Supp. 1487, 1490 (D. N. J. 1988); Douglas N. Jacobson, "After Cipollone V. Liggett Group, Inc.: How Wide Will the Floodgates of Cigarette Litigation Open?," *American University Law Review* 38 (1988), 1023.

(27) Morton Mintz, "Winning Lawyer Hasn't Quit Fight Against Tobacco Firms: Edell Says He May Yet Appeal Cipollone Award," *Washington Post*, June 19, 1988, H4; Daniel LeDuc, "Lawyer behind the suit says case made difference," *Philadelphia Inquirer*, November 6, 1992, 24.

(28) Paula Span, "The War Over A Smoker's Death: Tony Cipollone, Keeping A Vow To His Late Wife By Pressing A Suit Against Tobacco Firms," *Washington Post*, May 27, 1988, B1 & B2; Sullum, 191. 余談だが、出演した映画のなかで喫煙シーンが多かったクロフォードは、後にチェスターフィールドの広告に出演するが、それ以外にも「ブラウン・アンド・

ウイリアムソン・タバコ会社」製の「ローリー」、キャメル、ラッキーストライクなど、異なった会社の異なった銘柄の広告へも登場した。

（29） Donald Janson, "Cigarette Maker Blameless in Death, Lawyer says," *New York Times*, June 2, 1988.

（30） Rabin, "A Sociolegal History of the Tobacco Tort Litigation," 873; Amy Singer, "They didn't really blame the cigarette makers: A divided jury gave Rose Cipollone's widower the first award in a tobacco product liability case," *American Lawyer* (September, 1988), 31 & 35; "Deposition of Rose DeFrancesco Cipollone in *Cipollone v. Liggett*," 1984: 271.5, 〈http://tobaccodocuments.org/datta/CIPOLLONER012684.html〉.

（31） Donald Janson, "The Husband of a Smoker Testifies on Her Death from Lung Cancer," *New York Times*, April 7, 1988; Sullum, 192; Schwartz, 137.

（32） ブラウン・アンド・ウィリアムソン社の「ヴァイスロイ」が、フィルターつき紙巻きタバコとして製造されるようになった一九三六年以降もフィルター・タバコの市場占有率は低いままで、一九五〇年の時点でも一％以下であった。しかし、本文中でも触れたように、一九五〇年代前半に喫煙と疾病の因果関係を話題にした記事が広く読まれるようになると、タバコ会社は既存の銘柄をフィルターつきにしたり、新たにフィルター・タバコの銘柄を発売したため、一九六〇年までにこの形態の紙巻きタバコの市場占有率は四二・一％へと急増した。一九五五年、チポロンが「L&M」に銘柄を変更したとき、フィルターが「悪いものをすべて除去してくれる」と信じたかったと、彼女は後に語っている。当時のチポロンにとって、フィルターは「奇跡の吸口《ミラクル・ティップ》」で、「まさに医者が選択するもの」だったのである。Jordan Goodman, *Tobacco in History: The Cultures of Dependence* (New York: Routledge, 1993), 110–11; Robert Heimann, *Tobacco and Americans* (New York: McGraw-Hill Book Company, Inc., 1960), 254.

（33） 「ヴァージニアスリム」の広告において伝えられたメッセージは、これは「スリムな体型をめざしている女性のためだけに作られた最初の紙巻きタバコ」であり、これを吸う女性は、「自らが選択することで自立しており、しかし同時に女性らしさを失うことはない」というもので、若くて美しい女性を登場させてそれを語らせたのである。チポロンを含めた多くの喫煙者が、広告のなかに登場する「格好の良い素敵な女性」に魅力を感じ、少なからずの影響を受けたと考えられる。B. A. Toll and P. M. Ling, "The Virginia Slims Identity Crisis: An Inside Look at Tobacco Industry Marketing to Women," *Tobacco Control* 14 (2005), 172–80; Richard Kluger, *Ashes to Ashes: America's Hundred-Year Cigarette War, the*

Public Health, and the Unabashed Triumph of Philip Morris (New York: Vintage Books, 1996), 647.

(34) チポロンが最後の一〇年間吸いつづけることになる「トゥルー」は、ロリラード社が一九六六年に低タールと低ニコチンを強調して「健康を気にする人のためのタバコ」として発売を開始した銘柄だった。実際、喫煙をやめたくてもやめられない人のためのタバコとして広告され、それは「禁煙するか、それともトゥルーを吸うかの選択を迫る」ものであった。Allan M. Brandt, *The Cigarette Century: The Rise, Fall, And Deadly Persistence of the Product That Defined America* (New York: Basic Books, 2007), 326.

(35) Pringle, 39–40; Span, "The War Over A Smoker's Death...," B2.

(36) ちなみに、その後多くのタバコ訴訟では、連邦法による専占が認められるようになった。Riley, 1146; Robert C. Carlsen, "Common Law Claims Challenging Adequacy of Cigarette Warnings Preempted under the Federal Cigarette Labeling and Advertising Act of 1965: Cipollone v. Liggett Group, Inc.," *St. John's Law Review* 60 (Summer 1986), 754–69.

(37) *Cipollone v. Liggett Group, Inc.*, 683 F. Supp. 1487 (D. N.J., 1988); Joseph Kelner and Robert Kelner, "The Tobacco Industry and 'Cipollone'," *New York Law Journal* (1992), 3; Donald Janson, "Cancer Victim's Lawyer Sees Tobacco Conspiracy," *New York Times*, June 7, 1988.

(38) ちなみに、このとき公表された内部資料のほとんどは「決定的なもの」ではなかったが、そのうちのいくつかは実際に裁判のなかで証拠として採用された。例えば、ロリラード社の研究者H・B・パーマリー（H.B. Parmele）が、一九四六年の時点で紙巻きタバコの煙には発ガン性物質が含まれているのではと考え、その物質に関する研究が行われるべきと思ったことがメモとして残されていた。実際に、マウスを使った動物実験を含めてタールの発ガン性やニコチンの依存性についての研究も数多く行われたが、結果はタバコ業界にとって思わしくないものばかりだったため、その公表はなされなかった。また、タールを減らす一方でニコチンの量を維持もしくは増加させる研究も、さかんに行われたことが資料として残されていた。John Riley, "Smoking-Risk Evidence," *Newsday*, February 5, 1988, 2; Morton Mintz, "Tobacco Trial Lawyer Focuses on Deleted Risk Information," *Washington Post*, February 24, 1988, F3; R. A. Daynard and Lauie Morin, "The Cipollone Documants: Following the Paper Trial to Tobacco Industry Liability," *Trial* (1988), 50.

(39) Morton Mintz, "Documents on Tobacco Are Opened," *Washington Post*, July 19, 1985, E3; Pringle, 41.

(40) Morton Mintz, "Supreme Court Allows Release of Evidence in Cigarette Suit," *Washington Post*, December 8, 1987, C3.

(41) Stephen Koepp and Thomas McCarroll, "Tobacco's First Loss: A landmark verdict is likely to spawn many more suits against the industry," *Time* 131-26 (June 27, 1988), 48; Morton Mintz, "Tobacco Firms Open Defense in N.J. Trial," *Washington Post*, April 8, 1988, B3.

(42) Morton Mintz, "Ad Agency's Study Cites Strong Dependency of Smokers," *Washington Post*, March 9, 1988, F3.

(43) Morton Mintz, "Expert Cites Dependencies of Smokers: Tobacco Is Addictive, Psychiatrist Testifies," *Washington Post*, March 4, 1988, B1 & B2.

(44) "Potential Rebuttals to the Surgeon General's Report on Tobacco and Addiction," 1998, Bates No. 2021255011/5012, 〈http://legacy.library.ucsf.edu/tid/oom24e00〉; U. S. Department of Health and Human Services, *Reducing the Health Consequences of Smoking: 25 Years of Progress, A Report of the Surgeon General* (Washington D.C.: GPO, 1989), 285.

(45) Donald Janson, "Cigarette Maker Assessed Damages in Smoker's Death," *New York Times*, June 14, 1988, B4.

(46) Daniel Leduc, "$400,000 Is Awarded in Smoking Suit," *Philadelphia Inquirer*, June 14, 1988, A1; Cipollone v. Liggett Group, Inc., 693 F. Supp. 208, 210, 222-23 (D.N.J. 1998).

(47) Graham E. Kelder, Jr. and Richard A. Daynard, "Judicial Approaches to Tobacco Control: The Third Wave of Tobacco Litigation as a Tobacco Control Mechanism," *Journal of Social Issues* 53 (1997), 171.

(48) Janson, "Cigarette Maker Assessed Damages," B4; Linda Greenhouse, "The Supreme Court: Court Opens Way for Damage Suits over Cigarettes...," *New York Times*, June 25, 1992.

(49) Daniel Leduc, "Back Fire: Lawyer Marc Edell Took on the Tobacco Industry and Won-For a While," *Philadelphia Inquirer*, March 14, 1993, 25; Brandt, 352; Diana K. Sergis, *Cipollone v. Liggett Group: Suing Tobacco Companies* (Berkeley Hights, N.J.: Enslow Publishers, Inc., 2001), 79-85.

(50) Benjamin Weiser, "Tobacco's Trials," *Washington Post*, December 8, 1996, M15; June D. Bell, "Smoker tells jury of his quest to quit," *Florida Times Union*, August 1, 1996, A1.

(51) Barry Meier, "Florida Court Voids Verdict against Tobacco Company," *New York Times*, June 23, 1998, A12.

(52) 被告にとっての適正な法の手続きとは、ここでは一九九一年二月四日を事例発生日としてフロリダ州出訴期限法を適用することを指すが、タバコ業界には、そもそも合法的な商品を製造して販売しているにもかかわらず、法的責任が問われて高額の賠償金を支払う義務が生じる状況を良しとしない者も少なくなかった。

（53） Thomas C. Tobin, "Ex-smoker savors tobacco win," *St. Petersburg Times*, July 16, 2001, B1; Carter v. Brown & Williamson Tobacco Corp., 723 So. 2d 833 (Fla App., 1998) and 778 So. 2d 932 (Fla., 2000); June D. Bell, "Tobacco jury: Message to industry," *Florida Times Union*, August 15, 1996, A1.

（54） Bob Egelko, "U. S. Supreme Court Tobacco Damages Upheld Philip Morris Must Pay $10.5 Million," *San Francisco Chronicle*, March 22, 2005, B8.

（55） Myron Levin, "L. A. Jury Awards $3 Billion to Smoker," *Los Angeles Times*, June 7, 2001, A1; Boeken v. Philip Morris Inc. 〈http://tobaccodocuments.org/profiles/litigation/boeken.html〉.

（56） Myron Levin, "Philip Morris Vows to Appeal Judgment to U. S. High Court," *Los Angeles Times*, August 12, 2005, C3.

（57） Myron Levin, "Widow's Legal Battle with Philip Morris Ends," *Los Angeles Times*, March 21, 2006, C1.

（58） Brandt, 354-55.

第九章　集団訴訟と医療費求償訴訟

はじめに

二〇世紀の中頃に始まった「現代タバコ戦争」は、行政、立法、司法それぞれの場で戦われており、前章においては司法の場における戦い、具体的には喫煙者やその家族によって、健康被害に対する賠償をタバコ会社に求めて起こされた民事訴訟について考察した。本章では、やはり司法の場での戦いに焦点をあてるが、ここでは一九九〇年代に大きな注目を集めた、原告が個人ではないタバコ訴訟についての論考を行いたい。

そもそもタバコ業界にとって、立法や行政は比較的戦いやすい場であった。その一因として考えられるのは、一九五八年に大手のタバコ会社などによって組織された「タバコ協会」(the Tobacco Institute) が中心となって、潤沢な資金を背景にこれらの場においてロビー活動を効果的に展開できたことである。タバコ会社の最高経営責任者たちが役員を務めていたこの業界団体の活動費は豊富だったため、連邦だけではなく州や自治体においても、立法や行政に携わる人たちへの働きかけや、一般の人たちに対する広報活動を積極的に行えた。その結果、タバコ会社によって機密扱いにされてきた内部資料が裁判の過程で公表されたり、受動喫煙の危険性やタバコに含まれるニコチンの依存性が、公衆衛生局医務長官によって警告されるなど状況が悪化していくなかでも、タバコ業界は活発なロビー活動によって、致命的な立法や行政命令をどうにか回避することができていた。

しかし、立法や行政とは異なりロビー活動が困難な司法の場は、タバコ業界にとって戦いにくいものがあった。そして、業界の存続すら脅かす事態が、二〇世紀末に司法の場で起こったのである。それは、タバコ訴訟において以前には見られなかった形態のもの、具体的には喫煙によって健康被害を被ったと考える多数の人たちに原告として参加するよう呼びかける集団訴訟《クラス・アクション》と、州の司法長官が原告になって喫煙が原因とされる疾病の治療費のうち、州が負担した生活困窮者などへの医療費補助制度である「メディケイド」に関して、費用の返還を求めた訴訟であった。この時代、個人による訴訟も継続されるが、これらの新たな訴訟はマスコミによって大きく報じられたため、アメリカ社会において注目されるようになった。

本章の目的は、集団訴訟と医療費求償訴訟に焦点をあてながら、現代タバコ戦争の重要な局面であった一九九〇年代を考察することである。このとき、これらの訴訟が起こされるようになった背景に触れながら、それによって何がもたらされ、そして何がもたらされなかったのかについて、タバコ業界がとった戦略との関連で論じてみたい。

一　「第三波」のタバコ訴訟としての集団訴訟

メレル・ウィリアムズ文書

個人によって起こされた第一波と第二波のタバコ訴訟が、すべて被告側に有利な結果に終わっていた一九九〇年代の前半、集団訴訟と医療費求償訴訟が行われるようになった。このような形態の訴訟が始まった背景として、主に二つの要因が考えられる。それらは、個人による訴訟に関して当時は敗訴がつづいたため、成功報酬を約束しても裁判を引きうけてくれる弁護士が容易に見つからなくなったことと、その一方でタバコ業界を取りまく状況が一段と悪化したことであった。第八章において、前者に関連したものに触れているので、ここでは後者について考察してみたい。

この時期、業界を取りまく状況を悪化させたものとして、紙巻きタバコ業界第三位のシェアをもっていた、「クール」や「ヴァイスロイ」などの製造元である「ブラウン・アンド・ウィリアムソン・タバコ会社」（以下、B&W社）によって長年機密扱いにされてきた数千点におよぶ内部資料が流出し、これに関する記事が一九九四年五月七日付けの『ニューヨーク・タイムズ』に掲載されるという出来事があった。(1) それまでにも、裁判の過程で内部資料が開示されたことはあったが、今回はタバコ業界に大きな打撃を与えるものがいくつか含まれていたのである。ちなみに、その後この資料はカリフォルニア大学サンフランシスコ校に移され、図書館の特別収集部門で厳重に保管されていた。

B&W社は、「メレル・ウィリアムズ文書《ドキュメント》」と呼ばれるようになるこの大量の内部資料が、契約していた弁護士事務所から派遣されて訴訟対策の資料作りに携わっていたメレル・ウィリアムズ（Merrel Williams）など複数の法律専門家によって、無断でもちだされた「盗品」であると主張した。そのためB&W社は、一方でその返還をカリフォルニア大学に求めながら、他方で彼らを窃盗罪で告発して裁判によって取りもどそうとした。

しかし、「［国防総省のヴェトナム機密文書を白日のもとに晒した一九七一年の］ダニエル・エルズバーグ（Daniel Ellsberg）による『ペンタゴン・ペーパーズ』以来最も重要な暴露」として、『ニューヨーク・タイムズ』はメレル・ウィリアムズ文書をすでに大きく取りあげていた。さらに、カリフォルニア大学医学部教授で長年反喫煙運動に携わってきたスタントン・グランツ（Stanton Glantz）へもそのコピーがわたっており、裁判所の決定がなされるまで公開しないとした大学とB&W社の合意は、事実上意味のないものになっていた。(2) ちなみに、アメリカ医学会が一九九五年七月に発行した学会誌二七四巻第三号は、この資料に関連する論文などがタバコ会社からの反論を含めて七編載せられていたため、あたかもメレル・ウィリアムズ文書の「特集号」のように扱われた。また、グランツはこの資料をインターネット上に公開したほか、「序章」のなかで触れたように、一九九六年にそれを編集して『シガレット・ペーパーズ』として出版しているし、『ニューヨーク・タイムズ』の記者フィリップ・ヒルツ(Philip Hilts)も、同じ年にこの資料を参考にして『スモークスクリーン』を著しており、これについては邦語訳も出版されている。

内部資料の暴露によって、B&W社は「紙巻きタバコ[の喫煙]が肺ガン発症の直接的もしくは間接的な原因になることと、心臓疾患や肺気腫とも無関係ではない」という「事実」を、自らが行った研究によって早い段階で把握していたにもかかわらず、それらを隠蔽する決定が上層部でなされたことが明らかにされた。また、同様に注目されたものとして、当時B&W社の副社長だったアディソン・イエーマン(Addison Yeaman)が、一九六三年にしたためたとされるメモがあった。そこには、公の場所ではいっさい認めてこなかった「ニコチンは依存性薬物《アディクティヴ・ドラッグ》である」という認識が記されており、さらに「われわれは、ストレスを発散させるのに効果的なニコチンというドラッグを売るビジネスを行っている」と書かれていた。(3)

ニコチンにまつわるスキャンダル

ところで、この内部資料が話題になる直前に、タバコ業界を取りまく状況をいっそう悪化させるもう一つの注目される出来事が起こっていた。それは、一九九四年二月二八日にABCテレビによって全国にむけて放映されたニュース番組「デー・ワン」のなかで、ヒルツの著作と同じ「スモークスクリーン」というタイトルがつけられた特集が組まれたことであった。その内容は、タバコ会社が喫煙者をタバコに「依存《フック》」させるため、ニコチンの含有

図 26　公聴会で宣誓する大手タバコ会社の最高経営責任者たち

出所：Allan M. Brandt, *The Cigarette Century: The Rise, Fall, and Deadly Persistence of the Product that Defined America* (New York: Basic Books, 2007).

量を人為的に調節しているという内部告発を扱ったもので、特に喫煙をやめられない者に大きな衝撃を与えたのである(4)。

このような報道を問題視した連邦議会は、タバコ業界に厳しい態度でのぞむカリフォルニア州選出の民主党下院議員ヘンリー・ワックスマン（Henry Waxman）が委員長を務める「保健環境小委員会」（the Health and Environment Subcommittee）において、四月一四日に大手タバコ会社七社の最高経営責任者――「フィリップ・モリス・タバコ会社」のウィリアム・キャンベル（William Cambell）、「R・J・レイノルズ・タバコ会社」のジェームズ・ジョンストン（James Johnston）、「U・S・タバコ会社」のジョゼフ・タードデイオウ（Joseph Taddeo）、「ロリラード・タバコ会社」のアンドルー・ティッシュ（Andrew Tisch）、「リゲット・グループ」のエドワード・ホリガン（Edward Horrigan）、B＆W社のトマス・サンディファー（Thomas Sandefur）、「アメリカン・タバコ会社」のドナルド・ジョンストン（Donald Johnston）――に出席を求めて公聴会を開催した（図26）。一九八八年に公表された公衆衛生局医務長官による報告書のなかで、ニコチンは依存性物質であるという政府の公式見解がすでに発表されていたり、また公聴会を開催させることになったその含有量の操作を扱ったドキュメンタリー番組が放映されていたが、それでも最高経営責任者たちはニコチンが依存作用を引きおこす物質では断じてないと、テレビ・カメラの前で全員が宣誓証言を行ったのである。(5)

エングル対R・J・レイノルズ・タバコ会社事件

このような出来事があり、タバコ業界に対する世論がますます厳しくなるなかで、第三波と位置づけられる訴訟が起こされるようになるのだが、ここではまず二つの集団訴訟の事例について見てみたい。最初は、喫煙が原因で喘息と肺気腫を患ったと自ら考えたフロリダ州マイアミビーチ市で小児科医院を開業していたハワード・エングル（Howard A. Engle）が、同じく病気を発症させた数名の喫煙者とともに原告の代表となって起こした訴訟である。彼らは、タバコ会社がニコチン量を操作して製造した「欠陥商品」の販売を行ったことと、その商品がもつ危険性を認識していたにもかかわらず公表しなかったことによって、多くのニコチン依存症者を生みだした事実を主要な論点としながら、「ニコチンが含まれている紙巻きタバコへの依存によって引きおこされた疾病に苦しんできたすべての合衆国民」を代表して、一九九四年五月に総額二〇〇〇億ドルの賠償を求めた訴訟をフロリダ州裁判所に起こした。そしてこの提訴は、「［チポロン訴訟の取りさげ以降］成功報酬を約束しただけでは有能な弁護士を見つけられなくなっている状況で、個人による提訴が非常に困難であった」点も考慮され、一〇月に集団訴訟として審理されることが認められるようになった。(6)

ところが、この「エングル対R・J・レイノルズ・タバコ会社事件」（*Engle et al. v. R.J. Reynolds et al.*）は、一九九六年一月フロリダ州第三区控訴裁判所によって、対応しきれないほど多数の人びとが訴訟にくわわる可能性があったため、「すべての合衆国民」を代表するものから、「フロリダ州の住民」に限定した集団訴訟へ変更するよう命じられた。フロリダ州のみになったものの、それでも喫煙によって病気を発症させたと考える「個人では資金、情報、［提訴する］意欲に欠けていた」数十万人の喫煙者が、そこにくわわる可能性がやはり指摘されたのである。(7)この裁判の原告側弁護士はスタンリィとスーザンのローゼンブラット夫妻（Stanley and Susan Rosenblatt）で、彼らは一九九一年にやはりフロリダ州において民間航空会社の客室乗務員によって起こされた受動喫煙に関する別の集団訴訟「ブロイン対フィリップ・モリス・タバコ会社事件」（*Broin et al. v. Philip Morris et al.*）でも、原告側の弁護を引きうけていた。(8)

エングル訴訟を始めるうえでローゼンブラットによって示された被告の訴訟原因は、欠陥商品の製造および販売と情報の隠蔽に関するタバコ業界内の共謀だけではなく、明示的および黙示的保証違反、不実表示、過失責任など、個人によって起こされたそれまでのタバコ訴訟であげられたものとほぼ重なっていた。これに対して被告側は、喫煙と疾病の因果関係が病理学的に証明されていないと、それまでと同様の抗弁を繰りかえした。この集団訴訟は一九九八年一〇月に事実審理が開始され、一九九九年七月に六名の陪審員によって「タバコ会社には肺ガンや肺気腫などの重篤な病気を引きおこす欠陥商品を製造したことに対して過失責任がある」という評決がだされたほか、先にあげた訴訟原因に関しても原告側の主張がかなり認められるものになった。(9)

これを受けて二〇〇〇年四月、エングルについては認められなかったものの、訴訟代表者のうちメアリー・ファーナン（Mary Farnan）へ二八五万ドル、フランク・アモーディオ（Frank Amodeo）へ五八〇万ドル、そして前年に死亡していたアンジー・デラ・ヴェッキア（Angie Della Vecchia）に関してはその遺族へ四〇五万ドルと、合計一二七〇万ドルの賠償金の支払いが命じられた。さらに同年七月に同じ一審の陪審団は、タバコ会社に一四四八億ドルの懲罰的賠償金の支払いを命じる二つ目の評決をだしたのである。この評決によって、フロリダ州の住民のうち喫煙が原因とされる疾病で苦しんでいる者、もしくは苦しんだ者の遺族が、「タバコ会社の無責任な広告によって喫煙を始めたことで健康被害を受けるようになった事実を証明できれば」、賠償金を受けとれる可能性が生じるようになった。ちなみに、この「タバコ会社の無責任な広告」に関して当時しばしば言及されたものに、例えば「ライト」や「マイルド」など「健康的なタバコ」を連想させるネーミングの使用をあげる者もいた。[10]

一方タバコ業界は、懲罰的賠償を認めたこの評決に対して、個々の喫煙者はタバコを吸いはじめた年齢、期間、一日の喫煙量、銘柄などさまざまな点で異なっており、そもそも集団訴訟という方式は適切でないと反論した。また訴訟代表者三名への賠償責任に関しても、例えば最も賠償額の大きいアモーディオの場合、木工職人として長時間埃を吸う環境での作業が彼の患った喉頭ガンの主な原因であり、さらにほかの訴訟と同様に、そもそも原告はその危険性を熟知したうえで喫煙をつづけていたと被告側は主張した。[11] そして、被告の大手タバコ会社五社は一審評決を受けいれることなく、ただちに控訴したのである。その後この訴訟は、控訴裁判所をへて最終的にフロリダ州最高裁判所で事実審理がなされており、二〇〇六年七月にその判決が言いわたされた。それによると、懲罰的賠償に関してはタバコ業界の主張が認められたため、これは不特定多数の喫煙者が参加する集団訴訟としては事実上扱われなくなった。しかし、一審の評決で個別に認められていた三名のうち、アモーディオ以外の二名への賠償は、引きつづき認められることが六名の判事によって決定されている。[12]

カスタノ対アメリカン・タバコ会社事件

次に、エングル訴訟とほぼ同じ時期に起こされた、もう一つの集団訴訟へ話を移したい。一九九三年の年末、ニューオリンズ市の弁護士ウェンデル・ゴーシア（Wendell Gauthier）の呼びかけに応じて、ドン・バレット（Don

Barrett）、メルヴィン・ベリ（Melvin Belli）、ジョン・コウル（John Coale）、ロン・モットリィ（Ron Motley）、スタンリィ・チェスリィ（Stanley Chesley）、ラルフ・ノウルズ（Ralph Knowles）、レスリー・ブライアン（Leslie Bryan）など他州からも弁護士が数多くニューオリンズ市に集まったのであるが、彼らのほとんどは喫煙が原因とされた疾病によって肉親や親友を失った経験を共有していた。このときゴーシアたちは、喫煙と疾病の関係に焦点をあてるのではなく、人為的にニコチン依存症者を生みだしたことを第一の争点にして、タバコ会社の不誠実な姿勢に対する社会的および経済的制裁を求めて、集団訴訟を起こすことを話しあった。[13]

タバコ業界を相手にして集団訴訟を起こすには多額の費用が必要だったため、ニューオリンズ市に集まった弁護士たちは全国の弁護士事務所に参加を働きかけ、最終的に六〇の事務所から一〇万ドルずつ拠出する約束を取りつけることに成功した。そして彼らは、一九九四年三月ニューオリンズ市にあった連邦地方裁判所に、デイン・カスタノ（Dainne Castano）を原告として、病気を発症していない人も含めて自らの意志では禁煙ができない全国におよそ五〇〇〇万人いると推定されるニコチン依存症者を代表する訴訟「カスタノ対アメリカン・タバコ会社事件」（*Castano et al. v. American Tobacco et al.*）を起こしたのである。[14]

カスタノとは、ゴーシアの友人で一九九三年に肺ガンのため四七歳で亡くなったピーター・カスタノ（Peter Castano）のことで、原告のデインはその妻だった。提訴にあたって、原告弁護団《カスタノ・グループ》は慰謝料のほかに禁煙プログラムを支援するための医療費確保と、ニコチンがもつ依存作用をタバコ会社が早い時期から知っていたにもかかわらずその事実を隠蔽したことや、ニコチンの含有量を操作するなどの「反社会的不法行為」に対する処罰を求めて、合計一〇〇〇億ドルの懲罰的賠償を要求した。そして、この訴訟は一九九五年二月に連邦地方裁判所のオウクラ・ジョーンズ（Okla Jones）判事によって、全国規模の集団訴訟としていったんは承認されたのである。[15]

それに対して、タバコ業界はただちに決定の取りけしを求めて連邦第五控訴裁判所へ控訴した。これを受けて、翌一九九六年五月に控訴裁判所のジェリー・スミス（Jerry Smith）、ジョン・ドゥー（John Duhe）、ハロルド・ディーモス（Harold DeMoss）の三名の判事は、審議の結果一審の集団訴訟を認める決定を覆す裁定を行った。ちなみに、彼らはすべて共和党政権によって任命されていた。判事たちは、そもそも不法行為に関しては州によって異なる法律があるため製造物責任の解釈も多様であること、さらに原告の数があまりにも多くなる可能性があったため、それぞれがどのようにニコチンに依存するようになったのかの評価が非常に困難だった点を、一審の判断を変更する主な理由であるとした。そのうえで三名の判事は、健康被害に対する賠償を求める場合は、大規模な集団訴訟よりも、個人によって行われる訴訟が望ましいというタバコ業界寄りの考えかたを示したのである。(16)

控訴裁判所の決定を受けて、原告弁護団はそれぞれの州で個別の集団訴訟――「小《ベビー》カスタノ」とも呼ばれた――を起こす戦術に切りかえて裁判を継続しようとした。弁護団の一人であったコウルは、「私たちは全五〇州と首都ワシントン、さらにはプエルトリコにおいて、それぞれ異なった集団訴訟を起こすつもりである」と語ったが、それはまずゴーシアの地元ルイジアナ州で実行に移された。しかし、その後提訴は二〇余州でなされたものの、それらが集団訴訟として認定されるのは容易でなく、カスタノ集団訴訟は停滞を余儀なくされるのだった。例えばペンシルヴァニア州では、当初は認定される方向で進んでいたが、州単位になってもやはり原告は膨大な数になることが予想され、そのすべてに対応するのは「手に負えない《アンマネージャブル》」ものになると判断されたため、審理開始の一ヶ月前に、クラレンス・ニューカマー（Clarence Newcomer）判事はタバコ訴訟は個人でなされるべきものであり、集団訴訟としては認められないという決定をくだしたのである。(17)

タバコ訴訟に詳しい歴史学者ロバート・ラビン（Robert Rabin）も指摘しているように、カスタノ訴訟を進めたゴーシアたち弁護団が描いた戦略は、裁判の途中で業界から和解を引きだすことであったとされている。実際、一九九六年三月に大手の五社では最小のリゲット・グループ――市場占有率二％程度――が、一連のタバコ訴訟のなかでは初めて和解を申しいれ、「結束が固いと思われていたタバコ同業者仲間《フラタニティ》」の足並みが乱れるかに見えた。しかし、カスタノ訴訟原告弁護団との和解交渉は、先ほど触れたように、全国規模での集団訴訟を認めない判断が連邦第五控訴裁判所によってその二ヶ月後に示されたため、結局交渉が行われることはなかった。ただし、リゲット・グループが並行して進めていたいくつかの州政府との医療費求償訴訟に関する和解交渉は一九九七年三月に合意にたっするのであるが、これについては次節で述べることとする。(18)

二　州政府による医療費求償訴訟

「紙巻きタバコと社会福祉改革」

一九九〇年代に行われた第三波のタバコ訴訟には、前節で考察した集団訴訟とは異なるものもあった。それは、本章「はじめに」で触れたように、貧困層などへの医療費補助制度であるメディケイドによって支払われた、喫煙が原因とされる疾病の治療費をタバコ会社にも一部負担させることを目的に、各州の司法長官によって起こされた医療費求償訴訟であった。(19)この訴訟の先陣をきったのもミシシッピ州だったが、この州が求償訴訟に積極的となったのにはいくつかの理由が考えられた。

まず、ミシシッピ州では住民一人あたりの所得額が全国で最も低く、メディケイドの受給割合も州民のおよそ五人に一人と高く、これに関する州政府の負担額が年間七〇〇〇万ドルから一億ドルと試算されており、州のメディケイド予算が常に逼迫していた状況があげられる。また、ミシシッピ州は南部に位置していたが、ノースカロライナ、サウスカロライナ、ヴァージニア、ジョージア、ケンタッキー、テネシーの六大葉タバコ生産州とは異なり、タバコ産業への依存が相対的に小さかった点も理由とされた。さらに、求償訴訟の原告弁護団のなかにカスタノ訴訟へもくわわっていたモットリィやベリなどがおり、彼らは求償訴訟を集団訴訟と並行して行うことでタバコ会社により大きな圧力がかけられるため、和解が引きだせると考えた[20]。

ミシシッピ州から始まる一連の医療費求償訴訟に関して、州司法長官の多くが言及したものに、南イリノイ大学准教授ドナルド・ガーナー（Donald Garner）が、一九七七年に発表した「紙巻きタバコと社会福祉改革」という論文があった。彼はそのなかで以下のように論じている。

低所得層の喫煙者がタバコ使用によって病気を患ったとき、その患者の治療にかかった費用は公立の病院や社会保障プログラムによる負担、つまり国民［が納める税金］によってまかなわれることになる。喫煙しない納税者は［喫煙が原因とされる］病気になる確率は相対的に低いので、彼らが喫煙者と同じ税率で課税された場合、自らが恩恵を受けるよりもはるかに高い割合で負担を負わされるようになる。反対に、喫煙によって健康を損なった納税者は、自らが納める税金よりもはるかに高い金額の補助を、そのような保健基金からえるために不平等が生じている[21]。

このように論じたガーナーは、喫煙による経済的損失、とりわけ医療費を取りあげて、タバコ使用が原因とされる疾病の治療に費やした税金の一部を、訴訟によってタバコ会社に賠償させるのは可能であるし、政府はそのようにすべきと主張した。当時この論文を読んだタバコ業界関係者のなかに、州政府がいずれ医療費の弁済を求めて訴訟を起こすであろうと予測し、それに備えることを促した者のいたことが、フィリップ・モリス社の内部資料で後に明らかにされている。

ミシシッピ州のリーダーシップ

そして、この予測はおよそ一七年後に現実のものとなった。ミシシッピ州において訴訟の原告になったのは州司法長官マイク・ムーア（Mike Moore）であったが、最初に彼へ話をもちかけたのは、かつてミシシッピ大学法科大学院において級友だったマイケル・ルイス（Michael Lewis）で、ルイスを中心にメレル・ウィリアムズ文書のウィリアムズの代理人を務めていたリチャード・スクラグズ（Richard Scruggs）、そして第八章でも言及した「ホートン対アメリカン・タバコ会社事件」（*Horton v. American Tobacco*）で原告側弁護士を務めたり、カスタノ・グループの一員だったバレットなど、ミシシッピ州内で開業する弁護士たちがそこへ集まった。きっかけは、ルイスの弁護士事務所で働く職員の母親が喫煙によると考えられた心臓疾患で亡くなったときに、州内では多額のメディケイド費用が喫煙に関連する疾病の治療に使用されていた事実を彼が知ったことだった。ルイスの呼びかけで集まった弁護士仲間は、一九九三年の春頃から医療費の求償訴訟を起こす計画をたてはじめ、そこへ原告としてムーアがくわわったのである。最終的に、彼らは州内六都市にあった一〇の弁護士事務所に成功報酬を約束して原告側弁護団へ参加することを確約してもらい、さらにはハーヴァード大学法科大学院教授ローレンス・トライブ（Laurence Tribe）から無償の協力を取りつけるなど、訴訟を起こす態勢を整えていった[22]。

訴訟費用に関しては、今も触れたように参加した弁護士事務所――そのいくつかはアスベスト訴訟でえた報酬によって当時経済的に少々余裕があった――がさしあたって分担する約束をしたが、そもそもミシシッピでは州政府の財源を使用するという手段は考えられていなかった。それは、タバコ業界の活発なロビー活動が一因で、訴訟費用として見積もられた多額の支出が州議会で認められる可能性はほとんどないと思われたし、たとえそのような予算が承認されたとしても、そもそも求償訴訟に反対していたカーク・フォーダイス（Kirk Fordice）知事が、拒否権を発動する可能性は高いと見られていたからだ。

ミシシッピを含めたいくつかの州において、州司法長官は知事による任命ではなく州民による投票で直接選ばれたため、比較的幅広い裁量権が長官へ与えられる傾向にあった。その結果、知事とのあいだで権限をめぐってしばしば対立が起こる事例があり、当時のミシシッピ州もそうだった。ムーアは、医療費求償訴訟を起こす権限は自らに与えられているものと考えていたが、フォーダイスはそれには否定的で、ムーアが提訴したことを受けて、その無効を求めて州裁判所で争ったほどであった。ちなみに、一九九四年五月二三日にムーアによって起こされた医療費求償訴訟「ムーア対アメリカン・タバコ会社事件」(*Moore v. American Tobacco Co. et al.*) は、最終的にミシシッピ州最高裁判所で有効と認められ、フォーダイスの訴えは退けられている。(23)

医療費求償をめぐる双方の言い分

この訴訟では、主要なタバコ会社や卸売業社だけではなく、タバコ業界のロビー活動を指揮するタバコ協会やプロパガンダ活動を指導する「タバコ研究協議会」(the Council for Tobacco Research) の業界団体、さらには広報を担当するコンサルタント会社「ヒル・アンド・ノウルトン」も訴えられており、ムーアはそれまでのような健康被害を受けた「喫煙者」ではなく、税金の浪費に反対する「納税者」の代表として、タバコによって利益をえたものすべてから応分の負担を求めようとしたのである。(24) これに関して、彼は次のように語っている。

この訴訟は、非常にわかりやすい論理に基づいて起こされたものだ。すなわち、あなたたち(タバコ業界)は共謀して健康被害をもたらした。したがって、この訴訟はその治療に対する費用を負担しなさいという主旨で起こされている。無賃乗車は終わりにしなくてはならない。莫大な資産をもつあなたたちが、ミシシッピ州の納税者に当然返却すべき費用の支払いを始めるときがきている。(25)

一方タバコ業界は、この提訴が当時囁かれていた州知事もしくは連邦上院議員の選挙へムーアが出馬するという噂を念頭に、自らの野心を実現させるための政治的売名行為として、さらには彼へ多額の政治献金をしていた複数の法律事務所を、儲けさせるためになされたものであると訴えた。(26) また、医療費求償訴訟で賠償が求められたことに対しても、そもそもタバコ業界はすでに十分な金銭的負担をしていると反駁した。

この点に関して、例えば同様の訴訟が起こされたテキサス州では、タバコ製品への物品税《エクサイズ・タックス》だけではなく販売時に課せられる売上税《セールス・タックス》によっても、実際に使われた医療費を大きく上回る額の税金が徴収されていると業界は主張した。フィリップ・モリス社の顧問弁護士マイケル・ハル（Michael Hull）によると、一九九五会計年度にタバコ製品に課せられた税金として合計で八億一五〇〇万ドルがテキサス州政府によって徴収された一方で、タバコが原因とされる疾病の治療に対するメディケイド費用――当時のテキサス州では、連邦政府と州政府が二対一の割合で負担していた――として、州が負担したのは約一億七〇〇〇万ドルであった。

このようなタバコ業界からの反論に対して、州司法長官ダン・モラレス（Dan Morales）は「［メディケイドのための］金銭を手にするだけが、この訴訟の目的ではない」と強調した。彼によると、訴訟にはほかにも重要な目的があって、それは後に開始されるタバコ業界との和解交渉において取りあげられる、業界による未成年者を標的にした販売戦略の見直しと、禁煙教育や禁煙補助プログラムなどへ費用を拠出させることだった。そのように発言するモラレスにとって、この訴訟の底流にあったのは「ある企業が政府の財源確保に貢献をしたからといって、その企業が犯罪を犯しても許されてはならず、その罪は必ず償わなければならない」という考えかたであった。(27)

リゲット・グループによる和解交渉

一九九四年五月のミシシッピ州につづいて、同年八月にはミネソタ州が同様の訴訟を起こすのだが、このときの州司法長官は、元副大統領を父にもつヒューバート・ハンフリー三世（Hubert Humphrey Ⅲ）だった。一ヶ月後の九月には、ウエストヴァージニア州が提訴し、翌一九九五年にマサチューセッツ州、さらに一九九六年の前半にコネティカット、メリーランド、ワシントン、そして今述べたテキサスの各州がつづいたのであるが、これらの州司法長官は全員民主党に所属していた。

州政府による医療費求償訴訟が増えはじめた一九九六年三月、前節で触れたように、カスタノ集団訴訟との関連で、リゲット・グループが和解を前提とした交渉を州政府とも行う用意があると突然発表したのである。これは、先ほども述べたように、一連の訴訟に対して足並みを揃えて闘ってきたタバコ業界に大きな衝撃を与えるもので、ほかのタバコ会社にとっては「裏切り行為」として映った[28]。しかし、この決定は財政基盤が脆弱だったリゲット・グループが、タバコ業界に対する世論が厳しくなるなかで、最大手のフィリップ・モリス社や第二位のR・J・レイノルズ社などと歩調を合わせ、高額の費用を使って裁判を戦いぬくのは得策ではないと判断した、最高経営責任者ベネット・リボウ（Bennett LeBow）による生きのこりをかけた選択であった。会見のなかで彼は、タバコ業界が未成年者——一八歳未満の青少年——を標的とした販売戦略を長年とってきたこと、タバコに含まれるニコチンには依存作用があること、さらには喫煙が肺ガンや肺気腫など疾病の原因になりうることを、タバコ業界の指導者として初めて公の場で明確に認めたのである[29]。リゲット・グループによるこのような動きが、最終的にタバコ業界全体と州政府によってなされる和解へと進むきっかけになったのは明らかだった。

リゲット・グループが和解の意志を表明して以降、州政府による提訴の件数は増えつづけ、一九九六年八月にはカンザス州とアリゾナ州も提訴したのであるが、これらは初めて共和党所属の州司法長官によってなされたものだった。一九九七年三月末までには、三〇を超える州が医療費求償訴訟の隊伍へくわわっており、そのほかにも訴訟を検討していた州がいくつかあった[30]。

この時点で、リゲット・グループはそれらの州とすでに和解交渉を進めており、その結果として二一州とのあいだで合意が成立したと発表されたのである。それによると、リゲット・グループは以下の項目を実施もしくは順守することを約束している。

（1）和解金として課税前収益《プレタックス・プロフィット》の二五％――一九九五年の収益で計算すると約五七万五〇〇〇ドル――を二五年間にわたって支払う。
（2）喫煙がガン発症の原因になる可能性を認めたうえで、「喫煙は依存作用をともなう」（Smoking is Addictive.）という警告文を、パッケージと印刷広告に表示する。
（3）子どもが興味を示すマンガのキャラクターを広告に使用しない。
（4）連邦政府の「食品医薬品局」（the Food and Drug Administration）によるタバコ規制に反対しない。(31)
（5）リゲット・グループ以外のタバコ会社が関係する裁判において、内部資料の提出や証言によって原告側弁護団に協力する。

これに対してリゲット・グループは、過去において犯罪や悪行《ロング・ドゥーイング》を行ったという理由だけでは訴追されなくなり、また和解交渉を通してえられた情報も、自らが被告の訴訟では使用されないことが認められたのである。(32)

新たな内部資料の公表などによって、タバコ業界を取りまく状況が「極端に敵意に満ちたものになり」、いくつかの訴訟においては最悪の結果になることが見込まれはじめていた。そのような状況下で発表されたリゲット・グループによる和解を受けて、フィリップ・モリス社やR・J・レイノルズ社などほかの大手タバコ会社も、各州の司法長官や原告側弁護団との和解に向けた交渉のテーブルに着かざるをえなくなったのである。前節で触れた一九九四年四月に開催された議会下院での公聴会において、ニコチンの依存作用を明確に否定した七名の大手タバコ会社の最高経営責任者たちはこの頃までにすべて交替しており、新しい経営者にとって最優先の課題である会社存続のためには、もはや和解による決着が最も現実的と思える状況になっていた。

三　一九九七年六月の「包括的和解合意」

賠償金額の算定

一九九七年四月以降、すでに多くの州と和解にたっしていたリゲット・グループをのぞく大手タバコ会社と、原告側を代表するミシシッピなど数州との交渉は二ヶ月以上にわたって秘密裡に行われたが、焦点はタバコ業界が和解金として支払える最高額と、その見返りとして訴訟結果から受けると予想されるダメージ、とりわけ懲罰的賠償命令に対して、どのような「保護」を業界へ与えられるかであった。州司法長官側は、「賠償金額がタバコ会社を破産に追いこまない」を前提に、ワシントン州司法長官クリスティーン・グレゴワール（Christine Gregoire）の法律顧問を務めていた弁護士スティーヴ・バーマン（Steve Berman）が作成した「タバコ産業の財務に関する予備分析」という報告書を使い財務状況を検討することによって、個々のタバコ会社への請求額を算定しようとした。

それによると、例えば市場占有率に従って二八％を負担するR・J・レイノルズ社は、多額の借入金があって経営状態はあまり良くなかったが、負担割合が業界全体の一〇％程度だったロリラード社は、系列の保険業やホテル業が好調だったというように、財務状況は各社でばらつきがあった。そして、最大手のフィリップ・モリス社については、所有する株式を売却すれば和解金の調達が当面可能であると判断されたため、原告側はタバコ業界に要求する賠償額を二五年間の支払期間を設けたうえで総額三〇〇〇億ドルと試算した。さらに、もし和解せずに裁判を継続させた場合、「大手タバコ会社は過去の不法行為を理由に六〇〇億ドル程度の賠償金を支払わされる可能性が高い」と考えられたため、それを含めて算定されたものが、以下で述べる三六八五億ドルという最終案になったのである。ちなみに、交渉開始当初タバコ業界は二三〇〇億ドルを提示していたと言われている。(33)

包括的和解合意

六月二〇日、長期におよぶ厳しい交渉を終えた州司法長官たちは、記者会見を開いてタバコ業界と四〇州とのあいだで、賠償金額以外にもタバコに関連するさまざまな問題をいっきょに解決するための「包括的和解合意《グローバル・セトルメント・アグリーメント》」にたっしたことを発表した。ただし、そこでは以下にあげる合意内容が列挙されていたものの、具体的にそれらがどのような手順で実現されるのかの詳細については、関連法案の成立を期すとだけ書かれたこと以外明らかにされなかった。ミシシッピのムーアを中心に、コネティカットのリチャード・ブルーメンタール（Richard Blumenthal）、アリゾナのグラント・ウッズ（Grant Woods）、インディアナのジェフリー・モディセット（Jeffrey Modisett）など七名の州司法長官が出席する記者会見において発表された合意内容の要点をまとめると以下のようになり、それらをタバコ業界が順守するというものであった。

（1）メディケイド・プログラムへの賠償と禁煙支援プログラムや無保険の子どもを対象とした健康管理政策の予算として、総額三六八五億ドルを二五年間にわたって各州へ支払う。

（2）未成年者を対象とした、反喫煙の啓蒙活動を支援するために年間五億ドルを拠出する。

（3）タバコ製品に対する規制権限を食品医薬品局へ移管し、ニコチンが依存性薬物であるという分類に同意する。

（4）機密資料をもちだした内部告発者に対する訴訟を取りさげる。
（5）「ジョー・キャメル」や「マルボロ・マン」などの人気キャラクターの使用、野外看板やインターネットによる広告、さらにはスポーツ・イベントやコンサートの後援などを禁止する厳格な宣伝規制を行うことと、〔酒場など〕一部をのぞいてタバコの自動販売機をすべて撤去する。
（6）未成年者の喫煙率を大幅に低下させることに責任をもち、もし値上げなどの手段をこうじても目標値――五年間に三〇％、七年間に五〇％、一〇年間に六〇％――を達成できない場合には、一ポイントにつき年間八〇〇〇万ドルの罰金を支払う。
（7）パッケージや印刷広告に関して「喫煙は依存作用を引きおこす」、「喫煙はあなたの命を奪う」、「紙巻きタバコは肺に重篤な病気をもたらす」など、新たに九種類のインパクトのある警告表示を、表面の二五％の面積を使って黒地に白い文字で行う。
（8）銘柄ごとの全成分とその含有量、さらには業界が保有するタバコに関連した重要な情報や科学的知見をすべて公表する。
（9）銘柄のロゴ入り商品の販売や無料配布を禁止する。
（10）タバコ小売販売を許可制度にする。
（11）タバコ業界の利益を代表するタバコ協会と、プロパガンダ活動の中心であったタバコ研究協議会を解散させる。(34)

タバコ業界が手にする「見返り」

以上のような事項を受けいれることによって、タバコ業界にはいくつかの「見返り」が約束された。ただし、その多くは議会による立法措置によって初めて実現可能になるものだった。その見返りには、州によって起こされていた医療費求償訴訟の取りさげだけではなく、過去に犯した不法行為を理由に損害賠償や懲罰的賠償を求めて喫煙者が集団で起こす訴訟の禁止が含まれた。一方個人訴訟に関しては、今後起こされるであろうものを含めて、タバコ会社が敗訴の場合の懲罰的賠償上限額《キャップ》が、業界全体で年間五〇億ドルに定められた。

また、タバコ製品が食品医薬品局の管轄下におかれるようになった場合、例えば製品をより依存性が弱く安全性の高いものにすることを目的にだされる、ニコチンを完全に除去せよなどという即座の対応が困難と思われる行政命令は、少なくとも一定期間——管轄権の移動を認める連邦法の成立後一二年間——は発令しないという合意があった。そして、食品医薬品局がニコチンの含有量をタバコ会社に減らすよう命じるのであれば、それが技術的に可能であり、またそれによって喫煙がより安全に行えるようになることを証明し、さらに規制を受けない安価で粗悪な製品の闇市場を生じさせないための効果的な対策の提示がこの政府機関には求められた。ちなみに、合意のなかに含まれるこのような条件つきのニコチン規制は、食品医薬品局の権限を大幅に縮小するものと考えられたため、激しい議論を呼ぶのであった[35]。

この和解合意をまとめるうえで重要な役割を果たしたムーアは、「私たちはタバコ業界が犯した過去の不法行為に対する処罰を願ってきたが、ようやくそれが実現できるようになった。……［この和解合意は］公衆衛生の歴史上最も画期的な偉業である」と、記者会見において自画自賛した。また、会見に同席したアリゾナ州のウッズも「悠長にしていられない状況で、終わりの見えない訴訟と控訴の繰りかえしをこの和解によって決着させることができるため、［喫煙問題の解決にむけて］本日新たなスタートが切れるようになった」と評価した[36]。いずれにしても、州司法長官たちの目的が医療費として使われた税金の「返還」をタバコ会社に求めるものであったため、会社を破産させては元も子もないという配慮がそこにはあった。

和解案に対する多方面からの批判

一方、タバコ業界との和解には慎重であるべきとか、和解交渉などせずに訴訟を継続すべきという声が聞かれたのも事実だった。またそれとは反対に、そもそも医療費求償訴訟は起こすべきでないという立場から、そこへくわわらなかった州からの否定的な評価もただちに表明された。例えば、アラバマのウィリアム・プライヤー（William Pryor）州司法長官はそのようなタバコ業界寄りの立場を代弁しており、彼は「クリントン政権によって指南されたリベラルな州司法長官たちが、本来であればタバコ増税などの政策によってメディケイド予算を補塡すべき財政問題を、こともあろうに司法の手に委ねるという間違ったやりかたを選択した」と批判した（傍点は引用者による）。このような考えかたは、最後まで訴訟を起こさなかったヴァージニア、ケンタッキー、テネシーなど葉タバコ生産州で多く聞かれた。ちなみに、その一つノースカロライナ州では、州司法長官が間違ってもタバコ業界を提訴することのないように、それを禁止する法律を州議会が成立させたほどであった[37]。

一方、ミシシッピ州につづいて医療費求償訴訟を起こしたミネソタ州のハンフリー司法長官は、プライヤーとはまったく異なった立場から和解に反対して、タバコ業界との交渉へはくわわらなかった。ミネソタ州では、自らが起こした裁判の過程で新たな内部資料が明らかにされてきたため、和解ではなく裁判を継続させることが、被告側をいっそう困難な状況に追いこめるとハンフリーは考えた。彼によると、和解はタバコ業界がしかけた「トロイの木馬」ならぬ、人気銘柄の「キャメル」に由来する「トロイのラクダ」という「救済措置《ベイルアウト》」になるというのであった[38]（傍点は引用者による）。

ハンフリーのほかにも、訴訟の継続を主張した者として消費者保護運動家のラルフ・ネーダー（Ralph Nader）、連邦議会下院で保健環境小委員長を務めるワックスマン、カリフォルニア大学教授のグランツ、フロリダ州の集団訴訟を主導した弁護士のローゼンブラット夫妻などがいた。彼らが和解に反対した大きな理由として、医療費の求償を含むタバコにまつわる問題は、タバコ業界から献金を受けている議員が多数いる連邦議会に委ねるのではなく、引きつづき司法の場で決着が図られるべきであるという考えかたがあった。和解はタバコ業界の救済になりかねない措置であり、また原告側弁護団には「棚からぼた餅」となる多額の報酬を保証するもので、一方喫煙者は、自らの賠償請求権が制限されるだけではなく、タバコ会社が長期にわたって州政府に支払う和解金を、値上げによって新たに負担させられることになるという主張が、和解反対派に共通するものとなっていた。ネーダーやグランツたちにとって、タバコ業界との交渉は「延命」を前提として「悪魔とダンスをするようなもの」であり、和解は「殺人者に恩赦を与えるに等しい行為」であった。訴訟継続派は、和解を「裏切り行為《セルアウト》」と呼び、それを主導したムーアの名前を皮肉って「裏切り行為はもうたくさん」（No *Moore* Sellout）というフレーズで、包括的和解合意に反対する意志を表明したのである[39]。

また、訴訟継続派のように和解を全面否定したわけではないが、合意内容に含まれるさまざまな問題点を指摘する者も少なくなく、イエール大学の医学部長を務めていた食品医薬品局の前長官デヴィッド・ケスラー（David Kessler）や、公衆衛生局の元医務長官エヴェリット・クープ（Everett Koop）などがそのような人たちであった。例えばケスラーは、たとえ食品医薬品局へタバコ規制の権限が移ったとしても、先ほど述べたようないくつかの条件がつけられたため、ただちにニコチン規制を行える状況にない点を問題視した。実はケスラーとクープは、連邦議会とホワイト・ハウスへこの合意提案に関する評価と助言を行うために組織された公衆衛生の専門家たちによる諮問会議の共同議長を務めていたため、少なからず影響力をもっていた。そして、この諮問会議は和解案を精査したのち、そのままの形で受けいれることには反対するとの見解を表明したのである[40]。

合意内容の立法化停頓

ところで、包括的和解合意を実現するうえで最終的に鍵を握るのは、州司法長官やタバコ会社の経営者、さらには反喫煙運動の指導者や組織ではなく、関連法案を審議することになる連邦議会であった。それは、タバコ業界が強く求めた合意の条件にあった、例えば集団によって起こされるタバコ会社の責任を問う訴訟の免除について、これを実現させるには連邦議会によるそのような訴訟を禁止する新たな立法が必要だったからだ。また、州司法長官たちが求めた和解条件であるニコチンの規制権限を食品医薬品局へ移管する手続きについても、同様に立法措置が不可欠だった。

そのような状況下で、タバコ業界や葉タバコ生産州選出の議員など和解推進派は、業界と契約を結んでいた弁護士事務所に必要な立法の試案を作成させる一方で、首都ワシントンにおいてロビー活動を活発化させたり、和解の必要性を訴える意見広告をテレビなどで流すために多額の資金を投入した。このとき、彼らが特に信頼したロビーストは、一九九五年に政界を引退するまでの六年間多数派であった民主党の上院院内総務を務めたジョージ・ミッチェル（George Mitchell）であった。また、各州の司法長官を代表して、ムーアもスクラグズとともに、関係する弁護士事務所からおよそ二〇〇万ドルの支援を受けて毎週のようにミシシッピ州から首都ワシントンへ通い、ロビー活動を活発に行った。(41)

しかし、タバコ業界の影響力が大きいと考えられていた議会においても、先述の公衆衛生の専門家たちによって構成される諮問会議が、和解案に含まれる問題点——例えば、集団訴訟が行えなくなったり、疾病を患った喫煙者個人が起こす訴訟における賠償額の制限が、無条件で陪審裁判を受ける権利を保証した合衆国憲法の修正条項に抵触するのではという点——を指摘したことに同調する議員が増えはじめた。そして、訴訟継続派による、「和解をすればタバコ業界と弁護士が勝者になり、それ以外は喫煙者を含めてすべて敗者になる」というアピールに耳を傾ける連邦議員が増え、彼らは上院ではエドワード・ケネディ（Edward Kennedy）、そして下院ではワックスマンの周囲に集まりはじめたのである。その結果、タバコ業界が作成した立法の試案は棚上げにされてしまい、さらにこの状況を打開するために公聴会が開催されても、そこは賛成派と反対派がそれぞれの持論をぶつけあうだけの不毛な場となり、議会での進展は見られなかった(42)。このときケネディは、タバコ業界によるメディケイドの賠償が州政府だけではなく連邦政府に対しても行われるべきと主張したため、事態はいっそう混乱した。

立法化停頓を受けた新たな動き

このような状況で、二つの動きが注目されるようになった。それらは医療費求償訴訟を起こしていた個々の州とタバコ業界とのあいだで、包括的和解合意とは別に立法を必要としない賠償金の問題に的を絞った和解交渉の再開と、先ほど触れた和解推進派による立法化案とは異なる「マケイン法案」（the McCain Bill）と呼ばれる新たな法案の提出であった。ちなみにこの法案は、次節で述べるように、包括的和解合意で示された事項が必ずしも反映されたものではなく、実際にはその合意内容の多くを無視したり変更しながら、自らが主導して作成する連邦法によって問題解決を図ろうとする、ジョン・マケイン（John McCain）連邦上院議員を中心とした一部の議員による提案と考えられた。

これらの動きのうちまず前者についてだが、ミシシッピ州のムーア司法長官は、一度は合意成立を自画自賛したものの、これに関連する法案を成立させることが容易ではないと徐々にわかってきたため、タバコ業界との個別交渉を再開させたのである。そして、業界もそれを望んだために交渉は加速され、早くも一九九七年七月、業界が三億六〇〇〇万ドルをミシシッピ州へ支払うことで両者は合意したと発表された。この発表は、ムーアが起こした医療費求償訴訟に関する法廷での事実審理が実際に開始される数日前に急遽なされたものだった。クープやケスラーによると、すでに始まっていたミネソタ州の裁判では、膨大な量の内部資料――特に、未成年者を標的にした販売戦略であるとか、喫煙による健康被害についてタバコ会社自らが行った研究で明らかになった「都合の悪い事実」を、タバコ業界が共謀して隠蔽したことについて――が新たに公表された結果、業界はいっそう不利な立場にたたされるようになったと考え、ミシシッピ州など他州ではそのような事態を避けたいがため、事実審理が始まる前に和解による決着を急いだというのである。(43)

一方、州司法長官と原告側弁護団には、包括的和解合意の先行きが不透明になりはじめるなか、いつまでつづくかわからない裁判よりも、悪化している州財政を早急に立てなおすことを優先させるとともに、成功報酬の確保につながる和解によって決着を図りたいとする意志が働いたものと思われる。その後、医療費の賠償に関する同様の和解が一九九七年八月にフロリダ州とは一一三億ドルで、翌一九九八年一月にテキサス州とは一五三億ドルで、そして同年五月にミネソタ州とは六一億ドルで、それぞれ成立した。ちなみに、和解した四州のなかで、ミネソタ州が唯一実際に裁判が行われていたが、審理期間が終わりかけた頃に、突如この和解案が発表され訴訟が取りさげられたのである。(44)

四 「マケイン法案」の不成立と「一括和解合意」の成立

「マケイン法案」の内容

次に、包括的和解合意発表後の混乱した状況で注目されたもう一つの動きであるマケイン法案について見てみたい。これは、アリゾナ州選出の共和党連邦上院議員マケインによって提出されたのだが、当時彼はこのような和解関連の法案が提出されたら審議されることになる「上院通商委員会」(the Senate Commerce Committee) の委員長を務めていた。ちなみに、マケインは二年後の二〇〇〇年に予定されていた大統領選挙への出馬が取りざたされていたため、注目を集める政治家であった。そのような事情もあって、彼は数年前からタバコ業界からの献金を受けとらなくなっていただけではなく、法案提出数ヶ月前からはタバコ会社の幹部の面会要請も断ってきた(45)。

一九九八年三月に連邦議会へ提出されたマケイン法案は、先ほど触れたように、前年六月の包括的和解合意の内容に大幅な変更をくわえるものだった。まず、タバコ業界が二五年間に支払う和解金の総額は、三六八五億ドルから五一六〇億ドルへと約四〇％も増えていた。ただし、和解案ではそれぞれの州へ直接支払われる予定だったが、マケイン法案では連邦政府内に信託基金《トラスト・ファンド》が設立され、いったんそこへプールされることになった。しかし、その使途や各州への配分額などについては法案のなかに示されていなかったため、連邦政府も医療費の賠償を受けとれるようになると解釈する政府関係者もいた(46)。

次に、タバコ業界が最優先の和解条件としていた訴訟免除についてであるが、過去の過失責任を問う集団訴訟だけではなく、懲罰的賠償を求めた個人を含むいかなる訴訟に関しても、マケイン法案にはそれらに言及する条項はなかった。つまり、タバコ業界が訴訟によって生まれる金銭的負担のかなりの部分から解放されるという合意事項は、完全に無視される内容になっていたのである。ただし、タバコ業界に裁判の結果として懲罰的賠償金の支払い義務が生じた場合、その上限額が包括的和解合意案での年間五〇億ドルから六五億ドルへ引きあげられてはいるものの、タバコ業界が求めた上限設定はこの法案へも盛りこまれるようになった(47)。

以上のような変更以外にも、喫煙者、特に未成年者の喫煙率低下を目的として、紙巻きタバコ一箱につき五年間で価格を一・一ドル引きあげること、食品医薬品局へタバコ製品に対する監督権限を移管すること、さらに野外広告看板を含めたタバコ広告の規制強化などを提案したマケイン法案は、議会上院の通商委員会を一九九八年四月二日に一九対一という圧倒的多数の賛成で通過した。

これに対してタバコ業界は、包括的和解合意のなかで強く求めた訴訟免除にいっさい言及されていなかった一方で、タバコ規制の権限を食品医薬品局へ移管することにのみ積極的と思われたマケイン法案に、反対する姿勢を鮮明にしはじめた。実際四月八日に、R・J・レイノルズ社の最高経営責任者であったスティーヴン・ゴールドストーン（Steven Goldstone）は、「［われわれにとって］議会はあまりにも好ましくない方向へ動きだしたため、業界はタバコを規制するための包括的な立法にむけての協力をもはやするつもりはない」と、全米記者クラブで行われた会見のなかで語り、ほかの大手タバコ会社の経営者たちも、ただちにゴールドストーンの発言を支持する声明を発表したのである。(48)

「マケイン法案」の棚上げ

このように、タバコ業界はマケイン法案に反対する姿勢を鮮明にしたのであるが、それは必ずしも本音ではなく、法案をより受けいれやすい内容に修正させるための戦略であると考える議員もいた。しかし、タバコ業界は四月上旬に共和党保守派を中心とした議員に対し、その成立を阻止すべくロビーストたちによる働きかけを本格化させており、また法案に反対する世論づくりのため、多額の資金を投入して意見広告をテレビなどで広く流しはじめた。そのなかで再三強調されたのは、マケイン法案の主たる目的が政府の歳入を確保するための増税であって、未成年者の喫煙を減らすことなど公衆衛生の改善ではないというものであった。(49)

実際に流された意見広告では、例えば価格の引きあげに反対するベビーシッターとして働く女性を登場させて、「週給七五ドルの自分にそれ［価格引きあげ］は非常に大きな打撃になる」と言わせたり、価格上昇によって安価で粗悪なタバコの闇市場が出現して、結果的に未成年者の喫煙を助長することになるという「警告」も発せられた。また、タバコ業界は一般の喫煙者にむけて、それぞれが住む選挙区の連邦議員へ法案に反対する手紙を書いたり電話をかけるようにという働きかけも行った。このような反対キャンペーンは一定の効果をあげたと考えられるが、それはタバコ業界の主張を受けいれる世論が七〇％にたっしているという調査結果に表れた(50)。

マケイン法案が連邦議会上院の通商委員会を通過したものの、いっさいの和解を拒否するネーダーやグランツのような反喫煙強硬派だけではなく、タバコ業界からも批判を浴びる状況で、マケインはクリントン大統領の支持を取りつけるというやりかたで活路を見いだそうとした。大統領にとっても、法案が葬りさられるのは必ずしも本意ではなく、彼はいくつかの修正を条件に法案を支持するほうが得策と考えるようになっていたのである。当時、クリントンがタバコ問題に関して最優先の課題としたのは、公衆衛生の観点から特に未成年者の喫煙率を低下させて限りなくゼロ％に近づけることで、決してタバコ業界の解体ではなかった。

その結果、例えば包括的和解合意にあった未成年者の喫煙率を五年間で三〇％低下させられなかった場合の罰則を、年間で最大二四億ドルだったものを四〇億ドルへ増額すること、未成年者を標的にした広告の規制をいっそう強化すること、タバコ増税をマケイン法案で提案されていた一箱一・一ドルではなく一・五ドル引きあげること、そしてタバコ業界が裁判の結果年間に支払う懲罰的賠償額の上限をさらに八〇億ドルへ引きあげることなどを条件に、ホワイト・ハウスは法案を支持すると表明したのである(51)。

しかし、一九九八年五月一六日に発表されたクリントン政権のあまり積極的とも思われないこの条件つき支持は、マケイン法案の運命を変えるにはいたらなかった。共和党議員を中心とした法案反対派による引きのばし戦術によって一ヶ月間も審議が停滞したことに業を煮やした民主党議員を中心とした賛成派は、投票にもちこむために討議を打ちきる動議を提出したが、それは六月一七日に僅差で否決されてしまった。その結果、マケイン法案は少なくとも一一月に予定されていた中間選挙が終了するまで身動きのとれない状況に追いこまれ、棚上げにされたまま廃案となる可能性が高まった。動議の否決を受けて、マケインは「タバコ会社は非常に効果的な［プロパガンダ活動への」投資を行い、そして勝利者になった」と語り、自らの敗北を認めたのである。[52]

一括和解合意の交渉過程

マケイン法案の成立が見込めなくなった状況で、タバコ業界と医療費求償訴訟を起こしていた州政府とのあいだで、和解をめざして進められていた交渉がまたしても注目されるようになった。すでに触れたように、一九九八年五月の時点でタバコ業界は四州――ミシシッピ、フロリダ、テキサス、ミネソタ――と個別に合意しており、合計で約三六〇億ドルの賠償金を二五年間で支払うことが約束されていた。焦点は、求償訴訟を起こしていたほかの州、特に事実審理が間近に迫っていた州との交渉にあてられるようになった。実際に、一九九八年八月頃から一部のタバコ会社とニューヨーク、カリフォルニア、ワシントンなど八州とのあいだで和解交渉は再開されていた。[53] そして、この交渉は最終的にすべての大手タバコ会社と、すでに合意していた四州をのぞいて、訴訟を起こしていなかった州も含む全四六州が参加する「一括和解合意《マスター・セトルメント・アグリーメント》」へと発展するのであった。

一九九八年一一月一四日にタバコ業界と八州の司法長官たちによってまとめられた新たな和解案は、ただちに残りの三八州と首都ワシントン、さらにはプエルトリコを含む四属領へも送付され、それらの州や属領には一週間以内にこの新たな合意へ参加するか否かの決断が求められた。このように短期間で回答するよう求められたのには、合意を急ぐタバコ業界の意向が働いたものと考えられる。そこには、影響力をもつカリフォルニア州とニューヨーク州で、タバコ問題に関してより厳しい姿勢を示していた人物が新しい州司法長官に就任するという状況があった。また、あくまでも訴訟を継続すべきと主張する反喫煙強硬派に、この新たな和解交渉へ介入するための時間的余裕を与えないという戦略があったことも明白だった。

一方、早急な回答を求められた州政府に関して、訴訟を継続した場合に勝訴の見込みがあったマサチューセッツ、メリーランド、ミシガンなどの州は和解にくわわらない可能性も囁かれていたが、予想に反して一一月二〇日までに全州からこの合意案への同意が表明されたのである。その結果、一九九四年五月ミシシッピ州によって始められた一連の州政府による医療費求償訴訟は、ようやく決着を見るにいたった。すべての州に和解を決断させたのは、最終的な判決が不透明で、それも何年先になるかわからない訴訟をつづけるよりも、先ほど述べたように逼迫していた州財政を立てなおすために、使途を自由に決められる和解金をまず確保するのが現実的な選択であるという考えかたであった(54)。

ネーダーが、当事者双方に利益をもたらすが、交渉に参加できなかった第三者には不利に働く「スウィートハート取引」と呼んで非難したこの一括和解合意によって、タバコ業界は四六州に対して合計二〇六〇億ドル——すでに合意していた四州と首都ワシントンなど州以外の地域への約四〇〇億ドルをくわえると二四六〇億ドル——を二五年間に分割して支払うことになったが、これは一九九七年六月の包括的和解合意での三六八五億ドルや、マケイン法案での五一六〇億ドルよりもかなり減額されていた。それぞれの州が手にする和解金額は個別に決められており、当然人口が多く多額の医療費を負担してきた州ほど高額になった。ニューヨーク州とカリフォルニア州へは二五〇億ドルずつ、ニュージャージー州へは七六億ドル、コネティカット州へは三六億ドルなどで、最低額は訴訟を起こさなかったワイオミング州の四億八六五〇万ドルであった。当初より、賠償金は最終的にはタバコを購入する喫煙者がその多くを負担するようになると考えられており、タバコ価格は「三五セントから四〇セントの範囲で引きあげられることは不可避である」と、この合意が発表された直後に報じられた(55)。

一括和解合意の結果

和解の成立は、州によって起こされていた訴訟の取りさげを意味した。ただし、個人や集団によってなされる訴訟に関しては、すでに触れたように、新たな連邦法を成立させる必要があったため言及されなかった。また、食品医薬品局へタバコ規制の権限を移管することや、裁判の結果タバコ業界が支払う可能性のある年間の賠償額に上限を設定することなども、同様の理由でこのときの和解交渉の対象から除外されていた。(56)

このほか、一括和解合意の項目としてタバコ協会やタバコ研究協議会の解体は盛りこまれたが、これは近い将来に名称を変更した類似の組織を容易に再建できると考えられたため、業界にとって受けいれやすいものであった。また、この和解でも未成年者の喫煙に歯止めをかけるために行う啓蒙活動への資金提供や、彼らを標的にした広告を控えるという項目は書きこまれた。くわえて、「ジョー・キャメル」のような子どもが興味を示すマンガ・キャラクターを宣伝に使用したり、タバコ銘柄のロゴが入ったTシャツや帽子やマグ・カップなどのキャラクター・グッズの、スポンサーとして参加が認められたイベント会場以外での販売もしくは配布、さらに一部の州ではすでに禁止されていた一定以上の大きさの屋外広告看板や公共交通機関に関連する場所でのタバコ広告も、すべて自主的に規制すると約束された。

しかし、一年前の包括的和解合意にはあった、未成年者の喫煙率が目標数値までさがらない場合の罰則金の支払いは義務化されなかった。また、パッケージや広告へより強い語調の警告文を表示することや、購入制限を一八歳以上にしたうえで小売販売業への許可《ライセンス》制度導入という提案も言及されなかった。(57) しかし、この一括和解合意が成立した結果、当事者たちはそれぞれ手に入れたものがあった。州政府は年間約二〇〇〇万ドルから一〇億ドルまでの財源を二五年間確保し、原告側弁護士たちも初年度一二億五〇〇〇万ドル、二年目からの二四年間は五億ドルずつの報酬を受けとれるようになった。一方タバコ業界は、敗訴した場合高額の賠償金の支払いを命じられる可能性があった州による医療費求償訴訟をすべて取りさげてもらうと同時に、和解金の支払いを理由に一箱あたりの価格をただちに三五セント以上引きあげると発表した。(58)

この合意によって、タバコ業界は州政府にとってかけがえのないパートナーとなり、後者は前者の安定的な繁栄を望むという皮肉な結果を生みだしたのである。実際、その後多くの州が予算を確保するために州債を売りだすのだが、それを償還するさいの財源として、タバコ業界が長期間支払うことを約束した和解金があてられるようになった(59)。

和解金の支払いに関しては、一部前倒しされたものもあったが、正式には一九九九年一一月に開始された。和解金は、もちろん医療費の補塡にあてられたり、それ以外には未成年者の喫煙を防止するための啓蒙活動や禁煙プログラムへの補助などにも使用されることになっていた。しかし、そのような目的で使用される具体的な金額は合意内容として示されておらず、またそれ以外の使途も明示されていなかった。その結果、州債の償還以外にも、例えばヴァージニア州では、経営が困難になっていた葉タバコ生産農家に年間六二〇〇万ドルを支援するなど、多くの州では多額の和解金がたんなる財政の赤字補塡として使用される事例が、時間の経過とともに顕著になった(60)。

このような状況は、公衆衛生の改善を求めてタバコ業界との和解に反対し、あくまでも訴訟を継続すべきと考えたネーダーたち反喫煙強硬派にとって、一括和解合意がもたらしたまさに「大きな落胆」であった(61)。一方、タバコ業界には一括和解合意の成立によって安堵の空気が流れるのだが、それは和解の可能性が囁かれるようになった頃から、大手タバコ会社の株価がじりじりと上昇しはじめたことにも表れたのである(62)。

おわりに

「現代タバコ戦争」における行政、立法、司法の各戦線のうち、本章では司法、具体的には健康被害を受けたとする多数の喫煙者たちによる集団訴訟と、州司法長官による医療費求償訴訟に焦点をあてて考察してきた。これら第三波のタバコ訴訟は、確かにタバコ業界を苦境に追いこむことになったが、反喫煙急進派がめざしたタバコ業界を解体させるところまではいたらなかった。

一九九七年六月に発表された包括的和解合意は、基本的にはタバコ会社が巨額の賠償金を支払わされる可能性のある訴訟から解放されることと引きかえに、和解金を支払うという取引であった。しかし、この和解が「包括的」と呼ばれたことでわかるように、これ以外にもさまざまな事項が条件としてつけくわえられた。本文中で述べたように、それらはタバコ業界がニコチンを依存性薬物として規制する権限の食品医薬品局への移管に同意することや、未成年者の喫煙率低下に関して目標数値を罰則つきで定めることなど多岐にわたっていた。もともと医療費の求償を目的として州司法長官によって起こされた訴訟が、世論の幅広い支持をえるために、タバコ業界の解体すら願う反喫煙急進派の主張も一部取りこんだために、複雑な様相を帯びるようになったのである。

その結果、反喫煙派のなかには業界との和解を模索する多くの「穏健な」州司法長官たちと、和解をせずに訴訟を継続してより巨額の懲罰的賠償を勝ちとって業界を破綻に追いこむべきと主張する急進派、そして両者のあいだに位置する例えばクリントンのような中間派などに分かれ、足並みが乱れたのであった。医療費求償を目的に起こされた訴訟を、交渉の過程で「包括的」な和解へと誘導したのが被告であるタバコ業界であったのか、それとも原告である州司法長官たちであったのかは別として、結果的には業界にとって有利な状況を生みだしたと言えよう。タバコ業界による反対キャーペーンもさることながら、反喫煙派の足並みの乱れが、マケイン法案を廃案に導いたことは明白であった。

その過程で見落としてならないのは、本章「はじめに」のなかで触れたように、現代タバコ戦争は業界が苦手とした司法の場から離れて、いつの間にかロビー活動を行いやすい立法の場で戦わされるようになっており、そこで決着を図ろうとした点である。包括的和解合意のなかに立法化を必要とする事項をいくつかくわえたことが、タバコ業界にとって影響力を発揮しやすい場での戦いになったと言えよう。確かに、マケイン法案を含む立法化の攻防を見てみると、必ずしもタバコ業界の思惑通りにならなかったかも知れない。しかし、医療費求償訴訟はその継続を望まない被告側と、早期決着を望む原告側の双方によって、再び和解をめざした交渉が行われるようになった。
仕切りなおしの交渉では、当然のことながら立法措置が必要な項目はことごとく除外され、結果としてタバコ業界が許容できる、つまり存続できる範囲の賠償金額で和解が成立したのであった。

註

（1）Philip J. Hilts, "Tobacco Company was Silent on Hazards," *New York Times*, May 7, 1994, A1.

（2）Peter Pringle, *Cornered: Big Tobacco at the Bar of Justice* (New York: Henry Holt and Company, Inc., 1998), 54 & 72-73; Robert L. Rabin, "The Third Wave of Tobacco Tort Litigation," in *Regulating Tobacco*, eds. Robert L. Rabin and Stephen D. Sugarman (New York and Oxford: Oxford University Press, 2001), 183-85; Richard Leiby, "Smoking Gun: Merrel Williams, ex-actor, is the most important leaker of documents since Daniel Ellsberg. What he did could bring down a $45 billion industry. What's his motivation?," *New York Times*, June 23, 1996, F1, F4, & F5; "The Cigarette Wars: Stop Smoking!," *Economist* 339, May 11, 1996, 21-23.

（3）Stanton A. Glantz el al., eds., *The Cigarette Papers* (Berkeley, California: University of California Press, 1996), 15.

（4）Dan Zegart, *Civil Warriors: The Legal Siege on the Tobacco Industry* (New York: Delacorte Press, 2000), 106-09, 112-23 & 133-36.

（5）Philip J. Hilts, *Smokescreen: The Truth behind the Tobacco Industry Cover-up* (Reading, Mass.: Addison-Wesley Publishing Company, Inc., 1996), 123; Pringle, 77-78.

（6）Philip J. Hilts, "Lawsuits against Tobacco Companies May Be Consolidated," *New York Times*, November 6, 1994, 42.

（7）Engle v. R.J. Reynolds Tobacco Co., 672 So. 2d 39 (Fla. Dist. Ct. App. 1996), review denied, 682 So. 2d 1100 (Fla. 1996); Glenn Collins, "Class Suit on Tobacco Illness Can Go to Trial in Florida," *New York Times*, February 1, 1996, D4.

（8）一三年間「アメリカン航空会社」で客室乗務員として勤務し、一九八九年に肺ガンを発症させたノーマ・ブロイン（Norma Broin）を含む二五人が、ローゼンブラット夫妻を弁護士とし、自分たちと同じように受動喫煙によって健康を損ねたとする客室乗務員を代表して、大手タバコ会社六社に賠償を求めフロリダ州地方裁判所へ起こしたこの訴訟は、当初は集団訴訟として認められなかった。その後一九九四年三月に控訴裁判所によってその判断は覆されて、提訴から六年が経過した一九九七年七月になってようやく事実審理が開始されるようになった。この時点で数千人がこの訴訟へくわわることを表明していたが、裁判は急転直下和解で決着したのである。その内容は、被告であるフィリップ・モリス社などが、喫煙による健康被害とそれへの対応をさまざまな角度から検討する目的で、ブロインの名前を冠した研究施設を創設する費用として三億ドルを拠出するという以外に、多額の弁護士報酬を含む原告側の訴訟費用として四九〇〇万ドルを支払うことになった。しかし、客室乗務員へは個別の訴訟によって賠償金を手にする可能性は残されたものの、和解項目として賠償には言及されなかった。その背景として、集団訴訟の難しさ以外にも、そもそも客室乗務員が賠償を求める相手はタバコ会社ではなく、長年受動喫煙への対策を怠ってきた航空会社であるというタバコ業界の主張に一定の説得力があったことが考えられた。Mark Hansen, "Second-Hand Smoke Suit: Flight attendants blame tobacco companies for cancer, risk of illness," *American Bar Association Journal* 2 (February, 1992), 26; Glenn Collins, "Air Crews Can Sue on Smoke," *New York Times*, December 13, 1994, D1; John Schwartz, "Secondhand Smoke Trial Ends in Deal," *Washington Post*, October 11, 1997, A1 & A11; Myron Levin, "Tobacco Firms to Settle Flight Attendants' Suit," *Los Angeles Times*, October 11, 1997, A1 & A23.

（9）Allan M. Brandt, *The Cigarette Century: The Rise, Fall, and Deadly Persistence of the Product That Defined America* (New York: Basic Books, 2007), 409–10.

（10）R.J. Reynolds Tobacco Co. v. Engle, No. 94-08273 (Fla, 11th Cir. Ct. 2000); Barry Meier, "Tobacco Industry Loses First Phase of Broad Lawsuit," *New York Times*, July 8, 1999, A1; Gordon Fairclough and Milo Geyelin, "Tobacco Companies Rail against Verdict, Plan to Appeal $144.87 Billion Award," *Wall Street Journal*, July 17, 2000, A3.

（11）Barry Meier, "Jury Finds That Cigarettes Caused Smokers' Diseases," *New York Times*, April 8, 2000, A1.

（12）Melanie Warner, "Big Award on Tobacco Is Rejected by Court," *New York Times*, July 7, 2006; Melanie Warner, "Big Tobacco Wins Major U.S. Victory-Business-International Herald Tribune," *New York Times*, July 7, 2006.

(13) Saundra Torry, "Lawyers: Liability Lawyers Trying to Smoke out Tobacco Industry," *Washington Post*, May 30, 1994, E7.

(14) Jacob Sullum, *For Your Own Good: The Anti-Smoking Crusade and the Tyranny of Public Health* (New York: The Free Press, 1998), 203–04.

(15) Castano v. American Tobacco Co., 160 F. R. D. 544 (E. D. La. 1995); Kent Prince, "Lawsuit filed on behalf of nicotine-addicted," *Philadelphia Inquirer*, March 31, 1994, A17; Glenn Collins, "Legal Titans Square off in Big Tobacco Lawsuit," *New York Times*, December 15, 1994, D2; Maria Mallory, "These Days, Where There's Smoke, There's a Lawsuit," *Business Week*, June 6, 1994, 36; Michael H. Pinkerton, "Castano v. American Tobacco Company: America's Nicotine Plaintiffs Have No Class," *Louisiana Law Review* 58–2 (Winter 1998), 58.

(16) Castano v. American Tobacco Co., 84 F. 3d 734 (5th Cir. 1996); Rabin, "The Third Wave...," 185–89; Susan E. Kearns, "Decertification of Statewide Tobacco Class Actions," *New York University Law Review* 74 (November, 1999), 1347; David L. Hudson, Jr., *Smoking Bans* (Philadelphia: Chelsea House Publishers, 2004), 66–67.

(17) Milo Geyelin, "Judge Rejects Pennsylvania Tobacco Suit," *Wall Street Journal*, October 20, 1997, B12; Glenn Collins, "Huge Tobacco Lawsuit Is Thrown out on Appeal," *New York Times*, May 24, 1996, A1.

(18) Glenn Collins, "An Entrepreneur's High-Stakes Move," *New York Times*, March 21, 1997, A18; Rabin, "The Third Wave...," 189; Michael Orey, *Assuming the Risk: The Mavericks, the Lawyers, and the Whistle-Blowers Who Beat Big Tobacco* (Boston: Little, Brown and Company, 1999), 317.

(19) メディケイドは、ジョンソン政権下の一九六五年に実現した貧困層や障害者など社会的弱者への医療費補助制度で、現在費用は連邦政府と州政府によって分担されている。分担割合は州によって異なるが、ミシシッピ州のように財政状況が悪化している州では、七〇%程度を連邦政府が負担することもあった。Robert Pear, "U. S. Wants a Cut of Tobacco Settlements: Administration Seeks Medicaide Repayments from State Lawsuits," *New York Times*, November 19, 1997, A24; John Schwartz, "U. S. Wants Share of State Tobacco Deals," *Washington Post*, November 5, 1997, A19.

(20) Marth A. Derthick, *Up in Smoke: From Legislation to Litigation in Tobacco Politics* (Washington D. C.: CQ Press, 2002), 75; Pringle, 28–30.

(21) Donald W. Garner, "Cigarettes and Welfare Reform," *Emory Law Journal* 26 (Spring 1977), 272.

(22) Benjamin Weiser, "Tobacco's Trials," *Washington Post*, December 8, 1996, M15; Orey, 268.

(23) Brandt, 414.

(24) Junda Woo, "Mississippi Wants Tobacco Firms to Pay Its Cost of Treating Welfare Recipients," *Wall Street Journal*, May 24, 1994, A2.

(25) Michael Janofsky, "Mississippi Seeks Damages from Tobacco Companies: Compensation Sought for Medical Expenses," *New York Times*, May 24, 1994, A12.

(26) Kevin Sack, "Tobacco Industry's Dogged Nemesis," *New York Times*, April 6, 1997, 22.

(27) Stuart Eskenazi, "State's revenue from tobacco taxes exceeds estimated costs of illnesses," *Austin American Statesman*, May 21, 1996, A1. また、タバコ製品への課税によってすでに医療費を補塡しているという以外に、タバコ業界からの反論として公然と主張できないものもあった。それは、喫煙者は非喫煙者よりも相対的に若くして死亡する場合が多いため、その分メディケアなど高齢者医療費補助制度やそのほかの社会保障に必要な経費を節約できることによって、病気を発症した喫煙者の医療費補助が十分に相殺されるというものであった。Sullum, 214.

(28) このとき、リゲット・グループはカスタノ訴訟弁護団とも和解の交渉を始めたが、およそ二ヶ月後に、連邦第五控訴裁判所によって集団訴訟として認められていた地裁での判断が覆されたため和解は成立しなかった。

(29) John Schwartz, "A Maverick's Complaint: Liggett's LeBow Broke Tobacco's Ranks, But He Says the States Broke a Deal," *Washington Post*, July 24, 1997, E1.

(30) Tobacco Control Resource Center, Inc., "State Suit Summary," *The State Tobacco Information Center* 〈http://stic.neu.edu/summary.htm〉.

(31) もともと葉タバコは、「農作物」として扱われたため農務省が担当部局であった。喫煙が健康に悪影響をおよぼすと考えられるようになった頃から管轄を食品医薬品局（ＦＤＡ）に移して依存性薬物として扱われるべきという主張が、公衆衛生を司る政府機関とアメリカ・ガン協会やアメリカ肺協会などの反喫煙団体を中心になされるようになり、二〇世紀末にその声は一段と大きくなっていた。しかし、タバコ業界はもちろんそれには反対した。管轄部局に関しては、最終的に連邦最高裁判所が食品医薬品局への権限移管を認めない決定を二〇〇〇年にくだしている。Pringle, 32-33.

(32) Barry Meier, "Tobacco Deal Would Restrict Plaintiff Claims," *New York Times*, March 24, 1997, A1; Brandt, 416.
(33) Carrick Mollenkamp, Adam Levy, Joseph Menn, and Jeffrey Rothfeder, *The People v. Big Tobacco: How the States Took on the Cigarette Giants* (Princeton, N.J.: Bloomberg Press, 1998), 173-74 & 220.
(34) John M. Broder, "Major Concessions: Industry Would Pay for the Costs of Treating Smoking Diseases" and "The Over View: Cigarette Makers Reach $368 Billion Accord to Curb Lawsuits and Curtail Marketing," *New York Times*, June 21, 1997, A1 & A8.
(35) Jerry Gray, "Lawmakers Vows Close Scrutiny of Tobacco Pact," *New York Times*, June 21, 1997, A1; Sullum, 184.
(36) Barry Meier, "Cigarette Makers in a $368 Billion Accord to Curb Lawsuits and Curtail Marketing," *New York Times*, June 21, 1997, A1 & A8.
(37) Bill Pryor, "The Law Is at Risk in Tobacco Suits," *New York Times*, April 27, 1997, Sec. 4-15; Derthick, 164-65.
(38) John M. Broder, "Senator Seeks Tobacco Data," *New York Times*, July 17, 1997, A20.
(39) Zegart, 263; Brandt, 424-26; Michael Pertschuk, *Smoke in Their Eyes: Lessons in Movement Leadership from the Tobacco Wars* (Nashville, Tennessee: Vanderbilt Unversity Press, 2001), 50.
(40) John M. Broder and Barry Meier, "The Negotiators Raced to Reach A Tobacco Pact: Key Points Dealt with in Last Hours of Talks," *New York Times*, June 22, 1997, 1.
(41) 例えば一九九六年には、タバコ業界は連邦議会へのロビー活動費として二六〇〇万ドルを使用しており、そのかなりの部分をしめる献金に関しては、業界に厳しい対応をとっていた議員へも行われた。Charles Lewis and the Center for Public Integrity, *The Buying of the Congress: How Special Interests Have Stolen Your Right to Life, Liberty, and the Pursuit of Happiness* (New York: AVON Books, 1998), 62, 107 & 117; James Dao, "Tobacco's Contributions Reach Friend and Foe Alike: Most of Region's Candidates Get Donations," *New York Times*, May 3, 1998, 46; Jeffrey Taylor, "Big Tobacco's Lawyers Get a Jump in Congress," *Wall Street Journal*, July 10, 1997, A16; Barry Meier and Jill Abbamson, "Tobacco War's New Front: Lawyers Fight for Big Fees," *New York Times*, June 9, 1998, A1 & A14.
(42) Derthick, 119; C. Everett Koop, David C. Kessler, and George D. Lundberg, "Reinventing American Tobacco Policy: Sounding the Medical Community's Voice," *Journal of the American Medical Association* 279·7 (February, 1998), 550-52.

（43） Ibid., 551; David E. Rosenbaum, "Tobacco Bill on Edge as Partisan Fight Erupts in Senate," *New York Times*, June 5, 1998, A1.

（44） Brandt, 423; Barry Meier, "Cigarette Makers Agree to Settle Florida Lawsuit: State to Get $11.3 Billion: Companies Will also Finance Anti-Smoking Campaigns and Limit Billboard Ads," *New York Times*, August 26, 1997, A1. 一九九七年七月に成立したミシシッピ州との合意では和解金のみが交渉されたが、フロリダ州ではそれ以外にもいくつかの事項について議論された。その結果、子どもが通う学校から半径一〇〇〇フィート以内や公共の交通機関やその関連施設ではタバコ広告を行わないこと、子どもが近づく可能性のある場所に設置されているタバコの自動販売機を撤去すること、未成年者へ販売した業者への罰則強化にタバコ業界が協力すること、そして若者の喫煙量を減らすための啓蒙活動へ業界が二年間で合計二億ドルを拠出することなどが合意された。

（45） Peter H. Stone, "Tobacco CEOs Start Working the Hill," *National Journal*, March 21, 1998, 646.

（46） 包括的和解合意が発表されて以降、厚生省に属す「健康管理財務局」（the Health Care Financing Administration）から各州でメディケイド・プログラムを担当する職員宛に、タバコ業界から医療費を取りもどした場合、その一部は連邦政府へも支払われるべきことが、「社会保障法」（the Social Security Act）によって規定されている旨を知らせる書簡が送られている。しかし、最終的にマケイン法案が廃案となったり、州司法長官の多くがそのような書簡を否定的に見ていたため、連邦政府は独自に訴訟を起こすよう検討しはじめた。実際に、連邦司法省は一九九九年九月二二日に年間二五〇億ドルの賠償を求めて、大手タバコ会社とタバコ協会やタバコ研究協議会などの業界団体を含めた一一の組織を相手に、首都ワシントンの連邦地方裁判所に提訴した。このとき、喫煙が健康被害を引きおこすかも知れない点を知っていながらそれを公表しないどころか否定してきたこと、さらにニコチンの依存作用を否定したり含有量を操作してきたこと、未成年者を標的にした販売戦略をとってきたこと、技術や知識があったにもかかわらずより安全なタバコを製造しなかったこと、また消費者に安全なタバコと誤解させる低ニコチンや低タールの製品を積極的に売りだしたことなどに対する責任を、タバコ会社は負うべきとして訴えられた。Robert A. Kagan and William P. Nelson, "The Politics of Tobacco Regulation in the United States," in *Regulating Tobacco*, eds. Robert L. Rabin and Stephen D. Sugarman (New York and Oxford: Oxford University Press, 2001), 24-25; John Schwartz, "U. S. Wants Share...," A19; Sharon Y. Eubanks and Stanton A. Glantz, *Bad Acts: The Racketeering Case against the Tobacco Industry* (Washington D. C.: American Public Health Association Press,

2013), 24-26.

(47) David E. Rosenbaum, "Senate Is Offered Sweeping Measure to Fight Smoking," *New York Times*, March 31, 1998, A20.

(48) David E. Rosenbaum, "Cigarette Makers Quit Negotiations on Tobacco Bill: Vow an Advertising Push: Clinton Calls Move a Mistake—Some in Congress Call It an Industry Bluff," *New York Times*, April 9, 1998, A1; Pertschuk, 214.

(49) Barry Meier, "Tide Turns in the Tobacco Wars: Industry's New Gains in Court Give It an Edge in Settlement," *New York Times*, November 15, 1998, 24.

(50) Melinda Henneberger, "A Big Ad Campaign Helps Stall the Bill to Reduce Smoking," *New York Times*, May 22, 1998, A1.

(51) Pertschuk, 209-10 & 219.

(52) David E. Rosenbaum, "The Tobacco Bill: The Overview; Senate Drops Tobacco Bill With '98 Revival Unlikely; Clinton Lashes out at G.O.P." *New York Times*, June 18, 1998, A1.

(53) 当初はR・J・レイノルズ社とブラウン・アンド・ウィリアムソン社の二社だったが、後にフィリップ・モリス社とロリラード社もくわわった。また州に関しては、当初マサチューセッツ州も参加していたが、業界の非妥協的な姿勢に不満を抱いて離脱した。Milo Geyelin, "Tobacco Firms and States Discuss Dollar Figures, but Progress Little," *Wall Street Journal*, July 31, 1998; Barry Meier, "Talks Stall in Effort to Reach Tobacco Accord," *New York Times*, August 5, 1998, A14.

(54) Barry Meier, "Remaining States Approve the Pact on Tobacco Suits: Cigarette Producers Pledge to Sign $206 Billion Plan Monday," *New York Times*, November 21, 1998, A1 & A12.

(55) Ibid., A12; Ralph Nader, "Perspective on the Tobacco Settlement: Morlboro Man Still in the Saddle; The sweetheart deal will recover only about 36 cents on the dollar of Madicaid costs from smoking," *Los Angeles Times*, November 24, 1998, B7.

(56) Frank Phillips, "Bay State Drops out of Tobacco Pact Talks," *Boston Globe*, August 30, 1998, A1.

(57) Michael Givel and Stanton A. Glantz, "The 'Global Settlement' with the Tobacco Industry," *American Journal of Public Health* 94 (February, 2004), 218-24.

(58) 原告側弁護士の成功報酬があまりにも高額になることへの批判が起こり、メリーランド州では、引きさげを求めて州が弁護士を提訴する事例もあった。Daniel LeDue, "Angelos Says Md. Reneged on Tobacco Contract: Suit over Lawyer Fees Goes before a Judge," *Washington Post*, December 22, 1999, B1 & B5.

(59) Myron Levin, "States' Tobacco Settlement Has Failed to Clear the Air," *Los Angeles Times*, November 9, 2003, C1 & C4; Brandt, 435.

(60) このほかにも、例えばイリノイ州では財産税《プロパティ・タックス》の軽減措置の財源として、ノースダコタ州では食品管理システムの維持経費として、またミシガン州では公立学校で学ぶ学生への奨学金としてなど、多様な目的で和解金がそれぞれの州議会での承認をへて使用されていた。タバコ業界から支払われる和解金の使途については、「疾病管理予防センター」(the Centers for Disease Control and Prevention)が、全体の二〇%程度を禁煙補助や禁煙啓蒙活動など公衆衛生の改善を目的とした政策に使用することを求める指針を示していた。しかし、当初はそれに沿って和解金を使った州もいくつかあったものの、二一世紀になる頃には六州のみとなり、そのほか多くの州では一〇%以下に減少した。Craig Timberg, "Va.'s Share of Tobacco Funds offers Some Relief to Farmers," *Washington Post*, July 13, 2000, B7; Greg Winter, "State Officials Are Faulted on Anti-Tobacco Programs," *New York Times*, January 11, 2001, A28.

(61) Levin, "States' Tobacco Settlement...," C4.

(62) Barry Meier, "Cigarette Makers and States Draft a $206 Billion Deal: Curb on Marketing; Plan Would Settle Suits to Recover Costs for Medicaid Care," *New York Times*, November 14, 1998, A1.

終章　生きのこりをかけた戦い

長年にわたってアメリカ経済を支えてきたタバコ産業に関して、一九八〇年代にはその存続を危ぶむ記事が、『ビジネスウィーク』や『フォーチュン』などの一般誌にしばしば掲載された。第七章で述べたように、紙巻きタバコの喫煙が「社会基準」と考えられていた一九五〇年代、アメリカにおける成人男性の喫煙率は五〇％以上あったが、現在では二〇％程度になっており、特に一九八二年から一九九三年にかけては年率で平均一％ずつ減少した。しかし、「リゲット・アンド・マイヤーズ・タバコ会社」や「アメリカン・タバコ会社」などの事例が示すように、社名の変更や業界内の再編はあったものの、少なくともアメリカの大手タバコ会社が巨額の債務をかかえて倒産したという事例はない。

確かに、個々のタバコ会社は自らの存続のため、長年にわたって試行錯誤を繰りかえしながら、企業努力を積みかさねてきた。例えば、テレビやラジオによるコマーシャルが禁止されるなどさまざまな制約はあったものの、タバコ業界はほかの手段での広告費を年々増やしつづけることで、タバコ消費量の落ちこみを最小限にとどめようとした。一九八〇年代を通して、タバコ業界全体で毎年平均して二〇億ドル台の宣伝広告費を支出していたものが一九九八年には七四億ドル、そして二〇〇一年には一一四億ドルとその額は着実に増えていた(1)。

しかし、アメリカ社会に定着した国民の健康志向のもと、喫煙しないことが社会基準であるという考えかたが主流になってきたため喫煙率は低下しつづけており、それは例外的に喫煙率を伸ばしてきた未成年者の場合にも当てはまる。例えば、一九九七年に二四・六％あった高校三年生の喫煙率が、二〇〇二年には一六・九％までさがっている。それでも、国民七人が亡くなればそのうち一人は喫煙が関係する疾病によるものと言われ、「喫煙は回避できる最大の死亡原因である」と、歴代の公衆衛生局医務長官たちは繰りかえし発言してきた(2)。

国民の喫煙率が低下する状況に対処する手段として、アメリカのタバコ会社は二つの戦略を選択するようになったのである。それらは、タバコ製造に特化していた従来の事業形態をあらため、他業種に進出する多角化によってリスクの分散を図ること、そして販売量が落ちこんだ国内市場の代わりに海外市場を開拓して輸出を増やすというものであった。

アメリカの大手タバコ会社はおしなべてこれらの戦略を試みたのだが、特に積極的に取りくんだのが一九八〇年代の中頃に国内の紙巻きタバコ市場で約七〇％のシェアを分けあっていた業界第一位の「フィリップ・モリス・タバコ会社」と第二位の「R・J・レイノルズ・タバコ会社」であった。ここではまずフィリップ・モリス社の多角化について見てみたい。このタバコ会社は、国内で「マルボロ」の人気が高まっていた一九七一年に「ミラー・ビール社」を傘下において、タバコと同様にアルコール飲料の業界でも始まっていた国民の健康志向に合わせて、低カロリーの「ミラー・ライト」を売りこむことにある程度成功した。しかし、この商品は紙巻きタバコ市場でのマルボロのような、シェア二〇％を超える銘柄にはならなかった。当時、ビール業界には「アンハイザー・ブッシュ・ビール社」が製造する「バドワイザー」が君臨していたのである。

その後、フィリップ・モリス社は一九八〇年に清涼飲料水の「セブン・アップ」を買収したが、成果をだせないまま六年後に売却している。また一九八五年には、一二三〇億ドルの年間売りあげを誇る大手食品メーカーの「ゼネラル・フーズ社」——インスタントの「マクスウェル・コーヒー」などで日本でも知られた企業——、さらに一九八八年には、チーズで有名な「クラフト社」を傘下において食品業界へも乗りだした。フィリップ・モリス社は、それ以外にもコミュニティ開発を手がける不動産会社や企業への貸付を主な業務とするクレジット会社を経営して多角化を進めた。

その結果、以前はほぼ一〇〇%だった本業であるタバコ製造部門の総売りあげにしめる割合が、例えば一九八九年には四〇%へと減少した。ちなみに、この年食品製造部門は五一%、そしてビール製造部門は八%であった。しかし、ここで見落としてはならないのは、企業としての純益に関してであり、それでも紙巻きタバコが圧倒的に貢献していたという事実である。この年、食品とビールがこの会社の全利益のそれぞれ二二%と三%に貢献したが、マルボロ以外にも「ベンソン&ヘッジ」、「メリット」、「ヴァージニアスリム」などの紙巻きタバコが生みだす七二%には遠くおよばなかった。安価な葉タバコを使い、コンピュータ制御の機械化が進んだ工場において大量に製造される紙巻きタバコが、いかに収益率の高い商品であったのかを物語る数字であった(3)。

次にR・J・レイノルズ社の多角化について見てみたい。このタバコ会社は一九五〇年代の終わりにはタバコを包む銀紙（アルミ箔）を製造する企業を買収したり、一九六〇年代にはトマト・ケチャップで知られる「デルモンテ社」などいくつかの食品製造会社を傘下においたが大きな成果はえられなかった。さらに、R・J・レイノルズ社は一九六九年にコンテナ輸送会社の「シーランド・サーヴィス社」を買いとり、翌年には輸送用燃料を確保する目的もあって石油業界へも参入した。しかし、一九七九年に起こったイラン革命の余波を受けて、負債をかかえたままこれらの事業から撤退することを余儀なくされたのである。

その後R・J・レイノルズ社は、アルコール飲料の製造と流通に携わる「ヒューブレイン社」と「ケンタッキー・フライド・チキン」を買収したが、想定していたような結果はえられなかったため一九八六年にそれらを手放した。そして、ビスケットなどスナック菓子類を製造する「ナビスコ社」を新たに傘下におくことになった。ナビスコの買収によってようやく多角化が評価できる結果を生みはじめたため、当時の最高経営責任者F・ロス・ジョンソン（F. Ross Johnson）は社名を「R・J・レイノルズ・ナビスコ社」に変え、本社をタバコ産業の中心地であったノースカロライナ州ウィンストン・セーラム市からジョージア州アトランタ市へと移転させた。本社機能をこの南部の大都市へ移転させたのには、たんに経営戦略上有効であったというだけではなく、国民の多くから否定的に見られていたタバコ会社のイメージを、葉タバコの主要生産地であるノースカロライナ州から切りはなすことで少しでも良くしたいという思惑があったと考えられる。

このような多角化を受けて、一九八七年のR・J・レイノルズ・ナビスコ社による総売りあげにしめる「キャメル」、「ウィンストン」、「セーラム」、「ヴァンテージ」などを製造する紙巻きタバコ部門の割合は三六%にとどまった一方、食品部門は六四%になった。しかし、会社全体で生みだした利益を見てみると貢献度はここでも逆転してしまい、紙巻きタバコ部門が六五%をしめたのである。このように、大手タバコ会社二社による経営の多角化は、示した数字は多少異なっていたものの、これだけで会社の窮地を救うというところまでにはいたらなかったと考えられる(4)。

そこで注目されるのが、海外に販路を求めるという二つ目の戦略であった。そもそも、アメリカのタバコ会社が海外へ目をむけた歴史は古く、それは第一章で触れた「アメリカン・タバコ会社」を設立したジェームズ・デューク（James Duke）が、一九世紀末にイギリスのタバコ会社との合弁事業として中国への進出を図ったときまでさかのぼる。しかし、その後アメリカ国内における紙巻きタバコの需要増大があったことにくわえ、大恐慌や世界大戦をへたのちに起こった中国共産党による国有化政策などのため、アメリカのタバコ会社にとって海外市場は魅力的でありつづけたが、進出の動きは目立たないものになった。

ところが、「現代タバコ戦争」が国内で勃発すると状況は変化し、タバコ業界は海外市場へ再び熱いまなざしを向けるようになった。それは、まず地理的に近い中南米の国ぐにへ、その後アジアやアフリカなどの途上国市場へ、さらに東西冷戦が終わる頃に旧東側の国ぐにへ、それぞれ向けられるようになったのである。中国に関しても、鄧小平が掲げた「改革開放政策」のもとで、アメリカ製タバコの市場としてあらためて注目されるようになった。「フィリップ・モリス・アジア・タバコ会社」の副社長だったラネイ・スカル（Rene Scull）は、一九八五年に「世界最大の人口をかかえる」中国は最重要の海外市場である」と語っている。(5)

アメリカのタバコ会社が輸出に本腰を入れるようになるのは、今も触れたように国内の消費が落ちこみ、「現代タバコ戦争」が激しくなりはじめた時期であった。フィリップ・モリス社とR・J・レイノルズ社に業界第三位の「ブラウン・アンド・ウィリアムソン・タバコ会社」をくわえた上位三社は、一九八一年に「紙巻きタバコ輸出協会」（the Cigarette Export Association）を組織して、海外市場におけるアメリカ製タバコの販売を促進するために協力することになった。(6)

確かに、輸出の拡大は市場開拓を率先して行ったタバコ会社自身による努力の結果だったという点は否定できない。そもそも、発展途上の国ぐにでは内戦やテロなどが頻発しているところもあり、治安維持に問題をかかえて秩序が安定していなかった。また、そのような国の多くでは、感染症や栄養不良などさまざまな理由で国民の平均寿命が短かったため、一世紀ほど前のアメリカがそうであったように、タバコによる健康被害を訴える公衆衛生のアピールが真剣に受けとめられる状況にはなかった。したがって、そこではほとんど規制されることもなく、アメリカのタバコ会社は自由に広告や宣伝活動を行えたし、政府の高官たちとは私的な関係を築きやすかったため、自社のブランドを浸透させるのは比較的容易であった。(7)

その一方で、タバコ会社の努力だけでは市場の獲得が困難な国も少なくなかったが、それらの多くはかつての日本のようにタバコの専売制をとっていたり、公衆衛生を優先させる指導者がいる国であった。タバコ会社が、そのような国ぐにの市場へ積極的に進出を図ったのは、人、物、金の国境を越える流れが急速に進んだいわゆるグローバル化の波が大きくなった時期であり、この動きは言うまでもなくタバコ会社にとって追い風となった。世界は輸入制限や関税や補助金制度などの障壁をなくして、究極的には自由貿易制度の確立へむけて進むべきであるという考えかたが、多国籍企業を数多く輩出していた先進国を中心に主張されるようになっていた。この考えかたを基本的に後押しするアメリカ政府も、自国が製造したタバコを含むさまざまな製品のために市場を開放するよう、しばしば外国政府に圧力をかけた。

アメリカの連邦議会は「一九七四年通商法」(the Trade Act of 1974) を成立させたが、その三〇一条は貿易相手国が不公正な取引慣行と考えられるものによってアメリカ製品を締めだそうとする事例があれば、「アメリカ通商代表部」(the U.S. Trade Representative) へ訴えでることを認めており、もしそれが「不公正」と判断された場合、政府は制裁をちらつかせながら相手国と交渉を行うようになった。こうして、一九八五年に紙巻きタバコ輸出協会は、市場が閉鎖的と思われたいくつかの国をあげて政府に支援を求めたのである。それを受けて当時通商代表だったクレイトン・ユーター (Clayton Yeutter 日本では「ヤイター」と発音された) は、国務省、農務省、商務省、労働省、財務省など関係する中央官庁の担当者を集めて対応策を議論するための協議会を開催したが、厚生省には声がかからなかった。このとき、タバコ業界からも役員が参加していたが、彼らの多くはロナルド・レーガン (Ronald Reagan) 政権で役職についていた元政府高官で、当時はタバコ会社の役員を務めていた。ちなみに、ユーターは、その後一九八九年にジョージ・ブッシュ (George Bush) 政権で農務長官を務めたのち、「ブリティッシュ・アメリカン・タバコ会社」の理事になっている。

この協議会において、日本、台湾、韓国、そしてタイに対してアメリカ製のタバコ製品に市場を開放するよう圧力をかけることが決定された。日本に関してだが、一九八五年にタバコの専売制度は廃止されたものの高率の輸入関税がタバコ製品にかけられており、アメリカ政府はその撤廃を迫った。当時、日米間には自動車をはじめとしてほかの分野でも摩擦が起こっていたが、それらの分野での解決を優先させるべく時間稼ぎをする必要があったため、日本政府は一九八六年にタバコにかけていた二〇％を超える関税を撤廃する方向で同意したのである。ちなみに、専売制度廃止後に誕生した「日本たばこ産業株式会社」（ＪＴ）は、一九九九年にＲ・Ｊ・レイノルズ社の海外販売部門を買収しており、これはタバコ市場のグローバル化の一例として注目された。

日本につづいて、台湾や韓国もタバコへ課していた輸入関税の大幅な引きさげに同意しており、その結果二年間でアメリカのタバコ会社はこれらの国ぐにでの売りあげを一〇％以上伸ばすことができた。しかし、当時専売制度をとっていたタイは、日本と同様に対米貿易の黒字額が大きかったため、アメリカ政府から大きな圧力がかけられていた。それにもかかわらず、タバコ国営企業による専売制度の維持や公衆衛生を優先させるべきと考える勢力が、アメリカによる経済制裁を恐れる財務や商務の政府機関よりも有力だったため、すぐには圧力に屈しなかった。一九八九年にユーターの後任となったカーラ・ヒルズ（Carla Hills）は、タイへは経済制裁をちらつかせて強引に市場開放を迫るのではなく、「関税と貿易に関する一般協定」（the General Agreement on Tariffs and Trade＝ＧＡＴＴ）に提訴することを選択した。ＧＡＴＴは、公衆衛生を無視してはいないとアピールするために、「世界保健機関」（the World Health Organization）にも意見を求めるなどしたが、最終的にアメリカ政府の申したてを認めて、タイ政府に市場開放を促す裁定をくだしたのである。

このように、アメリカの紙巻きタバコ業界は自らの企業努力と政府の後押しによって、海外市場への進出を加速させていった。その結果、例えば一九七五年から一九九四年にかけてアメリカ国内での紙巻きタバコの販売本数が六〇七二億本から四八五〇億本へと二〇％以上減少したにもかかわらず、この期間中に製造量は反対に増加している。このとき、フィリップ・モリス社とR・J・レイノルズ社にブラウン・アンド・ウィリアムソン社をくわえた上位三社による紙巻きタバコの輸出量は五〇〇億本から二二〇〇億本へと増えたため、国内販売の減少量をはるかに上回る量を海外市場で販売したことになる。(8) したがって、アメリカのタバコ業界はこの時期に「衰退」どころか「成長」していたとさえ言えよう。

このような状況は、アメリカのタバコ業界にとっては好ましいことかも知れないが、地球全体、とりわけタバコを大量に輸入して国民の喫煙率が上昇した途上国にとって、必ずしも歓迎されるべきものではなかった。喫煙が主な原因と考えられた肺ガンによる死亡者は、二一世紀への転換期には先進国と途上国で割合はほぼ同じであったが、二〇三〇年頃には後者が七〇%をしめるようになるという予測があり、世界保健機関もこの問題へ敏感に反応している。(9)

二〇〇三年五月に開催された世界保健機関の総会において、地球規模でタバコの消費量を減らすことを目的とした「タバコ規制枠組条約」(the Framework Convention on Tobacco Control) が採択され、二〇〇五年二月二七日にこの条約は発効した。二〇一一年五月の時点で一七二ヶ国が締約国になっており、それらの国にはさまざまな「行動」が求められている。その行動として、例えば増税などによってタバコ価格を引きあげること、公共の場所で禁煙措置をとること、「低タール」、「ライト」、「マイルド」など誤解を生む可能性のある文言を製品名や宣伝から排除すること、喫煙による健康被害の可能性を広く国民に啓蒙すること、スポーツ・イベントの後援を含むタバコ広告を規制もしくは禁止すること、などが含まれている。ただし、この条約で求められている措置はあくまでも「努力目標」であり、違反したからといって罰則はないため、その実施が締約国それぞれの国内事情によって異なる状況は避けられなかった。

実際、今あげたようなタバコ規制が進んでいる先進国の一つアメリカでも、いまだ成人の二〇%に近い人たちが喫煙をしている。ましてや、広告や販売などがあまり規制されていない多くの途上国では、たとえタバコ規制枠組条約の締約国になっていたとしても、喫煙率を下げるのは容易なことではない。最近、アジアのある国で二歳の男の子が父親が渡した火のついたタバコを、まるで玩具と戯れているかのようにふかしつづけている姿がインターネット上に流されて話題になったが、このような動画を見ると、途上国で喫煙率を下げることの困難さを痛感させられる。いずれにしても、タバコのグローバル化が人間の健康という重要な問題を、おきざりにしながら進められようとしている点を忘れてはならない。

註

（1）Allan M. Brandt, *The Cigarette Century: The Rise, Fall, and Deadly Persistence of the Product That Defined America* (New York: Basic Books, 2007), 433.

（2）Myron Levin, "States' Tobacco Settlement Has Failed to Clear the Air," *Los Angeles Times*, November 9, 2003. また、「喫煙は回避できる最大の死亡原因である」という文言は、歴代の公衆衛生局医務長官によって公表されてきた報告書のなかで繰りかえし使われている。

（3）Richard McGowan, *Business, Politics, and Cigarettes: Multiple Levels, Multiple Agendas* (Westport, Conn.: Quorum Books, 1995), 24-27 & 39; Philip Morris, Inc., *Annual Report* (1987 & 1989).

（4）McGowan, 27-30 & 42-44; R.J.R. Nabisco, *Annual Report* (1987).

（5）Rene Scull, "Bright Future Predicted for Asia Pacific," *World Tobacco* 94 (1986), 35.

（6）Brandt, 459.

（7）Robert E. Goodin, *No Smoking: The Ethical Issues* (Chicago: The University of Chicago Press, 1989), 116.

（8）Brandt, 450.

（9）Judith Mackay and Michael Eriksen, *The Tobacco Atlas* (Geneva: World Health Orgnization, 2002).

あとがき

筆者が、酒類の規制からタバコの規制へと研究テーマを変えて十数年が経過した。退職まで一年を残して、ようやくこのテーマで行ってきた研究を一冊の本にまとめることができ、一つの区切りがついた。本書を構成する九章のうち七章は、以下に示すようにすでに発表した論文だが、残りの二章は未発表である。また、発表した論文もこのたび一貫した構想のもとで大幅に加筆修正している。

第一章　初期反紙巻きタバコ運動――社会文化的秩序の維持をめざして――

「アメリカ合衆国における初期反タバコ運動――社会文化的秩序の維持をめざして――」（『地域文化研究』第三〇巻、二〇〇四年、五一-八一ページ）

「二〇世紀への転換期アメリカにおける州紙巻きタバコ販売等禁止法――その成立と廃止の背景――」（『中・四国アメリカ研究』第六号、二〇一三年、七五-一〇三ページ）

第一章は、以上の二編の論文に修正をくわえながら一つにまとめたもの。

第二章　女性によるタバコ使用

「アメリカ合衆国における女性によるタバコ使用とジェンダー領域の関係史」（『中・四国アメリカ研究』

第三号、二〇〇七年、九五―一一五ページ）

第三章　紙巻きタバコの流行と広告――大衆消費社会の出現を背景として――

「アメリカにおける紙巻きタバコの流行と広告の関係史――大衆消費社会の出現を背景として――」（『中・四国アメリカ研究』第五号、二〇一一年、五九―八三ページ）

第四章　健康に関するタバコ言説の変遷

「アメリカにおける健康に関するタバコ言説の変遷――一八世紀末から『一九六四年医務長官報告書』まで――」（『中・四国アメリカ研究』第四号、二〇〇九年、八九―一一二ページ）

第五章　「連邦紙巻きタバコ表示広告法」の成立をめぐる攻防

「『一九六五年連邦紙巻きタバコ表示広告法』の成立過程とタバコ業界の戦略」（『文明科学研究』第五巻、二〇一〇年、一―一九ページ）

第六章　「現代タバコ戦争」の転換点としての一九八〇年代――ニコチンの依存性と受動喫煙の危険性――

「アメリカ合衆国における『現代タバコ戦争』の転換点としての一九八〇年代――ニコチンの依存性と受動喫煙の危険性に関する史的考察――」（『文明科学研究』第八巻、二〇一三年、一―一八ページ）

第七章　喫煙の政治問題化――タバコ増税と「屋内清浄空気法」――

第一節と第二節は書きおろし。第三節から第五節までは、「二〇世紀第四期四半世紀のアメリカ合衆国における喫煙の政治問題化――公共空間での喫煙規制を中心に――」(『中・四国アメリカ研究』第七号、二〇一五年、一一五-一四二ページ)

第八章 「現代タバコ戦争」における個人訴訟(書きおろし)

第九章 集団訴訟と医療費求償訴訟(書きおろし)

本書が出版されるにあたり、米国シアトル市にあるワシントン大学の教授でアメリカ北西部地域史の研究者ジョン・フィンドレー先生と、すでに同大学を退職されているキャサンドラ・テイト先生にまず感謝したい。お二人には、筆者が三回にわたって同大学の図書館などで史料の収集をさせていただいたおりにさまざまな面でお世話になった。テイト先生が書かれた *Cigarette Wars: The Triumph of "The Little White Slaver"* は、初期反タバコ運動を詳細に分析したもので、彼女からいただいた史料や情報は、とりわけ第一章を書くうえで大変参考になるものであった。さらに、同大学図書館のライブラリアン、テレサ・ミュードロックさんから史料を探すうえで貴重な助言をいただき、その結果として期待していた以上の成果をあげられたことにお礼を申しあげたい。

化学や法学の専門知識に乏しい筆者に適切な助言をしてくださった、広島大学の同僚坂田省吾先生と横藤田誠先生にも感謝したい。また、筆者を研究者への道に導いてくださった方々、特に同志社大学の学生時代にお世話になった恩師故濵田清夫先生、同大学の名誉教授で敬和学園大学の元学長北垣宗治先生、筑波大学名誉教授の明石紀雄先生、さらにマサチューセッツ州での留学生時代にご指導いただいたブランダイス大学の故マーヴィン・マイヤーズ先生と、ボストン・カレッジの故ジャネット・ジェームズ先生には、あらためて心よりお礼を申しあげたい。

また、本書の出版にあたりいろいろと便宜を図ったり、編集の面でも貴重な提案をしてくださった、ミネルヴァ書房の涌井格氏へ謝意を表したい。

最後に、長年にわたって筆者の教育および研究活動を支えてくれた妻とし子へ、感謝の気持ちを表すことをご容赦いただきたい。

二〇一六年三月二五日

岡本　勝

《著者紹介》

岡本　勝（おかもと・まさる）

1951年　神戸市生まれ
1975年　同志社大学文学部卒業
1979年　ボストン・カレッジ大学院修士課程（アメリカ研究）修了
1981年　ブランダイス大学大学院博士課程（アメリカ史）中退
現　在　広島大学大学院総合科学研究科教授
専　攻　アメリカ研究
主　著　『アメリカ禁酒運動の軌跡——植民地時代から全国禁酒法まで——』ミネルヴァ書房，1994年。
『禁酒法——「酒のない社会」の実験——』講談社現代新書，1996年。
ほか

アメリカにおけるタバコ戦争の軌跡
——文化と健康をめぐる論争——

2016年5月20日　初版第1刷発行　〈検印省略〉

定価はカバーに
表示しています

著　者　岡　本　　勝
発行者　杉　田　啓　三
印刷者　坂　本　喜　杏

発行所　株式会社　ミネルヴァ書房
607-8494　京都市山科区日ノ岡堤谷町1
電話代表　(075)581-5191
振替口座　01020-0-8076

冨山房インターナショナル・兼文堂

ISBN 978-4-623-07573-7
Printed in Japan

人名索引

あ 行

か 行

さ　行

た　行

な　行

は　行

ま　行

や　行

ら 行

わ 行

事項索引

あ 行

か行

さ　行

た　行

な　行

は　行

ま　行

や　行

ら　行

わ　行

主要参考文献

[一次史料]

自伝，小説，エッセー，機関誌（紙），公的機関報告書，議事録，裁判記録など

[1] Allen, Frederick. *Only Yesterday: An Informal History of the Nineteen-Twenties.* New York: Harper & Row, Publishers, 1957.

[2] American Council on Science and Health. *Cigarettes: What the Warning Label Doesn't Tell You.* New York: Prometheus Books, 1997.

[3] Anti-Cigarette International League. *First Annual Report.* Chicago, 1921.

[4] Bellamy, Edward. *Looking Backward 2000–1887.* New York: The New England Library, Ltd., 1960.

[5] Benjamin N. Duke Papers. Durham, N. C.

[6] California Department of Health Services. "Eliminating Smoking in Bars, Taverns and Gaming Clubs: The California Smoke-Free Workplace Act," 2001.

[7] Carter v. Brown & Williamson Tobacco Co., 723 So. 2d 833 (Fla App. 1998) and 778 So. 2d 932 (Fla. 2000).

[8] Cipollone v. Ligette Group, Inc., 683 F. Supp. 1487, 1490 (D. N. J. 1988).

[9] Committee on Passive Smoking Board on Environmental Studies and National Research Council. *Environmental Tobacco Smoke: Measuring Exposures and Assessing Health Effects.* Washington D. C.: National Academy Press, 1986.

[10] Cooper v. R. J. Reynolds Tobacco Co., 158 F. Supp. 22, 25 (D. Mass. 1957).

[11] Edwards, Justin. *Letters to the Friends of Temperance in Massachusetts.* Boston: Perkins & Marvin Co., 1836.

[12] Fitzgerald, F. S. *Flappers and Philosophers.* New York: Charles Scribner's Sons, 1920.

[13] Ford, Henry. *The Case against the Little White Slaver.* Detroit: Henry Ford, 1914.

[14] Haywood, William D. *Bill Haywood's Book: The Autobiography of William D. Haywood.* New York: International Publishers, 1929.

[15] Illinois, 38th General Assembly. S. B. 310, 1893; H. B. 185, 1895; S. B. 245& 138, 1897.

[16] Lartigue v. R. J. Reynolds Tobacco Co., 317 F. 2d 19, 39 (5th Cir. 1963).

[17] Lewis, Sinclair. *Arrowsmith.* New York: Harcourt, Brace & World, Inc., 1925.

[18] Longworth, Alice R. *Crowded Hours: Reminiscences of Alice Roosevelt Longworth.* New York: Charles Scribner's Sons, 1933.

[19] National Cancer Institute (HHS). *State and Local Legislative Action to Reduce Tobacco Use.* Bethesda, Md.: Department of Health and Human Services, 2000.

[20] Pritchard v. Liggett & Myers Tobacco Co., 295 F. 2d 292 (3d Cir. 1961), 350 F. 2d 479 (3d Cir. 1965), 370 F. 2d 95 (3d Cir. 1966).

[21] The United Cigar Stores. *Tobacco.*

[22] Trask, George. "Annual Report of the American Anti-Tobacco Society." *Anti-Tobacco Tract.* Fitchburg, Mass., 1866.

[23] ———. "Circular." *Anti-Tobacco Tract.* Fitchburg, Mass., 1866.

[24] ———. "The Young Tobacco-chewer Cured." *Anti-Tobacco Tract.* Fitchburg, Mass., 1866.

[25] ———. *Letters on Tobacco for American Lads: Uncle Toby's Anti-Tobacco Advice to His Nephew Billy Bruce.* Fitchburg, Mass., 1860.

[26] U. S. Bureau of Corporations. *Report of the Commissioner of Corporations on the Tobacco Industry* III. 1915.

[27] U. S. Department of Health, Education and Welfare. *Vital Statistics of the United States* II. Washington D. C.: Public Health Service, 1954.

[28] ———. *Smoking and Health: Report of the Advisory Committee to the Surgeon General of the Public Health Service.* Washington D. C.: U. S. Government Printing Office, 1964.

[29] ———. *The Health Consequences of Smoking.* Washington D. C.: U. S. Government Printing Office, 1972.

[30] U. S. Department of Health and Human Services. *The Health Consequences of Involuntary Smoking: A Report of the Surgeon General.* Washington D. C.: U. S. Government Printing Office, 1986.

[31] ———. *The Health Consequences of Smoking: Nicotine Addiction: A Report of the Surgeon General.* Washington D. C.: U. S. Government Printing Office, 1988.

[32] ———. *Reducing the Health Consequences of Smoking: 25 Years of Progress: A Report of the Surgeon General 1989 Executive Summary.* Washington D. C.: H. H. S., 1989.

[33] ———. *Reducing Tobacco Use: A Report of the Surgeon General.* Atlanta: H. H. S., 2000.

[34] U. S. Environmental Protection Agency, *Respiratory Health Effects of Passive Smoking: Lung Cancer and Other Disorders*. Washington D. C.: Environmental Protection Agency, 1992.

[35] White, Ellen G. *Temperance: As Set forth in the Writings of Elllen G. White*. Mountain View, Cal.: Pacific Press Publishing Association, 1949.

[36] Willard, Frances. *Glimpses of Fifty Years: The Autobiography of an American Woman*. Chicago: H. J. Smith & Co., 1889.

[37] William B. Austin v. State of Tennessee, 179 US 343 (1900).

[38] Woman's Christian Temperance Union. *WCTU Annual Meeting Minutes*. Chicago, 1891.

[39] ———. *Union Signal*. Chicago, 1896 & 1899.

[40] World Health Organization. *The World Health Report*. WHO, 1999.

新聞，雑誌

[1] *American Fork Citizen*. Utah.

[2] *American Heritage Magazine*.

[3] *Atlanta Journal-Constitution*. Georgia.

[4] *Austin American Statesman*. Texas.

[5] *Boston Globe*. Massachusetts.

[6] *Bourbon News*. Kentucky.

[7] *Brownsville Daily Herald*. Tennessee.

[8] *Business Week*.

[9] *Christian Century*. Illinois.

[10] *Christian Science Monitor*. Massachusetts.

[11] *Colville Examiner*. Washington.

[12] *Consumer Reports*.

[13] *Deseret News*. Utah.

[14] *Economist*.

[15] *Florida Times Union*. Florida.

[16] *Hartford Republican*. Kentucky.

[17] *Holt County Sentinel*. Tennessee.

[18] *Jersey Journal*. New Jersey.

[19] *Life*.

[20] *Literary Digest*.

[21] *Los Angeles Times*. California.

[22] *New York Journal-American.* New York.
[23] *New York Sun.* New York.
[24] *New York Times.* New York.
[25] *New York (Daily) Tribune.* New York.
[26] *Ogden Standard-Examiner.* Kansas.
[27] *Oklahoma Miner.* Oklahoma.
[28] *Philadelphia Inquirer.* Pennsylvania.
[29] *Reader's Digest.*
[30] *Reno Evening Gazette.* Nevada.
[31] *San Diego Union-Tribune.* California.
[32] *San Francisco Call.* California.
[33] *San Francisco Chronicle.* California.
[34] *Scranton Tribune.* Pennsylvania.
[35] *Seattle Daily Times.* Washington.
[36] *St. Paul Daily Globe.* Minnesota.
[37] *St. Petersburg Times.* Florida.
[38] *Tacoma Times.* Washington.
[39] *Time.*
[40] *Toronto Star.* Ontario, Canada.
[41] *Wall Street Journal.* New York.
[42] *Washington Post.* Washington D. C.
[43] *Wichita Daily Eagle.* Kansas.
[44] *Yakima Herald.* Washington.

[二次史料]

[1] Albertson, Dean. "Puritan Liquor in the Planting of New England." *New England Quarterly* 23 (1950): 477-490.
[2] Allwright, Shane. "The Impact of Banning Smoking in Workplaces: What are the Early Effects?" *Applied Health Economics and Health Policy* 6 (2008): 81-92.
[3] Alston, Lee J., Ruth Dupre, and Thomas Nonnenmacher. "Social Reformers and Regulation: The Prohibition of Cigarettes in the United States and Canada." *Explorations in Economic History* 39 (2002): 425-445.
[4] American Medical Association, ed. "The Advertising of Cigarettes." *Journal of the American Medical Association* 138 (1948): 652-653.

[5] Axe-Lute, Paul. "Legislation against Smoking Pollution." *Boston College Environmental Affairs Law Review* 6 (1978): 345-371.

[6] Bader, Robert S. *Prohibition in Kansas: A History*. Lawrence, Kansas: The University Press of Kansas, 1986.

[7] Barr, Andrew. *Drink: A Social History of America*. New York: Carroll & Graf Publishers, Inc., 1999.

[8] Bayer, Ronald, and James Colgrove. "Children and Bystanders First: The Ethics and Politics of Tobacco Control in the United States." In Eric A. Feldman and Ronald Bayer, eds. *Unfiltered: Conflicts over Tobacco Policy and Public Health*. Cambridge, Mass.: Harvard University Press, 2004.

[9] Beese, D. H., ed. *Tobacco Consumption in Various Countries*. London: Tobacco Research Council, 1968.

[10] Beltramini, Richard F. "Perceived Believablility of Warning Label Information Presented in Cigarette Advertising." *Journal of Advertising* 17 (1988): 26-32.

[11] Bernard, Joel C. "From Theodicy to Ideology: The Origins of the American Temperance Movement." Diss. Yale University, 1983.

[12] Bialous, Stella A., and Stanton A. Glantz. *Tobacco Control in Arizona, 1973-1997*. San Francisco: Center for Tobacco Control Research and Education, UC San Francisco, 1997.

[13] Biener, Lois, et al. "Impact of Smoking Cessation Aids and Mass Media among Recent Quitters." *American Journal of Preventive Medicine* 30 (2006): 217-224.

[14] Blasi, Vincent, and Henry Monaghan. "The First Amendment and Cigarette Advertising." *Journal of the American Medical Association* 256 (1986): 502-509.

[15] Blendon, Robert J., and John T. Young. "The Public and the Comprehensive Tobacco Bill." *Journal of the American Medical Association* 280 (1998): 1279-1284.

[16] Bordin, Ruth. *Woman and Temperance: The Quest for Power and Liberty, 1873-1900*. Philadelphia: Temple University Press, 1981.

[17] Brandt, Allan M. *The Cigarette Century: The Rise, Fall, and Deadly Persistence of Product That Defined America*. New York: Basic Books, 2007.

[18] ———. "Engineering Consumer Confidence in the Twentieth Century." In Sander L. Gilman and Zhou Xun, eds. *Smoke: A Global History of Smoking*. London: Reaktin Book, Ltd., 2004.

[19] ———. "The Cigarette, Risk, and the American Culture." *Journal of the Amarican Academy of Arts and Sciences* (Fall 1990): 155-176.

[20] ———. "Up in Smoke: How Cigarettes Came to be a Controlled Substance." *Magazine of History* 6 (1991): 22-24.

[21] Breslow, Lester, and Michael Johnson. "California's Proposition 99 on Tobacco, and Its Impact." *Annual Review of Public Health* 14 (1993): 585-604.

[22] Brinkley, Alan, et al. *American History: A Survey*. New York: McGraw-Hill, Inc., 1991.

[23] Brownson, Ross C., et al. "Environmental Tobacco Smoke: Health Effects and Policies to Reduce Exposure." *Annual Review of Public Health* 18 (1997): 163-185.

[24] Burnett, Leo. "The Marlboro Story: How One of America's Most Popular Filter Cigarettes Got That Way." *New Yorker* (November, 1958): 41-43.

[25] Burnham, John C. *Bad Habits: Drinking, Smoking, Taking Drugs, Gambling, Sexual Misbehavior, and Swearing in American History*. New York: New York University Press, 1993.

[26] Carlsen, Robert C. "Common Law Claims Challenging Adequacy of Cigarette Warnings Preempted under the Federal Cigarette Labeling and Advertising Act of 1965: Cipollone v. Liggett Group, Inc." *St. John's Law Review* 60 (Summer 1986): 754-769.

[27] Chaloupka, Frank. "Clean Indoor Air Laws, Addiction and Cigarette Smoking." *Applied Economics* 24 (1992): 193-205.

[28] ———, et al. "Tax, Price and Cigarette Smoking: Evidence from the Tobacco Documents and Implications for Tobacco Company Marketing Strategies." *Tobacco Control* 11 (2002): i62-i72.

[29] Ciresi, Michael, Roberta B. Walburn, and Tara D. Sutton. "Decades of Deceit: Document Discovery in the Minnesota Tobacco Litigation." *William Mitchell Law Review* 25 (1999): 477-566.

[30] Coben, Stanley. *Rebellion against Victorianism: The Impetus for Cultural Change in 1920s America*. New York and Oxford: Oxford University Press, 1991.

[31] Coller, et al. "Evaluating the Tobacco Settlement Damage Awards: Too Much or Not Enough?" *American Journal of Public Health* 92 (2002): 984-989.

[32] Cooper, Patricia A. *Once a Cigar Maker: Men, Women, and Work Culture in American Cigar Factories, 1900-1919*. Chicago: University of Chicago Press, 1987.

[33] Cox, Reavis. *Competition in the American Tobacco Industry 1911-1932: A*

Study of the Effects of the Partition of the American Tobacco Company by the United States Supreme Court. New York: AMS Press, 1968.

[34] Cupp, Richard L., Jr. "A Morality Play's Third Act: Revisiting Addiction, Fraud and Consumer Choice in 'Third Wave' Tobacco Litigation." *Kansas Law Review* 46 (1998): 465-506.

[35] Dale, Edgar. *The Content of Motion Pictures*. New York: Macmillan Company, 1935.

[36] Degler, Carl N. *At Odds: Women and the Family in America from the Revolution to the Present*. New York and Oxford: Oxford University Press, 1980.

[37] Derthick, Martha A. *Up in Smoke: From Legislation to Litigation in Tobacco Politics*. Washington D. C.: CQ Press, 2002.

[38] Dillow, Gordon L. "Thank You for not Smoking: The Hundred-Year War against the Cigarette." *American Heritage Magazine* 32 (1981): 94-107.

[39] Douglas, Clifford E., Ronald M. Davis, and John K. Beasley. "Epidemiology of the Third Wave of Tobacco Litigation in the United States, 1994-2005." *Tobacco Control* 15 (2006): iv9-iv16.

[40] Drew, Elizabeth B. "The Quiet Victory of the Cigarette Lobby: How It Found the Best Filter Yet—Congress." *The Atlantic Monthly*, 1965.

[41] Drope, J., and S. Chapman. "Tobacco Industry Efforts at Discrediting Scientific Knowledge of Environmental Tobacco Smoke: A Review of Internal Industry Documents." *Journal of Epidemiology and Community Health* 55 (2001): 588-594.

[42] Durden, Robert F. *The Dukes of Durham, 1865-1929*. Durham, N. C.: Duke University Press, 1975.

[43] Earle, Alice M. *Stage-Coach and Tavern Days*. New York: Macmillan Company, 1900.

[44] Edell, Marc Z. "Cigarette Litigation: The Second Wave." *Tort & Insurance Law Journal* XXII (Fall 1986): 90-103.

[45] Ehringhause, J. C. B., Jr. "Some Legal Aspects of the Smoking-and-Health Controversy." In William R. Finger, ed. *The Tobacco Industry in Transition: Policies for the 1980s*. Lexington, Mass.: Lexington Books, 1981.

[46] Emont, Seth L., et al. "Clean indoor air legislation, taxation, and smoking behaviour in the United States: an ecological analysis." *Tobacco Control* 2 (1992): 13-17.

[47] Eriksen, Michael P., and Rebecca L. Cerak. "The Diffusion and Impact of Clean Indoor Air Laws." *Annual Review of Public Health* 29 (2008): 171-185.

[48] Eubanks, Sharon Y., and Stanton A. Glnatz. *Bad Acts: The Racketeering Case against the Tobacco Industry*. Washington D.C.: American Public Health Association Press, 2013.

[49] Farrelly, M. C., and J. W. Bray. "Response to Increases in Cigarette Prices by Race/Ethnicity, Income, and Age Groups—United States, 1976-1993." *Morbidity and Morality Weekly Report* 47 (1998): 605-628.

[50] Fass, Paula S. *The Damned and the Beautiful: American Youth in the 1920's*. New York and Oxford: Oxford University Press, 1977.

[51] Ferrence, Roberta G. *Deadly Fashion: The Rise and Fall of Cigarette Smoking in the North America*. New York: Garland Publishing, Inc., 1990.

[52] Fielding, Johnathan E. "Smoking Control at the Workplace." *Annual Review of Public Health* 12 (1991): 209-234.

[53] Fingarette, Herbert. "Addiction and Criminal Responsibility." *Yale Law Journal* 84 (1975): 413-444.

[54] Foote, Emerson. *Smoking and Health Newsletter*. Bethesda, Md.: The National Interagency Council on Smoking and Health, 1965.

[55] Foster, Gaines M. *Moral Reconstruction: Christian Lobbyists and the Federal Legislation of Morality, 1865-1920*. Chapel Hill, N. C.: The University of North Carolina Press, 2002.

[56] Fox, Stephen. *The Mirror Makers: A History of American Advertising & Its Creators*. Chicago: University of Illinois Press, 1997.

[57] Fragnoli, Raymond R. *The Transformation of Reform: Progressivism in Detroit—And After, 1912-1933*. New York: Garland Publishing, Inc., 1982.

[58] Fritschler, Lee A. *Smoking and Politics: Policymaking and the Federal Bureaucracy*. Englewood Cliffs, N. J.: Prentice-Hall, Inc., 1983.

[59] Gardner, Nartha N., and Allan Brandt. "The Doctors' Choice is America's Choice: The Physician in US Cigarette Advertisements, 1930-1953." *American Journal of Public Health* 96 (February, 2006): 222-232.

[60] Garfinkel, Lawrence. "Time Trends in Lung Cancer Mortality among Nonsmokers and a Note on Passive Smoking." *Journal of the National Cancer Institute* 66 (1981): 1061-1066.

[61] Garner, Donald W. "Cigarettes and Welfare Reform." *Emory Law Journal* 26 (Spring 1977): 269-335.

[62] Gehman, Jesse. *Smoke over America*. East Aurora, N. Y.: The Roycrofters, 1943.
[63] Gibson, Bryan. "An Introduction to the Controversy over Tobacco." *Journal of Social Issues* 53 (1997): 3–11.
[64] ———. "Smoker-Nonsmoker Conflict: Using a Social Psychological Framework to Understand a Current Social Controversy." *Journal of Social Issues* 53 (1997): 97–112.
[65] ———. "Suggestions for the Creation and Implementation of Tobacco Policy." *Journal of Social Issues* 53 (1997): 187–192.
[66] Gilman, Alfred G., et al. eds. *The Pharmacological Bases of Therapeutics*. New York: Macmillan Publishing Co., 1985.
[67] Gilman, Sander and Zhou Xun, eds. *Smoke: A Global History of Smoking*. London: Reaktion Books, Ltd., 2004.
[68] Givel, Michael, and Stanton A. Glantz. "The 'Global Settlement' with the Tobacco Industry: 6 Years Later." *American Journal of Public Health* 94 (February, 2004): 218–224.
[69] Glantz, Stanton A. "What to Do Because Evidence Links Involuntary (Passive) Smoking with Lung Cancer." *The Western Journal of Medicine* 140 (1984): 636–637.
[70] ———, et al. *The Cigarette Papers*. Berkeley, Cal.: University of California Press, 1996.
[71] ———, and Edith D. Balbach. *Tobacco War: Inside the California Battle*. Berkeley, Cal.: University of California Press, 2000.
[72] ———, and Lisa R. A. Smith. "The Effect of Ordinances Requiring Smoke-free Restaurants on Restaurant Sales." In Kenneth E. Warner, ed. *Tobacco Control Policy*. San Francisco: John Wiley and Sons, Inc., 2006.
[73] ———, and Roper Organization. "A Study of Public Attitudes toward Cigarette Smoking and the Tobacco Industry in 1978." New York: Roper Organization, 1978.
[74] Goldstein, Michael S. *The Health Movement: Promoting Fitness in America*. New York: Twayne Publishers, 1992.
[75] Goodin, Robert E. *No Smoking: The Ethical Issues*. Chicago: The University of Chicago Press, 1989.
[76] Goodman, Jordan. *Tobacco in History: The Cultures of Dependence*. New York: Routledge, 1993.
[77] ———, ed. *Tobacco in History and Culture: An Encyclopedia*. Farmington

Hill, Michigan: Charles Scribner's Sons, 2005.
[78] Gottsegen, Jack J. *Tobacco: A Study of Its Consumption in the United States.* New York: Pitman Publishing Corporation, 1940.
[79] Gusfield, Joseph R. *Symbolic Crusade: Status Politics and the American Temperance Movement.* Chicago: The University of Chicago Press, 1963.
[80] ———. "The Social Symbolism of Smoking and Health." In Jeffre A. Schaler and Magda E. Schaler, eds. *Smoking: Who Has the Right?.* New York: Prometheus Books, 1998.
[81] Hammond, Cuyler E., and Daniel Horn. "The Relationship between Human Smoking Habits and Death Rates: A Follow-Up Study of 187,766 Men." *Journal of the American Medical Association* 155 (1954): 1316–1328.
[82] Hansen, Mark. "Second-Hand Smoke Suit: Flight attendants blame tobacco companies for cancer, risk of illness." *American Bar Association Journal* 2 (February, 1992): 26.
[83] Harris, Barbara J. *Beyond Her Sphere: Women and the Professions in American History.* Westport, Conn.: Greenwood Press, 1978.
[84] Hays, Agnes D. *Heritage of Dedication: One Hundred Years of the National Woman's Christian Temperance Union 1874–1974.* Evanston, Illinois: Signal Press, 1973.
[85] Heimann, Robert K. *Tobacco and Americans.* New York: McGraw-Hill Book Co., 1960.
[86] Heiser, Paul F., and Michael E. Begay. "The Campaign to Raise the Tobacco Tax in Massachusetts." *American Journal of Public Health* 87 (1997): 968–973.
[87] Heishman, Stephen J., Lynn T. Kozlowski, and Jack E. Henningfield. "Nicotine Addiction: Implications for Public Health Policy." *Journal of Social Issues* 53 (1997): 13–33.
[88] Henderson, James A., Jr., and Aaron Twerski. "Reaching Equilibrium in Tobacco Litigation." *South Carolina Law Review* 67 (2010): 67–103.
[89] Hilts, Philip J. *Smokescreen: The Truth behind the Tobacco Industry Cover-up.* Reading, Mass.: Addison-Wesley Publishing Company, Inc., 1996.
[90] ———. *Protecting America's Health: The FDA, Business, and One Hundred Years of Regulation.* New York: Alfred A. Knopf, 2003.
[91] Hirayama, Takeshi. "Non-Smoking Wives of Heavy Smokers Have a Higher Risk of Lung Cancer: A Study from Japan." *British Medical Journal* 282 (1981): 183–185.

[92] Hodgson, Thomas A. "Cigarette Smoking and Lifetime Medical Expenditures." *Milbank Quarterly* 70 (1992): 81–125.

[93] Holm, A. L., and R. M. Davis. "Clearing the Airways: Advocacy and Regulation for Smoke-Free Airlines." *Tobacco Control* 13 (2004): i30–i36.

[94] Hu, Teh-wei, Hai-Yen Sung, and Theodore E. Keeler. "Reducing Cigarette Consumption in California: Tobacco Taxes vs. an Anti-Smoking Media Campaign." In Kenneth E. Warner, ed. *Tobacco Control Policy*. San Francisco: John Wiley and Sons, Inc. 2006.

[95] Hudson, David L., Jr. *Smoking Ban*. Philadelphia: Chelsea House Publishers, 2004.

[96] Jacobson, Bobbie. *The Ladykillers: Why Smoking is a Faminist Issue*. London: Pluto Press, 1981.

[97] Jacobson, Douglas N. "After Cipollone v. Liggett Group, Inc.: How Wide Will the Floodgates of Cigarette Litigation Open?" *American University Law Review* 38 (1988): 1021–1059.

[98] Jacobson, Peter, and Jeffre Wasserman. *Tobacco Control Law: Implementation and Enforcement*. Santa Monica, Cal.: RAND, 1997.

[99] ———, and John R. Anderson. "Historical Overview of Tobacco Legislation and Regulation." *Journal of Social Issues* 53 (1997): 75–95.

[100] Jaffe, Jerome H. "A Follow-up of Vietnam Drug Users: Origins and Context of Lea Robins' Classic Study." *American Journal on Addiction* 19 (2010): 212–214.

[101] Janiewski, Dolores. "Flawed Victories: The Experiences of Black and White Women Workers in Durham during the 1930s." In Lois Scharf and John Jensen, eds. *Decades of Discontent: The Women's Movement, 1920–1940*. Westport, Conn.: Greenwood Press, 1983.

[102] Johansson, C. R., and H. Ronge. "Climatic Influence on Smell and Irritation Effects from Tobacco Smoke." In *The Health Consequence of Smoking: Report of the Surgeon General*. Washington D. C.: U. S. Government Printing Office, 1972.

[103] Johnson, Paul R. *The Economics of the Tobacco Industry*. New York: Praeger Publishers, 1984.

[104] Jordan, David. "Three Counts against Tobacco." *Temperance Educational Quarterly* (1912): 1.

[105] Joseph, Joel D., and Marcy S. Kramer. "Legal and Policy Issues Concerning Smoking and Health to Be Faced in the 1980s." In William R. Finger, ed. *The*

Tobacco Industry in Transition: Policies for the 1980s. Lexington, Mass.: Lexington Books, 1981.

[106] Julien, Robert M. *A Primer of Drug Action: A Conscise, Nontechnical Guide to the Actions, Uses, and Side Effects of Psychoactive Drugs*. New York: W. H. Freeman & Co., 1995.

[107] Kagan, Robert A., and William P. Nelson. "The Politics of Tobacco Regulation in the United States." In Robert L. Rabin and Stephen D. Sugarman, eds. *Regulating Tobacco*. New York and Oxford: Oxford University Press, 2001.

[108] ———, and David Vogel. "The Politics of Smoking Regulation: Canada, France, the United States." In Robert L. Rabin and Stephen D. Sugarman, eds. *Smoking Policy: Law, Politics, and Culture*. New York and Oxford: Oxford University Press, 1993.

[109] Kearns, Susan E. "Decertification of Statewide Tobacco Class Actions." *New York University Law Review* 74 (November, 1999): 1336-1375.

[110] Kelder, Graham E., Jr., and Richard A. Daynard. "Judicial Approaches to Tobacco Control: The Third Wave of Tobacco Litigation as a Tobacco Control Mechanism." *Journal of Social Issues* 53 (1997): 169-186.

[111] Keller, Morton. *Regulating a New Society: Public Policy and Social Change in America, 1900-1933*. Cambridge, Mass.: Havard University Press, 1994.

[112] Kessler, David. *A Question of Intent: A Great American Battle with a Deadly Industry*. New York: PublicAffairs, 2001.

[113] Klein, Richard. *Cigarettes Are Sublime*. Durham, N. C.: Duke University Press, 1993.

[114] Kluger, Richard. *Ashes to Ashes: America's Hundred Year Cigarette War, the Public Health, and the Unabashed Triumph of Philip Morris*. New York: Vintage Books, 1996.

[115] Koh, Howard K. "An Analysis of the Successful 1992 Massachusetts Tobacco Tax Initiative." *Tobacco Control* 5 (1996): 220-225.

[116] Koop, Everett C., David C. Kessler, and George D. Lundberg. "Reinventing American Tobacco Policy: Sounding the Medical Community's Voice." *Journal of the American Medical Association* 279 (February, 1998): 550-552.

[117] Krout, John. *The Origin of Prohibition*. New York: Russel and Russel, 1925.

[118] Larsen, Charles. *The Good Fight: The Life and Times of Ben B. Lindsey*. Chicago: Quadrangle Books, 1972.

[119] Lasker, Albert D. *The Lasker Story, as He Told It*. Chicago: Advertising

Publishers, 1963.

[120] Lears, Jackson. *Fables of Abundance: A Cultural History of Advertising in America.* New York: Basic Books, 1994.

[121] Leichter, Howard. *Free to Be Foolish: Politics and Health Promotion in the United States and Great Britain.* Princeton, N. J.: Princeton University Press, 1991.

[122] Lender, Mark E. "A New Prohibition? An Essay on Drinking and Smoking in America." In Jeffre A. Schaler and Magda E. Schaler, eds. *Smoking: Who Has the Right?.* New York: Prometheus Books, 1998.

[123] Levin, Morton L., Hyman Goldstein, and Paul R. Gerhardt. "Cancer and Tobacco Smoking." *Journal of the American Medical Association* 143 (1950): 336-338.

[124] Levy, Robert L., et al. "Effects of Smoking Cigarettes on the Heart." *Journal of the American Medical Association* 135 (1947): 417-422.

[125] Lewis, Charles, and the Center for Public Integrity. *The Buying of the Congress: How Special Interests Have Stolen Your Right to Life, Liberty, and the Pusuit of Happiness.* New York: AVON Books, 1998.

[126] Lewit, Eugene, and Douglas Coate. "The Potential for Using Excise Taxes to Reduce Smoking." *Journal of Health Economics* (1982): 121-145.

[127] Lombard, H. L., and C. R. Doering. "Cancer Studies in Massachusetts: Habits, Characteristics and Environment of Individuals with and without Cancer." *New England Journal of Medicine* 198 (1928): 481-487.

[128] Lynch, Barbara S. and Richard J. Bonnie, ed. *Growing up Tobacco Free: Preventing Nicotine Addiction in Children and Youths.* Washington D. C.: National Academy Press, 1994.

[129] Marchand, Roland. *Advertising the American Dream: Making Way for Modernity, 1920-1940.* Berkeley, Cal.: University of California Press, 1985.

[130] Marshall, Eliot. "Tobacco Science Wars." *Science* 236 (April, 1987): 250-251.

[131] Marwick, Charles. "Many physicians following own advice about not smoking." *Journal of the American Medical Association* 252 (1984): 2804.

[132] McGowan, Richard. *Business, Politics, and Cigarettes: Multiple Levels, Multiple Agendas.* Westport, Conn.: Quorum Books, 1995.

[133] McLeod, Kathleen M. "The Great American Smokeout: Holding Cigarette Manufactures Liable for Failing to Provide Adequate Warning of the Hazards of Smoking." *Boston College Law Review* 27 (1986): 1033-1074.

[134] Miles, Robert H. *Coffin Nails and Corporate Strategies.* Englewood Cliffs, New

Jersey: Prentice-Hall, Inc., 1982.

[135] Mitchell, Dolores. "Women and Nineteenth-Century Images of Smoking." In Sander L. Gilman and Zhou Xun, eds. Smoke: *A Global History of Smoking.* London: Reaktin Book, Ltd., 2004.

[136] ———. "Images of exotic women in turn-of-the-century tobacco art." *Feminist Studies* 18 (1992): 327-350.

[137] Mollenkamp, Carrick, et al. *The People v. Big Tobacco: How the States Took on the Cigarette Giants.* Princeton, N. J.: Blomberg Press, 1998.

[138] Moore, Carol. "Lucky Strike for Tobacco Plaintiffs: Dewey v. R. J. Reynolds Tobacco Co." *St. John's Law Review* 65 (Spring 1991): 577-594.

[139] Munoz, Lina G. "Gender, Cigar and Cigarette: Technological Change and National Patterns." Proceeding of XIV International Economic History Congress. Helsinki, Finland, 2006: 1-22.

[140] Murdock, Catherine. *Domesticating Drink: Women, Men, and Alcohol in America, 1870-1940.* Baltimore: The Johns Hopkins Unviersity Press, 1998.

[141] Nathanson, Constance A. "Social Movement as Catalysts for Policy Change: The Case of Smoking and Guns." *Journal of Health Politics, Policy and Law* 24 (1999): 442-488.

[142] National Research Council. *The Airliner Cabin Environment: Air Quality and Safety.* Washington D. C.: National Academy Press, 1986.

[143] Neilsen, K., and Stanton A. Glantz. "A Tobacco Industry Study of Airline Cabin Air Quality: Dropping Inconvenient Findings." *Tobacco Control* 13 (2004): i20-i29.

[144] Neuberger, John S., et al. "Indoor Smoking Ordinances in Workplaces and Public Places in Kansas." *Nicotine & Tobacco Research* 12 (August, 2010): 828-833.

[145] Novotny, Thomas E., and Michael B. Siegel, "California's Tobacco Control Saga." *Health Affairs* 15 (1996): 58-72.

[146] ———, et al. "The Public Health Practice of Tobacco Control-Learned and Directions for the States in 1990s." *Annual Review of Public Health* 13 (1992): 287-318.

[147] Ochsner, Alton, Michael DeBakey, and Leonard Dixon. "Primary Cancer of the Lung." *Journal of the American Medical Association* 135 (1947): 321-327.

[148] Ong, Elisa, and Stanton A. Glantz. "Hirayama's Work Has Stood the Test of Time." *Bulletin of the World Health Organization* (2000): 938-939.

[149] ———. "Tobacco Industry Efforts Subverting International Agency for Research on Cancer's Second-Hand Smoke Study." *Lancet* 355 (April, 2000): 1253-1259.

[150] Orey, Michael. *Assuming the Risk: The Mavericks, the Lawyers, and the Whistle-Blowers Who Beat Big Tobacco.* Boston: Little, Brown and Company, 1999.

[151] Park-Pope, Tara. *Cigarettes: Anatomy of an Industry from Seed to Smoke.* New York: The New Press, 2001.

[152] Perchuk, Mark, and Donald R. Shopland, eds. *Major Local Smoking Ordinances in the United States.* Berkeley, Cal.: Americans for Nonsmokers' Rights, 1989.

[153] Pertschuk, Michael. *Smoke in Their Eyes: Lessons in Movement Leadership from the Tobacco Wars.* Nashvile, Tennessee: Vanderbilt University Press, 2001.

[154] Petrone, Gerard S. *Tobacco Advertising: The Great Seduction with Values.* Atglen, Penn.: Schifer Publishing, Ltd., 1996.

[155] Pierce, John P., and Elizabeth A. Gilpin. "A Historical Analysis of Tobacco Marketing and the Uptake of Smoking by Youth in the United States: 1890-1977." *Health Psychology* 14 (1995): 500-508.

[156] Pinkerton, Michael H. "Castano v. American Tobacco Company: America's Nicotine Plaintiffs Have No Class." *Louisiana Law Review* 58 (Winter 1998): 647-661.

[157] Pollay, Richard W. "Targeting Tactics in Selling Smoke: Youthful Aspects of 20th Century Cigarette Advertising." *Journal of Marketing Theory and Practice* (Winter 1995): 1-21.

[158] Porter, Patrick G., and H. C. Livesay. *Merchants and Manufacturers.* Baltimore: Johns Hopkins University Press, 1971.

[159] Pringle, Peter. *Cornered: Big Tobacco at the Bar of Justice.* New York: Henry Holt & Company, 1998.

[160] Rabin, Robert L. "A Sociolegal History of the Tobacco Tort Litigation." *Stanford Law Review* 44 (1992): 853-878.

[161] ———. "Institutional and Historical Perspectives on Tobacco Tort Liability." In Robert L. Rabin and Stephen D. Sugarman, eds. *Smoking Policy: Law, Politics, and Culture.* New York and Oxford: Oxford University Press, 1993.

[162] ———. "The Third Wave of Tobacco Tort Litigation." In Robert L. Rabin and Stephen D. Sugarman, eds. *Regulating Tobacco.* New York and Oxford:

Oxford University Press, 2001.

[163] Raphael, Jordan. "The Calabasas Smoking Ban: A Local Ordinance Points the Way for the Future of Environmental Tobacco Smoke Regulation." *Southern California Law Review* 80 (2007): 393-423.

[164] Repace, James. "Flying the Smoky Skies: Secondhand Smoke Exposure of Flight Attendants." *Tobacco Control* 13 (2004): i8-i19.

[165] ———, and Alfred H. Lowrey. "Indoor Air Pollution, Tobacco Smoke, and Public Health." *Science* 208 (1980): 464-472.

[166] Riley, Peter F. "The Product Liability of the Tobacco Industry: Has Cipollone v. Liggett Group Finally Pierced the Cigarette Manufaturers' Aura of Invincibility." *Boston College Law Review* 30 (1989): 1103-1178.

[167] R. J. Reynolds Tobacco Company. *Young Adult Smokers: Strategies and Opportunities.* Winston-Salem, N. C.: The Marketing Development Department of the R. J. R., 1984.

[168] Robert, Joseph C. *The Story of Tobacco in America.* New York: Alfred A. Knopf, 1952.

[169] Ryan, Mary P. *Womanhood in America: From Colonial Times to the Present.* New York: Franklin Watts, 1983.

[170] Samet, Jonathan M. "Reflections: Testifying in the Minnesota Tobacco Lawsuit." *Tobacco Control* 8 (1999): 101-105.

[171] Schroeder, Christopher. "The Multistate Settlement Agreement and the Problem of Social Regulation beyond the Power of State Government." *Seton Hall Law Review* 31 (1997): 612-624.

[172] Schroeder, Steven A. "Tobacco Control in the Wake of the 1998 Settlement Agreement." *New England Journal of Medicine* 350 (2004): 293-301.

[173] Schudson, Michael. *Advertising, The Uneasy Persuation: Its Dubious Impact on American Society.* New York: Basic Books, Inc., 1984.

[174] ———. "Women, Cigarettes, and Advertising in the 1920s." In Catherine Covert and John Stevens, eds. *Mass Media between the Wars: Perceptions of Cultural Tension, 1918-1941.* Syracuse, N. Y.: Syracuse University Press, 1984.

[175] Schwartz, Gary T. "Tobacco Liability in the Courts." In Robert L. Rabin and Stephen D. Sugarman, eds. *Smoking Policy: Law, Politics, and Culture.* New York and Oxford: Oxford University Press, 1993.

[176] Segrave, Kerry. *Women and Smoking in America, 1880-1950.* Jefferson, N. C.: McFarland & Company, Inc., 2005.

[177] Sergis, Daiana K. *Cipollone v. Liggett Group: Suing Tobacco Companies*. Berkeley Hights, N. J.: Enslow Publishers, Inc., 2001.

[178] Shephard, R. J., et al. "Effect of Cigarette Smoke on the Eyes and Airway." *International Archives of Occupational and Environmental Health* 42 (1979): 135-144.

[179] Siegel, Michael. "Evaluating the Impact of Statewide Anti-Tobacco Campaigns: The Massachusetts and California Tobacco Control Program." *Journal of Social Issues* 53 (1997): 147-168.

[180] ———, et al. "Trends in Adult Cigarette Smoking in California Compared with the Rest of the United States, 1978-1994." *American Journal of Public Health* 90 (2000): 372-379.

[181] ———, et al. "Preemption in Tobacco Control: Review of an Emerging Public Health Problem." *Journal of the American Medical Association* (Septeber, 1997): 858-863.

[182] Sinclair, Andrew. *Prohibition: The Era of Excess*. Boston: Little, Brown and Company, 1964.

[183] Sivulka, Juliann. *Soap, Sex, and Cigarette: A Cultural History of American Advertising*. Garden City, N. Y.: Wadsworth Publishing Company, 1998.

[184] Slade, John. "Marketing Policies." In Robert L. Rabin and Stephen D. Sugarman, eds. *Regulating Tobacco*. New York and Oxford: Oxford University Press, 2001.

[185] Sloan, F. A., C. A. Mathews, and J. G. Trogdon. "Impacts of the Master Settlement Agreement on the Tobacco Industry." *Tobacco Control* 13 (2004): 356-361.

[186] Slovic, Paul, ed. *Smoking: Risk, Perception, & Policy*. Thousand Oaks, Cal.: Sage Publications, Inc., 2001.

[187] Smith, John S. H. "Cigarette Prohibiton in Utah, 1921-23." *Utah Historical Quarterly* 41 (1973): 358-372.

[188] Sobel, Robert. *They Satisfy: The Cigarette in American Life*. New York: Anchor Books, 1978.

[189] Speer, F. "Tobacco and Nonsmoker: A Study of Subjective Symptoms." *Archives of Environmental Health* 16 (1968): 443-446.

[190] Stein, Marcia L. "Cigarette Products Liability Law in Transition." *Tennessee Law Review* 54 (Summer 1987): 631-670.

[191] Stewart, G. G. "A History of the Medicinal Use of Tobacco 1492-1860." *Medical History* 11 (1967): 228-268.

[192] Stone, Peter H. "Tobacco CEOs Start Working the Hill." *National Journal* (1998): 646.

[193] Studlar, Donley T. *Tobacco Control: Comparative Politics in the United States and Canada.* Ontario, Canada: Broadview Press, Ltd., 2002.

[194] ———. "U. S. Tobacco Control: Public Health, Political Economy, or Morality Policy?" *Review of Policy Research* 25 (2008): 393–410.

[195] Sullum, Jacob. *For Your Own Good: The Anti-Smoking Crusade and the Tyranny of Public Health.* New York: The Free Press, 1998.

[196] Tate, Cassandra. *Cigarette Wars: The Triumph of "The Little White Slaver."* New York and Oxford: Oxford University Press, 1999.

[197] Taylor, Peter. *Smoke Ring: The Politics of Tobacco.* London: The Bodley Head, 1984.

[198] Teague, Claude E., Jr. "Research Planning Memorandum on Some Thoughts about New Brands of Cigarettes for the Youth Market." Winston-Salem, N. C.: The Marketing Development Department of the R. J. R., 1973.

[199] Tennant, Richard B. *The American Cigarette Industry: A Study in Economic Analysis and Public Policy.* New Haven, Conn.: Yale University Press, 1950.

[200] Tilly, Nannie M. *The Bright Tobacco Industry, 1860–1929.* Chapel Hill, N. C.: University of North Carolina Press, 1948.

[201] Tobacco Institute. *Smoking Restrictions.* Washington D. C.: Tobacco Institute, 1986.

[202] Toll, B. A., and P. M. Ling. "The Virginia Slims Identity Crisis: An Inside Look at Tobacco Industry Marketing to Women." *Tobacco Control* 14 (2005): 172–180.

[203] Tollison, Robert D., and Richard E. Wagner. *Smoking and the State: Social Costs, Rent Seeking, and Public Policy.* Lexington, Mass.: Lexington Books, 1988.

[204] Townsend, J. L., P. Roderick, and J. Cooper. "Cigarette Smoking by Socioeconomic Group, Sex, and Age: Effects of Price, Income, and Health Publicity." *British Medical Journal* 309 (1994): 923–927.

[205] Trall, Russell T. *Tobacco: Its History, Nature and Effects, with Facts and Figures for Tobacco-Users.* New York, 1854.

[206] Traynor, Michael P., and Stanton A. Glantz. "California's Tobacco Tax Initiative: The Development and Passage of Proposition 99." *Journal of Health Politics, Policy, and Law* 21 (1996): 543–584.

[207] Trichopoulos, Dimitrois, et al. "Lung Cancer and Passive Smoking."

International Journal of Cancer 27 (1981):1-4.

[208] Troyer, Ronald J., and Gerald E. Markle. *Cigarettes: The Battle over Smoking.* New Brunswick, N. J.: Rutgers University Press, 1983.

[209] Tye, Joe B., Kenneth E. Warner, and Stanton A. Glantz. "Tobacco Advertising and Consumption: Evidence of a Causal Relationship." *Journal of Public Health Policy* 8 (1987): 492-508.

[210] Vernick, John S., Lainie Rutkow, and Stephen P. Teret. "Public Health Benefits of Recent Litigation against the Tobacco Industry." *Journal of the American Medical Association* 298 (July, 2007): 86-89.

[211] Viscusi, W. Kip. "A Postmortem on the Cigarette Settlement." *Cumberland Law Review* 523 (1999): 523-553.

[212] Wagner, Susan. *Cigarette Country: Tobacco in American History and Politics.* New York: Praeger Publishers, 1971.

[213] Warner, Kenneth E. "State Legislation on Smoking and Health: A Comparison of Two Politics." *Policy Sciences* 13 (1981): 139-152.

[214] ———. "Cigarette Advertising and Media Coverage of Smoking and Health." *New England Journal of Medicine* 312 (February, 1985): 384-388.

[215] ———. "Cigarette Taxation: Doing Good by Doing Well." *Journal of Public Health Policy* 5 (Sepember, 1984): 312-319.

[216] ———. "Tobacco Policy Research: Insights and Contributions to Public Health Policy." In Kenneth E. Warner, ed. *Tobacco Control Policy.* San Francisco: John Wiley and Sons, Inc., 2006.

[217] Weber, Annetta, Carlo Jermini, and Etienne Grandjean. "Irritating Effects on Man of Air Pollution Due to Cigarette Smoke." *American Journal of Public Health* 66 (July, 1976): 672-676.

[218] Wegman, Richard A. "Cigarettes and Health: A Legal Analysis." *Cornell Law Quarterly* 51 (1965-1966): 678-759.

[219] Werner, Carl A. *Tobaccoland: A Book about Tobacco; Its History, Legends, Literature, Cultivation, Social and Hygienic Influences, Commercial Development, Industrial Processes and Governmental Regulation.* New York: The Tobacco Leaf Publishing Company, 1922.

[220] Whelan, Elizabeth M. *A Smoking Gun: How the Tobacco Industry Gets away with Murder.* Philadelphia: George F. Stickley Co., 1984.

[221] White, James, and Herman F. Froeb. "Small Airways Dysfunction in Nonsmokers Chronically Exposed to Tobacco Smoke." *New England Journal of Medicine* 302

(1980): 720-723.
[222] White, Larry C. *Marchants of Death: The American Tobacco Industry*. New York: Beech Tree Books, 1988.
[223] Wilson, Richard, David Duncan, and Thomas Nicholson. "Public Attitudes toward Smoking Bans in a Tobacco-Producing County." *Southern Medical Journal* 97 (2004): 645-650.
[224] Wynder, Ernest and Evarts A. Graham. "Tobacco Smoking as a Possible Etiologic Factor in Bronchiogenic Carcinoma: A Study of Six Hundred and Eighty-Four Proved Cases." *Journal of the American Medical Association* 143 (1950): 329-338.
[225] Yellis, Kenneth A. "Prosperity's Child: Some Thoughts on the Flapper." *American Quarterly* XXI (1969): 44-64.
[226] Zegart, Dan. *Civil Warriors: The Legal Siege on the Tobacco Industry*. New York: Random House, Inc., 2000.
[227] Zimring, Franklin E. "Comparing Cigarette Policy and Illicit Drug and Alcohol Control." In Robert L. Rabin and Stephen D. Sugerman, eds. *Smoking Policy: Law, Politics, and Culture*. New York and Oxford: Oxford University Press, 1993.

インターネット史料

[1] American Legacy Foundation. "Excise Taxes." 〈www.legacyforhealth.org/PDF/exciaw_TAX_0910.pdf〉.
[2] Boeken v. Philip Morris Inc. 〈http://tobaccodocuments.org/profiles/litigation/boeken.html〉.
[3] Campaign for Tobacco-Free Kids. "State Cigarette Excise Tax Rates and Rankings." 〈http://www/tobaccofreekids.org/research/factsheets〉.
[4] Council for Tobacco Research. *A Brief History of the Council for Tobacco Research—U. S. A., Inc.(CTR) Originally Tobacco Industry Research Committee (TIRC)*. 〈http://legacy.library.ucsf.edu/tid/udt30a00〉.
[5] Green v. American Tobacco Company 304 F. 2d 70 (5th Cir. 1962) 〈http://www.casetext.com/case/greenv-american-tobacco-company〉.
[6] Hahn, Paul. "Smoking & Lung Cancer—No Proof," 〈http://tobaccodocuments.org/ness/6746.html〉.
[7] Humanities Washington. "Cigarette Prohibition in Washington, 1893-1911." 〈http://www.historylink.org/index.cfm?DisplayPage=pf_output.cfm&file_id=5339〉.

[8] Linder, Marc. *'Inherently Bad, and Bad Only' A History of State-Level Regulation of Cigarettes and Smoking in the United States Since 1880s*. 2012. 〈ir.uiowa.edu/cgi/viewcontent.cgi?filename=2&article...〉.

[9] Linder, Douglas O. "The Trial of William 'Big' Haywood" 〈http://law2.umkc.edu/faculty/projects/ftrials/haywood/HAY_ACCT.HTM〉.

[10] Little, C. C. *Report of the Scientific Director*. 〈http://legacy.library.ucsf.edu/tid/fof39d00〉.

[11] Nelson-Padberg Consulting. "Preliminary Campaign Plan: San Francisco Referendum." 1983. 〈http://legacy.library.scsf.edu/;od/cib29d00/pdf〉.

[12] Pepples, Ernest. "Campaign Report—Proposition 5, California 1978." 〈http://legacy.library.ucsf.edu/tid/kti01c00/pdf〉.

[13] Philip Morris Tobacco Company. "Malboro Copy History." 1982. 〈http://legacy.library.usf.edu/tid/a;r20c00〉.

[14] Pritchard v. Liggett & Myers Tobacco Company. 295 F2d 292. 1961. 〈http://openjurist.org/print/97908〉.

[15] R. J. Reynolds. "How Mild Can a Cigarette Be?" 〈http://legacy.library.ucsf.edu/tid/nfj88d00〉.

[16] Tobacco Industry Research Committee. "A Frank Statement to Cigarette Smokers." 〈http://www.tobacco.neu.edu/litigation/cases/supportdocs/frank-ad.html〉.

[17] ———. "Report on TIRC Booklet, 'A Scientific Perspective on the Cigarette Controversy'," 〈http://tobaccodocuments.org/ness/10362.html〉.

[18] Tobacco Control Resource Center, Inc. "State Suit Summary." *The State Tobacco Information Center*. 〈http://stic.neu.edu/summary.htm〉.

[19] Tobacco Institute. "Environmental Tobacco Smoke: A Scientific Perspective." 1986. 〈http://tobacodocuments.org/ti/TINY0020573-0577.html〉.

[20] ———. "A Survey of Voter Attitudes in the Citry of San Francisco." 1983. 〈http://legacy.library.ucsf.edu/tid/dag24d00/pdf〉.

邦語文献

[1] アメリカ合衆国商務省編『アメリカ歴史統計』原書房，1986年。

[2] ——— 『現代アメリカデータ総覧 1988』原書房，1988年。

[3] ——— 『現代アメリカデータ総覧 1998』原書房，1998年。

[4] 有賀夏紀『アメリカの20世紀』（上）中央公論新社，2002年。

[5] 伊佐山芳郎『現代たばこ戦争』岩波新書，1999年。

[6] 卯辰昇「米国タバコ訴訟の新たな展開」『早稲田大学大学院法研論集』1998年。
[7] 岡本勝『アメリカ禁酒運動の軌跡——植民地時代から全国禁酒法まで——』ミネルヴァ書房，1994年。
[8] 棚瀬孝雄編『たばこ訴訟の法社会学』世界思想社，2000年。
[9] 常松洋『大衆消費社会の登場』山川出版社，1997年。
[10] 藤倉皓一郎「アメリカにおけるタバコ訴訟の展開と全面和解——紫煙のゆくえ——」『ジュリスト』有斐閣，1997年9月。
[11] 山口一臣，宇田理『米国シガレット産業の覇者——R・J・レイノルズ社とフィリップ・モリス社の攻防——』千倉書房，2006年。
[12] 和田光弘『紫煙と帝国——アメリカ南部タバコ植民地の社会と経済——』名古屋大学出版会，2000年。
[13] ————『タバコが語る世界史』山川出版社，2004年。